Culinaria – Naturkost

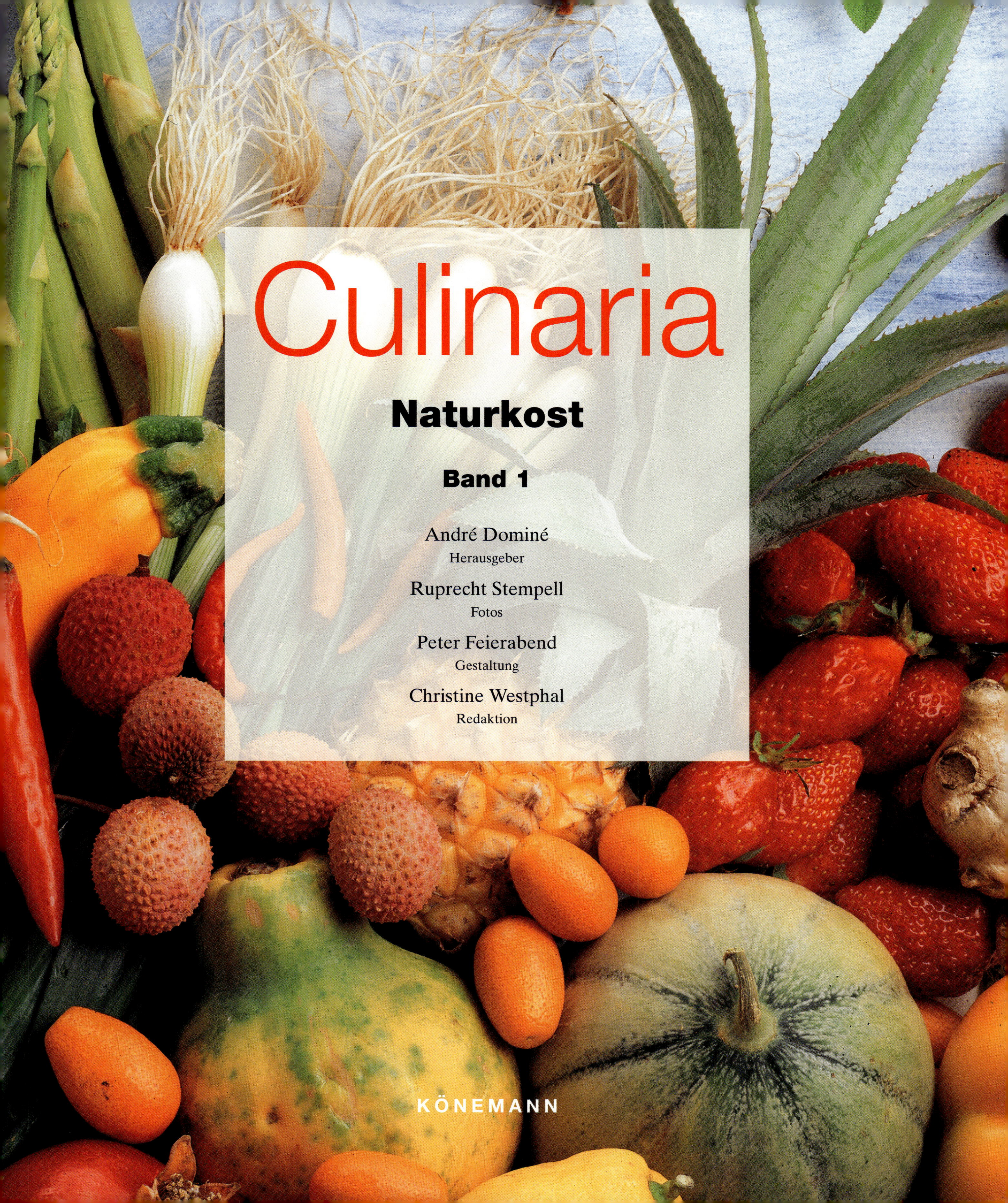

Culinaria

Naturkost

Band 1

André Dominé
Herausgeber

Ruprecht Stempell
Fotos

Peter Feierabend
Gestaltung

Christine Westphal
Redaktion

KÖNEMANN

Hinweise

1 g	= 1 Gramm = $^{1}/_{1000}$ Kilogramm
1 kg	= 1 Kilogramm = 1000 Gramm
1 l	= 1 Liter = 1000 Milliliter
1 ml	= 1 Milliliter = $^{1}/_{1000}$ Liter
1 EL	= 1 gestrichener Eßlöffel
	= 15–20 Gramm bei trockenen Zutaten (je nach Gewicht)
	= 15 Milliliter bei flüssigen Zutaten
1 TL	= 1 gestrichener Teelöffel
	= 3–5 Gramm bei trockenen Zutaten (je nach Gewicht)
	= 5 Milliliter bei flüssigen Zutaten
1 Msp	= 1 Messerspitze
1 Tasse	= 100–150 Gramm oder Milliliter (je nach Zutat)

Löffelangaben beziehen sich bei trockenen Zutaten immer auf die verarbeitete Rohware.

Mengenangaben in den Rezepten
Wenn nicht anders angegeben, sind die Rezepte für vier Personen berechnet. Um den Leser jedoch nicht in die Irre zu leiten und Mißverständnissen vorzubeugen, wurde in jenen Fällen, in denen auf einer Doppelseite mehrere Rezepte stehen, die jeweils für eine unterschiedliche Anzahl von Personen berechnet wurden, auch bei den Gerichten für vier Personen ein entsprechender Hinweis gegeben.

Zutaten
In den Rezepten werden vorzugsweise hochwertige Zutaten verwendet, in denen noch alle wichtigen Inhaltsstoffe enthalten sind, beispielsweise frischgemahlenes Getreide, Vollkornmehl, Weinsteinbackpulver, kaltgepreßtes/natives Öl der ersten Pressung, Schalen von unbehandelten Zitrusfrüchten, Honig, Meersalz etc.

Nährwertangaben
Alle Nährwertangaben beziehen sich auf jeweils 100 Gramm verzehrbaren Anteil des Lebensmittels.

Bonner Straße 126 · D-50968 Köln

Koordination:	Michael Ditter
Rezepte:	Astrid Öwermann, Uschi Stender-Barbieri
Mitarbeit Rezepte:	Yvonne Bauer, Andree Köthe, Andreas Willius
Korrektur und Register:	Sabine Bleßmann
Fotoassistenz:	Martin Kurtenbach, Yonca Norgaz
Studiofotografie:	Food Foto Köln – Brigitte Krauth und Jürgen Holz
Foodstyling:	Stephan Krauth
Produktionsleitung:	Detlev Schaper
Herstellung:	Michael Ditter, Birgit Beyer
Reproduktionen:	Günnewig Produktions GmbH
Druck und Bindung:	Neue Stalling, Oldenburg

Printed in Germany
ISBN 3-89508-221-X

Inhalt

Vorwort von André Dominé

Nicht zuletzt aufgrund zahlreicher Lebensmittelskandale ist das Bewußtsein der Verbraucher für eine gesunde Ernährung gestiegen, haben sich die Eßgewohnheiten vieler Menschen nachhaltig verändert. So hat sich auch die Erkenntnis zunehmend verbreitet, daß frisches Obst und Gemüse – wenn sie auf lebendigen Böden wachsen, mit Kompost gedüngt, auf natürliche Weise gegen Schädlinge geschützt und vollreif geerntet werden – einen wahren Schatz an Vitalstoffen enthalten, die für unser Wohlbefinden von zentraler Bedeutung sind. Die ökologische Landwirtschaft und der Naturkosthandel haben von dieser Hinwendung zu naturbelassenen, qualitätvollen Produkten profitiert. Inzwischen gibt es sie allerorten – gleich um die Ecke oder ein paar Kilometer draußen auf dem Land, wo Bio-Gärtner und Bio-Bauern ihre Erzeugnisse anbieten: auf Märkten, in Läden, auf dem Hof oder in den frei Haus zugestellten »Abokisten«. Außerordentlich reichhaltig ist das Angebot an biologischen Lebensmitteln mittlerweile nicht nur im Hinblick auf Obst und Gemüse. »Wundergetreide« wie Dinkel und Amaranth, Vollkornreis aus der Camargue und handwerkliche Pasta gehören ebenso dazu wie jungfräuliches Olivenöl, erlesene Essige und Bio-Backwaren. Alle hier vorgestellten und verwendeten Produkte und Zutaten wurden im Einklang mit der Natur erzeugt und bieten hochwertigste Ernährung. Dabei werden auch ihre gesundheitlichen Vorzüge, Ernte- und Herstellungsverfahren thematisiert. Worauf es bei der Bewirtschaftung von Hof und Garten ankommt, auf welchem Boden was gedeiht, wie die notwendigen Voraussetzungen geschaffen, welche Prinzipien berücksichtigt werden, damit Pflanzen und Tiere sich auf bestmögliche Weise entwickeln – dies ist für alle, die sich mit dem Thema Naturkost beschäftigen, von hohem Interesse. »Unsere eigene Konstitution wird auf die Dauer niemals besser sein können als die Konstitution unserer biologischen Vorgänger, die uns Nahrung liefern«, betonte einst der Bio-Pionier Hans-Peter Rusch. Wer sich biologisch ernährt, fördert somit nicht nur die eigene Gesundheit, sondern auch die von Pflanzen und Tieren sowie die der Umwelt allgemein. Daß man dabei ein ganzes Universum an Aromen und Genüssen (wieder)entdeckt, wird auch den Feinschmecker vollends überzeugen.

In der Epoche der Gen-Manipulationen ist es von besonderer Bedeutung, daß bereits Saatgut und junge Pflanzen aus biologischem Anbau stammen.

Was ist biologisch?

»Biologisch« bedeutet wörtlich »Folgerichtigkeit des Lebens«, denn das griechische »bio« heißt »Leben«, und »Logik« steht für folgerichtiges Denken. Mit »biologisch« ist demnach ein Respekt gemeint, der anerkennt, daß Pflanzen, Tiere und Menschen Mitglieder desselben Lebensystems sind. Dieser Zusammenhang aller Lebewesen bedingt ihre Abhängigkeit voneinander in Wohl und Wehe. »Biologisch« ist somit nicht vordergründig ein Etikett, das Tüten, Schachteln, Dosen oder Flaschen ziert, sondern bezeichnet eine Lebenseinstellung. Nur wenn Bauern, Gärtner und Winzer, aber auch Funktionäre, Kontrolleure und Händler sich von einer entsprechenden Motivation leiten lassen, wird und bleibt der Begriff »biologisch« Gütesiegel und Garantie. Nur wenn die Verbraucher ihrem Wunsch nach biologisch erzeugten Lebensmitteln aktiv und beständig Ausdruck verleihen, wird – im übertragenen Sinn – der Boden bereitet, auf dem solche Produkte gedeihen können. Denn die gute »biologische Absicht« begann und beginnt dort Realität zu werden, wo sich die Einsicht einstellt, daß der Boden keine tote Materie ist, aus der Pflanzen tote Stoffe absorbieren. Wo man begreift, daß der Boden lebt, daß er ein vielschichtiges, komplexes Miteinander unendlich vieler Lebewesen darstellt, ohne das es kein gesundes Wachstum geben kann, beginnt biologischer Anbau. Ohne diese Voraussetzung gibt es keine biologischen Lebensmittel und keine Naturkost.

Hintergrund: Mit Kuhmist gefüllte und im Erdboden gereifte Hörner – Präparate der biologisch-dynamischen Wirtschaftsweise nach Rudolf Steiner.

Zwei Hauptschulen

Ökologische Landwirtschaft

Die biologisch-dynamische Wirtschaftsweise

Die älteste biologische Landbaubewegung wurde 1924 von Rudolf Steiner gegründet. Sie geht zurück auf den »Landwirtschaftlichen Kurs«, eine Reihe von Vorträgen, die Steiner im gleichen Jahr auf Gut Koberwitz bei Breslau vor Landwirten hielt. Basis ist die von Steiner entwickelte weltanschauliche Lehre der Anthroposophie. Sie bezieht die Wirkung kosmischer Kräfte auf die Erde ein, die selbst als lebender Organismus verstanden wird.

Auch ein Bauernhof ist nach diesem Verständnis ein Organismus, der die Vielfalt der Natur widerspiegelt. Ein biologisch-dynamischer Betrieb besteht daher im Idealfall aus Wiesen und Weiden, Äckern, Gemüse- und Obstgärten, Hecken und Wald. Entsprechend vielseitig ist die Landwirtschaft. Dabei geht es darum, daß der natürliche Kreislauf von Boden, Pflanze und Tier möglichst geschlossen ist. Je nach Größe, Klima und Standort des Hofes sollten genügend Tiere vorhanden sein, damit der aus ihrem Mist erzeugte Kompost zur Düngung und Humuswirtschaft ausreicht, wobei das Futter selbst produziert wird. Insofern kommt der Tier-, insbesondere der Rinderzucht große Bedeutung zu, so daß Spezialisierungen ausschließlich auf Garten- oder Obstbau nicht intendiert sind.

Bei diesem natürlichen Zusammenwirken, in das Mensch und Kosmos ebenfalls einbezogen sind, haben synthetische Mittel wie Kunstdünger oder Gifte keinen Platz. Statt dessen nutzt man den Einfluß kosmischer Rhythmen. Bei allen Tätigkeiten wie Säen, Pflanzen oder Ernten folgt man einem jährlichen Mond-Kalender, der jeweils die günstigsten Tage und Stunden für diese Arbeiten angibt. Im Gegensatz zur biologisch-organischen Landwirtschaft wird der Boden gepflügt, um ihn zu »öffnen« und empfänglich zu machen für die kosmischen Kräfte.

Große Bedeutung hat die »Verlebendigung« des Bodens. Dazu werden spezielle Präparate verwendet, die auf jedem Hof nach genau festgelegten Anweisungen hergestellt werden. Sie üben wie homöopathische Mittel in feinstofflichen Dosierungen anregende Wirkungen aus. Ein anderer wesentlicher Faktor sind Achtung und Zuneigung, mit denen der Mensch Boden, Pflanzen und Tiere pflegt,

denn sie bestimmen die Qualität der erzeugten Lebensmittel, durch die der Mensch wiederum positive Kräfte aufnimmt, die sich auf allen Ebenen seines Handelns manifestieren. Die biologisch-dynamische Methode verlangt im Grunde ein alle Bereiche des Lebens einbeziehendes Engagement.

Der organisch-biologische Landbau

Der Schweizer Politiker und Bauernführer Hans Müller, seine Frau Maria und der deutsche Arzt und Mikrobiologe Hans-Peter Rusch entwickelten ab 1951 gemeinsam diese rein naturwissenschaftlich orientierte Anbaumethode. Sie entstand aus Besorgnis um die Verschlechterung der Situation der Bauern und aus der Ablehnung von Kunstdünger und Pestiziden. Mit der Ökologiebewegung der 70er Jahre fand sie immer stärkere Verbreitung und ist heute die am häufigsten praktizierte biologische Anbaumethode.

Auch sie versteht den landwirtschaftlichen Betrieb als Organismus, bei dem der Kreislauf des Lebendigen Vorrang hat. Zum einen bezieht sich dies auf die Wirkungskette Boden – Pflanze – Tier – Mensch, zum anderen auf den Nährstoffhaushalt: Jeder Nährstoff, der in Form von Erzeugnissen den Hof verläßt, muß auf natürliche Weise ersetzt werden. Schlüsselbegriff der organisch-biologischen Methode ist die »Bodenfruchtbarkeit« (so der Titel eines Buches von Rusch, das 1968 erschien). Großer Wert wird dabei auf die mikrobiologische Zusammensetzung der einzelnen Bodenschichten gelegt, die schon innerhalb weniger Zentimeter andere Lebensformen und Strukturen aufweisen. In der Bodenbearbeitung geht es darum, dieses natürliche Gefüge zu schonen und zu fördern. Das Pflügen, mit dem man den Boden wendet, die Erdschichten durcheinanderbringt sowie Bodenfauna und -flora zum Teil abtötet, ist verpönt. Zum Einsatz kommen allenfalls lockernde Geräte, die oft erst für den organisch-biologischen Anbau entwickelt wurden. Statt Kompost wird frischer Mist in feinen Lagen auf den Feldern ausgebracht, der dem Bodenleben zugute kommt. Für seinen Schutz und seine Entfaltung sorgt auch ständige Bodenbedeckung. Fruchtfolgen tragen zum Humusaufbau bei.

In der Folge führt dies zu widerstandsfähigen, an Mineralstoffen und Vitaminen reicheren Pflanzen und guten Erträgen. Die undogmatische, auf wissenschaftlichen Erkenntnissen beruhende Müller-Rusch-Methode läßt Bauern und Gärtnern viel individuellen Spielraum.

Hintergrund: Biologischer Landbau verlangt viel Handarbeit; eingesetzt werden allenfalls leichte Maschinen.

Die Pioniere

Wegbereiter der ökologischen Landwirtschaft in England, Frankreich, der Schweiz und Deutschland

Albert Howard

Sir Albert Howard (1873–1947) gehörte zu den ersten Agrarbiologen, die sich ausdrücklich gegen die Verwendung von Kunstdünger aussprachen und seine negativen Auswirkungen erkannten. Seine Kindheit verbrachte Howard auf einer Farm in Wales, und nach seinen Studienjahren arbeitete er in den englischen Kolonien. Ab 1905 forschte er in Indien am Landwirtschaftlichen Forschungsinstitut in Pusa. Mit seiner ersten Frau Gabrielle, einer ausgezeichneten Botanikerin, entwickelte er Zuchtreihen von Weizen und Hanf, die ihm internationale Anerkennung eintrugen.

In der indischen Stadt Indore gründete er das Institut für Pflanzenanbau und erforschte die traditionellen indischen Anbauweisen, welche die Ackerböden über Generationen fruchtbar gehalten hatten. In enger Zusammenarbeit mit den indischen Bauern entwickelte er die sogenannte »Indore-Methode« des Kompostierens, die in den 30er Jahren auf vielen Plantagen in Asien, Afrika und Südamerika eingeführt wurde. Sein 1940 erschienenes Buch »An Agricultural Testament«, in dem die Beziehung zwischen Boden-, Pflanzen- und Tiergesundheit aufgezeigt und das Gesetz der Rückkehr der Nährstoffe erläutert wird, hatte nicht nur großen Einfluß auf Lady Eve Balfour, sondern regte auch Hans Müller und Hans-Peter Rusch an. In den Jahren vor seinem Tod trat der hochangesehene, jedoch vielfach angefeindete Wissenschaftler uneingeschränkt für den organischen Landbau ein.

Eve Balfour

Schon im Alter von zwölf Jahren wollte Lady Eve Balfour (1899–1990) Farmerin werden. Mit 17 schrieb sie sich an der Universität von Reading ein, die sie mit dem Agrardiplom verließ. Sie gründete eine Jazzband, in der sie Saxophon spielte, schrieb drei Kriminalromane und erwarb einen Flugschein. Bereits diese Details verraten ihre Unabhängigkeit, Willensstärke und Energie. Sie war 20 Jahre alt, als sie die New Bells Farm bei Haughley in Suffolk kaufte. Mit der benachbarten Farm ihrer Freundin Alice Debenham verfügte sie über gut 60 Hektar Land, auf denen sie später mit biologischem Anbau zu experimentieren begann. Angeregt durch die Arbeiten Albert Howards und eine Untersuchung über den Zusammenhang von Gesundheit und Diät bei Ratten sowie aufgrund eigener Studien veröffentlichte sie 1943 ihr Buch »The Living Soil« (Der lebende Boden). Dessen Erscheinen brachte Farmer und Interessierte aus anderen wissenschaftlichen Disziplinen zusammen und führte 1952 zur Gründung der Soil Association, deren erste Präsidentin Balfour wurde.

Ernährung und Gesundheit im Verhältnis zum Boden und seiner Bearbeitung war lebenslang ihr Thema. Sie war von der Notwendigkeit wissenschaftlicher Forschung überzeugt und initiierte auf ihrem Farmland das sogenannte »Haughley Experiment«, bei dem verschiedene Anbaumethoden untersucht wurden. Zu deren Finanzierung gründete sie die Zeitschrift »Mother Earth«, aus der die heutige »Living Earth« hervorging. 1970 fand das mutige Projekt aus finanziellen Gründen ein Ende, und die Farm mußte verkauft werden, um die Schulden zu tilgen.

Auf Vortragsreisen durch die USA und Australien weckte sie viel Interesse. Als Gründungsmitglied und langjährige Generalsekretärin der Soil Association, als Managerin der Forschungsfarm und als Autorin stand Lady Eve Balfour am Beginn der organischen Bewegung in England.

Raoul Lemaire

Bereits mit 14 Jahren arbeitete Raoul Lemaire (1884–1972) im Wein- und Getreidehandel. In wenigen Jahren brachte er es zum größten Wein- und Getreidehändler seiner Heimatregion, der Somme. Da Frankreich damals nur mittelmäßigen Weizen erzeugte und kleberreicher Weizen aus den USA und Kanada importiert werden mußte, beschloß Lemaire, sich der genetischen Erforschung und dem Anbau von Weizen zu widmen. Seine Untersuchungen, für die er 1928 in Paris eine Auszeichnung erhielt, führten zur Entwicklung von den Importen überlegenen Weizensorten. Der Ernährungswissenschaftler Paul Carton regte ihn an, Brot aus naturbelassenen Zutaten zu kreieren. 1931 gründete Lemaire das erste Geschäft für natürliche Produkte in Paris. Bäcker konnten steingemahlenes Mehl von der Société Lemaire beziehen und nach deren Rezept das Pain Lemaire backen. Heute wird es in fast 2000 Bäckereien und Lebensmittelläden angeboten.
Bereits ab 1924 befaßte sich Lemaire mit dem Problem der Düngung, befürwortete Naturdünger und experimentierte später mit Magnesiumdüngern. 1959 entdeckte er die Vorzüge der Lithotame, einer kalk- und magnesiumhaltigen Alge, und propagierte ihre Verwendung im biologischen Anbau. Die Bekanntschaft mit Jean Boucher, einem Spezialisten für Humuswirtschaft, führte zur Methode Lemaire-Boucher, nach der viele französische Landwirte zu arbeiten begannen. Das Verfahren basiert im wesentlichen auf fünf Voraussetzungen: 1. dem natürlichen Gleichgewicht des Bodens aufgrund des Anbaus von Getreide; 2. tiefer Bodenlockerung ohne Umwendung der Schichten; 3. Kompostierung organischen Düngers; 4. Mischkultur; 5. Verwendung der »Calmagol« genannten Alge als Bio-Katalysator. Die von Lemaire und Boucher entwickelte Methode und ihre Anbaubestimmungen legten den Grundstein für die biologische Landwirtschaft in Frankreich.

Jean Boucher

Schon während seines Studiums in Versailles spezialisierte sich Jean Boucher 1936 auf das Bodenleben. Als er später als Leiter der Dienststelle für Pflanzenschutz in den Departements Loire-Atlantique und Vendée arbeitete, nahm er Anstoß an den offiziell empfohlenen Lösungen der Schädlingsbekämpfung und konstatierte trotz ihrer Anwendung zunehmenden Befall. Aus diesem grund machte er die Humuswirtschaft Anfang der 50er Jahre zum Schwerpunkt seiner wissenschaftlichen Forschungen. Als er feststellte, daß der auf Höfen und in Gärtnereien erzeugte Humus oft von schlechter Qualität war, befaßte Boucher sich mit Methoden zu seiner Verbesserung. Dabei ging er aus von den Arbeiten Howards wie auch von bio-dynamischen Gesichtspunkten. Indem er moderne Landmaschinen geschickt einsetzte, entwickelte er eine Technik der Kompostherstellung, die auch auf größeren Höfen zu praktizieren war. Er selbst trat für eine gift- und kunstdüngerfreie Landwirtschaft ein. Mit Raoul Lemaire zusammen erarbeitete er die biologische Anbaumethode Lemaire-Boucher und übernahm dann 1963 die technische Leitung der Société Lemaire – ein unermüdlicher Kämpfer für die biologischen Prinzipien in der Landwirtschaft.

Rudolf Steiner

Rudolf Steiner (1861–1925) begann 1879 in Wien ein Studium an der Technischen Hochschule. Daneben befaßte er sich mit Literatur und gab 1882 Goethes naturwissenschaftliche Schriften heraus. 1890 siedelte Steiner nach Weimar um, wo 1894 eines seiner wichtigsten Werke, »Die Philosophie der Freiheit«, entstand. Ihn beschäftigten die unterschiedlichen Aspekte der Philosophie, wobei sich eine zunehmende Hinwendung zur Auseinandersetzung mit spirituellen Themen abzeichnete.
Im Jahre 1897 ging Steiner nach Berlin, wo er unter anderem gut besuchte Kurse in Geschichte gab – Beweis seiner hohen Begabung als Lehrer. In Berlin bekam er auch Kontakt mit den Theosophen, vor denen er esoterische Vorträge hielt. 1902 besuchte er Annie Besant, das Oberhaupt der Theosophischen Gesellschaft, in London, die ihn zu deren Leiter in Deutschland ernannte. Die intensive Arbeit für die Theosophische Gesellschaft wurde für Steiner die Vorstufe zur Entwicklung seiner eigenen Geisteslehre, der Anthroposophie. 1913 gründete er die Anthroposophische Gesellschaft und legte noch im gleichen Jahr im schweizerischen Dornach den Grundstein ihres Zentrums, des Goetheanums.
Seit 1905 hatte sich Steiners Vortragstätigkeit enorm gesteigert, wurde jedoch kriegsbedingt unterbrochen. 1921, nach Gründung der Waldorfschule 1919 und Eröffnung des Goetheanums 1920, nahm er sie wieder auf. In den ersten neun Monaten 1924 intensivierte Steiner seine Kurse und widmete sich darin speziellen Bereichen wie etwa der Heilpädagogik, der Medizin und der Sprachgestaltung. Auf Einladung von Carl Graf Keyserling, dem bekannt war, daß er sich mit entsprechenden Fragen beschäftigte, gab Steiner auf dessen Gut bei Breslau vor über hundert Bauern den sogenannten »Landwirtschaftlichen Kurs«. Der Kursus wird zur Geburtsstunde der biologisch-dynamischen Wirtschaftsweise (s. S. 12).

Hans Müller

Hans Müller (1891–1988) wuchs auf einem großen Bauernhof im Emmental auf und besuchte ab 1908 das Lehrerseminar in Hofwil bei Bern. Nach dreijähriger Tätigkeit als Lehrer begann er ein Studium der Biologie, das er 1921 mit der Promotion abschloß. Maria Bigler heiratete er 1914.
Er kannte die Nöte der Bauern aus eigener Anschauung. Die sich ausbreitende Industriegesellschaft bedrohte viele Höfe, und viele Bauern suchten Trost in selbstgebranntem Schnaps. Von der Nächstenliebe seiner Mutter beeinflußt, die neben sieben eigenen 14 Waisenkinder aufzog, gründete Müller den Schweizerischen Verband abstinenter Bauern und Bäuerinnen. Er erkannte, daß nur eine bessere Bildung den Bauern größere Chancen bieten würde, und veranstaltete 1926 erstmals kulturelle Schulungswochen. Während seine Frau auf dem Möschberg eine Hausmutterschule leitete, schuf Müller dort ein Bildungszentrum für Bauern nach dem Vorbild der dänischen Volkshochschule.
Im Jahre 1946 gründete Müller mit Gleichgesinnten die noch heute bestehende Anbau- und Verwertungsgenossenschaft AVG und die Zeitschrift »Kultur und Politik«. Diese Initiativen hatten den Zweck, die Qualität von Lebensmitteln zu propagieren und zu fördern. Denn nunmehr bewegten ihn und seine Frau ganz andere Probleme: Die Landflucht nahm beständig zu, und die Verwendung von Kunstdünger und Pestiziden in der Landwirtschaft war mittlerweile beängstigend. Durch das Studium der entsprechenden Literatur, den Kontakt mit den Verfechtern der biologisch-dynamischen Wirtschaftsweise und eigene Studien suchten sie nach einem naturgerechten Weg. Mit Hans-Peter Rusch, dem deutschen Mikrobiologen, entwickelte das Ehepaar die Methode des organisch-biologischen Landbaus. Der Möschberg wurde zum Schulungszentrum, und Hans Müller gab dort bis zu seinem Tod Kurse für Landwirte.

Maria Müller-Bigler

Das Werk von Hans Müller wäre ohne seine Frau Maria Bigler (1894–1969) nicht denkbar. Wie er stammte auch sie von einem Bauernhof im Emmental. Ihre Ausbildung erhielt sie auf der Gartenbau- und Haushaltsschule. Nach der Heirat 1914 und der Geburt des Sohnes befaßte sie sich intensiv mit der Literatur über Ernährung, Gesundheit und Landwirtschaft. Damit erwarb sie sich ein spezielles Wissen, das sie ab 1933 in der kleinen Haushaltsschule auf dem Möschberg an Hunderte von jungen Bauersfrauen weitergab, die zum größten Teil aus bescheidenen Verhältnissen kamen. Neben einer sonst nicht üblichen Vermittlung von Allgemeinbildung, den Kenntnissen in Säuglingspflege, Haus- und Gartenarbeit betonte Maria Müller die Ernährungslehre und stützte sich hier auf Pioniere wie Bircher-Benner (s. S. 29). Ihre Erfahrungen und Einsichten faßte sie 1959 in einer Publikation mit dem Titel »Was die Bauernfamilie von der neuzeitlichen Ernährung wissen müßte« zusammen.
Ihren wesentlichen Beitrag zu den Prinzipien des biologischen Anbaus leistete Maria Müller ab den 40er Jahren. Sie durchforschte in nächtelangen Studien sämtliche verfügbare Literatur, deren Inhalte sie mit ihrem Mann diskutierte. Das so erworbene Wissen erprobte sie im eigenen Garten und auf dem Möschberg. Aus diesen praxisbezogenen Untersuchungen ergaben sich fundierte Erkenntnisse über den biologischen Anbau und die Erhaltung der Bodenfruchtbarkeit, welche die Basis des Müllerschen Ansatzes bildeten, als das Paar sich mit Hans-Peter Rusch zusammentat. Das Vermächtnis Maria Müllers ist die »Praktische Anleitung zum organisch-biologischen Gartenbau«. Kurze Zeit nach dessen Erscheinen starb sie im Alter von 75 Jahren.

Hintergrund: Raoul Lemaire, der Begründer der biologischen Landwirtschaft in Frankreich

Hans-Peter Rusch

Hans-Peter Rusch (1906–1977) verbrachte seine Kindheit in seinem Geburtsland Ostpreußen. Er studierte in Gießen Medizin und arbeitete von 1932 bis zum Zweiten Weltkrieg in der Gynäkologie der dortigen Universitätsklinik. Nach seiner Habilitation berief man ihn als Dozent für Frauenleiden und Geburtshilfe. Bevor er jedoch seine Lehrtätigkeit aufnehmen konnte, wurde er nach Sizilien und Kreta als Stabsarzt abkommandiert.
Nach Kriegsende fand Rusch eine Stellung als Arzt an der Krebsklinik in Lehrbach und erforschte mit dem Bakteriologen A. Becker die Funktion von Bakterien, mit dem Ziel neue Heilmittel zu entwickeln. Dabei entdeckte Rusch den »Kreislauf der Bakterien als Lebensprinzip«, so der Titel seines 1950 in der medizinischen Zeitschrift veröffentlichten Aufsatzes. In diesem Beitrag fand Hans Müller jenen wissenschaftlichen Ansatz, der dem biologischen Landbau fehlte. Müller suchte Rusch auf, und als Rusch von der Klinik gekündigt wurde, regte ihn Hans Müller zur Gründung eines Labors an, für das ihnen ein befreundeter Apotheker in Herborn eine Garage zur Verfügung stellte. Daraus erwuchs mit den Jahren ein bedeutendes medizinisches Institut.
In diesem Labor untersuchte Rusch die mikrobiologische Bodenbeschaffenheit und entwickelte einen – nach ihm benannten – Test, der biologisch arbeitenden Bauern und Gärtnern präzise Auskunft über die Bodenfruchtbarkeit gibt. Zugleich wirkte Rusch als wissenschaftlicher Berater der Schweizer Anbaugenossenschaft AVG, gab Kurse auf dem Möschberg und erläuterte die wissenschaftlichen Grundlagen des organisch-biologischen Landbaus in Vorträgen und regelmäßigen Beiträgen in »Kultur und Politik«. Die Publikationen »Naturwissenschaft von Morgen« (1955) und »Bodenfruchtbarkeit – Eine Studie biologischen Denkens« (1968) sind Leitfäden der Anbaumethode Müller-Rusch.

Maria Thun

Maria Thun, geborene Jung, kam 1922 in Marburg an der Lahn zur Welt. Sie wuchs im nahen Großfelden auf einem Bauernhof auf und mußte schon als Kind Gänse und Kühe hüten. Dabei lernte sie, welche Pflanzen die Tiere mochten und welche sie verschmähten. Während des Zweiten Weltkriegs arbeitete sie in der Krankenpflege, wo sie ihren Mann Walter Thun, einen Maler und Schüler Rudolf Steiners, kennenlernte. Durch ihn kam sie mit der Anthroposophie und den Prinzipien der biologisch-dynamischen Wirtschaftsweise in Berührung. Bei ihren gemeinsamen Beobachtungen wurde ihre Aufmerksamkeit auf die eklatanten Unterschiede in der Pflanzenentwicklung gelenkt, die trotz anscheinend gleicher Bedingungen auftraten. 1952 keimte erstmals in ihr die Vermutung, daß der kosmische Umkreis, vertreten durch Sonne, Mond und Planeten, an der Bildung der Kulturpflanzen mitwirken könnte, und sie begann mit gezielten Untersuchungen.
Ihre Entdeckungen veröffentlichte sie 1963 in dem Artikel »Neunjährige Beobachtung kosmischer Zusammenhänge bei Einjahrespflanzen«. Er stieß bei Gärtnern und Bauern auf reges Interesse, die sie um konkrete Empfehlungen für Saat, Pflege und Ernte baten. So erschien noch im gleichen Jahr der erste Aussaat-Kalender, der 1996 seinen 34. Jahrgang erlebte und inzwischen in mehr als 20 Sprachen erscheint.
Im Jahre 1964 begann Maria Thun auch die Wirkungsweise biologisch-dynamischer Präparate zu erforschen. In ihrer im hessischen Biedenkopf gelegenen Versuchsstation für Konstellationsforschung im Pflanzenbau führte sie Experimente mit allen europäischen Kulturpflanzen durch. Dafür stehen ihr fünf Hektar Gartenland, ein eigenes Labor für Boden- und Pflanzenanalysen und eine Backeinrichtung zur Erforschung der Brotqualität zur Verfügung. Sohn und Enkel unterstützen inzwischen ihre Arbeit.

Basis einer gesunden Ernährung

Nähr- und Vitalstoffe

Ohne Nahrung kein Leben. Unterernährung führt zu gravierenden Gesundheitsschäden, aber auch Überernährung verursacht schwere Krankheitssymptome. Die Erkenntnis drängt sich auf, daß richtige Ernährung nicht nur eine Angelegenheit von ausreichender Menge sein kann. Man geht davon aus, daß bei vielen Patienten falsche Eß- und Trinkgewohnheiten und/oder minderwertige Nahrungsmittel für die Entstehung ihres Leidens verantwortlich sind. Daher ist es nicht unwichtig, die Funktionen der Grundbausteine unserer Ernährung zu kennen.

Nährstoffe

Kohlenhydrate

Zu den erstaunlichsten Prozessen, die auf der Erde stattfinden, gehört die Photosynthese: Pflanzen nehmen Kohlendioxid und Wasser auf, und unter Einwirkung von Sonnenlicht und mit Hilfe des Chlorophylls, ihres Blattgrüns, erzeugen sie Glucose – Traubenzucker –, ein Kohlenhydrat. Aus anorganischer, energieschwacher Materie entwickeln sie demnach einen organischen, energiereichen Stoff. Anders ausgedrückt: Dank der Pflanzen verwandelt sich Sonnenlicht in für Lebewesen aufnehmbare Energie. Und dabei wird ein anderes Element frei, ohne das Leben nicht existieren könnte: Sauerstoff.

Kohlenhydrate, bei denen es sich um Zucker, um Saccharide handelt, stellen mengenmäßig den Hauptanteil der Ernährung. Man unterscheidet

- Monosaccharide oder Einfachzucker wie Glucose und Fructose,
- Disaccharide oder Zweifachzucker wie Malz- und Milchzucker oder Rohr- und Rübenzucker, letztere auch als Saccharose bekannt: Haushaltszucker,
- Polysaccharide oder Vielfachzucker wie Stärke, Cellulose oder Pektine.

Nur Trauben- und Fruchtzucker kann der Organismus direkt nutzen. Alle anderen Kohlenhydrate müssen im Stoffwechsel aufgespalten und zu Glucose umgewandelt werden. Glucose wird im Körper zu Kohlendioxid und Wasser abgebaut, wobei die bei der Photosynthese gebildete Energie frei wird. Generell wird diese Energie für alle körperlichen Aktivitäten und die Körpertemperatur benötigt. Darüber hinaus ist sie unerläßlich für die Funktionen von Gehirn, roten Blutkörperchen und Nervensystem. Der Umwandlungsprozeß kann sich jedoch nur durch die Wirkung von Vitamin B1, dem Thiamin, vollziehen.

Prozeß der Photosynthese: Grüne Pflanzen bilden mit Hilfe von Licht und Chlorophyll aus anorganischem Kohlendioxid (CO_2) und Wasser (H_2O) energiereiche organische Glucose und geben Sauerstoff (O_2) ab.

Meist sorgt die Natur selbst für die notwendigen Zusatzstoffe. Wenn aber zum Beispiel bei der Herstellung von Haushaltszucker B-Vitamine entfernt werden, verursacht dieser Mangel im Organismus, vor allem im Nervensystem, schwere Störungen. Ähnliches gilt für Weißmehl, das aufgrund seines Mineralentzugs für Zähne und Knochen negative Folgen zeitigt. Zweifachzucker hingegen wie etwa Maltose, in Keimen verbreitet, und Lactose, die für Säuglingsnahrung und Diätkost verwendet wird, besitzen positive Eigenschaften.

Wenn sich zwei Monosaccharidmoleküle verbinden, entstehen Disaccharide. Reagieren zahlreiche Moleküle miteinander, kommt es zu Verbindungen, an denen hunderte, selbst tausende Moleküle beteiligt sein können. Zu diesen nicht süß schmeckenden Polysacchariden gehört Stärke. Sie dient Pflanzen als Speicher und wird besonders stark in Samen und Knollen gebildet. Damit Organismen Stärke verwenden können, müssen die Moleküle von Enzymen aufgespalten werden. Da diese Vorgänge Zeit beanspruchen, wird Glucose nur nach und nach freigesetzt und der Organismus kontinuierlich mit Energie versorgt. Auch Ballaststoffe (s. S. 31) zählen zu den Polysacchariden, nur werden sie in der Regel nicht aufgespalten und daher nicht aufgenommen.

Verzehrt man mehr Kohlenhydrate als an Energie benötigt, hat der Organismus zwei Möglichkeiten, damit umzugehen. Zunächst verwandelt er sie in Glykogen, das in Leber und Muskeln als schnell einsetzbare Reserve gespeichert wird. Deren Aufnahmekapazität ist auf etwa 350 Gramm begrenzt. Was darüber hinaus anströmt, wird zu Fett. Auch dies dient als Speicher und kann abgebaut werden, vorausgesetzt, daß nicht leichter umzusetzende Glucose erneut aufgenommen wird.

Fett

Kohlenhydrate, Eiweiß und Fett stellen zusammen die drei sogenannten Hauptnährstoffe, da sie den Organismus mit Energie versorgen. Nachdem Pflanzen Kohlenhydrate gebildet haben, entsteht aus den gleichen Grundelementen Kohlen-, Wasser- und Sauerstoff und unter weiterer Einwirkung von Sonnenenergie Fett, das die wichtige Funktion hat, die fettlöslichen Vitamine zu transportieren. Fett besteht meist aus drei unterschiedlichen Fettsäuren und Glycerin. Man unterscheidet dabei zwischen gesättigten, einfach ungesättigten und mehrfach (oder hoch)ungesättigten Fettsäuren. Gesättigte Fettsäuren, die wie die Buttersäure vorwiegend in tierischen Nahrungsmitteln vorkommen, können auch vom Körper selbst gebildet werden. Sie sind wasserlöslich, gelangen bei der Verdauung auf direktem Wege ins Blut und haben nur als Energielieferanten ihren Wert.

Anders verhält es sich mit den ungesättigten Fettsäuren, die andere Stoffe wie etwa Vitamine binden können. Olivenöl besteht überwiegend aus einfach ungesättigten Fettsäuren, die Arteriosklerose verhüten, was auch für Butter gilt.

Mehrfach ungesättigte Fettsäuren sind essentiell, das heißt, der Körper braucht sie, um funktionstüchtig zu sein, kann sie aber nicht selbst erzeugen. Die wichtigsten sind Linol- und Linolensäure, aus denen weitere essentielle Fettsäuren gebildet werden. Diese haben vielfältige Wirkungen, sind Bestandteil der Zellstruktur und des Nervengewebes sowie Ausgangsbasis für lebenswichtige Gewebshormone und beeinflussen den Stoffwechsel. Außerdem senken sie übermäßigen Gehalt an Blutfett. Essentielle Fettsäuren werden von Pflanzen produziert; man kann sie auch über Fisch oder Fleisch aufnehmen. In bester Weise liefern sie jedoch Speiseöle, deren Qualität von dem Gehalt an essentiellen Fettsäuren abhängt.

Eiweiß (Protein)

Der dritte Hauptnährstoff Eiweiß oder Protein ist zugleich Bausubstanz des Körpers. Ob Haare oder Haut, Muskeln oder Knochen, Organe oder Blut, alle bestehen hauptsächlich aus Eiweiß. Wiederum sind es die Pflanzen, die Eiweiß auf spektakulär einfache Art erzeugen, indem sie ein weiteres Element aufnehmen: Stickstoff. Sie bilden daraus mit Kohlen-, Wasser- und Sauerstoff die Proteine, bei denen es sich um Makromoleküle handelt. Proteine treten höchst vielseitig auf, und entsprechend differenziert sind ihre Aktionsfelder. So zählen beispielsweise auch Enzyme, Hormone, Hämaglobin oder Antikörper zu den Proteinen. Proteine übernehmen Funktionen wie Anregung, Umwandlung, Transport, Abwehr, aber auch Übertragung von Nervenimpulsen, Speicherung von Spurenelementen und Stützung von Gewebe.

Obwohl es eine unüberschaubare und noch weitgehend unerforschte Menge an unterschiedlichen Proteinen gibt, setzen sie sich aus nur 20 Aminosäuren zusammen, die man als »Alphabet des Lebens« bezeichnen kann. Acht Aminosäuren sind essentiell, während der Körper die übrigen zwölf selbst daraus aufbauen kann. Die Tatsache, daß in Fleisch alle acht essentiellen Aminosäuren enthalten sind, hat zu einer Überbetonung des Fleischkonsums und – als dessen Folge – zu einer überhöhten und gesundheitsschädlichen Eiweißaufnahme geführt. Tierisches Eiweiß muß zudem im menschlichen Körper umgebaut werden, während er pflanzliches Eiweiß direkter verwertet. Zwar enthalten Pflanzen essentielle Aminosäuren selten vollständig und in unterschiedlicher Konzentration, aber durch Kombination verschiedener Zutaten – am deutlichsten in der Verbindung von Getreide und Hülsenfrüchten – wird die biologische Wertigkeit des pflanzlichen Eiweißes erhöht. Noch mehr gilt dies für die Verbindung von Pflanzen- mit Milcheiweiß. Wie der Ernährungswissenschaftler und Begründer der Vollwerternährung, Werner Kollath, nachwies, gibt es einen bedeutenden Unterschied zwischen rohem, lebendigem Eiweiß und über 43 °C erhitztem Eiweiß, das wesentliche lebendige Faktoren wie Enzyme einbüßt. Daher sind roh genossene Gemüse, trotz des prozentual geringen Gehalts an Proteinen, besonders wertvolle Eiweißlieferanten.

Vitalstoffe

Vitamine

Vitamine sind lebensnotwendige organische Substanzen, die – mit Ausnahme des Vitamins C – in verschwindend kleinen Mengen vorkommen und wirken. Ihr Einflußbereich ist insbesondere der Stoffwechsel, der Kohlenhydrate, Fette und Eiweiß umsetzt. Ohne die katalytische Funktion der Vitamine – sie sind häufig Bestandteil von Enzymen – kann dieser nicht oder nur gestört stattfinden. Da sie meist nicht ausreichend vom Körper selbst gebildet werden, müssen wir sie mit der Nahrung aufnehmen: Sie sind somit essentiell. Vitamine, die empfindliche, äußerst komplizierte Gebilde darstellen, können jedoch Sauerstoff, Licht und Hitze schlecht widerstehen. Daraus folgt, daß vitaminreiche Lebensmittel hinsichtlich Lagerung und Zubereitung mit größter Sorgfalt behandelt werden müssen. Aus frischen Zutaten roh zubereitete Speisen garantieren die höchste Vitaminaufnahme. Bei Verarbeitung und längerer Lagerung sowie bei Konservierung mittels Hitze büßen Lebensmittel erheblich an Vitamingehalt ein. Die aktuelle Forschung hat unter den Vitaminen eine große Differenziertheit festgestellt. Dennoch folgt man auch weiterhin den bestehenden Unterscheidungskriterien, nach denen die Vitamine in zwei große Gruppen geteilt werden: die fettlöslichen und die wasserlöslichen.

Essentielle Aminosäuren

Sämtliches Eiweiß in unserem Körper besteht aus 20 Bausteinen, den Aminosäuren. Acht von ihnen müssen wir durch die Nahrung aufnehmen, damit unser Organismus die übrigen zwölf selbst aufbauen kann. Diese acht bezeichnet man als »essentiell«. Wichtig ist dabei, daß die essentiellen Aminosäuren gleichzeitig aufgenommen werden, denn nur dann können sie nach dem aktuellen Bedarf in Proteine umgebildet werden. Da besonders während des Wachstums ein hoher Eiweißbedarf besteht, kann ein Mangel zu erheblichen Gesundheitsstörungen und Mißbildungen führen. Zwei Aminosäuren, Arginin und Histidin, werden als »halb-essentiell« bezeichnet, weil nur Säuglinge sie aufnehmen müssen; sie sind Bestandteil der Muttermilch.
Außer Fleisch und Fisch enthalten auch zahlreiche andere Lebensmittel alle acht essentiellen Aminosäuren, beispielsweise Eier, Milch, Käse, Quark und sonstige Milchprodukte sowie einige Getreidesorten und verschiedene Gemüse und Früchte. Einige Gemüse- und Obstsorten weisen die essentiellen Aminosäuren nicht vollständig auf, wohl aber einzelne von ihnen in interessanten Konzentrationen.

Fettlösliche Vitamine

Vitamin A (Retinole) – In tierischer Nahrung als Retinol in Leber und Eigelb; pflanzlich in seiner Vorstufe als Provitamin A (Beta-Carotin) in Möhren, Kürbis, Aprikosen u. a.; Bestandteil des Sehpurpurs, unerläßlich für den Sehvorgang; Schutzfunktion für die Zellen, ihre Membranen, für Haut und Schleimhäute.

• Vitamin D (Calciferole) – In tierischer Nahrung in Leber, Fisch, Milchprodukten; pflanzlich als Provitamin in Pilzen, Weizenkeimöl, Spinat, Hefe u. a.; notwendig für die Calcium-Regulierung von Knochen, Zähnen, Haut; Mangel führt zu Rachitis.

• Vitamin E (Tocopherole) – Gering in tierischer Nahrung, reichlich in Soja, Sprossen, Keimölen, Nüssen und Ölfrüchten; schützt die Vitamine A, D und C sowie Fettsäuren vor Oxidation, dadurch Schutz von Zellmembranen und Nervensystem, gegen Gefäßablagerungen und Blutgerinnsel.

• Vitamin K (Phyllochinone) – In Milchprodukten, Leber und Fisch, in Kresse, Blattgemüsen und -salaten, Kohl, Sauerkraut; unentbehrlich für die Blutgerinnung, Schutz gegen Schlaganfall.

Wasserlösliche Vitamine

• Vitamin B1 (Thiamin) – In Schweinefleisch, Geflügel und Milch; vor allem in Vollkorn, Naturreis, Hefe, Weizenkeimen, Kernen; wichtige Rolle im Stoffwechsel als Coenzym, dadurch Auswirkungen auf Gehirn, Nerven, seelische Verfassung; gravierende Störungen bei Mangel (Beriberi).

• Vitamin B2 (Riboflavin) – In Milch, Milchprodukten, Eigelb, Fleisch; Bierhefe, Hülsenfrüchten, Nüssen, Vollkorn; unerläßlich für den Stoffwechsel als Bestandteil von diversen Enzymen, wichtig für Blut, Augen, Haut, Haare und den Schlaf.

• Vitamin B3 (Niacin) – In magerem Fleisch, Geflügel, Wild, Fisch, Eiern; in Gemüse und Vollkorn; unverzichtbar im Stoffwechsel und als Bestandteil von Zellen und Coenzymen; sorgt für psychische Ausgeglichenheit, gegen Herzinfarkt; bei Mangel schwere Schwächezustände.

• Vitamin B5 (Pantothensäure) – In Innereien, Schimmelkäse; in Hülsenfrüchten, verschiedenen Gemüsen und Vollkorn; aktiviert Fettsäuren, wichtiger Bestandteil des energiegebenden Coenzyms A und anderer Enzyme, dadurch entzündungshemmend, streßabbauend, gegen Rheuma.

• Vitamin B6 (Pyridoxin) – In Fisch und Fleisch; vor allem aber in Vollkorn, Hülsenfrüchten, Blattgemüsen, Kartoffeln, auch in Honig und verschiedenen Früchten; unentbehrlich beim Stoffwechsel von essentiellen Fett- und Aminosäuren, zur Blutbildung und für verschiedene Hormone; gegen psychische Reizbarkeit, Arteriosklerose und Asthma; bei Mangel weitreichende Beschwerden.

• Vitamin B12 (Cobalamine) – In tierischen Nahrungsmitteln; sonst in Sojasaucen, Sauerkraut, Bierhefe, in Pflanzen kaum vorkommend; wirkt mit Enzymen bei Aufbau von Amino- und den Nucleinsäuren sowie beim Abbau von Fettsäuren; gegen Magen- und Darmerkrankungen; Mangel führt zu Blutarmut und Nervenerkrankungen.

• Folsäure – In Fleisch; vor allem aber in Gemüse, Salaten, Sprossen, Vollkorn und Bierhefe; unentbehrlich für Zellbildung, Vererbung, rote Blutkörperchen, Eiweißstoffwechsel; gegen Blutarmut, regenerierend; Mangel zeigt sich in Blutarmut, Magen- und Darmerkrankungen, Gewebeschäden; häufigster Vitaminmangel in Europa.

• Biotin (Vitamin H) – In Eigelb, Innereien, Käse; in Soja, Vollkorn, Nüssen, Spinat und grünen Kräutern; stimuliert Stoffwechselprozesse, besonders bei Ab- und Umbau von Sacchariden; für gute Haut und schönes Haar; Mangel zeigt sich in trockener, entzündeter Haut und Nervosität.

• Vitamin C (Ascorbinsäure) – In Leber und Nieren; vor allem in Obst und Gemüse; äußerst vielfältige Funktion im Stoffwechsel, bei Bildung von Binde- und Stützgewebe, Hormonen und Antikörpern; sorgt für Eisenaufnahme; weitgefächerter Schutz gegen Krankheitserreger und Giftstoffe, regenerierend, Stärkung der Abwehrkräfte.

Freie Radikale

Im menschlichen Organismus finden permanent chemische Reaktionen statt. Atome oder Moleküle verbinden oder trennen sich. Der Stoffwechsel besteht aus großenteils höchst komplizierten und zudem rasant ablaufenden Prozessen. Nicht immer gehen diese auf positive Weise vonstatten. Zu unerwünschten Reaktionen kommt es besonders dann, wenn Nikotin oder Alkohol, radioaktive Strahlung oder Umweltgifte, Smog oder Ozon, Infektionen oder falsche Medikamente sich negativ auswirken, Einflüsse, die Oxidationen auslösen. Die Folge sind unglückliche Trennungen von Atomen oder Molekülen, die chemisch unbefriedigt bleiben – es entstehen sogenannte Freie Radikale. Sie reagieren äußerst aggressiv: Indem sie Atome oder Molekülteile an sich reißen, greifen sie andere Moleküle, auch Zellen und Zellkerne an, was zu deren Schädigung und Veränderung führt. Freie Radikale, so vermutet man, lösen Krebs aus. Aber sie stürzen sich auch mit Vorliebe auf Fettsäuren, deren Veränderung zu Arteriosklerose, Herzinfarkt und Schlaganfall führen kann. Gegenspieler der Freien Radikalen sind die Vitamine, die gegen Oxidation schützen.

Lebendige Muttererde

Der Boden

Der Boden ist die hauchdünne Verwitterungshaut der Erde, bestehend aus zu Staub zermahlenen Steinen und Humus. Er wächst auf natürliche Weise nur um ein Zehntel Millimeter pro Jahr und wird durch Milliarden von Kleinstlebewesen aus Mineralien und Pflanzenresten, aus Luft und Wasser ständig neu gebaut, umgestaltet und angereichert. Die lebendige Muttererde, die Krume, ist das wertvollste Gut auf dem Feld und im Bio-Garten. Die chemischen und physikalischen Eigenschaften eines Bodens – ob er sauer oder alkalisch reagiert, schwer am Spaten klebt oder leicht von der Hacke krümelt – hängen von den Gesteinsarten ab, aus denen er besteht. Jeder Boden ist anders zusammengesetzt, etwa aus:

- Urgesteinen oder Magmatiten wie Granit, Basalt, Diabas oder Porphyr – entstanden durch Vulkanausbrüche vor Jahrmilliarden;
- Sedimentgesteinen wie Sand- und Tonstein, Kies und Moränengestein;
- Metamorphiten wie Schiefer, Gneis, Phyllit und Tonschiefer – entstanden durch große Umwälzungen, bei Gebirgsbildungen unter hohen Temperaturen und gewaltigem Druck;
- Kalkgesteinen wie Jura, Kreide, Marmor oder Dolomit – entstanden aus dem Kalk im Wasser oder aus den Skeletten und Kalkschalen von Muscheln, Korallen, Schnecken.

An der Bildung der Unterböden beteiligen sich alle vier Gesteinsarten. Sie sind wichtig als Wasserspeicher, als Drainage, als Sieb und Filter.

Die Bodenarten

Sandboden

Sandboden erwärmt sich rasch und kühlt ebenso schnell aus. Er läßt sich mühelos bearbeiten. Seine Wasserspeicherfähigkeit ist gering, was häufigeres Wässern nötig macht. Organische Dünger verrotten rasch, Nährstoffe werden schlecht gespeichert und schnell in den Untergrund gewaschen. Der Humusanteil ist niedrig. Feiner Sandboden wird leicht vom Wind fortgetragen.
Bodenpflege: Beim Sandboden muß vor allem der Humusanteil durch Kompostgaben vergrößert werden. Um die Wasserspeicherfähigkeit zu verbessern und Nährstoffe länger im Oberboden zu halten, eignen sich Steinmehle wie Bentonit mit einem hohen Anteil an Tonmineralien. Ständige Bodenbedeckung durch eine Mulchdecke verhindert rasches Austrocknen.

Lehmboden

Lehmboden ist ideal für den Garten. Er speichert Wasser und Nährstoffe hervorragend, und seine Durchlüftung ist gut.
Bodenpflege: Lehmboden ist ein fetter Boden, der regelmäßig Nachschub an organischer Masse durch Kompost braucht, damit der Humusanteil erhalten bleibt. Wird er konsequent biologisch gepflegt, macht er wenig Probleme.

Tonboden

Tonboden ist schwer, naß und klebrig. Er erwärmt sich im Frühjahr nur langsam und muß oft gehackt werden, damit er nicht steinhart wird und bei Trockenheit aufreißt. Tonboden speichert Nährstoffe gut, ist aber schlecht durchlüftet.
Bodenpflege: Ein Tonboden muß gelockert werden, am besten mit Sand. Damit dieser Sand nicht trockene Nester im Ton bildet, wird Kompost mit Sandbeigaben eingearbeitet. Tiefwurzelnde Pflanzen lockern den Tonboden auf. Eine Mulchdecke verhindert, daß er austrocknet und Risse bildet.

Humus – Wasserspeicher und Nährstoffquelle

Erst Humus macht aus dem mineralischen Boden fruchtbare Muttererde. Er ist die organische Substanz, das Bindeglied zwischen Lebewesen und Mineralien, speichert Wasser und liefert Nährstoffe. Milliarden Bodenlebewesen ernähren sich von organischer Substanz, wandeln sich um, sterben ab und dienen selbst wieder als organische Nährstoffquelle. Dazu brauchen sie Luft, Wasser und Wärme. Ist der Boden verhärtet, durch falsche Bearbeitung belastet, oder wurden die Kleinstlebewesen samt der Rotteschicht spaten- oder pflugtief begraben, dann verrottet organisches Material nicht, sondern fault. Die Aktivität des Bodens ist verantwortlich für seinen Humusgehalt, den Garezustand und die Krümelstruktur. In den obersten 15 Zentimetern eines für den Pflanzenbau genutzten Bodens leben auf einem Hektar rund 10000 Kilogramm Bakterien, 10000 Kilogramm Pilze, 370 Kilogramm Urtierchen, 140 Kilogramm Algen, 17 Kilogramm Insekten und sechs Kilogramm Springschwänze.

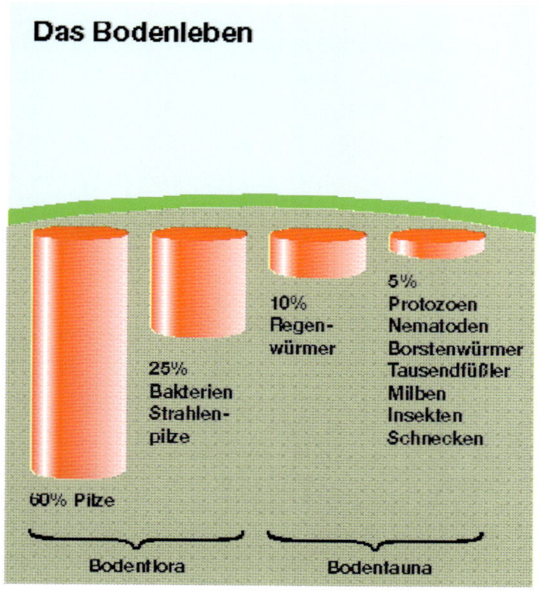

In einem Kubikzentimeter gesunden Bodens leben Milliarden von Lebewesen, die ihn durch ihr vielschichtiges Wirken ständig erneuern.

Das Bodenleben

Im natürlichen Kreislauf der Stoffe verwandelt das Bodenleben alles organische Material in Nährstoffe für die nächste Pflanzengeneration. Im Garten und auf dem Acker liefern Kompost, Festmist und Gründüngepflanzen Futternachschub für die Bodenlebewesen. Gemäß dem Grundprinzip der Düngung im biologischen Land- und Gartenbau werden nicht die Pflanzen ernährt, sondern der Boden. Die Pflanzen bekommen ihre Nährstoffe auf dem Umweg über das Bodenleben und damit in natürlicher, harmonischer Form.

Regenwürmer als Bio-Indikatoren

Besonders wichtig im Recycling-System der Natur – der Rotte – ist der Regenwurm. Bis zu 4000 Kilogramm Regenwürmer leben in einem Hektar Ackerland. Regenwürmer graben sich tief in den Boden, bis hinab in die Mineralschicht, und holen von dort verwittertes Gestein herauf – 30 Tonnen jährlich pro Hektar Weideland. Regenwürmer sind Geophagen, Erdfresser. Sie schlucken die Erde, durch die sie sich hindurchwühlen, und fressen abgestorbene Pflanzenteile. In ihrem Darmtrakt werden organische und mineralische Massen verdaut und zusammengekittet. Die entstehenden Kothäufchen sind Ton-Humus-Komplexe mit einer hohen Konzentration an Nährstoffen, sie enthalten siebenmal soviel Stickstoff, sechsmal soviel Magnesium, dreimal soviel Kali, doppelt soviel Phosphor und Kalk wie feste Gartenerde. Regenwürmer sind unfehlbare Bio-Indikatoren: Je mehr den Boden besiedeln, desto gesünder ist er.

Optimale Bodengare

Ein fruchtbarer Boden hat so viele Hohlräume wie ein Schwamm und bleibt auch bei starker Beanspruchung krümelig und locker. Ein ökologisch gepflegter Boden kann das Doppelte seines Eigengewichts an Wasser speichern: zwei Liter Wasser auf ein Kilogramm Erde. Er hat ein hohes Maß an Bodengare – der Idealzustand einer Kulturerde.

Ökologische Bodenbearbeitung im Verlauf der Jahreszeiten

Bodenlebewesen haben ganz unterschiedliche Ansprüche an Licht, Luft und Wärme. Jedes lebt in der Bodenschicht, in der es optimale Bedingungen vorfindet. Wenn Spaten oder Pflug in diese geordnete Welt einbrechen, Schollen herausstechen und sie auf den Kopf stellen, ist das für Milliarden von Lebewesen ein tödlicher Schock. Den Rest besorgt der Frost. Ökologisch arbeitende Gärtner und Landwirte wenden den Boden nicht, sondern lockern ihn tief. Der Landwirt benutzt dazu einen Schichtengrubber, der Gärtner einen Sauzahn oder die Grabgabel. Der Sauzahn wird zweimal diagonal durch den Boden gezogen, jeweils im Abstand von 10 Zentimetern, so daß am Ende ein Rautenmuster entsteht. Die Grabgabel wird alle 10 Zentimeter in den Boden gestochen und kräftig hin und her bewegt. Gelockert wird gleich nach der Ernte oder nach dem ersten Frost. Eine Ausnahme bilden extrem schwere Böden oder Flächen, die neu kultiviert werden. Hier müssen Spaten und Pflug zum Einsatz kommen, bis der Boden lebendig und gar ist.

Ist der Boden bearbeitet, wird er mit einer rund 5 Zentimeter starken Schicht aus Grobkompost, angerottetem Stroh oder Obstbaumlaub abgedeckt. Unter dieser warmen Decke arbeiten die Bodenlebewesen noch, wenn es schon längst Stein und Bein gefriert. Im Frühjahr wird die Mulchdecke weggezogen. Dann genügt oberflächliches Krümeln, und der Boden ist fertig für Aussaat und Pflanzung. Als Alternative werden Beete und Felder im Spätsommer mit Gründüngepflanzen eingesät. Diese Flächen werden erst im Frühjahr gelockert. Über den Winter bildet der Gründünger eine vitale Schutzdecke.

Für die Spatendiagnose sticht man den Flachspaten senkrecht in den Boden. Dann hebt man einen Graben aus, um die Probe entnehmen zu können.

Die Probe – in der Regel fixiert man sie zunächst mit einem Brett – zeigt ein sauber abgestochenes Bodenprofil von etwa 30 Zentimeter Tiefe.

Zwei Holzstützen, auf die der Spaten samt Erdprobe aufgelegt werden kann, erlauben es, die Diagnose bequem im Stehen vorzunehmen.

Die genaue Betrachtung der Probe gibt Aufschluß über den Zustand des Bodens. Lange, tiefreichende Wurzeln sind ein gutes Zeichen.

Schließlich wird die Probe auf den Boden geworfen und zerfällt, wobei die Größe von Brocken und Krümeln sowie die Existenz von Lebewesen weitere Hinweise geben.

Der Gärtner kann zufrieden sein, wenn sein Boden ein solches Gewimmel verschiedener Lebewesen und eine so lockere Struktur zeigt.

Die Spatendiagnose
(Abbildungen oben)

Die Spatendiagnose wurde nach dem Ersten Weltkrieg von Johannes Görbing entwickelt, Gerhardt Preuschen hat sie vor allem für den ökologischen Landbau wieder zu Ehren gebracht und viele junge Landwirte, Gärtner und Berater mit ihr vertraut gemacht.

• 1. Benötigt wird dazu ein Flachspaten, flachgeschmiedet oder aus Flachstahl hergestellt, mit 10 Zentimeter breitem und 30 Zentimeter langem Blatt; außerdem: ein Gärtnerspaten, eine einfache Kralle, ein kleines Brett von der Größe des Flachspaten-Blattes. Praktisch sind zwei hölzerne Stützen, auf die der Spaten samt Erde aufgelegt und im Stehen betrachtet werden kann.

• 2. Der Flachspaten wird senkrecht – im Winkel von 90° – in den Boden eingestochen. Läßt er sich in voller Länge leicht eindrücken, ist der Boden humos und locker. Bereitet das Eindringen Schwierigkeiten, wird der Spaten mit einem Hammer in die Erde getrieben.

• 3. Nun hebt man mit dem Gärtnerspaten vor dem Flachspaten einen Graben aus, etwa 50 Zentimeter lang, spatenbreit und etwas mehr als spatentief. Der Flachspaten steht jetzt frei, wird vorsichtig entfernt und das Bodenprofil mit einem kleine Brett fixiert. Mit dem Flachspaten sticht man nunmehr einen etwa 10 bis 20 Zentimeter starken Kubus Erde aus, hebt ihn heraus – möglichst schnell und am besten zu zweit, damit nichts bröckelt – und legt ihn auf den Boden oder auf die hölzernen Stützen.

• 4. Die Bodenprobe ist jetzt ganz genau zu betrachten:
– Wie tief reichen die Wurzeln? Sind es feine Wurzeln, die bis zu 30 Zentimeter hinunterreichen, oder gelingt es nur den dicken Haltewurzeln, sich den Weg durch einen (verdichteten) Bodenhorizont zu bahnen?
– Ziehen sich Regenwurmgänge durch die gesamte Bodenprobe oder können Regenwürmer den harten Untergrund nicht durchdringen?
– Knicken möglicherweise Wurzeln waagerecht weg, weil sie auf eine undurchlässige Schicht gestoßen sind?
– Ist der Boden krümelig, das heißt, zerfällt er in echte, runde Krümel und nicht in gebrochene Brocken?
– Ist vielleicht nur eine dünne Oberschicht garer Boden vorhanden, während der Rest hart wie ein Block ist?
– Gibt es stinkende Stellen, Horizonte ohne Sauerstoff, wo Faulgase entstanden sind?

• 5. Zum Schluß betrachtet man den Erdbrocken als Ganzes. Man kratzt ihn mit der Kralle auf, wirft ihn in die Luft, läßt ihn auf den Boden fallen und untersucht ihn nochmals.

Die Spatendiagnose liefert viele wertvolle Hinweise und gibt Aufschluß über Bearbeitungsfehler, Schwachstellen, verbesserungswürdige Maßnahmen, im Idealfall aber auch die Bestätigung biologischer Bodenpflege.

Getreide

Ein Mähdrescher bringt das Getreide ein – auch biologische Landwirtschaft kann auf technisches Gerät nicht ganz verzichten.

Vorherige Doppelseite: Wogendes Getreide unter dem weiten Himmel Nordeuropas

Getreide ist die Grundlage menschlicher Ernährung, seit es unseren Vorfahren vor Jahrtausenden gelang, Wildgräser anzubauen und züchterisch zu verbessern. In Europa sind Weizen, Roggen, Gerste und Hafer die vorherrschenden Sorten, in Asien dominiert der Reis, in Afrika die Hirse und in Mittel- und Südamerika der Mais. Grütze, Suppe und Brei sind die ursprünglichsten Zubereitungsarten. Schon bald verband man Getreide mit anderen Zutaten, und es entstanden – insbesondere in der Kombination mit Hülsenfrüchten oder Nüssen – hochwertige Speisen. Sie bestimmen bis heute überall dort die Ernährung, wo sich die verbreiteten Getreidesorten nicht oder nur eingeschränkt zur Herstellung von Backwaren eignen, was besonders für Reis, Hirse und Mais gilt. Wo man aus zermahlenen Getreidekörnern und Wasser einen Teig knetete und ihn zu Fladen buk, entdeckte man zwangsläufig auch den positiven Effekt der Säuerung. Damit konnte sich die Kunst des Brotbackens entfalten. Als Grundnahrungsmittel setzte sich Brot jedoch nur in klimatisch gemäßigteren Regionen durch. Man verwendete überwiegend das volle Korn. Doch ab etwa 1850 wurde weißes Brot aus feiner gemahlenem und ausgesiebterem Mehl in Europa zu einer Art Statussymbol, während die mineral- und vitaminhaltigsten Teile des Getreides als Tierfutter dienten. Die geschmack- und vitalstoffarmen Auszugsmehle traten ihren Siegeszug an, und damit sie den Ansprüchen industrieller Verarbeitung genügen, stehen dem Bäcker heute mehr als 150 – zum Teil gesundheitsschädliche, aber gesetzlich zugelassene – Zusatzstoffe zur Verfügung. Es gehört zu den Absurditäten moderner Ernährung, daß sie Vollkornprodukte geringschätzt. In Anbetracht des Nährstoffreichtums ungeschälter Getreidekörner kann es nur widersinnig anmuten, welch hoher Aufwand getrieben wird, um gerade die gesündesten Bestandteile des Korns zu entfernen. Aber nicht nur aus dem Blickwinkel gesunder Ernährung, sondern auch in Hinsicht auf den Geschmack hat Vollkorn viel zu bieten, lassen sich doch daraus ausgezeichnete Brote und Gebäcke von einiger Haltbarkeit, köstliche Brotaufstriche und Bratlinge, feine Crêpes und Waffeln, Couscous-, Reis- und Pastagerichte zubereiten.

Vielfalt der Getreidesorten

Amaranth
Eine der ältesten von Menschen kultivierten Getreidesorten und Hauptnahrungsmittel der Azteken und Inkas. Als Korn und Blattpflanze – die Blätter sind als Gemüse oder Küchenkraut beliebt – aufgrund des hohen Eiweißanteils von 16 Prozent außerordentlich gesund; Verwendung als Mehl zur Herstellung von Brot und Backwaren, als Samen zur Zubereitung vieler Speisen (Popcorn).

Buchweizen
Kein Getreide, sondern anspruchslose Knöterichart mit dreikantigen Früchten, deren Inhaltsstoffe jedoch denen von Getreide entsprechen; mit hochwertigem Eiweiß und vielen Mineralstoffen sowie Lysin, einer in Getreide kaum vorkommenden essentiellen Aminosäure. Leicht verdaulich und vielfältig in der Küche verwendbar (Blinis, Pfannkuchen, Bratlinge). Vor Verwendung abspülen und nicht zu lange garen.

Dinkel
Ertragsschwacher, widerstandsfähiger Urweizen, bei dem die Körner mit den Spelzen verwachsen sind. Dank des hochwertigen Klebereiweißes überragende Backeigenschaften und ausgezeichneter Geschmack (Backwaren, Teigwaren, Bratlinge). Praktisch nur aus biologischem Anbau.

Durum, Hartweizen
Stammt von den Urweizenarten Emmer und dem jetzt selten angebauten Einkorn ab. Letzteres besitzt ähnlich positive Eigenschaften wie Dinkel. Anbau vor allem in Italien und Frankreich zur Herstellung von Teigwaren und Hartweizengrieß für Couscous und Bulgur. Nur Vollkornprodukte sind hochwertig.

Gerste
Schnellreifendes und widerstandsfähiges Getreide. Bei Spelzgerste geht der Keim durch das Dreschen im Gegensatz zur Nacktgerste fast verloren, die vielle B-Vitamine und Kieselsäure aufweist. Selbst geschliffene Graupen enthalten noch einen nennenswerten Anteil an Nährstoffen. Verwendung zur Bier- und Branntweinherstellung; Hauptzutat in der Vollwertküche.

Grünkern
Unreifer, noch grüner, in der sogenannten Teigreife geernteter Dinkel mit hohem Wassergehalt. Durch Darren feines, gleichwohl ausgeprägtes Aroma. Nicht zum Backen geeignet, aber hervorragend in Suppen und pikanten Gerichten.

Hafer
Früher Grundnahrungsmittel in Nordeuropa. Wegen seines hohen Proteingehalts gilt er als größter Kraftspender unter den Getreiden, besitzt leicht verdauliche Kohlenhydrate, viel ungesättigte Fettsäuren und Vitamin B1. Zum Backen wenig geeignet, Verwendung vor allem als Flocken. Nackthafer ist eine spelzenlose Züchtung aus neuerer Zeit.

Hirse
Älteste kultivierte Getreidesorte der Welt, vor allem in Afrika und Zentralasien ein bedeutendes Grundnahrungsmittel; Rispenhirse war früher auch in Europa weit verbreitet. Sehr reich an ungesättigten Fettsäuren und Vitaminen. Schmackhaft als Couscous, Hirsotto und in Aufläufen.

Kamut
Züchterisch unverfälschte Urgetreidesorte aus dem alten Ägypten mit häufig dreimal größeren Körnern als Weizen. Hoher Gehalt an Eiweiß wie auch an Aminosäuren und Vitaminen. Besonders gute Backeigenschaften und kerniger, nussiger Grieß.

Mais
Heilige Pflanze der Azteken, Mayas und Inkas, in Europa als Viehfutter sowie zur industriellen Erzeugung von Speisestärke, Grieß, Sirup, Öl verwendet. Nierenreinigend und reich an Ballaststoffen. Als Polenta Basiskost in Italien. Selten aus biologischem Anbau.

Quinoa
In den Anden bis über 4000 Meter reifende Meldenart. Gehaltvolles Blattgemüse und kleine, vitalstoffreiche, schon von den Inkas geschätzte Samen. Gekocht süß oder salzig zubereitet, als Mehl wegen des Bitterstoffs Saporin nur in kleinen Anteilen anzuraten. Meist im Naturkosthandel erhältlich.

Reis
Asiens Hauptnahrungsmittel verliert durch Schleifen und Polieren zu weißem Reis den größten Teil seiner Vitalstoffe. In nur entspelztem Natur-, Braun- oder Vollkornreis sind jedoch alle acht essentiellen Aminosäuren, Vitamine und Mineralstoffe enthalten. Wegen des hohen Pestizideinsatzes nur Bio-Vollreis verwenden.

Roggen
Anspruchsloses und besonders im Norden beliebtes Korn ohne Klebereiweiß (Gluten), das überwiegend als Vollkornmehl verwendet wird. Aus durch Säuerung getriebenen Teigen lassen sich kernige, schmackhafte, lange haltbare Brote backen.

Weizen
Weltweit wichtigste Getreideart aufgrund seines ausgewogenen Gehalts an Vitalstoffen. Wegen des hohen Anteils an Klebereiweiß (Gluten) hat Weichweizen sehr gute Backeigenschaften. Mineralstoffe und Vitamine sind vorrangig in den Randschichten konzentriert, daher nur Vollweizen empfehlenswert.

Wildreis
Kein Getreide, sondern eine Grasart, deren Samen die Grundnahrung nordamerikanischer Indianer bildeten; wild in den Sümpfen der Seen und Flüsse wachsend, wurde Wildreis vom Kanu aus geerntet; heute kultiviert. Die langen schwarzen Körner, die als Delikatesse gelten, haben einen hohen Gehalt an Vitalstoffen.

Schnitt durch ein Getreidekorn

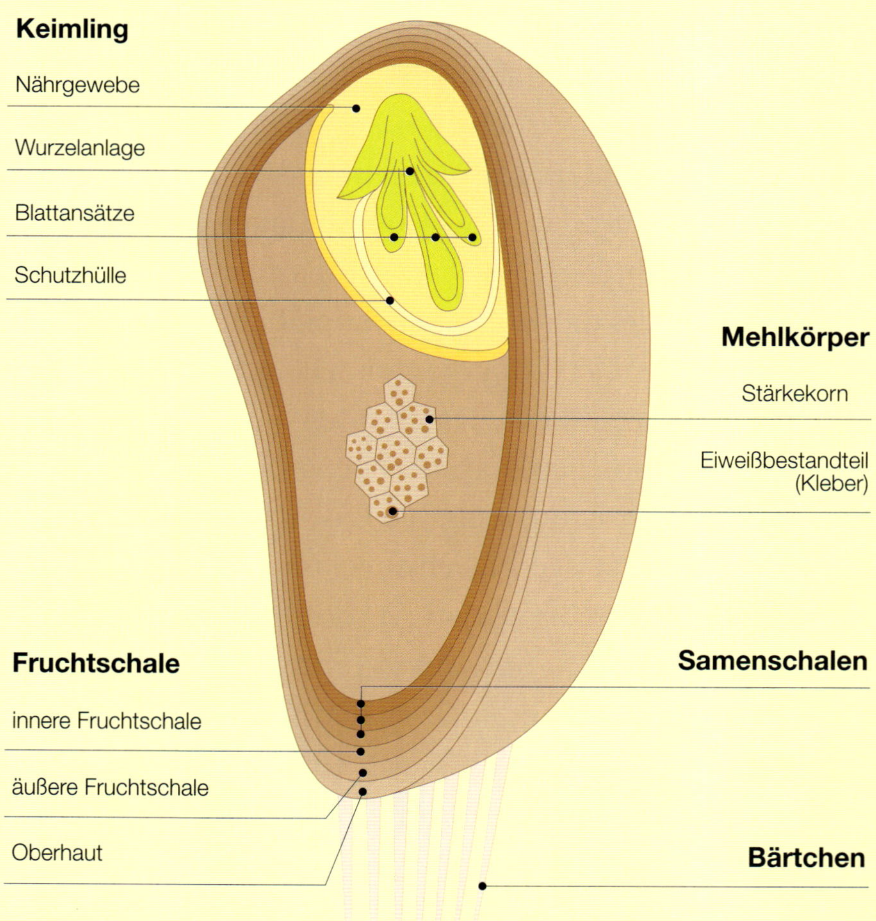

Warum Getreide die Gesundheit fördert

Getreidekörner sind mit fast allen lebenswichtigen Nährstoffen ausgestattet:

• Stärke stellt den größten Teil des Korns, je nach Sorte 60 bis 75 Prozent des Mehlkörpers.

• Hochwertiges Eiweiß ist mit 7 bis 15 Prozent die zweitgrößte Komponente. Auch der Keim enthält viel Eiweiß (bei Hafer sechs essentielle Aminosäuren, bei Reis alle acht).

• Mehrfach ungesättigte Fettsäuren finden sich insbesondere im Nährgewebe des Keims. Der Anteil an Keimöl kann bis zu 7 Prozent ausmachen.

• Mineralstoffe sind vor allem in den Randschichten enthalten. Darunter sind Kalium, das Nerven und Gewebe stärkt, und das für Knochen und Zähne unentbehrliche Calcium sowie Magnesium, notwendiger Bestandteil von Blut und Gewebe, dem man krebsverhütende Wirkung zuschreibt.

• Spurenelemente kommen reichlich vor, darunter Eisen für Sauerstoffaufnahme und Blutbildung, Zink für Abwehrkräfte und Wundheilung, Fluor für harten Zahnschmelz und gegen Karies. Von einiger Bedeutung ist auch der oft hohe Gehalt an Kieselsäure. Sie wirkt sich positiv auf Knochen, Zähne, Haar und Haut, auf die Elastizität von Geweben sowie auf Konzentrationsvermögen und Sehkraft aus.

• Vitamine bilden sich gleichfalls überwiegend in den Randschichten. Die wichtigsten sind: B1, das Nerven und Gewebe stärkt und den Stoffwechsel anregt, und B2, das die Zellerneuerung fördert. Vitamin E wirkt im Zellgewebe als Antioxidant und verjüngend. Folsäure (Vitamin M/U) aktiviert Blut- und Zellerneuerung. Pantothensäure (Vitamin B5) beugt Streßsymptomen vor. Niacin (Vitamin B3) ist stoffwechselfördernd.

• Außerdem liefern die Randschichten bis über 12 Prozent der wichtigen Ballaststoffe (s. S. 31).

Der überwiegende Teil der gesundheitsfördernden Inhaltsstoffe von Getreide fällt den modernen Mahlverfahren zum Opfer. Für Auszugsmehle oder geschälte Getreide werden insbesonders Randschichten und Keime entfernt, welche die meisten Vitamine und Mineralstoffe enthalten. Nur Vollkorn garantiert ihre unverminderte Präsenz. Da Pestizide in die Randschichten eindringen und Kunstdünger die Inhaltsstoffe verfälscht, bietet nur Getreide aus biologischem Anbau vollen Gehalt und Genuß.

1 Mais
2 Weizen
3 Wildreis
4 Naturreis mittellang
5 Quinoa
6 Grünkern
7 Hartweizen
8 Hirse
9 Nacktgerste
10 Buchweizen
11 Naturreis rund
12 Roggen
13 Nackthafer
14 Amaranth
15 Dinkel
16 Kamut

Sauermilchmüsli mit frischem Obst

Frischkornmüsli mit Himbeeren
und Sonnenblumenkernen

Winter-Müsli

Frischkorn-müsli

Die Bezeichnung »Müsli« hat sich eingebürgert für Mischungen, die Getreide – meist in Flockenform –, Trockenfrüchte, Ölsaaten oder Nüsse enthalten. Wem es beim Müsli nicht nur um den Genuß geht, sondern vor allem um den Reichtum an Vitaminen und Spurenelementen, den biologisch angebaute Getreide bieten, der muß es aus frischgeschrotetem Korn selbst zubereiten.
Am besten eignen sich dafür Hafer, Weizen, Dinkel, Gerste, Roggen, Kamut und Reis. Hafer nimmt eine Sonderstellung ein: Bleibt geschroteter Hafer länger als 30 Minuten mit Flüssigkeit in Kontakt, wird er bitter. Da Hafer jedoch relativ weich ist, kann man ihn ungeschrotet einweichen. Andere Körner muß man schroten, sofort mit Wasser bedecken, um die Vitalstoffe vor Oxidation zu bewahren, und über Nacht quellen lassen.
Während sich auch Joghurt oder sonstige gesäuerte Milchprodukte zum Einweichen eignen, sollte man keine frische Milch oder Säfte verwenden. Die Zugabe von Trockenfrüchten zum eingeweichten geschroteten oder gequetschten Getreide ist ebenfalls problematisch. Milch- und Fruchtzucker können Gärungsprozesse auslösen.
Die Feuchtigkeit macht die harten Körner weicher und damit leichter verzehrbar, hat jedoch vor allem die Funktion, die Inhaltsstoffe besser für die Verdauung aufzuschließen. Die Randschichten der meisten Körner enthalten Phytinsäure, eine für den Keim bestimmte Phosphatverbindung. Phytin hat die Eigenschaft, sich mit anderen Mineralien wie Calcium, Eisen, Zink oder Magnesium zu verbinden und deren Aufnahme durch den Körper zu blockieren. Allerdings hat die Natur selbst für Abhilfe gesorgt durch das – ebenfalls im Korn enthaltene – Enzym Phytase. Durch Feuchtigkeit – auch durch Hefe, Sauerteig und Wärme – wird es aktiviert und reduziert das Phytin vor allem bei geschrotetem oder gequetschtem Getreide. So können die hochwertigen Inhaltsstoffe rohen Vollkorns vom Körper aufgenommen werden.

Sauermilchmüsli mit frischem Obst

(Abbildung linke Seite)

4 EL Fünfkornflocken
2 EL Pinienkerne
250 ml Sauermilch
100 g frisches Obst (Pfirsiche, Nektarinen u.a.)
2 TL Honig
1 EL Orangensaft

Flocken und Pinienkerne mit der Milch übergießen. Das Obst waschen, kleinschneiden und zu den Flocken geben. Mit Honig und Orangensaft abschmecken.

Frischkornmüsli mit Himbeeren und Sonnenblumenkernen

(Abbildung linke Seite)

Je 4 EL Dinkel und Hafer
50 ml geschlagene Sahne
50 g Quark
200 g Joghurt
2 EL Honig
1 Msp gemahlene Vanille
150 g Himbeeren
2 EL Sonnenblumenkerne

Den Dinkel grob schroten und über Nacht in Wasser einweichen. Am nächsten Morgen den Hafer grob schroten. Dinkel und Hafer vermengen. Sahne, Quark, Joghurt, Honig und Vanille vermischen und unter das Getreide ziehen. Die Himbeeren hinzufügen und vorsichtig unterrühren, zum Schluß die Sonnenblumenkerne über den Frischkornbrei geben.

Keimsprossenmüsli

Je 1 EL Weizen, Dinkel und Roggen
1 EL Korinthen
2 EL Apfelsaft
1/2 Banane
1/2 Apfel
1 EL Mandelmus
2 TL Honig
3 EL Sahne
1/2 EL gerösteter Sesamsamen
1 Msp Zimt
1 Msp gemahlene Vanille
1 EL Zitronensaft

Die Getreide 3–4 Tage keimen lassen. Die Korinthen in dem Apfelsaft einweichen, die Banane in kleine Stücke schneiden, den Apfel reiben.
Sprossen und Obst vermengen. Die übrigen Zutaten unter Zugabe von 1 EL Wasser miteinander verrühren, dann mit Sprossen und Obst gut vermischen.

Winter-Müsli

(Abbildung linke Seite)

Je 1 EL Hafer-, Gersten-, Dinkel- und Hirseflocken
1 EL Rosinen
1/2 EL gemahlene Haselnüsse
150 g Joghurt
50 ml geschlagene Sahne
1/2 Apfel
1 Orange
2 TL Zitronensaft
1 EL Honig

Flocken, Rosinen und Nüsse in einer Schale gut miteinander vermengen. Joghurt und Sahne unterziehen. Den Apfel reiben, die Orange halbieren. Eine Orangenhälfte ausdrücken, die andere schälen und in kleine Stücke schneiden. Das Obst zu den Getreideflocken geben.
Orangen- und Zitronensaft mit dem Honig verrühren und mit den anderen Zutaten vermischen.

Bircher-Benner

Der Schweizer Arzt Maximilian Oskar Bircher-Benner (1867–1939) studierte schon früh – bedingt durch die eigene schwächliche Gesundheit aufgrund eines angeborenen Herzfehlers – die Heilkraft der frischen Pflanze, die Sonnenenergie aufzunehmen und umzusetzen versteht. Zu einer Zeit, als alle Welt glaubte, daß die beste Ernährung aus weißem Brot und reichlich Fleisch bestehe, erforschte er die Heilwirkung von Rohkost. 1891 eröffnete er in Zürich eine Arztpraxis und gründete dort 1895 – um seine Erkenntnisse noch besser umsetzen zu können – seine eigene Klinik.
Um 1900 begann er, seinen Patienten eine »Apfel-Diätspeise« als Abendessen zu empfehlen, die unter dem Namen »Bircher-Müesli« berühmt wurde. Dafür werden pro Person 3 EL Haferflocken mit Keim zwölf Stunden in der dreifachen Menge Wasser eingeweicht, dann mit etwas Zitronensaft, 2 EL Honig und 3 EL flüssiger Sahne oder Milch verrührt und ein ungeschälter Apfel darübergerieben. Zum Schluß streut man frischgeriebene Nüsse auf das Müsli.
Es gewann schnell Anhänger in aller Welt. Bald schon begannen auch Firmen mit der industriellen Herstellung und Vermarktung einer getrockneten Version. Allerdings hat ein frisch zubereitetes »Bircher-Müesli« mit den abgepackten Handelsmischungen wenig gemein.
Bircher-Benners Heilerfolge zogen Menschen aus der ganzen Welt an – Rainer Maria Rilke, Hermann Hesse und Thomas Mann gehörten ebenso dazu wie Mahatma Gandhi, mit dem er korrespondierte. Nach dem Ersten Weltkrieg beschäftigte der Arzt sich intensiv mit der Psychoanalyse und ostasiatischen Weisheitslehren und versuchte, die seelischen Ursachen körperlicher Krankheiten zu ergründen. Das Resümee seiner Arbeit faßte er unter anderem in seinem Buch »Eine neue Ernährungslehre« zusammen, das 1937 bereits in der 6. Auflage erschien. Die Gesundheitslehre Bircher-Benners hat bis heute nichts von ihrer Aktualität eingebüßt.

Super-Müsli

Für 6 Personen

50 g Weizen
50 g Dinkel
40 g Gerste
40 g Hafer
2 Äpfel
200 g anderes Obst der Saison
1 EL Sonnenblumenkerne
1 EL Buchweizen
1 TL Sesamsamen
2 EL Honig
1 TL gemahlene Vanille
1 TL Zimt
250 ml Sahne
1 EL gehackte Nüsse
1 EL Rosinen
Pfefferminzblättchen

Am Vorabend Weizen, Dinkel und Gerste grob schroten und mit dem Hafer knapp mit Wasser bedeckt über Nacht einweichen.
Am Morgen Äpfel und sonstiges Obst waschen. Die Äpfel ungeschält raspeln, die anderen Früchte in kleine Stücke schneiden und beides mit dem Getreide vermischen. Sonnenblumenkerne und Buchweizen anrösten und mit dem Sesamsamen zu der Getreide-Obst-Mischung geben; mit Honig, Vanille und Zimt würzen. Die flüssige oder geschlagene Sahne unterziehen. Mit Nüssen, Rosinen und Pfefferminzblättchen garnieren.

Haltbarkeit von Getreide und Getreideprodukten

- Selbstgemahlenes Mehl oder Schrot: 3 Wochen in einem verschlossenen Behälter; sollten aber immer frisch gemahlen werden
- Selbstgequetschte Flocken: 4 Wochen in einem verschlossenen Behälter; Ausnahme: Hafer, der nur frisch verwendet werden sollte
- Selbstgegartes Getreide: etwa 5 Tage im Kühlschrank
- Geröstetes Getreide: etwa 3 Monate*
- Im Haushalt aufbewahrtes Getreide: etwa 6 Monate*
- Vollkornmehl (Handelsware): etwa 12 Monate*
- Flocken (Handelsware): etwa 18 Monate*
- Couscous (Handelsware): etwa 18 Monate*
- Teigwaren (Handelsware): etwa 24 Monate*

*abhängig jeweils von Feuchtigkeit, Wärme, Behältnis und anderen Lagerfaktoren; bei Handelsware das auf der Verpackung angegebene Mindesthaltbarkeitsdatum beachten

Ballaststoffe

Keineswegs unnützer Ballast sind Fasern und Gerüstsubstanzen, die besonders in Vollkorn, Gemüse, Obst und Nüssen vorkommen. Ballaststoffe bilden eine Gruppe von Kohlenhydraten, von denen Zellulose und Pektin die bekanntesten sind. Diese Stoffe werden vom menschlichen Verdauungssystem nicht abgebaut. Daher verursachen sie ein erhöhtes Sättigungsgefühl (was der schlanken Linie zugute kommt) und besitzen darüber hinaus auch die Eigenschaft zu quellen, wobei sie Wasser und im Darm enthaltene Giftstoffe wie beispielsweise Cholesterin binden. Vor allem beeinflussen sie regulierend die Aufnahme von verdaulichen Kohlenhydraten und die Darmtätigkeit generell.
Aufgrund dieser Eigenschaften wirken Ballaststoffe unter anderem vorbeugend gegen Diabetes, Darmbeschwerden, Dickdarmkrebs, Herzerkrankungen und Bluthochdruck. Da die gesundheitsfördernden Fasern sich zuvörderst in den Schalen und Randschichten befinden, versteht es sich von selbst, daß ungespritzte Lebensmittel zu bevorzugen sind.

1 Weizen
2 Weizenflocken
3 Hirse
4 Hirseflocken
5 Gerste
6 Gerstenflocken
7 Dinkel
8 Dinkelflocken
9 Hartweizen
10 Hartweizenflocken
11 Hafer
12 Haferflocken
13 Roggen
14 Roggenflocken

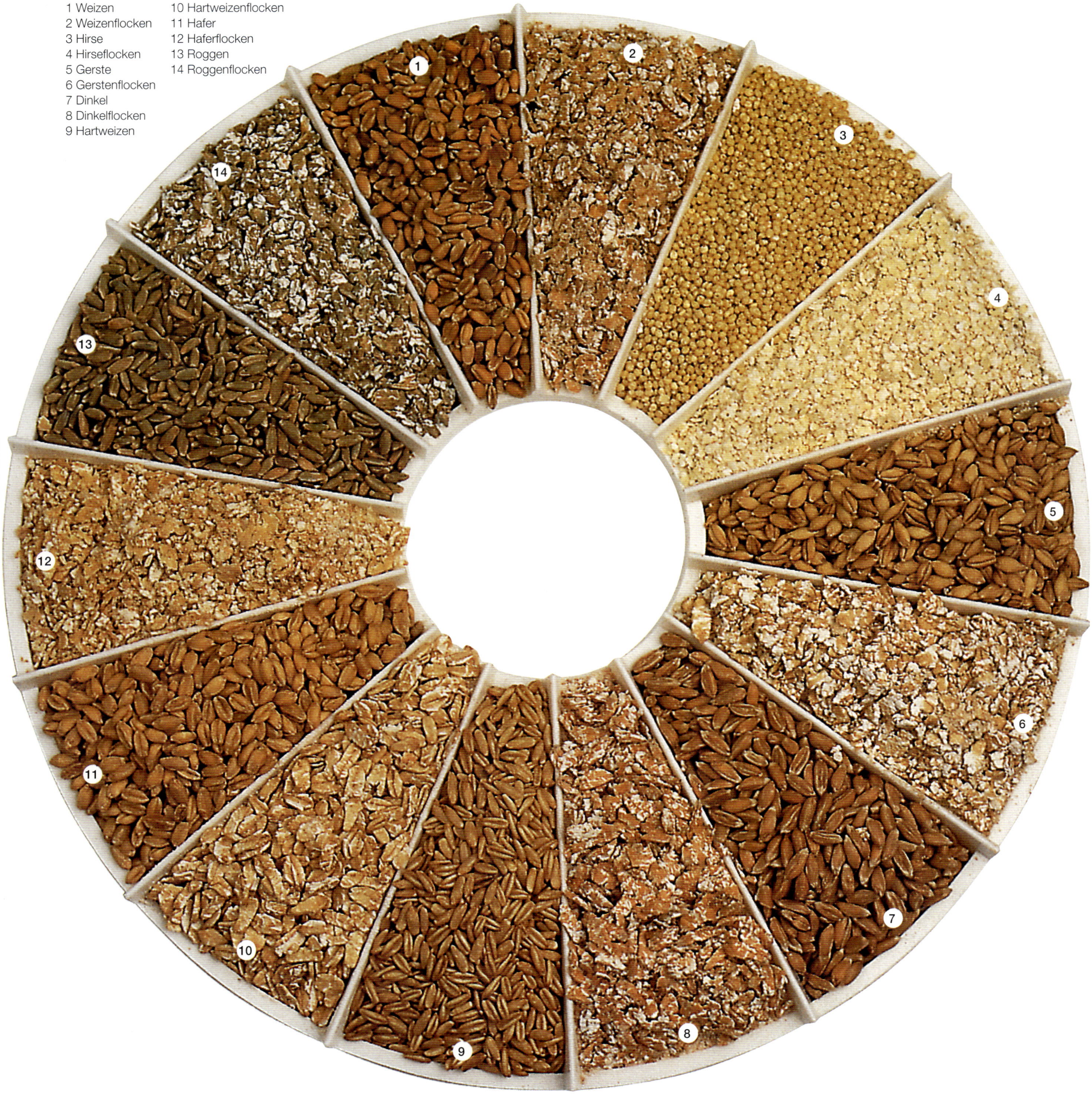

Rechte Seite: Mit diesem Steinflocker lassen sich nicht nur Hafer-, Weizen- und andere Flocken quetschen, sondern auch kleinere Mengen an Schrot und Mehl mahlen.

Flocken und Flocker

Für Getreideflocken gilt das gleiche wie für das volle Korn: Nur frisch beziehungsweise frisch gequetscht verfügen sie über den ganzen Vitalstoffreichtum des Getreides. Handelsware aus der Packung hat bereits einen wichtigen Teil der hochwertigen Inhaltsstoffe verloren, da die Getreideflocken mit Dampf erhitzt und somit mehr oder weniger gegart wurden. Noch weniger von den ursprünglichen Vitalstoffen ist in Cornflakes und den krustig-süßen Frühstücksflocken verblieben. Sie basieren auf Breien mit einem hohen Zuckergehalt (bis zu 28 Prozent), die unter Druck und Hitze gepreßt und anschließend aromatisiert sowie mit Vitaminen angereichert wurden.

Wer gern und regelmäßig Müsli ißt, sollte sich eine Flockenquetsche anschaffen, auch Getreideflocker genannt. Wie bei den Haushaltsgetreidemühlen (s. S. 37) unterscheiden sich die angebotenen Modelle im wesentlichen durch ihre Mahlwerke, die aus Edelstahl oder Keramik oder auch aus Stein sind. Beim Flocker mit schonendem Steinmahlwerk zerquetschen Walzen aus Naxos-Basalt, der mit Magnesitzement geformt wird, das Getreide. Er eignet sich für alle trockenen Getreidearten, deren Körner in der Größe etwa dem Weizen entsprechen. Moderne Mahlsteine machen selbst beim fettreichen Hafer keine Probleme. Flockenquetschen aus Edelstahl oder Keramik können außer Getreide auch ölhaltige Saaten wie Sesam- und Leinsamen oder Mohn bearbeiten, die ein Steinmahlwerk verkleben würden. Ebenfalls Gewürze wie Fenchel, Anis, Koriander oder Kümmel lassen sich darin quetschen, was ihre Würzkraft erst richtig freisetzt. Mit einem Flocker kann man darüber hinaus kleine Mengen Schrot oder Mehl herstellen: Man quetscht die Körner mehrmals, bis der gewünschte Feinheitsgrad erreicht ist. Wichtiges Auswahlkriterium bei den Flockern, die in der Regel am Tisch festgeschraubt werden, ist die Leichtgängigkeit, von der man sich am besten selbst durch einen Test überzeugt.

Hafer kann ohne vorheriges Einweichen gequetscht werden, alle anderen Kornarten sollte man – damit die Schale aufweicht – mindestens eine Stunde vorher kurz wässern und dann trocknen lassen. Wie beim Schrot sollten frischgequetschte Getreideflocken – mit Ausnahme von Haferflocken – anschließend in Wasser oder Joghurt weichen, um sie verträglicher und ihre Mineralstoffe leichter aufnehmbar zu machen. Will man die Flocken zum Frühstück verwenden, empfiehlt es sich, die Körner am Abend vorher zu quetschen und einzuweichen, mindestens jedoch drei Stunden vor dem Verzehr. Flocken eignen sich im übrigen auch gut für die Verwendung in Backwaren, denen sie Struktur und Geschmack verleihen.

Apfel-Hafer-Torte

Zubereitungen mit Getreideflocken

Apfel-Hafer-Torte

(Abbildung links)

Teig

250 g Weizen oder Dinkel
80 g weiche Butter
1 EL Honig
½ TL Weinsteinbackpulver
1 Prise Meersalz
1 Ei

Füllung

150 g Hafer
125 ml Wasser-Sahne-Gemisch
1 kg säuerliche Äpfel
100 g braunes Mandelmus
1 Prise gemahlene Vanille

Für den Teig das Getreide fein ausmahlen.
Alle Zutaten in eine Schüssel geben und zu einem Mürbeteig verkneten. Falls der Teig zu trocken ist, etwas Wasser hinzufügen, so daß er geschmeidig wird. 30 Minuten kalt stellen.
Für die Füllung den Hafer quetschen und anschließend in dem Wasser-Sahne-Gemisch einweichen.
Die Äpfel waschen, vierteln, vom Kerngehäuse befreien und grob reiben. Mandelmus, Vanille und gequollene Haferflocken unter die Äpfel mischen.
Eine Springform von 26 cm Durchmesser ausfetten und mit dem Teig auslegen, dabei einen Rand von 3 cm Höhe drücken. Die Apfelmasse einfüllen und die Torte bei 180 °C etwa 45 Minuten backen.

Haferknäcke

Kuchen aus Fünfkornflocken mit Feigen und Datteln

Haferknäcke

Oatcakes
(Abbildung linke Seite)

200 g Fünfkornflocken
50 g Haferflocken
$^1/_2$ TL Backpulver
30 g flüssige Butter
1 TL Kräutersalz
1 Prise Meersalz
1 Prise Kümmel
50 g kernige Haferflocken

Fünfkorn- und Haferflocken im Mixer grob pürieren und mit den übrigen Zutaten unter Zugabe von 100 ml heißem Wasser zu einem Teig verkneten. Der Teig soll fest, aber etwas klebrig sein.
Den Teig zu einem Kloß formen und auf den kernigen Haferflocken ausrollen. Aus der Teigplatte Knäckebrot-Scheiben schneiden, diese auf Backpapier auslegen und bei 175 °C etwa 40 Minuten im Ofen backen.
Auf einem Kuchengitter auskühlen lassen.

Kuchen aus Fünfkornflocken mit Feigen und Datteln

(Abbildung linke Seite)

250 g Fünfkornflocken
250 ml Wasser-Sahne-Gemisch
2 EL Butter
3 EL Honig
5 Eier
200 g Dinkelmehl
1 Päckchen Weinsteinbackpulver
50 g kleingeschnittene Feigen
50 g getrocknete Datteln
1 EL Korinthen
1 EL Rosinen
Abgeriebene Schale von je 1 Orange und 1 Zitrone
3 EL Sonnenblumenkerne

Die Flocken in der Flüssigkeit 20 Minuten einweichen.
In der Zwischenzeit Butter, Honig und Eier cremig rühren. Nacheinander Flocken, Dinkelmehl und die übrigen Zutaten – bis auf die Sonnenblumenkerne – hinzufügen und unter die Masse heben.
Eine runde Form ausfetten. Den Teig darauf etwa 2 cm dick ausstreichen und mit den Sonnenblumenkernen bestreuen.
In dem auf 160 °C vorgeheizten Ofen 45 Minuten backen.

Crunchy

(Abbildung unten)

250 g gemischte Flocken
2 EL Butter
1 EL Honig

Die Flocken ohne Zugabe von Fett in der Pfanne vorsichtig anrösten. Butter und Honig hinzufügen und beides schmelzen lassen.
Unter Rühren die Flocken goldgelb rösten, dann auskühlen lassen. Die Crunchies zerbröseln und in einem luftdichten Behälter aufbewahren.

Crunchy

Getreidemühlen dieser Größe sind für Großfamilien oder Restaurants geeignet. Ihr Steinmahlwerk läßt sich auf jedes gewünschte und noch das feinste Korn einstellen.

Getreidemühlen – unentbehrliche Geräte

Das Getreidekorn ist die erstaunlichste Konserve, die wir kennen. Es kann den Keim über Jahrtausende schützen und ihm Keim- und Lebensfähigkeit bewahren. Deshalb lassen sich ungemahlene Körner problemlos aufbewahren, ohne daß man den Verlust wertvoller Mineralien oder Vitamine befürchten muß. Allerdings ist Voraussetzung, daß das Getreide gut getrocknet und gesäubert in luftdurchlässigen Säcken und in trockenen, möglichst kühlen Räumen aufbewahrt wird, in denen sich keine Schädlinge breitmachen.

Mehl ist ungleich empfindlicher. Sobald die Getreidekörner zermahlen sind, werden ihre Inhaltsstoffe der Luft ausgesetzt. Vor allem Vitamine und Aromen vertragen solchen Sauerstoffkontakt jedoch schlecht. Sie oxidieren schnell und büßen dabei ihre Qualität ein. Die natürlichen Fette beginnen nach einigen Wochen Lagerung ranzig zu werden. Die meisten konventionellen Mehle enthalten zudem aufgrund der angewandten Mahlverfahren nur noch einen Bruchteil der ursprünglichen Vitalstoffe.

Wer Wert legt auf den ungeschmälerten natürlichen Reichtum des Getreides, dem bleibt nur eine Lösung: Getreide selbst und unmittelbar vor der Verwendung zu mahlen.

Inzwischen ist ein großes Angebot von Mühlen für den Hausgebrauch auf dem Markt. Sie unterscheiden sich vor allem durch Hand- oder Elektrobetrieb sowie durch ihr Mahlwerk. Handmühlen sind dann empfehlenswert, wenn jeweils nur kleine Mengen – etwa für Müslis – zu mahlen oder zu schroten sind.

Bei Elektromühlen machen Motor und Mahlwerk den Unterschied aus. Universal-Motoren findet man in kleineren Mühlen und Küchenmaschinen, die mit einem Mahlaufsatz versehen werden können. Sie sind sehr laut und für einen Dauerbetrieb ungeeignet, da sie sich relativ schnell abnutzen. Permanent-Magnet-Motoren sind hingegen etwas ausdauernder. Alle größeren und für die häufige Benutzung konzipierten Mühlen haben einen Industrie-Motor – er wird auch als Kondensator-Motor bezeichnet –, der leise, wartungsfrei und langlebig ist.

Bei den Mahlwerken unterscheidet man im wesentlichen zwischen zwei Formen: dem Kegel und der Scheibe. Kegelmahlwerke, ob sie nun aus Stahl, Keramik oder Stein geformt sind, mahlen Getreide zu körnigem bis höchstens feinkörnigem Mehl. Stahl und Keramik bieten sich als Material dann an, wenn häufig auch Ölsaaten gemahlen werden sollen.

Für scheibenförmige Mahlwerke haben sich Gußsteine durchgesetzt. Sie basieren auf Magnesit, der aus den natürlichen Mineralstoffen Magnesiumcarbonat und Magnesiumchlorid besteht und mit Wasser wie Zement wirkt. Magnesit wird mit scharfkantigem Granulat des harten Minerals Korund oder des Naxos-Basalts vermischt, in die gewünschte Form gepreßt und anschließend gebrannt. Auf diese Weise entstehen äußerst harte, sich selbst schärfende Mahlsteine, deren höchst geringer Abrieb aus Spurenelementen besteht. Mühlen, die mit diesen Steinen ausgerüstet sind, können Getreide zu sehr feinem flockigem Mehl mahlen.

Die Feinheit des Mehls wird durch Spezialsiebe ermittelt, dessen kleinstes eine Maschenweite von 0,3 Millimetern hat. Mehr als 80 Prozent des Mehls passieren bei der Feineinstellung diese Siebe. Damit liefern solche Getreidemühlen nicht nur Schrot, sondern auch das geeignete Mehl für feine Teig- und Backwaren.

Buchweizen – Buchweizenmehl
Zum Brotbacken nur in Verbindung mit kleberreichen Mehlen geeignet; geschmacklich reizvoll in Feingebäck

Dinkel – Dinkelmehl
Vorzüglich geeignet für Brote, Kuchen, Crêpes und hausgemachte Teigwaren; wohlschmeckend und sehr bekömmlich

Hafer – Hafermehl
Da ihm Klebereiweiß fehlt, zum Backen nicht geeignet; Verwendung als Zusatz (etwa 10 %) zu Brot- und Kuchenteigen

Durum, Hartweizen – Hartweizenmehl
Für hausgemachte Teigwaren prädestiniert; wird vor allem für die Herstellung von Grieß verwendet

Gerste – Gerstenmehl
Besitzt – zum Glück für Allergiker – wenig Klebereiweiß (Gluten); traditionell zu Fladen gebacken oder mit Backferment zu Brot.

Vollkornreis – Reismehl
Das Mehl aus dem süßlichen Vollkornreis eignet sich besonders für Desserts und Cremes oder als Saucenbinder. Das Mahlen von Reis reinigt die Steinmühle.

Roggen – Roggenmehl
Mineralstoffreiche Basis für Sauerteigbrote; sorgt für markanten Geschmack und feinkörnige Struktur

Weizen – Weizenmehl
Als Vollkornmehl von hervorragendem Geschmack. Der hohe Anteil an Klebereiweiß sorgt für lockere Teige; sehr vielseitig in Verbindung mit anderen Mehlen

Stahlmahlwerke, mit denen auch viele Küchenmaschinen ausgerüstet sind, haben den Vorteil, daß sie auch Ölsaaten mahlen, nicht jedoch feinstes Mehl.

Scheibenförmige Mahlwerke werden aus Magnesit und Natursteingranulat gegossen. Sie sind äußerst hart und schärfen sich selbst. Ihr minimaler Abrieb ist gesund.

Mehl

Im Handel wird Mehl nach den Ausmahlungsgraden und in Typen eingeteilt. Der Ausmahlungsgrad besagt, wieviel Prozent des ursprünglichen Korngewichts im fertigen Mehl enthalten sind. Deshalb steht Vollkornschrot oder Vollkornmehl für 100 Prozent. Bei dem für Feinbackwerk verwendeten Weizenmehl Type 405 beispielsweise schwankt er zwischen 10 und 54 Prozent. Je stärker das Getreide ausgemahlen wird, desto vollständiger werden die Randschichten des Korns entfernt, in denen sich der größte Teil der Vitalstoffe befindet. Wieviel von ihnen noch im Mehl enthalten sind, läßt sich an der Typenbezeichnung ablesen. Je höher sie ist, desto reichhaltiger ist das Mehl.
Die Type gibt an, wieviel Milligramm an Mineralstoffen übrigbleiben, wenn man 100 Gramm Mehl zu Asche verbrennt. So bleiben davon bei dem erwähnten Weizenmehl Type 405 im Durchschnitt nur 405 Milligramm übrig, das heißt nur 0,4 Prozent des ursprünglichen Gehalts. Das feinste Roggenmehl enthält durchschnittlich 610 Milligramm Mineralstoffe, das häufig verwendete Roggenmehl Type 1740 zwischen 1,64 und 1,84 Prozent.
Im Ausland rechnet man nach dem gleichen Prinzip, teilt aber im Unterschied zur deutschen Handhabung oft den Typenwert durch 10. Das häufig verwendete Weizenauszugsmehl 550 wird dort als Type 55 angeboten, die deutsche Type 1050 ist anderswo als Type 110 im Handel.
Wer Mehl selbst mahlt, sollte ausschließlich biologisch angebautes Getreide verwenden, da bei konventionellem Anbau eine ganze Palette von chemischen Mitteln eingesetzt werden, vor allem Unkrautvernichter, Insektizide und besonders gefährliche Halmverkürzer, die Rückstände auf und in den Randschichten hinterlassen.

Mehltype – Ausmahlungsgrad – Verwendung

Mehltype	Ausmahlungsgrad	Verwendung
Weizenmehl		
405	10– 54 %	Auszugsmehl für Feingebäck
550	64– 71 %	Helles Mehl für Brötchen u. a.
812	76– 79 %	Dunkles Mehl für Brötchen u. a.
1050	81– 85 %	Mehl für Brot
1200	85– 90 %	Dunkles Mehl für Brot
1700	92–100 %	Backschrot
Roggenmehl		
610	58– 62 %	Auszugsmehl für Feingebäck
815	69– 72 %	Helles Mehl für Kleingebäck
997	74– 78 %	Helles Mehl für Brote
1150	78– 82 %	Mehl für Graubrot
1370	83– 87 %	Mehl für Kommißbrot
1740	91– 95 %	Mehl für dunkle Brote
1800	96–100 %	Backschrot

Bio-Hofbäckerei

Früher war es auf Höfen, die Ackerbau betrieben, eine Selbstverständlichkeit, daß man aus dem selbstangebauten Getreide Brot buk, wenn auch nur für den Eigenbedarf. In der biologischen Landwirtschaft hat das Backen neue Bedeutung gewonnen. Werden die Felder ökologisch bewirtschaftet und verzichtet man somit bewußt auf Kunstdünger, Pestizide und die besonders schädlichen Halmverkürzer, bleiben die Erträge zwangsläufig unter den chemisch forcierten Höchsterträgen zurück. Demzufolge müßten Bio-Bauern entsprechend höhere Preise für ihr Getreide erhalten. Aber selbst wenn dieser Ausgleich gesichert wäre – was er keineswegs ist –, würde er oft nicht ausreichen, um das Mehr an Arbeit zu entlohnen.

Manche Höfe haben in dieser Situation den Sprung nach vorn gewagt und begonnen, ihr Getreide zu veredeln. Der erste Schritt dazu kann in der Anschaffung einer Reinigungsanlage bestehen, die das vom Mähdrescher eingebrachte Getreide von Erde, Steinen oder anderen Verunreinigungen befreit. Gesiebt und gesäubert, ist es mahlfertig. Damit kann der Bauer es selbst verkaufen oder weiterverarbeiten. Eine Reinigungsanlage ist jedoch teuer, weshalb die Mehrzahl der Hofbäckereien das Getreide in der Mühle reinigen läßt. Auf den Bio-Höfen ist es indes Ehrensache, das Getreide selbst zu mahlen. Brot zu backen und ab Hof zu verkaufen hat sich als eine reizvolle Form der Veredelung erwiesen und treue Kundschaft erworben. Nur in Ausnahmefällen wird dafür ein Bäcker eingestellt. Oft ergibt sich das neue Metier aus einer schon vorher nur für den Hausgebrauch gepflegten Neigung.

Naturgemäß wird der Ofen zum Kernstück der Hofbäckerei. Dabei bevorzugen backende Bio-Bauern Steinöfen, die mit Holz befeuert werden. Buchenscheite eignen sich besonders gut für diesen Zweck. Der Holzbedarf ist von der Größe des Ofens und der Backtemperatur abhängig. Für einen Ofen mittlerer Größe benötigt man rund einen Zentner Holz, um in zwei Stunden eine Temperatur von 250 °C zu erreichen. Größere Öfen, die etwa 70 Zwei-Pfund-Brote fassen, heizt man nicht selten auf über 300 °C an, was in rund drei Stunden geschieht. Ist das Feuer heruntergebrannt, müssen Asche und Restglut ausgeräumt werden. Die Hitze beginnt sofort langsam und kontinuierlich abzufallen. Bei einer Temperatur von um die 250 °C werden die Brotlaibe eingeschoben.

Das mit Abstand am meisten verwendete Triebmittel in Bio-Hofbäckereien ist Sauerteig. Der Sauerteigansatz stammt nicht selten aus den Anfangstagen der Bäckerei und wird seither gehegt und gepflegt. Bei jedem Backgang wird er verwendet und immer wieder aufs neue abgenommen. Selbstverständlich hat jede Bäckerin, jeder Bäcker ein eigenes Brotbackrezept entwickelt. Im Prinzip jedoch geht man nach folgender Methode vor: Zunächst, gut 24 Stunden vor dem Backen, verlängert man den Sauerteigansatz mit Roggenmehl und lauwarmem Wasser und läßt ihn zwölf Stunden ruhen. Dann fügt man noch zweimal jeweils Mehl und Wasser hinzu und läßt den Teigansatz jeweils fünf bis sechs Stunden sich entwickeln. Dieses Verfahren ergibt eine sanftere Säuerung des Brots als eine einmalige Aufbauphase. Außer aus Sauerteig, Wasser und Meersalz besteht ein gängiges Roggenmischbrot aus 65 bis 70 Prozent Roggen und 30 bis 35 Prozent Weizen, die mit der eigenen Steinmühle zu Mehl gemahlen werden. Den Teig mischt in der Regel ein langsam laufender Hubkneter.

Während das Feuer brennt und der Ofen sich langsam erwärmt, wird das Brot »aufgemacht«: Die Bäckerin oder der Bäcker wiegt den Teig ab, wirkt jeden Klumpen einzeln mit der Hand, legt ihn zum Aufgehen in runde Weidenkörbchen und stellt diese 40 Minuten in den Gärungsschrank. Darin herrschen immer zwischen 26 und 28 °C – die ideale Temperatur für die gesamte Sauerteigherstellung. Wenn Brotgare und Ofentemperatur »stimmen«, werden die Brote in den Ofen auf die heißen Steine geschoben und in 60 bis 80 Minuten bei fallender Temperatur gebacken. Im Holzofen gebackene Sauerteigbrote besitzen einen unvergleichlichen Geschmack und halten sich vorzüglich.

Meist beschränken sich Hofbäckereien auf ein kleines Sortiment von Backwaren, die im wesentlichen auf der Basis von Sauerteig hergestellt werden, aber auch andere Mehle und Ölsaaten wie Sesam- und Leinsamen oder Sonnenblumenkerne sowie Kräuter und Gewürze einbeziehen. Bei Weizen- oder Dinkelhefebroten verwendet man dagegen gern einen Vorteig, für den man am Vorabend ein Drittel Mehl mit einem Drittel Hefe ansetzt. Hefe macht nicht nur das Brot lockerer, sondern intensiviert auch den Geschmack.

Hintergrund:
Wo Brot zum wichtigen Wirtschaftsfaktor wird, rüsten kluge Bauern ihren Hof mit vorbildlichen Backstuben aus.

In Steinbacköfen, die mit Holz befeuert werden, bekommen die Brote eine ausgezeichnete Kruste und einen würzigen Geschmack.

Wie Tierhaltung und Hofbäckerei einander befördern

Nach Jahren in der Toskana übernahmen Klaus und Christel Dörr 1984 einen Hof im Taunus. Da neben (schlechten) Ackerböden vor allem Grünland dazugehörte und die steilen Hänge über dem Dorf als Weideflächen gepachtet werden konnten, bot sich eine Muttertierhaltung an – die Dörrs verlegten sich auf Rinderzucht. Daraus entwickelte sich eine stattliche Herde von 80 bis 100 Tieren.
Mit der Muttertierhaltung stellte sich das Problem, wo die Tiere den Winter verbringen sollten, ohne daß Weideparzellen völlig überdüngt würden. Somit war ein Stall vonnöten. Dafür brauchte man Stroh. Nach moderner Bauernregel rechnet man bei Tieren pro 500-Kilogramm-Einheit zwölf Kilogramm Stroh als Einstreu pro Tag. Diese Menge jedoch konnte der Hof aufgrund seiner schlechten Böden nicht aufbringen. Zukaufen wollten die Dörrs nicht, denn Stroh aus konventionellen Betrieben ist insofern ökologisch bedenklich, als es mit chemischen Halmverkürzern gespritzt wurde.
Daher konstruierten die beiden Bio-Bauern einen Tretmiststall. Dafür reichen vier Kilogramm Stroh pro Tag aus, die man selbst produzieren konnte, indem die Ackerflächen, die vergleichsweise gut im Boden und relativ nah am Haus gelegen sind, in einer Fruchtfolge beackert wurden. Weil der Boden sauer und arm ist, gedeiht hauptsächlich Roggen. Obwohl Roggen viel Stroh bringt, verursacht der Anbau hohe Kosten bei geringem Getreideertrag. Da der Verkauf des Getreides die Kosten nicht decken würde, kam man auf die Idee, es zu veredeln. »Wir brauchen das Stroh für den Mist, deshalb backen wir. Das ist die Philosphie«, erläutern die Dörrs die sich ergebende Zwangsläufigkeit des Prinzips »Vom Mist zum Brot«.
Die Dörrs errichteten ein Backhaus, das als Gesellschaft Bürgerlichen Rechts (GBR) dem Hof das Getreide »zu wahnsinnig hohen Preisen« abkauft – damit subventioniert das Backhaus den Hof. Und weil das ausgezeichnete Brot der Bio-Bauern sich großer Nachfrage erfreut, haben es die Rinder im Stall bequem.

Brot-Variationen

Dinkelbrot
Feingemahlenes Roggenmehl und etwas Sauerteig verleihen ihm zusätzliches Aroma.

Sauerteigbrot
Der Klassiker – ein reines Sauerteigbrot aus fein- und grobgemahlenem Roggenmehl

Backfermentbrot
Dieses aus Gerste und Dinkel gemischte Brot ist nicht nur locker und aromatisch, sondern auch sehr bekömmlich.

Schwarzwälder Brot
Kerniges Mischbrot aus Weizen- und Roggenmehl mit schöner Kruste

Roggenschrotbrot mit Kürbiskernen,
gewürzt mit Koriander und Kreuzkümmel

Walnußbrot
Hefebrot mit einem hohen Anteil an Dinkelmehl und gehackten Walnüssen

Hefebrot mit Leinsamen
Leinsamen enthält ungesättigte Fettsäuren und hochwertiges Eiweiß

Roggenkeimbrot
Frische Roggen- und Weizenkeime reichern dieses Sauerteigbrot an mit Vitalstoffen und verleihen ihm Biß.

Roggen- und Leinsamenbrot
Leinsamen und Birnensirup geben diesem Brot, das auch etwas Weizenmehl enthält, eine milde Würze.

Sechskornbrot
Mischbrot aus Roggen- und Weizenmehl mit Mais, Gerste, Hafer und Hirse

Weizenvollkornsonne
Mit verschiedenen Kernen und Samen gewürzte Brötchen aus lockerem Hefe-Butter-Teig

Roggenbrot
Sehr lockeres, mit Weizenmehl und zusätzlicher Hefe verfeinertes Sauerteigbrot

Sonnenteigbrot
Sauerteig und Hefe, Dinkel und Roggen sowie Sonnenblumenkerne sorgen für den kernig-feinen Charakter.

Probleme bei der Umstellung auf Vollkornprodukte

Vollkornbrot ist ein »harter Brocken« für unerprobte Mägen. Daß es – vor allem wenn es ganze Körner enthält – einigen Aufruhr im Darm verursacht, ist ganz natürlich, denn der Magen-Darm-Trakt benötigt ein gewisses Training, um Voll- oder Frischkorn beschwerdefrei verdauen zu können. Deshalb empfiehlt sich bei der Umstellung auf eine ballaststoffreichere Kost für den Anfang die Beachtung einiger Vorsichtsmaßnahmen:

- Brot aus leichter verdaulichen Getreiden wie Weizen oder Dinkel bevorzugen;
- Brot aus feingemahlenerem Mehl wählen;
- vorwiegend Brot essen, das mit Backferment getrieben wurde;
- den Verzehr ofenfrischer Vollkornbackwaren vermeiden und selbst Weizenbrot einen Tag reifen lassen, Sauerteigbrot sogar mindestens drei Tage;
- auf zuckerhaltige Brotaufstriche und Getränke verzichten, da Zucker einen Gärungsprozeß im Darm in Gang setzt;
- sich beim Essen Zeit lassen und gründlich kauen.

Auf diese Weise kann man den eigenen Organismus behutsam an die Veränderungen in der Ernährung gewöhnen. Bei älteren Menschen, die lange Zeit keine kernigen und kauintensiven Nahrungsmittel zu sich genommen haben, kann die Umstellung Monate dauern. Die Mühe lohnt sich jedoch, da die Randschichten des vollen Korns die meisten Mineral- und Geschmacksstoffe sowie viele Vitamine enthalten. Der Bedarf des Körpers an lebenswichtigen Vitalstoffen kann durch Vollkornprodukte weitgehend gedeckt werden.

Gewürzbrot

Sauerteig
Roggenmehl und Wasser im Verhältnis 1:1
200 ml Buttermilch
1,2 kg frischgemahlener Roggen
100 g Sauerteig
50 g Hefe
1 TL Honig
25 g Meersalz
30 g Gewürze (Kümmel, Koriander, Fenchel)

Für den Sauerteig in einem hohen Tontopf die Zutaten verrühren. Den Topf zudecken und warm stellen. Die Masse jeweils morgens und abends umrühren; am dritten Tag muß der Teig Bläschen werfen. Am Abend des dritten Tages Roggenmehl und Wasser im Verhältnis 2:1 zugeben; bis zum nächsten Tag warm stellen.
Für das Gewürzbrot 900 g Roggenmehl mit dem Sauerteig unter Zugabe von 500 ml lauwarmem Wasser verrühren; 4 Stunden gehen lassen.
Die Hefe mit 200 ml lauwarmem Wasser und dem Honig verrühren, Salz und Gewürze zugeben und alles miteinander verkneten.
Aus dem Teig Brotlaibe formen und diese nochmals etwa 60 Minuten gehen lassen.
Die Brote mit Wasser bestreichen und im vorgeheizten Steinbackofen bei 300 °C 15 Minuten backen, dann die Temperatur auf 220 °C reduzieren und weitere 90 Minuten backen.

Hinweis: Man kann die Gewürze auch durch 100 g Sonnenblumenkerne ersetzen.

Sauerteig

Sauerteig ist vermutlich das älteste Triebmittel für Brotteig. Auf ganz natürliche Weise entsteht er aus gemahlenem Roggen und Wasser. Dabei geschieht ein kleines Wunder, denn Roggenmehl, dem das für gute Teige notwendige Klebereiweiß (Gluten) fehlt, wird durch die entstehenden Milchsäurebakterien zusammengehalten und bildet eine lockere Struktur. Zugleich schützen die Bakterien das gebackene Brot vor Schimmelbefall und machen es – ohne jeden weiteren Zusatz – haltbar. Vor allem aber verleihen sie dem Roggenbrot nach mehreren Tagen der Reife den herzhaften Geschmack und die gute Bekömmlichkeit.
Die klassische Entwicklung des Natursauerteigs ist die Drei-Stufen-Führung. Kümmel gibt ihm nicht nur ein zusätzliches Aroma, sondern wirkt sich auch positiv auf die Entwicklung der Säuerung aus.

Grundansatz

400 g mittelfeines Roggenschrot
1 TL gemahlener Kümmel

100 g Roggenschrot mit dem Kümmel und 150 ml lauwarmem Wasser zu einem Brei verarbeiten, zudecken und an einem warmen Ort 1–2 Tage gehen lassen.
Sobald die Masse feinsäuerlich riecht, locker ist und Bläschen wirft, weitere 100 g Schrot mit 100 ml lauwarmem Wasser einarbeiten. Nochmals einen Tag zugedeckt an einem warmen Ort gehen lassen.
Am dritten Tag das restliche Schrot mit 200 ml lauwarmem Wasser unterrühren und zugedeckt über Nacht stehenlassen.

Ansatz für 2 Brote

1,3 kg mittelgrob geschroteter Roggen
300 g Grundansatz

Roggenschrot und Grundansatz mit 750 ml lauwarmem Wasser gründlich verrühren, wobei der Teig relativ feucht sein sollte. Zugedeckt 12 Stunden gehen lassen.
300 g Sauerteig abnehmen, in ein Einmachglas oder ein Glas mit Schraubdeckel geben und im Kühlschrank als Ansatz für die nächsten 2 Brote aufbewahren.

Roggenschrotbrot mit Kürbiskernen

(Abbildung unten)

1 kg geschroteter oder feingemahlener Roggen
1 EL Honig
2 EL Kürbiskerne
1 EL Koriander
1 EL Kreuzkümmel
1 EL gemahlener Kümmel
3 EL Meersalz
1 EL Kräutersalz

Alle Zutaten mit dem Sauerteigansatz vom Vortag und 750 ml Wasser verarbeiten. Wenn der Teig zu trocken ist, noch etwas Wasser hinzufügen.
Die Teigmenge halbieren und in zwei ausgefettete und mit Mehl bestäubte große Backformen geben. Die Oberfläche jeweils mit nassen Händen glattstreichen, mit Kürbiskernen bestreuen und den Teig an einem warmen Ort zugedeckt 30 Minuten gehen lassen.
In den vorgeheizten Backofen ein Schälchen Wasser stellen und die Brote bei 190 °C etwa 50 Minuten backen, dabei gelegentlich mit Wasser besprühen. Dann die Brote aus der Form nehmen und weitere 15 Minuten backen. Die Brote sind durchgebacken, wenn sie beim Daraufklopfen hohl klingen.

Hinweis: Reines Sauerteigbrot hat eine ausgezeichnete Haltbarkeit und andauernde Frische bei fester Kruste und glatter, schnittfester Krume. Trocken gelagert, hält es sich gleich gut in Holz-, Ton- und Blechgefäßen.

Mehrkornbrot mit Sauerteig

Man verfährt, wie im Rezept für »Roggenschrotbrot mit Kürbiskernen« beschrieben, verwendet jedoch statt reinem Roggenschrot eine Mischung aus Roggen-, Grünkern-, Weizen- und Gerstenschrot. Als Gewürze eignen sich Paprika, Kardamom, Kümmel, Kreuzkümmel, Piment, Fenchelsamen, Muskat, Meer- oder Kräutersalz. Zudem kann man den Teig nach Belieben mit Koriander-, Lein- oder Sesamsamen, Kernen und Nüssen anreichern.

Brotgewürze
1 Piment
2 Kräutersalz
3 Kardamom
4 Kreuzkümmel
5 Muskat
6 Koriandersamen
7 Kürbiskerne

Zutaten für den Grundansatz: Roggenschrot und Wasser, Kümmel und wahlweise etwas Honig

Kümmel, der mit Honig schneller reagiert, dient als Triebmittel, um das Schrot zu säuern.

Die Zutaten werden gut miteinander verknetet, dann zugedeckt und 1–2 Tage warm gestellt.

Noch zweimal kommen Schrot und Wasser hinzu, bis der Grundansatz Bläschen wirft. Er kann nun weiterverarbeitet werden.

Für ein Sauerteigbrot vermischt man fein oder mittelgrob geschroteten Roggen, Grundansatz und Wasser.

Der Teigansatz, der 12 Stunden ruhen muß, sollte recht feucht sein. Er liefert die Basis für das nächste Brot.

Kürbiskerne verleihen Roggenschrotbrot einen nussig-feinen Geschmack; man mischt sie unter den Brotteig.

Vor dem Backen bestreut man das Brot mit weiteren Kürbiskernen. Sie geben ihm eine attraktive Kruste.

Hefeteig

Hefe – ursprünglich ein Abfallprodukt des Bierbrauens – ist heute aufgrund ihres Gehalts an wertvollen Vitaminen und essentiellen Aminosäuren ein wertvolles Nahrungsmittel. Unter den natürlichen Triebmitteln gilt sie gewissermaßen als »Sprinter« und verlangt nur wenig Geduld. Sie entfaltet ihre Wirkung am besten bei einer Temperatur etwa 25 °C, weshalb das Wasser, mit dem man sie anrührt, wirklich nur lauwarm sein sollte. Es ist sogar besser, kaltes Wasser zu verwenden als zu warmes, das die Hefebakterien tötet.
Ohne Schwierigkeiten bringt Hefe Vollkornmehl zum Aufgehen. Zucker wird dazu nicht benötigt, und auch auf Honig kann man verzichten, obwohl er die Aktivität der Hefe fördert. Je größer der Klebergehalt des Getreides, desto besser geht der Teig auf. Obwohl Hefe alle Mehle – mit Ausnahme von Roggenmehl – zum Treiben bringt, empfiehlt es sich, bei Mischbroten stets Weizen- oder Dinkelmehl zuzugeben. Meist bereitet man einen Vorteig zu. Dafür verrührt man die Hefe mit einem Drittel der Flüssigkeit und einem Drittel des Mehls. Den Vorteig läßt man am besten über Nacht an einem warmen Ort stehen. Doch auch wenn man ihm lediglich 30 Minuten Zeit zum Aufgehen gibt, verstärkt dies die Wirkung der Hefe. Im übrigen fördert ein Vorteig die Aromen.
Aus Hefeteig lassen sich leckere Brötchen backen. Den Teig sollte man am Vorabend zubereiten und auch bereits zu Brötchen formen, die man über Nacht in den Kühlschrank stellt. In der Kälte gehen sie langsam auf, so daß der Teig besonders locker wird. Am Morgen braucht man sie dann nur mit etwas Wasser oder Milch zu bepinseln und im vorgeheizten Ofen zu backen.

Für einen Hefeteig siebt man das Mehl in eine Schüssel, drückt eine Mulde hinein, in die man die Hefe bröckelt.

Nun gibt man etwas kaltes oder lauwarmes Wasser hinzu und verrührt die Hefe vom Rand her mit ein wenig Mehl.

Diesen einfachen Vorteig deckt man zu und läßt ihn 30 Minuten an einem warmen Ort gehen.

Der Vorteig ist gut aufgegangen und hat sich mehr als verdoppelt. Nun fügt man Salz hinzu.

Mehl, Vorteig, sonstige Zutaten und Butter werden nun verknetet, bis sich der Teig vom Schüsselboden löst.

Nachdem der Teig zugedeckt 30 Minuten gegangen ist, kann er geformt und gebacken werden.

Toastbrot

Für 2 Brote

42 g Hefe
10 g Meersalz
10 g Kräutersalz
1 EL Honig
400 g frischgemahlener Weizen
400 g feingemahlener Dinkel
80 g Butter

Hefe, Salz und Honig mit etwas lauwarmem Wasser verrühren und mit den Mehlen unter Zugabe von 500 ml Wasser vermischen. Die Butter hinzufügen und in den Teig einarbeiten. Den Teig 10 Minuten gut durchkneten, zudecken und an einem warmen Ort 30 Minuten gehen lassen.
Zwei Kastenformen ausfetten und mit Mehl bestäuben. Den Teig nochmals durchkneten, halbieren und in die Formen geben. Jeweils mit nassen Händen die Oberfläche glattstreichen, den Teig zudecken und nochmals 20 Minuten gehen lassen.
Den Backofen auf 220 °C vorheizen. Die Brote mit Wasser besprühen und etwa10 Minuten (bei 180 °C etwa 30 Minuten) backen.

Walnußbrot

30 g Hefe
10 g Meersalz
20 g Kräutersalz
1 EL Akazienhonig
300 g feingemahlener Dinkel
200 g frischgemahlener Weizen
120 g Walnüsse
50 g Butter

Hefe, Salz und Honig mit etwas lauwarmem Wasser verrühren und mit den Mehlen unter Zugabe von 250 ml Wasser vermischen. Den Teig 10 Minuten gut durchkneten, zudecken und an einem warmen Ort 20 Minuten gehen lassen.

Die Walnüsse hacken, die Butter zerlassen und beide Zutaten mit dem aufgegangenen Teig 10 Minuten verkneten.
Den Teig zu einem Brotlaib formen und auf ein gefettetes Backblech setzen. Weitere 15 Minuten gehen lassen.
Den Backofen auf 220 °C vorheizen und eine Schale mit Wasser hineinstellen. Die Brotoberfläche gitterförmig einschneiden und mit Wasser besprühen. Das Brot 25 Minuten backen.

Back-fermentteig

Backferment basiert auf Bienenhonig und Weizen. Seine treibende Kraft resultiert aus der spontanen Gärung, die Honig und Wasser zu Met verwandelt. Zwar ist die Herstellung des Grundansatzes langwierig, doch muß man sich der Mühe seiner Herstellung nur selten unterziehen, da er sich monatelang im Kühlschrank hält.
Der Vorzug des Backferments besteht darin, daß man es für jedes Mehl und jede Mehlmischung verwenden kann und daß es lockere, aromatisch-würzige und sehr gut verdauliche Brote ergibt. Verfügt man über den Grundansatz – den es als Granulat auch fertig zu kaufen gibt –, ist das weitere Verfahren unproblematisch: Man muß nur darauf achten, daß bestimmte Mindestzeiten für das Aufgehen eingehalten werden; Verlängerungen der Aufgehzeit verträgt der Teigansatz ohne weiteres.

Grundansatz

1. Stufe

20 g Backferment
Gemisch aus 100 g Weizenschrot und 100 g Weizenmehl

Die Zutaten unter Zugabe von 200 ml warmem Wasser (40 °C) vermengen und den Teig 12–18 Stunden zugedeckt bei 28–30 °C stehenlassen. Nach dieser Zeit müssen sich Bläschen gebildet haben.

2. Stufe

Gemisch aus 150 g Weizenschrot und 150 g Weizenmehl

Das Gemisch mit 100 ml warmem Wasser (40 °C) und dem Grundansatz der 1. Stufe vermischen. Den Teig weitere 5–10 Stunden zugedeckt bei 28–30 °C stehenlassen. Nach dieser Zeit sollte er etwa um das Doppelte aufgegangen sein.
Dieser Grundansatz hält sich in einem Glas mit Schraubverschluß im Kühlschrank etwa 6 Monate.

Vorteig

10 g Grundansatz
3 g Backferment
350 g Schrot

Grundansatz und Backferment mit etwas Wasser verrühren. Dann das Schrot und etwa 350 ml warmes Wasser (40 °C) dazugeben; alles gründlich vermischen.
Den Teig mindestens 12 Stunden zugedeckt bei 28–30 °C stehenlassen.

Rundbrot mit Sonnenblumenkernen

Kanskirchener Fladen

700 g Gemisch aus Schrot und Mehl
2 TL Meersalz
1 TL Kräutersalz
1 TL gemahlener Kümmel
1 TL Fenchelsamen
2 EL geröstete Sonnenblumenkerne

Die Zutaten gründlich mit dem Vorteig und 700 ml warmem Wasser (40 °C) verkneten. Den Teig 40 Minuten zugedeckt an einem warmen Ort aufgehen lassen.
Nochmals kurz durchkneten, zu einer Kugel formen und diese leicht flach drücken. Auf ein bemehltes Backblech setzen und zugedeckt weitere 40 Minuten gehen lassen.
Eine Schale mit Wasser in den Backofen stellen und das Brot 90 Minuten bei 220 °C backen; während des Backens mehrmals mit Wasser besprühen.

Für einen Grundansatz wird in der 1. Stufe Backferment in Wasser aufgelöst und mit dem Getreide vermischt. Dann läßt man den Teig 12–18 Stunden gehen.

Nachdem der Teig aufgegangen ist kommen in der 2. Stufe Schrot, Mehl und Wasser hinzu.

Diese Zutaten müssen gut vermengt werden. Der Teig benötigt nochmals bis zu 10 Stunden Zeit, um aufzugehen.

Für einen Vorteig verrührt man einen kleinen Teil Grundansatz mit Backferment und Wasser.

Nach 12 oder mehr Stunden ist der Vorteig gut aufgegangen und kann nun weiterverarbeitet werden.

Für ein Brot gibt man 700 g Schrotgemisch, 3 TL Salz und verschiedene Gewürze zu dem Vorteig.

Dann kommen 2 EL Sonnenblumenkerne (nach Belieben) in die Mischung, die mit 700 ml warmem Wasser vermengt wird.

Nach 40 Minuten Gehzeit formt man den Teig zu einem Laib, der erneut 40 Minuten ruht, bevor er bei 220 °C gebacken wird.

The Village Bakery

In keinem anderen Land Europas hat die Vegetarierbewegung ein solches Ausmaß angenommen wie in England – kaum ein Pub, Café oder Restaurant, das nicht mindestens ein vegetarisches Gericht anböte. Biologischen Landbau jedoch findet man (noch) selten, da die englische Landwirtschaft zu starr an tradierten Produktionsverfahren festhält und nach wie vor auf Höchsterträge programmiert ist. Dagegen gibt es eine zunehmende Zahl von *small holdings*, Nebenerwerbsbetrieben, die ökologisch arbeiten, und immer mehr biologisch bestellte Gärten.

Eines der markantesten Beispiele der britischen Bio-Bewegung geht auf die Initiative von Andrew Whitley zurück, der früher für die BBC Sendungen in russischer Sprache produzierte. Aus dieser Zeit stammt seine Liebe zu Rußland und zu russischem Roggenbrot. In Melmersby, einem stillen, aus rotem Sandstein erbauten Dorf am Fuße der Hügelkette der Peninnes in Nordengland gründete Whitley 1976 eine mit biologisch angebautem Getreide arbeitende Bäckerei – für die er eine 200 Jahre alte Scheune umbaute – und ein daran angeschlossenes Restaurant. »Seele« des Unternehmens war der Backsteinofen nach altem schottischem Vorbild, der mit Holz befeuert wurde, denn Starkstrom oder Gas gab es ohnehin nicht, und Öl war zu teuer. Whitley entdeckte die Vorzüge des Steinofens, der Hitze sammelt und dann auf sanfte Weise abgibt, was den Broten einen besonderen Geschmack und köstliche Krusten verleiht. Bald führte ihn seine Backleidenschaft über das ausgezeichnete russische Sauerteigbrot hinaus. Griechisches Oliven-, italienisches Tomaten- und französisches Landbrot sowie ein Dutzend anderer Brotvarianten kamen hinzu. Aber während er und seine anwachsende Crew bei der Brotbäckerei typisch britische Weltoffenheit zeigen, leben sie ihren Hang zur Tradition im Gebäck aus: Man produziert Gingerbread, Oatcakes und Dundee Cake; Organic Plum und Christmas Pudding sind vielgefragte Spezialitäten.

Als 1986 alte Stallungen abbrannten, ergab sich die Chance, ein neues Backhaus zu bauen mit einem gigantischen französischen Backsteinofen als Zentrum. Hinzu kam ein Gewächshaus, um die überschüssige Wärme sinnvoll zu nutzen. Der vier Meter tiefe Ofen bietet eine optimale Wärmeausnutzung. 500 Kastenbrote à 400 Gramm faßt das Monstrum gleichzeitig, das mit Holz und Briketts aus Sägemehl, einem Abfallprodukt, gewissermaßen ökologisch beheizt wird.

Inzwischen gibt der Betrieb 45 Frauen und Männern Arbeit – und das in einem abgelegenen Dorf in einer wirtschaftlich benachteiligten Region. Während die Village Bakery floriert, im ganzen Königreich berühmt ist und ihre rund 60 Produkte per Post verschickt, revanchiert sich Andrew Whitley für seine Anleihen bei der russischen Kultur: Er unterstützt den Aufbau einer Dorfbäckerei in einer Kleinstadt bei Moskau. Sie schafft dort nicht nur begehrte Arbeitsplätze, sondern gibt den Russen ihr kerniges Roggenbrot zurück, das den gleichmacherischen Staatsbetrieben zum Opfer gefallen war.

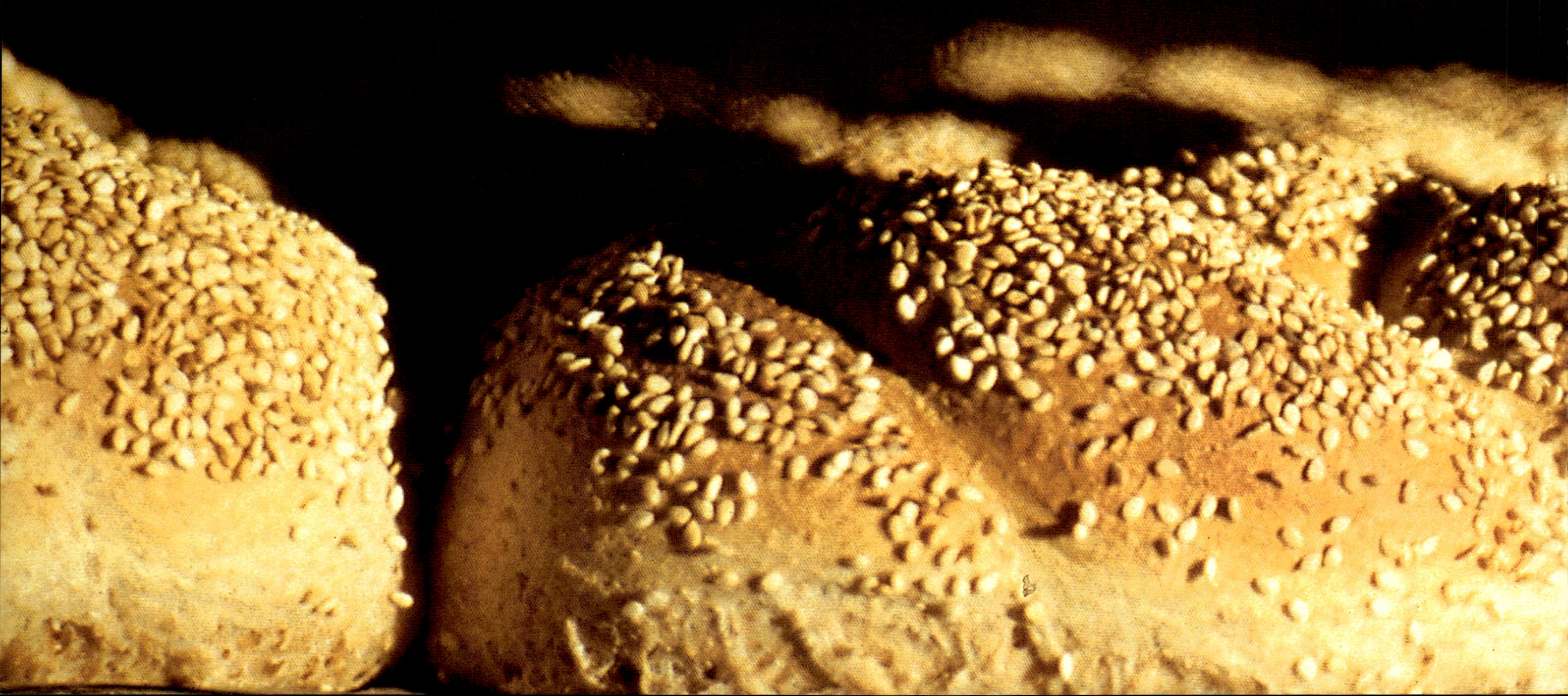

In Nordengland backt eine vielköpfige Belegschaft ein kosmopolitisches Angebot an originellen Broten und Kuchen.

Dundee Cake
Früchtekuchen
(Abbildung unten)

Für einen Kuchen von 24 cm Durchmesser

250 g Butter
125 g Rohrzucker
6 EL Orangensaft
4 EL Zitronensaft
Abgeriebene Schale von je 1 Orange und Zitrone
500 g ausgesiebtes Vollweizenmehl
2 TL Weinsteinbackpulver
5 Eier
Je 175 g Korinthen und Sultaninen
100 g Rosinen
100 g kandierte Ananas
75 g Zirtonat und Orangeat
100 g gemahlene Mandeln
75 g kandierte halbierte Kirschen
Halbierte blanchierte Mandeln
Milch

Eine Springform von 24 cm Durchmesser einfetten. Den Backofen auf 180 °C vorheizen.
In einer großen Schüssel Butter und Zucker schaumig rühren, dann Zitrussäfte und -schalen zugeben.
Mehl und Backpulver mischen. Mit den Eiern abwechselnd in die Butter-Zucker-Mischung einrühren. Die übrigen Zutaten unterrühren mit Ausnahme der blanchierten Mandeln und der Milch.
Den Teig in die Form geben. Die blanchierten Mandeln in Milch tauchen und die Oberfläche des Teigs damit belegen.
Den Kuchen 60 Minuten backen, dann die Hitze auf 150 °C reduzieren und weitere 60 Minuten backen. Wenn der Kuchen zu braun wird, mit Alufolie abdecken.
Den Kuchen aus dem Ofen nehmen und in der Form abkühlen lassen, dann auf ein Kuchengitter geben.
In einer luftdicht verschlossenen Blechdose hält sich der sehr gehaltvolle Dundee Cake mehrere Wochen.

White Bread Dough
Weißbrotteig

500 g ausgesiebtes Vollweizenmehl
20 g Hefe
20 g Meersalz

Die Zutaten mit 275 ml Wasser vermischen und zu einem geschmeidigen Teig verkneten. Wenn möglich, den Knetvorgang mit einer Temperatur des Teigs von etwa 27 °C beenden.
Den Teig zudecken und aufgehen lassen, bis er das doppelte Volumen erreicht hat.

Caraway Rye Bread
Roggenbrot mit Kümmel

Für 4 Brote von je 400 g Gewicht

650 g Sauerteig (s. S. 42)
300 g ausgesiebtes Roggenmehl
500 g ausgesiebtes Weizenmehl
150 g Vollweizenmehl
10 g Kümmel
15 g Meersalz
10 g Hefe

Den Sauerteig nach Rezept zubereiten.
Die übrigen Zutaten sowie etwa 250 ml Wasser hinzufügen und alles zu einem relativ festen Teig verarbeiten.
Den Teig in 4 gleich große Portionen teilen, diese zu runden Laiben oder Stangen formen. Auf ein gefettetes Backblech setzen, zudecken und 60 Minuten gehen lassen.
Dann die Oberfläche der Brote mit einem scharfen Messer mehrfach diagonal einschneiden.
Den Backofen auf 225 °C vorheizen und die Brote einschieben. Nach 10 Minuten die Temperatur auf 200 °C reduzieren und die Brote weitere 20 Minuten backen.

Dundee Cake

Maltgrain Bread

Malzbrot

Für 4 Brote von je 400 g Gewicht

- *30 g Gerstenmalzsirup*
- *125 g gemälzte Weizenflocken*
- *500 g ausgesiebtes Vollweizenmehl*
- *500 g Vollweizenmehl*
- *1 EL Palmöl*
- *25 g Meersalz*
- *25 g Hefe*

Den Malzsirup in etwa 650 ml Wasser auflösen. Die übrigen Zutaten zugeben und alles zu einem weichen, geschmeidigen Teig verarbeiten. Zudecken und 60 Minuten gehen lassen, bis sich sein Volumen verdoppelt hat.
Den Teig in 4 gleich große Portionen teilen, jeweils gut durchkneten und zu Laiben formen. Diese in ausgefettete Kastenformen geben und erneut gehen lassen, bis sich ihre Volumen verdoppelt haben.
Den Backofen auf 220 °C vorheizen und die Brote hineingeben. Nach 10 Minuten die Temperatur auf 200 °C reduzieren und die Brote weitere 20 Minuten backen.

Gingerbread

Ingwerbrot

Für 2 Kuchen von je 500 g Gewicht

- *50 g Rohrzucker*
- *150 ml Zuckerrübensirup*
- *1 Msp Zimt*
- *15 g geriebener Ingwer*
- *Muskat*
- *3 Eier*
- *150 ml Sonnenblumenöl*
- *20 g Milchpulver*
- *10 g Natron*
- *350 g Vollweizenmehl*

Zucker, Sirup und Gewürze vermischen und in einem Topf erwärmen, dann etwa 200 ml kaltes Wasser hinzufügen und verrühren. Die Eier und das Öl unterschlagen. Milchpulver und Natron in das Mehl sieben, unter Rühren in die Sirupmischung einstreuen.
Zwei Kuchenformen mit Backpapier auskleiden, den Teig halbieren und in die beiden Formen geben; er sollte die Form jeweils nur zur Hälfte füllen.
Bei 170 °C etwa 40 Minuten backen.

Oat & Olive Bread

Weizenbrot mit Haferflocken und Oliven

Für 4 Brote von je 400 g Gewicht

- *500 g Weißbrotteig (s. linke Seite)*
- *200 g grobe Haferflocken*
- *600 g Vollweizenmehl*
- *1 Prise Meersalz*
- *1 EL Olivenöl*
- *20 g Hefe*
- *100 g gehackte Zwiebeln*
- *150 g entsteinte Oliven*

Den Weißbrotteig nach Rezept zubereiten. Etwa 50 g Haferflocken beiseite stellen. Die übrigen Zutaten vermischen und mit dem Weißbrotteig unter Zugabe von 350 ml Wasser zu einem geschmeidigen Teig verkneten.
Ohne ihn nochmals gehen zu lassen, den Teig in 4 gleich große Portionen teilen. Die Teigstücke zu Laiben formen und jeweils die Oberfläche in den zurückbehaltenen Haferflocken wälzen.
Die Brote in gefettete Backformen geben und gut aufgehen lassen.
Den Backofen auf 220 °C vorheizen und die Brote hineingeben. Nach 10 Minuten die Temperatur auf 200 °C reduzieren und die Brote weitere 20 Minuten backen.

Wild Mushroom & Garlic Bread

Knoblauchbrot mit Pilzen

Für 4 Brote von je 250 g Gewicht

- *300 g Weißbrotteig (s. linke Seite)*
- *50 g getrocknete Champignons*
- *15 g getrocknete Waldpilze*
- *10 g Knoblauchpüree (aus zerdrückten und mit Sonnenblumenöl vermischten Zehen)*
- *300 g ausgesiebtes Vollweizenmehl*
- *100 g Vollweizenmehl*
- *2 EL Olivenöl*
- *1 Msp Meersalz*
- *12 g Hefe*
- *50 g Kürbiskerne*

Den Weißbrotteig nach Rezept zubereiten. Die getrockneten Pilze mit etwa 150 ml kochendem Wasser übergießen und 30 Minuten quellen lassen. Dann in ein Sieb geben und die überflüssige Feuchtigkeit herausdrücken; die Einweichflüssigkeit auffangen.
Die Hälfte des Knoblauchpürees beiseite stellen. Alle anderen Zutaten – mit Ausnahme von Weißbrotteig, Pilzen und Kürbiskernen – in einer großen Schüssel mit dem Pilz- und etwa 100 ml Leitungswasser vermischen; zu einem weichen Teig verkneten.
Dann den Weißbrotteig hinzufügen. Beide Teige gründlich miteinander verkneten, bis sie sich völlig verbunden haben. Zum Schluß Kürbiskerne und Pilze vorsichtig einarbeiten. Den Teig 60 Minuten aufgehen lassen.
Den Teig in 4 gleich große Portionen teilen, diese zu runden Laiben formen, auf ein gefettetes Backblech setzen und zu doppelter Größe aufgehen lassen.
Den Backofen auf 220 °C vorheizen und die Brote einschieben. Nach 10 Minuten die Temperatur auf 200 °C reduzieren und die Brote weitere 10 Minuten backen. Aus dem Ofen nehmen und mit dem zurückbehaltenen Knoblauchpüree bestreichen.

Herzhaft und bekömmlich

Brotaufstriche und Pasten

So schmackhaft Vollkornbrote auch sind, ganz ohne Belag schmeckten sie Vegetariern und Vollwertlern auf die Dauer doch nicht. Sie sannen auf fleischlosen Ersatz für herzhafte Brotaufstriche. Getreide und Hülsenfrüchte sind dafür die beste Grundlage, wenn man nicht zu Tofu oder Quark greifen möchte. Mit Gemüse, Kräutern, Gewürzen und feinem Öl lassen sich daraus aromatische Pasten herstellen. Ein Blick in das Angebot der Naturkostläden beweist, daß der Phantasie hier keine Grenzen gesetzt sind.
Dabei gehören anfängliche Leberwurstimitationen der Vergangenheit an. Aufstriche sind zu einem eigenen kulinarischen »Programmpunkt« geworden und haben in der Zwischenzeit auch die Delikateßläden erobert. Am besten sind sie natürlich, wenn man sie zu Hause aus frischen Zutaten bereitet. Nicht nur ihre Konsistenz kann man dann ihrer Verwendung anpassen, sondern mittels Gewürzen auch ihre geschmackliche Intensität und Schärfe. Auf diese Weise können sie als Ingredienz und Verfeinerung für Salate, rohes Gemüse oder Bratlinge sowie als Gemüsefüllung eine überraschende Bereicherung sein.

Zutaten für den Gerstenflocken-Aufstrich einschließlich der bereits kleingeschnittenen Gemüse

Dann fügt man das im Standsieb schonend gegarte Gemüse hinzu sowie die restliche Brühe und Gewürze.

Gerstenflocken-Aufstrich

(Abbildungen unten und rechte Seite)

1 EL Butter
150 g Gerstenflocken
200 ml Gemüsebrühe
1 mittelgroße Möhre
2 Zwiebeln
1 Stange Lauch
Kräutersalz, schwarzer Pfeffer
1 EL feingehackte Petersilie
1 EL feingehackter Kerbel

Die Butter zerlassen und die Gerstenflocken darin anrösten. Mit etwas Brühe ablöschen und bei schwacher Hitze ausquellen lassen, wobei keine Flüssigkeit zurückbleiben sollte. Inzwischen Möhre und Zwiebeln würfeln, den Lauch in feine Ringe schneiden. Die Gemüse einzeln – am besten im Standsieb – über Wasserdampf garen. Gemüse und Gerstenflocken vermischen und die restliche Gemüsebrühe unterrühren; mit Salz und Pfeffer würzen sowie die Kräuter hinzufügen. Im Kühlschrank – am besten in Twist-off-Gläsern – aufbewahren.

Grünkern-Aufstrich

(Abbildung rechte Seite)

150 g Grünkern
1 kleine Zwiebel
1 EL Butter
1 Lorbeerblatt
2 Lauchzwiebeln
2 EL Tomatenmark
Kräutersalz, weißer Pfeffer
2 EL Olivenöl

Den Grünkern grob schroten. Die Zwiebel würfeln und in der Butter glasig dünsten. Das Lorbeerblatt in die Pfanne bröseln, den Grünkernschrot hinzufügen und kurz mitrösten. Dann mit etwa 400 ml Wasser auffüllen, 20 Minuten quellen und anschließend auskühlen lassen.
Die Lauchzwiebeln fein schneiden und mit dem Tomatenmark unter die Grünkernmasse mischen; mit Kräutersalz und Pfeffer abschmecken.
Das Olivenöl einrühren: Es würzt, sorgt für eine bessere Bindung und konserviert. Den Aufstrich im Kühlschrank – am besten in Twist-off-Gläsern – aufbewahren.

Die Gerstenflocken werden in zerlassener Butter angeröstet und mit Gemüsebrühe abgelöscht.

Der fertige Brotaufstrich sollte nicht zu dünnflüssig sein, sondern eine körnig-cremige Konsistenz aufweisen.

Kichererbsen-Paste

(Abbildung rechte Seite)

150 g Kichererbsen
250 ml Gemüsebrühe
2 EL Olivenöl
1 kleine Zwiebel
1 Knoblauchzehe
2 EL feingehackte glatte Petersilie
1/2 TL gemahlener Kreuzkümmel
Meersalz, schwarzer Pfeffer

Die Kichererbsen waschen und in 350–400 ml kaltem Wasser über Nacht einweichen. Am nächsten Tag aus Gründen einer leichteren Verdaulichkeit das Einweichwasser abgießen und die Kichererbsen in frischem Wasser garen; einige Erbsen zum Dekorieren beiseite stellen. Die Kichererbsen mit Gemüsebrühe und Olivenöl pürieren. So viel Flüssigkeit zugeben, daß eine streichfähige Masse entsteht. Zwiebel und Knoblauch fein hacken und mit der Petersilie zu der Paste geben. Mit Kreuzkümmel, Salz und Pfeffer abschmecken; mit den ganzen Kichererbsen dekorieren. Im Kühlschrank – am besten in Twist-off-Gläsern – aufbewahren.

Rote-Linsen-Paste

(Abbildung rechte Seite)

150 g rote Linsen
125 ml Gemüsebrühe
2 EL Olivenöl
2 Schalotten
1 EL feingehackte Korianderblätter
Meersalz, schwarzer Pfeffer
Currypulver nach Geschmack

Die Linsen waschen und etwa 20 Minuten in so viel Wasser garen, daß nur wenig Flüssigkeit zurückbleibt. Einige ganze Linsen zum Dekorieren beiseite stellen. Die Linsen mit Gemüsebrühe und Olivenöl pürieren. Die Schalotten fein hacken und zu der Paste geben. Koriander, Salz und Pfeffer sowie gegebenenfalls Currypulver zugeben; mit den ganzen Linsen dekorieren. Im Kühlschrank – am besten in Twist-off-Gläsern – aufbewahren.

Tips zum Umgang mit Brotaufstrichen

- Bei Aufstrichen aus Hülsenfrüchten immer etwas Öl zufügen – das macht sie geschmeidiger.
- Zwiebeln für Aufstriche nicht pürieren, auch nicht reiben – da sie dann bitter werden können –, sondern nur fein würfeln.
- Aufstriche am besten in festverschließbare Twist-off-Gläser füllen, möglichst solche mit kleinem Durchmesser verwenden.
- Aufstriche immer im Kühlschrank aufbewahren und innerhalb von fünf Tagen verzehren.
- Aufstriche eignen sich auch als Füllung für Gemüse und als Würzmittel für Salate oder Bratlinge.

Gerstenflocken-Aufstrich

Kichererbsen-Paste

Rote-Linsen-Paste

Grünkern-Aufstrich

Auf geröstetem Brot eignen sich Aufstriche vorzüglich als Zwischenmahlzeit oder als Happen zum Aperitif.

Gerste

Vermutlich war Gerste das erste Gras, das gezielt von Menschen angebaut und somit zu Getreide wurde. Für diese Annahme sprechen im wesentlichen zwei Eigenschaften der Gerste: Sie hat, verglichen mit allen anderen Getreidearten, die kürzeste Wachstumszeit und ist sehr anspruchslos. Als ihre Heimat wird der Himalaja angesehen. Tsampa, das traditionelle Grundnahrungsmittel der Tibeter, ist geröstete Gerste. In China wie auch in Ägypten schätzte man sie gleichermaßen, und Homer rühmte sie in seiner »Odyssee« als »Mark der Männer«.
Ungeachtet der Bodenbeschaffenheit und der klimatischen Bedingungen – Gerste wächst überall. Noch heute ist sie weltweit, nach Weizen, Reis und Mais, die viertwichtigste Getreideart. In Europa hat sie als Bestandteil der Ernährung ihre frühere Bedeutung jedoch fast völlig eingebüßt und dient vorzugsweise als Mastfutter, besonders in der Schweinezucht, und als Braugerste.
Man unterscheidet zwischen Winter- und Sommergerste. Für die Wintergerste stehen heute ertragsstarke, kurzhalmige, anfällige Sorten zur Verfügung, die sich für einen biologischen Anbau wenig eignen. Sommergerste hat dagegen die ursprünglichen positiven Eigenschaften bewahrt und fügt sich sehr gut in Fruchtfolgen ein. Überwiegend wird Spelzgerste angebaut. Um zu verhindern, daß beim Dreschen die Keime entfernt und die Körner beschädigt werden, ist große Sorgfalt erforderlich. Dieses Problem tritt bei Nacktgerste nicht auf. Von Natur aus hat sie keine Spelze und liefert deshalb intakte, keimfähige Körner. Da ihre Erträge jedoch wesentlich hinter denen bespelzter Arten zurückbleiben, ist sie heute eine Spezialität der ökologischen Landwirtschaft.
Gerste enthält wenig Klebereiweiß und eignet sich nur zum Backen von Fladen, es sei denn, man mischt Gersten- mit anderem Mehl. Gegessen wurde und wird sie von vielen Völkern als Brei. Meist verwendet man sie als Flocken oder Schrot. Beliebt sind auch Graupen, polierte Gerstenkörner, die einen Teil der Vitalstoffe verloren haben und daher nicht mehr als Vollkorn gelten können.
Gerste verdient durchaus erneute Aufmerksamkeit. Sie enthält mehrere B-Vitamine und Vitamin E sowie reichlich Mineralstoffe. In der Volksmedizin schätzt man sie wegen ihres Schleims, der sich bildet, wenn man sie kocht. Er gilt als Magenbalsam und wird auch als Aufguß – man denke an Englands berühmtes Barley-Water – zur Fiebersenkung eingesetzt.

Hafer

Im Gegensatz zu Gerste, die in den verschiedensten Regionen der Welt Verbreitung fand, wurde Hafer weitgehend als Unkraut betrachtet. Man nimmt an, daß er verborgen in Gerste und Urweizen nach Europa kam. In allen wärmeren Regionen mißachtet, gelangte er hier, wo es an Sonne und Wärme mangelt, zu Ruhm. In Skandinavien und Rußland, Norddeutschland und den Alpen sowie auf den Britischen Inseln brachte Spelzhafer Nahrung, Kraft und Gesundheit. Brei oder Grütze, *porridge* oder *rømmegrøt* stärkten Germanen und Wikinger, Schotten und Iren. Erst als die Kartoffel aufkam, verlor Hafer an Bedeutung und diente oft nur als Tierfutter. In der Naturkost ist er in Flockenform, auch als Mehl, das man anderen Mehlen beimischt, am häufigsten.
Hafer akklimatisierte sich bestens an feuchtkaltes Klima. Er stellt geringe Ansprüche an den Boden, in dem er ein dichtes Wurzelwerk entwickelt, aber verlangt gute und regelmäßige Wasserversorgung. Trockenheit verträgt er schlecht. Hafer bildet vielverzweigte Rispen, und an jedem Ästchen sitzen in der Regel zwei von Spelzen geschützte Körner, von denen das äußere immer deutlich größer ist. Bei Spelzhafer sind die Körner fest umschlossen. So besteht – wie bei der Gerste – Gefahr, daß Korn und Keim beim Entspelzen Schaden nehmen. Und auch beim Hafer gibt es eine nackte Version. Sie war den alten Chinesen, die Hafer als einziges asiatisches Volk schätzten, schon vor 3000 Jahren bekannt. Beim Nackthafer schützt ebenfalls Spelze das Korn, nur ist sie nicht festgewachsen und läßt sich mühelos entfernen. Sein Nachteil besteht in dem um ein Drittel niedrigeren Ertrag, sein Vorzug im Keim, wenn unversehrt, und weitaus besserer Lagerfähigkeit. Sprießkornhafer ist eine spezielle Nackthafersorte.
Hafer gilt als Kraftnahrung. In den rauhen Gegenden, in denen er am meisten verbreitet war, brauchten die Menschen physische Stärke. Und Hafer ist in der Tat in verschiedener Hinsicht ein Superlativ unter den Getreiden. Er enthält mit Abstand am meisten Fett, nämlich 7 Prozent. Davon sind 80 Prozent mehrfach ungesättigte Fettsäuren, vor allem Linolsäure (s. S. 18-19). Unter den europäischen Getreiden hat er den höchsten Eiweißgehalt und bietet sechs essentielle Aminosäuren. Hafer enthält zudem viel Vitamin B1, und seine Stärke ist dank der Wirkung eines Enzyms besonders leicht verdaulich. Aber Wunder wirken seine sehr quellfähigen Ballaststoffe, die unerwünschte Bakterien, Gifte und Säuren aus dem Darmtrakt entfernen.

Kleber oder Gluten

Die Backfähigkeit eines Getreides hängt von Qualität und Menge seines Klebereiweißes ab, das man auch als Gluten bezeichnet. In Dinkel, Gerste, Hafer, Roggen und Weizen kommt es vor, in Hirse, Mais, Reis ist es nicht enthalten, ebensowenig in Buchweizen, Amaranth und Quinoa. Aber nur Dinkel und Weizen haben einen so hohen Gehalt an Gluten, daß sie mit dem Triebmittel Hefe lockeres, feinporiges Brot und Gebäck ergeben.
Kleber befindet sich im Mehlkörper des Getreidekorns, und zwar zwischen den darin dominierenden Stärkekörnern. Er setzt sich aus Glutelin und Gliadin zusammen, zwei Proteinen, die vom Körper nur wenig verwertet werden können, im Gegensatz zur Stärke jedoch eine hohe Quellfähigkeit besitzen. Daher nehmen sie – wie die Ballaststoffe der Randschichten – Wasser auf und geben dem Teig Volumen. Ist das Korn gar nicht oder nur grob gemahlen, braucht dieser Vorgang Zeit, wobei man von »Einweichen« spricht. Ist das Mehl fein, ist auch der Kleber zu kleinsten Bruchstücken zermahlen und reagiert sofort: Das Mehl quillt schnell. Beim Kneten des Teigs wird dann den Proteinen Glutelin und Gliadin Gelegenheit gegeben, sich zu weitverzweigten Molekülen zu verknüpfen und die Stärkekörner zu umschließen. Die Aktion der Hefebakterien sorgt außerdem dafür, daß Gärungsbläschen integriert werden. Auf diese Weise erhält zunächst der Teig, dann während des Backvorgangs auch das Brot eine lockere und elastische Struktur.

Kieselsäure

Als Anhydrid respektive Siliciumdioxid ist Kieselsäure in kristalliner Form, als Quarz oder Kiesel, und in Form von Silikaten Bestandteil der Erdkruste. Auch im menschlichen Körper spielt sie – und mit ihr das chemische Element Silicium – als Teil des Bindegewebes eine wichtige Rolle. In der Ernährung enthält besonders Getreide das Spurenelement Kieselsäure, allen voran Dinkel und Hirse. Sie wirkt nicht nur fördernd und stärkend auf das Bindegewebe, sondern ebenso auf Haut, Haare und Nägel. Elastizität ist ihre Haupteigenschaft, selbst im Bereich der Nerven und der Gehirnfunktion, und dadurch eine größere Unanfälligkeit. In den ersten Lebensjahren ist eine ausreichende Versorgung mit Kieselsäure von zentraler Beutung. Sie läßt sich leicht durch den Verzehr von Getreideprodukten sicherstellen.

Roggen

In seiner Heimat Vorderasien herrscht oft Trockenheit, die Böden sind arm und steinig und die Menschen bauen Getreide auch in Höhenlagen an. Roggen verkraftet solche schwierigen Bedingungen gut. Seine Wurzeln breitet er weit aus und treibt sie tief hinab, um die Nährstoffe zu finden, die er benötigt. So gedeiht er auch dort, wo der feinere Weizen versagt. Deshalb hielten ihm die Bauern seiner Ursprungsregion die Treue. Nur zwei Gegebenheiten schätzt Roggen überhaupt nicht: nassen Boden während der Saat- und Schlechtwetter zur Blütezeit.

Winterroggen sollte Ende September, Anfang Oktober gesät werden. Frost macht ihm nichts aus. Immer wenn die Temperatur gerade über den Gefrierpunkt steigt, setzt sein Wachstum erneut ein. Das gibt ihm im zeitigen Frühjahr gegenüber Unkraut genügend Vorsprung, und da er lange Halme bildet, kann er sich auch in einer späteren Phase gut durchsetzen. Sommerroggen kommt im März in den Boden und reift bereits zwei Wochen später.

Bis in unser Jahrhundert hinein blieb Roggen das dominierende Brotgetreide. Zwar ist er als Teig schwieriger zu handhaben als Weizen, bildet jedoch selbst, nur mit Wasser vermischt, nach drei Tagen Milchsäurebakterien, die ihn locker, bekömmlich und haltbar machen. Sein dunkles Mehl und der kräftige, robuste Charakter, hinter dem sich große gesundheitliche Vorzüge verbergen, bewirkten indes seinen sozialen Abstieg. Die Oberschicht bevorzugte schon immer den helleren Weizen. Als dann modernere Mahlverfahren für vitalstoffarmes Weißbrot sorgten, wurde dieses zum Statussymbol, und selbst die Ärmsten wollten kein dunkles Brot mehr essen. In den nördlicheren Ländern kann dies als Beginn gravierender Zivilisationskrankheiten angesehen werden. Denn Roggen, der praktisch immer und auch heute noch als Vollkorn verwendet wird, versorgt den Körper mit den Vitaminen B1, B2, E und Niacin, wichtigen Mineralstoffen und Spurenelementen. Außerdem liefert er relativ viel von der essentiellen, für Stoffwechsel und Wachstum unerläßlichen Aminosäure Lysin, was ihm eine höhere biologische Wertigkeit verleiht als Weizen. In der Naturkost kommt Sauerteigbroten daher entsprechende Bedeutung zu, wobei man Roggenmehl oft andere Mehle hinzufügt, da es keinen Kleber enthält. Zwar findet Roggen vorrangig in Broten Verwendung, ist aber auch geschrotet oder als Flocken eine hervorragende Müsli-Zutat und bereichert als Sprossen Salate oder Gemüsepfannen.

Weizen

Zentralasien gilt als Wiege des wilden Weizens. Da es ihn mit zwei-, drei- und sechsfachem Chromosomensatz gibt, begann er seinen Werdegang zum meistangebauten Getreide der Welt mit außerordentlich vielfältigen Variationsmöglichkeiten. Seine Sorten werden nach Tausenden gezählt und drei Grundreihen zugeordnet: Einkorn, Emmer und Dinkel. Das ertragschwache Einkorn besitzt nur noch wenig Relevanz; auch biologisch wird es nur äußerst selten kultiviert. Allerdings könnte es als züchterisch nicht verfälschtes Getreide in Zukunft neue Bedeutung erlangen. Bekanntester Vertreter der Emmer-Reihe ist Hartweizen, der wegen seiner guten Eignung für Teigwaren und Grieß weite Verbreitung gefunden hat. Neben Dinkel gehört auch der dominierende Weichweizen zur dritten Familie.

Überall, wo Weizen angebaut wird, gibt es Sorten, die den speziellen Gegebenheiten entsprechen. Dabei bleibt Weizen gleichwohl das anspruchsvollste Getreide. Es hat eine Vorliebe für Wärme und benötigt eine gute Wasserversorgung, vor allem im späten Frühjahr. Der Boden muß tief und nährstoffreich sein, wenn er gute Erträge bringen soll. Da im konventionellen Anbau gerade darauf übermäßiger Wert gelegt wird, züchtete man Sorten, die viel tragen, aber sehr anfällig gegen Krankheiten und entsprechend abhängig von Kunstdünger und chemischen Behandlungen sind. Generell unterscheidet man zwischen Winter- und Sommerweizen, wobei ersterer ab Mitte Oktober, letzterer bereits im Januar gesät werden kann. Liegt Winter- im Ertrag leicht vor Sommerweizen, wird er jedoch von diesem hinsichtlich seines Klebergehalts übertroffen. Sommerweizen besitzt demzufolge eine bessere Backfähigkeit. Mitteleuropäischer Weizen besaß lange Zeit nur so wenig Kleber, daß er für die Brotherstellung mit sogenanntem Aufmischweizen aus den USA backfähig gemacht werden mußte. Inzwischen gibt es auch in Europa geeignete Züchtungen. Neben Dinkel, seinem engen Verwandten, ist Weizen das am leichtesten zu handhabende Backgetreide – und das wohlschmeckendste. Auch ohne jede Beimischung ergibt er feine Brote und Backwaren, ihm können jedoch auch viele andere Getreide zugefügt werden, denen sein Kleber das ihnen fehlende Gerüst gibt. Darüber hinaus gehört er als Schrot oder Flocken ins Müsli. Seine Keime sind eine vitamin- und mineralstoffreiche Zutat zu süßen oder herzhaften Speisen, und das daraus gewonnene Öl besitzt Heilwirkung.

Das Wunderkorn der Azteken

Amaranth

Dieses Wunderkorn stärkte einst die Völker der indianischen Hochkulturen Mittel- und Südamerikas, verlieh ihnen Widerstandskraft und erstaunliche Gesundheit. Zumindest den Azteken war Amaranth heilig. Sie formten aus seinem Mehl unter Zugabe von Honig und Blut Opfergaben, die bei religiösen Zeremonien verzehrt wurden. Konquistadoren und Missionaren waren nicht nur diese Riten suspekt, sondern auch die offenbar fast magische Wirkung der winzigen Körner auf die Konstitution der Indianer. Folglich wurde der Anbau und Genuß von Amaranth verboten, Zuwiderhandlungen mit dem Tode bestraft. Nur in entlegenen Dörfern wagten es Bauern, ihn weiter zu kultivieren. Aber für Jahrhunderte büßte Amaranth in seiner Heimat jegliche Bedeutung ein.

Nach Europa kam das Getreide wegen seiner dekorativen roten Blütenstände als Zierpflanze, die man Gartenfuchsschwanz nannte. Dagegen verbreitete er sich als Lebensmittel in den Hochlandregionen Asiens. In vielen tropischen und subtropischen Ländern ist er wegen seines leuchtendroten Farbstoffs und als wohlschmeckende Blattpflanze, die wie Spinat zubereitet wird, beliebt. Aber seine eigentliche Kraft sitzt in dem winzigen Korn, wobei ein einziger Blütenstand leicht 30 000 Körner birgt, die zusammen jedoch nur 25 Gramm wiegen.

Die Renaissance des Amaranths ist zu einem großen Teil nordamerikanischen Forschungen zu verdanken, die in den 80er Jahren seine überragenden Eigenschaften als Nahrungsmittel wissenschaftlich nachwiesen und für den Anbau geeignete Sorten züchteten. Inzwischen gibt es eine Vielzahl von wilden oder gezüchteten Amaranth-Varianten. Bei den wegen ihrer Körner kultivierten Arten handelt es sich um einjährige Pflanzen, die zwischen einem halben und drei Meter Höhe erreichen können und breite Blätter entwickeln. In der Regel bildet Amaranth nur in jenen Klimaregionen Blüten, in denen die Sommertage kurz sind. Die Samen variieren stark in den Farben und gleichen in ihrer Form Linsen, doch sind sie nur etwa halb so groß.

Trotz der Vorliebe für warme Temperaturen, kurze Tage und der hohen Frostempfindlichkeit vertragen Sorten des *Amaranthus cruentus* mitteleuropäisches Klima. Allerdings kann frühestens im Mai gesät werden. Sind die Körner gekeimt, dauert es rund vier Monate, bis geerntet werden kann. Im Gegensatz zu Getreide sind die Pflanzen dann keineswegs abgestorben und trocken, sondern stehen noch in sattem Grün, worauf sich ihr Name bezieht, der auf Griechisch »nicht welkend« oder »unsterblich« bedeutet. Erntet man die Pflanze in diesem Stadium, muß sie sofort getrocknet werden. Eine kostengünstigere Alternative besteht darin, auf den ersten Frost zu warten, vorausgesetzt, er geht mit trockenem Wetter einher.

Obwohl Amaranth wie Buchweizen und Quinoa kein Getreide ist, enthält er viele von dessen Inhaltsstoffen. Erstaunlich ist sein Eiweißgehalt von 75 Prozent, der den aller anderen Getreide quantitativ wie auch qualitativ übertrifft und sogar höher ist als bei Milch (s. Tabelle). Für die hohen Eiweißwerte bei Amaranth ist die sonst in Pflanzen recht gering vertretene essentielle Aminosäure Lysin verantwortlich. Besonders deutlich ist Amaranth jedoch den anderen Getreidearten überlegen hinsichtlich der Mineralstoffe Calcium, Magnesium und Eisen (s. Tabelle). Die gesundheitsfördernden Wirkungen des Wunderkorns sind vielfältig, aber vor allem stärkt es Nervensystem, Gehirn und Stoffwechsel.

Einst brachten spanische Eroberer den südamerikanischen Amaranth wegen seiner attraktiven Blüten nach Europa. Heute besinnt man sich auf seinen Nährwert.

Amaranth-Babybrei

Für 1 Kleinkind

2 EL Amaranth
50 ml Sahne
1/2 TL Honig
1 Apfel

Das Getreide fein mahlen und mit 150 ml Wasser verrühren. In einem kleinen Topf unter ständigem Rühren zum Kochen bringen und kurz aufkochen. Von der Kochstelle nehmen und etwas abkühlen lassen. Sahne und Honig unter den Brei rühren. Den Apfel reiben und ebenfalls untermischen.

Hinweis: Man kann, je nach Jahreszeit, auch anderes Obst verwenden.

Schaumige Amaranth-Gemüsesuppe

200 g Möhren
1 Zwiebel
1 EL Butter
50 g Amaranth
600 ml Gemüsebrühe
100 ml Sahne
Meersalz, Pfeffer
2 EL feingehackte Kräuter der Saison

Die Möhren grob raspeln, die Zwiebel fein hacken und beide Zutaten in der Butter andünsten.
Die Amaranthkörner anrösten, möglichst fein mahlen und durch ein Sieb in die Pfanne stäuben. Mit der Gemüsebrühe ablöschen.
Die Suppe aufkochen und 10 Minuten köcheln lassen, dann pürieren. Die Sahne schlagen und den größten Teil in die heiße Suppe rühren. Mit Meersalz und frischgemahlenem Pfeffer abschmecken. Mit den Kräutern und der restlichen Sahne garnieren.

Rote Grütze mit Amaranth

100 g Amaranth
450 ml Apfelsaft
Abgeriebene Schale von 1 Zitrone
1 Zimtstange
500 g frische Beeren
2 EL Akazienhonig
100 ml Sahne
50 g Mandelsplitter

Den Amaranth grob schroten, in dem Apfelsaft mit Zitronenschale und Zimtstange kurz aufkochen. Bei schwacher Hitze 10 Minuten ausquellen lassen. Die Zimtstange entfernen, Beeren und Honig unterrühren.
Die Grütze in Schälchen füllen und kalt stellen. Die Sahne schlagen, auf die Grütze geben und mit Mandelsplittern garnieren.

Oben: Amaranth-Produkte – Vollkornmehl (vorn Mitte), Schrot (links), Popcorn (oben), Knäckebrot (rechts)

Inka-Kuchen

50 g weiche Butter
3 EL Honig
2 Eier
Abgeriebene Schale von 1 Zitrone
125 g Amaranth-Popcorn (s. rechts)
125 g Weizenmehl
1 Prise Meersalz
1 1/2 TL Weinsteinbackpulver
1 Msp gemahlene Vanille
150 ml Milch
50 g gehackte Haselnüsse

In einer Schüssel die Butter mit dem Honig schaumig schlagen. Eier und Zitronenschale unterrühren. Amaranth-Popcorn mit Weizenmehl, Meersalz, Backpulver und Vanille mischen und abwechselnd mit der Milch nach und nach unter die Butter-Mischung rühren. Zum Schluß die Haselnüsse untermischen.
Den Teig in eine gefettete, mit Mehl bestäubte Kastenform geben. Im vorgeheizten Backofen bei 180 °C etwa 45 Minuten backen. Dann den Kuchen aus der Form stürzen und abkühlen lassen.

Amaranth-Produkte und Zubereitungen von Amaranth

- Flocken: Körner wässern, trocknen lassen, dann quetschen und wie Haferflocken verwenden.
- Keimen: Samen gut waschen und bei einer Temperatur von mindestens 25 °C zum Keimen bringen; täglich mit frischem Wasser spülen. In Müslis, Salaten, Gemüsegerichten oder Brot. Keimen schließt die Vitalstoffe optimal auf.
- Poppen: Einen Topf mit Deckel ohne Fettzugabe erhitzen. Den Deckel kurz lüften, 1 EL Amaranthkörner hineingeben und den Topf blitzschnell schließen; vom Feuer nehmen. Einen Moment warten und dann hin und her schwenken. Hört das Zischen auf, das Popcorn in ein Sieb geben, um es von den nicht aufgepoppten Körnern zu trennen, die man schroten oder mahlen kann.
- Kochen: Körner mit der dreifachen Wassermenge zum Kochen bringen. Nach Geschmack salzen und würzen. Zugedeckt 30 Minuten köcheln und 10 Minuten nachquellen lassen. Oder: Grobes Schrot 5 Minuten kochen und etwas nachquellen lassen. Als Beilage, in Suppen und Aufläufen und für Süßspeisen.
- Saucen und Suppen: Vor allem geröstet und frisch gemahlen ist Amaranth ein aromatisches Bindemittel für Saucen oder cremige Suppen.
- Süßspeisen: Grob geschroteter Amaranth ergibt eine Grütze, die sich mit Obst, Nüssen und Honig zu leckeren Desserts verwandeln läßt.
- Backen: Die Körner unbehandelt, geröstet oder gepoppt in einer Haushaltsgetreidemühle schroten oder fein ausmahlen, dann sofort verarbeiten. Für Pfannkuchen oder Fladen; für Brote oder Kuchen Amaranthmehl mit kleberreichen Mehlen im Verhältnis 1:2 vermischen.

Biologische Wertigkeit des Proteins

Amaranth	75 %
Milch	72,2 %
Sojabohne	68 %
Gerste	62 %
Weizen	56,9 %
Erdnüsse	52 %
Mais	44 %

Ernährungsphysiologische Werte (Anteil pro 100 g)

	Amaranth	Weizen	Mais	Reis	Hafer
Eiweiß (Protein)	16,00 g	13,30 g	7,80 g	7,60 g	14,20 g
davon **Lysin**	0,89 g	0,32 g	0,27 g	0,31 g	0,43 g
Fett	7,50 g	2,00 g	2,60 g	0,30 g	7,40 g
Kohlenhydrate	62,00 g	71,00 g	76,00 g	79,40 g	68,20 g
Ballaststoffe	4,20 g	2,30 g	0,70 g	0,20 g	1,20 g
Eisen	15,00 mg	3,40 mg	1,80 mg	0,80 mg	4,50 mg
Calcium	250,00 mg	47,40 mg	6,00 mg	24,00 mg	53,00 mg
Magnesium	310,00 mg	110,00 mg	90,00 mg	120,00 mg	120,00 mg
Energie	370 kcal/ 1554 kJ	333 kcal/ 1399 kJ	368 kcal/ 1546 kJ	362 kcal/ 1520 kJ	390 kcal/ 1638 kJ

Das Urgetreide

Dinkel und Grünkern

Dinkel oder Spelz ist ein altes Getreide, das aus den Urweizenarten Einkorn und Emmer hervorging. Da es wenig Ansprüche an den Boden stellt, nicht anfällig ist für Krankheiten und auch unter härtesten klimatischen Bedingungen gedeiht, war es in Berggegenden weit verbreitet und in Deutschland insbesondere in Mittelfranken und Württemberg beliebt, was ihm den Beinamen »Schwabenkorn« eintrug. In der Schweiz, Österreich, Frankreich und Spanien wurde Dinkel ebenfalls, meist in Höhenlagen, angebaut. Da er aber im Ertrag deutlich geringer als Weizen und das Entfernen seines Spelzes aufwendig und kostspielig ist, geriet er in unserem Jahrhundert in Mißkredit. Außerdem reagiert Dinkel auf Kunstdünger negativ: ohne Ertragssteigerung. Diese Eigenschaft machte ihn für die moderne Landwirtschaft endgültig ungeeignet, so daß er dem »Fortschritt« weichen mußte.

Hildegard von Bingen, Mystikerin, Klostervorsteherin und Heilkundige des 12. Jahrhunderts, hielt Dinkel für das beste Getreide. Sie schätzte nicht nur seine positiven Wirkungen auf Körper, Blut und Verdauung, sondern erkannte, daß er auch »ein aufgelockertes Gemüt und die Gabe des Frohsinns« schenkt. Dinkel übertrifft die meisten Weizenarten im Gehalt an essentiellen Aminosäuren. Bei sieben der acht lebenswichtigen Eiweißbausteine liegen seine Analysewerte über denen des üblichen Weichweizens. Auch in Hinsicht auf Vitamine und Mineralstoffe bietet er oft den größeren Reichtum. Ungewöhnlich ist die starke Präsenz von Kieselsäure. Ihr werden positive Auswirkungen auf die intellektuelle Leistungsfähigkeit zugeschrieben, aber auch auf Haut und Haare. Was die Verwendung von Dinkel betrifft, zeichnet ihn besonders sein Eiweiß aus, das über viel und hervorragenden Kleber verfügt. Folglich eignet er sich vorzüglich zum Backen. Er ergibt lockere Teige und ausgezeichnete, sehr bekömmliche Teigwaren. Im Geschmack ist er leicht nussig.

Die Renaissance des Dinkels mag darauf beruhen, daß das Getreide ganz allgemein in dem Ruf steht, sehr gesund zu sein – speziell in der Hildegard-Medizin gelten Dinkeldiäten als eine Art Allheilmittel –, andererseits haben seine kulinarischen Eigenschaften ihm eine stetig wachsende Anhängerschaft erworben. Die Nachfrage nach Dinkelbrot und Dinkelteigwaren wächst stetig. Dabei eignet sich Dinkel auch vorzüglich dazu, mit anderen glutenfreien Getreiden vermischt zu werden.

Daß Dinkel teuer ist, tat dieser Entwicklung keinen Abbruch. Schließlich gibt es für seinen Preis solide Gründe. Zum einen bringt er eher bescheidene Erträge. Was ihn aber wirklich kostspielig macht, ist der Spelz – nicht von ungefähr ist »Spelz« sein Synonym. Die Körner, die fast doppelt so groß wie Weizenkörner sind, sitzen fest angewachsen in den Spelzen. Dreschen allein vermag sie nicht zu lösen, dafür ist ein gesonderter Schälvorgang vonnöten, der sogenannte Gerbgang, den nur spezielle Mühlen ausführen können oder Bio-Bauern, die über eine Schälanlage verfügen.

Der Spelz macht ein Drittel des Gewichts von Dinkel aus, doch für diesen Abfall gibt es heilsamen Nutzen, auf den bereits Hildegard von Bingen hingewiesen hat: Wer sich oder wenigstens sein Haupt darauf bettet, kommt dank des hohen Kieselsäuregehalts in den Genuß schmerzlindernder, entspannender und in verschiedenen Fällen heilender Wirkungen.

Früh eingebrachter Dinkel, der bereits voll entwickelt, aber noch grün ist, wird als »Grünkern« bezeichnet. Dabei muß der Erntezeitpunkt genau abgepaßt werden, dann nämlich, wenn die Teig- oder Milchreife erreicht ist. Anschließend wird Grünkern bei 110 °C oder mehr gedarrt, wodurch er seine Keimfähigkeit einbüßt, aber mahlfähig wird. Nicht zuletzt hat Grünkern zur Renaissance des Dinkels entscheidend beigetragen.

Vollkorn-Spaghetti mit Grünkern-»Bolognese«

- 100 g Grünkern
- 1 Zwiebel
- 1 Knoblauchzehe
- 2 Tomaten
- 3 EL Olivenöl
- 1 Prise Cayennepfeffer
- 1/2 TL Meersalz
- 1/2 TL Rosenpaprika
- 1 TL Oregano
- 1 TL Majoran
- 1 TL Basilikum
- 1 TL gekörnte Gemüsebrühe
- 150 g Vollkorn-Spaghetti
- Parmesan

Den Grünkern mittelgrob schroten. Zwiebel und Knoblauch fein hacken; die Tomaten kleinschneiden, pürieren und durch ein Sieb geben. Das Öl erhitzen. Zwiebel und Knoblauch darin andünsten. Das Grünkernschrot hinzugeben und unter Rühren rösten. 500 ml Wasser angießen und das Getreide unter häufigem Rühren garen. Die Tomaten zugeben und die Mischung mit Salz, Gewürzen, Kräutern und Gemüsebrühe abschmecken.

Die Spaghetti in Salzwasser al dente kochen, mit der Grünkern-»Bolognese« servieren und mit frischgeriebenem Parmesan bestreuen.

Dinkel-Windbeutel mit Basilikum-Frischkäse

50 g Butter
150 g feines Dinkelmehl
4 Eier
150 g Frischkäse
50 ml geschlagene Sahne
Basilikumblätter
Knoblauchsaft von ½ Zehe
1 TL Meersalz
1–2 TL Zitronensaft

250 ml Salzwasser mit der Butter zum Kochen bringen. Das Dinkelmehl einrühren und so lange kräftig rühren, bis sich ein Kloß gebildet hat.
Den Topf vom Herd nehmen.
Nach und nach die Eier unterrühren. Der Teig muß schwerreißend vom Kochlöffel fallen.
Ein Backblech mit Backpapier auslegen. Mit dem Spritzbeutel kleine Teighäufchen darauf spritzen. Diese im vorgeheizten Backofen etwa 20 Minuten bei 190 °C backen. (Während der Backzeit den Ofen nicht öffnen!)
In der Zwischenzeit Frischkäse und Sahne miteinander vermengen. Das Basilikum kleinschneiden und dazugeben, dann den Knoblauchsaft hinzufügen; mit Meersalz und Zitronensaft abschmecken.
Die Frischkäsemasse in die erkalteten Windbeutel füllen, indem man zunächst einen Deckel abschneidet und diesen nach dem Füllen wieder aufsetzt.

Dinkelcreme mit Sekt-Himbeeren

50 g Dinkel
40 g Pfeilwurzelmehl oder 20 g Maisstärke
180 ml Sahne
3 EL Honig
100 ml Sekt
40 ml Mineralwasser
250 g frische Himbeeren
1 Msp gemahlene Vanille
150 ml geschlagene Sahne
Zitronenmelisse

Den Dinkel ganz fein mahlen und mit 30 g Pfeilwurzelmehl vermengen. Die Sahne mit 70 ml Wasser mischen; mit 4 EL Sahne-Wasser-Gemisch das Dinkelmehl anrühren.
Das restliche Sahne-Wasser-Gemisch zum Kochen bringen und das Dinkelmehl schnell mit dem Schneebesen einrühren. Auf schwacher Flamme 10 Minuten köcheln, dann erkalten lassen.
2 EL Honig unterrühren. Den Sekt erhitzen. Das restliche Stärkemehl mit dem Mineralwasser anrühren und in den Sekt geben. Aufkochen lassen, weiterrühren und glattziehen. Den restlichen Honig, die Himbeeren und die Vanille in den Sekt geben; abkühlen lassen.
Die Sahne unter die erkaltete Dinkelmasse geben und diese cremig schlagen. Die Creme auf einem Teller anrichten und die Sekt-Himbeeren darübergeben. Mit Zitronenmelisse garnieren.

Hintergrund: Dinkel, das als unrentabel abgeschriebene Heilgetreide, erfährt dank biologischen Anbaus eine verdiente Renaissance.

Mandeln und Hartkäse unter den Zutaten versprechen ein Gericht mit Pfiff und Rafinesse.

Grünkerntaler

2 kleine Zwiebeln
3 junge Möhren
1 Stange Lauch
250 g Grünkern
500 ml Gemüsebrühe
100 g Mandeln
100 g Hartkäse
2 EL feingehackte Petersilie
Kräutersalz, schwarzer Pfeffer
Olivenöl

Die Zwiebeln fein hacken, die Möhren würfeln, den Lauch in feine Ringe schneiden.
Den Grünkern mittelgrob schroten und in einem Topf ohne Fett anrösten. Das Gemüse zugeben und die Gemüsebrühe angießen. Aufkochen, 10 Minuten auf kleiner Flamme köcheln und anschließend mit geschlossenem Deckel quellen lassen.
Die Mandeln mahlen und den Käse reiben, beide Zutaten mit der Petersilie zu der Getreidemischung geben. Mit Kräutersalz und Pfeffer abschmecken.
Dann kleine Taler aus der Masse formen und diese in einer Pfanne in heißem Olivenöl von beiden Seiten knusprig braun braten.
Dazu paßt gedünstetes Gemüse oder Sauerkraut.

Hintergrund: Bratlinge aus Getreide sind ein besonders schmackhafter Beitrag der Naturkost zum Speisezettel.

Nachdem man den Grünkern ohne Zugabe von Fett angeröstet hat, gibt man das rohe Gemüse dazu.

Mit Gemüsebrühe abgelöscht, köchelt und quillt Grünkern, bis er gar ist.

Mit gemahlenen Mandeln und frisch-geriebenem Hartkäse ergibt sich ein saftig-fester, würziger Teig.

In heißem Olivenöl von beiden Seiten knusprig braun gebraten, sind Grün-kerntaler ein Genuß.

Buchweizen

Buchweizen ist zwar kein Getreide, sondern ein Knöterichgewächs, das man für die Vollwertküche wiederentdeckt hat, läßt sich jedoch wie Getreide verarbeiten. Da er kein Klebereiweiß (Gluten) enthält, muß man Buchweizenmehl stets mit glutenreichem Mehl, etwa Dinkelmehl, vermischen, wenn man Backwaren herstellen möchte. Buchweizen hat einen milden, nussigen Geschmack und enthält die in den meisten Getreiden kaum vorkommende essentielle Aminosäure Lysin.

Vom Umgang mit Buchweizen

Buchweizen wird im Handel in verschiedenen Formen angeboten:
• Unbehandelte Körner: als Keime nach 15 Stunden Einweichzeit in etwa 4 Tagen oder mit Keimblättern nach 10 oder mehr Tagen; auch gegart – eventuellen roten Schleim abgießen – mit Gemüse, als Risotto, für Bratlinge;
• Flocken: für Müslis und Süßspeisen;
• Geröstete grobkörnige Grütze, die russische Kasha oder als Grieß: Mit der doppelten Menge Wasser, Brühe oder Milch erhitzen und 15 Minuten quellen lassen; mit Gemüse, als Risotto, für Aufläufe, Suppen, Bratlinge oder Süßspeisen;
• Mehl: für Pfannkuchen, Crêpes oder Blinis mit Vollweizenmehl mischen, für Kuchen, zum Andicken.

Herzhafte Zubereitungen mit Buchweizen

Buchweizensuppe mit Wintergemüse

(Abbildung rechte Seite unten)

150 g Buchweizen
1 große Zwiebel
20 g Butter
1 l Gemüsebrühe
1 kleine Möhre
1 kleine Pastinake
1 kleiner Staudensellerie
Meersalz, schwarzer Pfeffer
1 kleine Stange Lauch
1 EL feingehackte Petersilie
1 EL feingehackter Liebstöckel
Tamari

Den Buchweizen heiß abbrausen, gut abtropfen lassen und in einem Topf ohne Fettzugabe anrösten. Die Zwiebel fein hacken, mit der Butter zu dem Buchweizen geben und ebenfalls anrösten. Mit der Gemüsebrühe ablöschen. Möhre und Pastinake würfeln. Die Selleriestangen kleinschneiden, das Grün aufheben.
Die Gemüse in die Brühe geben, leicht köcheln lassen und mit Salz und Pfeffer abschmecken.
Den Lauch in schmale Ringe schneiden und das Selleriegrün fein hacken. Kurz vor dem Servieren mit den Kräutern an die Suppe geben und mit Tamari würzen.

Unten: Buchweizenauflauf mit Haselnüssen und Sauerkraut

Buchweizenauflauf mit Haselnüssen und Sauerkraut

(Abbildung unten)

200 g Buchweizen
100 g Haselnüsse
300 ml Gemüsebrühe
2 Zwiebeln
2 EL Olivenöl
1 Lorbeerblatt
2 Äpfel
400 g Sauerkraut
50 g Rosinen
125 ml Weißwein oder Apfelsaft
Meersalz, weißer Pfeffer
1 TL gemahlener Kümmel
1 Prise Zimt
1 Prise gemahlene Nelken
250 ml Sahne

Den Buchweizen abspülen, trocknen lassen und anrösten. Die Nüsse fein hacken, zu dem Buchweizen geben und mitrösten. Die Gemüsebrühe angießen und alles auf schwacher Flamme rund 15 Minuten garen.
Inzwischen die Zwiebeln in dünne Scheiben schneiden und in dem Olivenöl andünsten. Das Lorbeerblatt hineinbröseln, die Äpfel kleinschneiden und mit Sauerkraut und Rosinen zu den Zwiebeln geben; kurz dünsten. Den Weißwein angießen und 10 Minuten schwach köcheln lassen.
Buchweizen und Sauerkraut mischen. Mit Salz, Pfeffer, Kümmel, Zimt und Nelken würzen.
Eine Auflaufform mit Olivenöl einfetten, die Buchweizen-Sauerkraut-Mischung hineingeben, die Sahne darübergießen und knapp 30 Minuten bei 180 °C im vorgeheizten Backofen garen.

Buchweizenpfannkuchen mit Champignons

(Abbildung oben)

Teig
100 g feines Buchweizenmehl
50 g feines Dinkelmehl
1 TL Meersalz
1 TL Kräutersalz
250 ml Mineralwasser
2 Eier

Füllung
300 g frische Champignons
1 kleine Zwiebel
1 EL Butter
1 Knoblauchzehe
120 ml saure Sahne
1 TL gekörnte Gemüsebrühe
2 EL feingehackte glatte Petersilie
Kräutersalz, schwarzer Pfeffer
Je 50 g geriebener Parmesan und Emmentaler

Für den Teig Buchweizen- und Dinkelmehl mit Salz und Mineralwasser zu einem glatten Teig verrühren und 30 Minuten ruhenlassen. Die Eier unterrühren und die Pfannkuchen portionsweise ausbacken.
Für die Füllung die Champignons vierteln und die Zwiebel würfeln. Die Butter zerlassen, Champignons und Zwiebel hineingeben und den Knoblauch hineinpressen. Alles andünsten und mit saurer Sahne ablöschen. Brühe und Petersilie unterrühren; mit Salz und Pfeffer abschmecken. Die Pfannkuchen mit der Pilzmischung füllen und zusammenklappen. Parmesan und Emmentaler vermengen, über die Pfannkuchen geben und im Ofen überbacken.

Buchweizengrütze

250 g Buchweizen

Den Buchweizen heiß abbrausen und wieder trocknen, anschließend sehr grob schroten. Dann mit etwa 350 ml Wasser auf schwacher Flamme etwa 15 Minuten garen.

Die Grütze kann pikant oder süß angerichtet werden. Für pikante Grütze etwas gekörnte Gemüsebrühe hinzufügen und mit frischen Kräutern und ein wenig Knoblauch abschmecken. Man kann auch 2–3 EL geriebenen Käse untermischen.
Für süße Grütze etwas Honig und gemahlene Vanille zugeben. Nach Geschmack flüssige oder geschlagene Sahne unterziehen. Variante: 1–2 geriebene Äpfel machen die Grütze luftig und locker. Auch verschiedene Beerenfrüchte eignen sich als Zugabe.

Oben: Buchweizenpfannkuchen mit Champignons
Rechts: Buchweizensuppe mit Wintergemüse

Ob zu Pfannkuchen mit Champignons (oben), der Suppe mit Wintergemüse (unten) oder dem Auflauf mit Haselnüssen und Sauerkraut (linke Seite) – Buchweizen läßt sich auf vielfältige Weise zubereiten.

Buchweizen auf verführerische, nur dezent gesüßte Weise: als Linzer Torte (oben), Kartoffeltrüffel (unten), köstliche Buchteln mit Himbeerkonfitüre (rechte Seite oben) oder als Waffeln mit Aprikosenmus (rechts unten).

Süße Zubereitungen mit Buchweizen

Kartoffeltrüffeln mit Buchweizen

(Abbildung unten)

2 mittelgroße Pellkartoffeln
35 g weiche Butter
2 EL Honig
2 EL gemahlene Mandeln
2 EL geröstetes Buchweizenschrot
$1/2$ TL gemahlene Vanille
Je 1 EL Cognac, Kirschwasser und Mirabellengeist
Je 1 EL Carob, gehackte Pistazien, Kokosraspeln

Die Pellkartoffeln pellen und mit einer Gabel zerdrücken. Mit Butter, Honig, Mandeln, Buchweizen und Vanille gründlich verkneten.
Die Masse in drei gleiche Teile teilen und jeweils mit einem anderen Obstbrannt aromatisieren. Zu nußgroßen Kugeln rollen und jeweils in Carob, gehackten Pistazien und Kokosraspeln wälzen.
Vor dem Servieren kalt stellen.

Oben: Linzer Buchweizentorte
Links: Kartoffeltrüffeln mit Buchweizen

Linzer Buchweizentorte

(Abbildung oben)

150 g getrocknete Aprikosen
200 g Butter
3 EL g Honig
1 Ei
220 g gemahlene Haselnüsse
200 g feines Buchweizenmehl
250 g feines Dinkelmehl
1 $1/2$ TL Weinsteinbackpulver
Zimt
Abgeriebene Schale von 1 $1/2$ Zitronen
10–12 EL Milch
1 EL Aprikosenbrannt oder Mirabellengeist

Die Aprikosen über Nacht in Wasser (oder Apfelsaft) einweichen.
Butter und Honig schaumig rühren, das Ei zufügen. Mit den übrigen Zutaten – mit Ausnahme der Spirituosen – zu einem festen Teig verarbeiten und diesen 30 Minuten im Kühlschrank ruhenlassen.
Inzwischen die eingeweichten Aprikosen pürieren und mit Aprikosenbrannt abschmecken.
Eine Springform von 26 cm Durchmesser ausfetten, mit zwei Drittel des Teigs auslegen und einen Rand drücken. Mit dem Aprikosenpüree bestreichen.
Den restlichen Teig ausrollen, in Streifen schneiden und diese gitterförmig auf den Kuchen legen; mit etwas Wasser am Rand festkleben.
Die Torte bei 180 °C etwa 45 Minuten backen.

Oben: Buchweizenbuchteln mit Himbeerkonfitüre
Unten: Buchweizenwaffeln mit Aprikosenmus

Buchweizenbuchteln mit Himbeerkonfitüre
(Abbildung rechts)

300 g Buchweizen
200 g Dinkelmehl
30 g Hefe
40 g weiche Butter
2 EL Honig
2 Eier
620 ml Milch
Meersalz, Zimt
100 g Himbeerkonfitüre

Den Buchweizen abspülen, trocknen lassen und anrösten; auskühlen und fein mahlen. Mit dem Dinkelmehl vermischen, dann Hefe, Butter, Honig, Eier und 400 ml Milch zufügen; mit Meersalz und Zimt würzen. Alles zu einem geschmeidigen Teig verarbeiten. Den Teig zugedeckt an einem warmen Ort 30 Minuten gehen lassen. Eine feuerfeste Form ausfetten. Aus dem Teig kleine Kugeln formen, jeweils in die Mitte 1 TL Himbeerkonfitüre geben und den Teig über der Konfitüre zusammendrücken. Die Kugeln so nebeneinander in die Form setzen, daß sie etwas Abstand halten.
Die restliche Milch in die Form gießen und die Buchteln im vorgeheizten Ofen bei 180 °C etwa 30 Minuten backen. Heiß oder kalt mit Vanille- oder Mandelsauce servieren.

Buchweizenwaffeln mit Aprikosenmus
(Abbildung unten)

150 g Buchweizen
80 g Dinkel
3 Eier
150 g weiche Butter
2 EL Honig
1 Msp gemahlene Vanille
1 TL Weinsteinbackpulver
150 g getrocknete Aprikosen
125 ml Apfelsaft
1/2 TL gemahlene Vanille

Für den Waffelteig Buchweizen und Dinkel zu feinem Mehl vermahlen und miteinander vermischen.

Die Eier mit der Butter schaumig rühren, dann Honig, Vanille und Backpulver hinzufügen. Alles zu einem glatten Teig verarbeiten.
Den Teig portionsweise in einem gefetteten heißen Waffeleisen ausbacken.
Für das Aprikosenmus die Trockenfrüchte mindestens 6 Stunden in dem Apfelsaft einweichen, dann im Mixer pürieren.
Das Mus mit Vanille abschmecken und auf die heißen Waffeln geben. Sofort servieren.

Ein Geschenk des Vorderen Orients

Bulgur und Couscous

Überall im Vorderen Orient gehören Speisen auf der Basis von Weizengrieß zu den traditionellen Spezialitäten. Für Bulgur wird Weizen gedämpft, um ihn ausreichend vorzugaren, geschält, getrocknet und schließlich fein oder grob geschrotet. Man verwendet Bulgur vor allem für Pilavs und Füllungen oder für die beliebten Kibbehs, für die er mit Hackfleisch, Zwiebeln und Gewürzen vermischt wird. Auch in Salaten schmeckt er gut. In Vorderasien verlor Burghul – wie die Armenier ihn nannten – seine zentrale Bedeutung als mit Abstand wichtigstes Grundnahrungsmittel, als über Indien und Persien Reis eingeführt wurde.

Demgegenüber behauptete sich Weizengrieß in Nordafrika als Nationalgericht der Länder des Maghreb, der Tunesien, Algerien und Marokko umfaßt. Dort ist er als Couscous bekannt, eine Verfeinerung des Bulgurs, die möglicherweise sogar auf die alten Ägypter zurückgeht. Traditionell wurde Couscous von jeder Familie selbst hergestellt, wobei sich die Frauen der Nachbarschaft gegenseitig halfen: Man mischte in großen flachen Schüsseln mit hohem Rand geschroteten und gemahlenen Weizen, besprenkelte das Gemisch mit Wasser und rieb es dann in kreisenden Bewegungen mit der Handfläche zu winzigen Kügelchen. Diese schüttete man auf Siebe und erhielt so Körnchen von gleicher Größe. Dann wurde der Couscous über kochendem Wasser gedämpft, auf Tüchern ausgebreitet und in der Sonne getrocknet. Damit verfügte man über die Grundzutat für viele Gerichte, die sich – trocken gelagert – problemlos bis zur nächsten Ernte hielt.

Ganz gleich, welches der vielen verschiedenen begleitenden Ragouts zubereitet wurde, immer griffen die Köchinnen dafür zum traditionellen Topf, der unter seinem französischen Namen bekannt ist: zur Couscousière. Ursprünglich war sie aus Ton, inzwischen gibt es sie aus Aluminium und Edelstahl. Das Kochgeschirr besteht aus einem tiefen Schmortopf, in dem Fleisch und Gemüse garen, während darüber in einem Siebeinsatz die Couscous-Körner in den aufsteigenden Dämpfen gegart werden; ein gut schließender Deckel bewahrt die Aromen.

Dieses ziemlich zeitaufwendige Verfahren ist unserer schnellebigen Zeit zum Opfer gefallen. Heute gibt es Couscous und Bulgur vorgegart im Handel, auch aus biologischem Anbau, wobei Frankreich, das geschichtlich besonders mit Nordafrika verbunden ist, zu den Hauptproduzenten gehört. Bulgur ist dabei die etwas gröbere, aber vollwertigere Variante. Couscous wird hergestellt, indem man Hartweizenkörner Walzen durchlaufen läßt, wobei nach jedem Mahlgang zu große Grützeteilchen aussortiert werden, um das nunmehr schärfer eingestellte Mahlwerk erneut zu durchlaufen; zu feine Partikel werden ausgesondert. Auf diese Weise behält der schließlich gleichmäßig gekörnte Grieß 70 Prozent der Vitalstoffe des Vollweizens. Das dann folgende Vorgaren erleichtert auch beim biologischen Hartweizengrieß die spätere Verwendung. Im Gegensatz zu konventionellen Produkten, die, nur mit Wasser oder Brühe angerührt und nachgequollen, verzehrbereit sind, empfiehlt es sich, biologischen Bulgur oder Couscous in kochendes Salzwasser zu geben und etwa 10 Minuten zu garen. Der Grieß ist vielseitig verwendbar, ob in herzhaften oder süßen Speisen, ob in Salaten, über Ragouts traditionell gedämpft oder als ausgezeichnete Bratlinge.

Couscous
(Abbildung)

300 g Couscous
1 TL Kräutersalz
750 g frische Gemüse (etwa Weißkohl, Möhren, Zucchini, Lauch, Tomaten, Blumenkohl, Brokkoli)
2 Schalotten
2 Knoblauchzehen
6 EL gekeimte Kichererbsen
4 EL Olivenöl
300 ml Joghurt
100 ml saure Sahne
1 TL Kreuzkümmel
1 TL Harissa (scharfe Würzpaste)
1/2 TL Meersalz
Pfefferminzblätter
Schnittlauch
Glatte Petersilie
Kerbel

Den Couscous in 500 ml Wasser, in das man das Kräutersalz gibt, 30 Minuten einweichen. Dann in einem Sieb zugedeckt über Wasserdampf garen.

In der Zwischenzeit die Gemüse kleinschneiden; Schalotten und Knoblauch fein hacken.

Gemüse, Schalotten, Knoblauch und Kichererbsen in 3 EL Olivenöl bißfest garen, mit etwas Wasser ablöschen. Aus Joghurt, saurer Sahne, dem restlichen Olivenöl sowie Gewürzen und feingehackten Kräutern eine Sauce rühren. Den Couscous mit dem Gemüse auf einer großen Platte anrichten, dazu die Joghurtsauce reichen.

Couscous

Hirse

Hirse ist ein Sammelbegriff für verschiedene Arten von Brotgetreide. Die kleinen, harten Körner der Rispenhirse sind von schützendem Spelz umgeben und müssen geschält werden. Man muß sie nicht vorweichen und kocht sie wie Reis, jedoch mit mehr Wasser, da sie stark quillt.

Hirse war schon in vorgeschichtlicher Zeit weit verbreitet und wird in Gebieten mit Hackkultur angebaut, zum Beispiel in Asien, Afrika und Osteuropa. Sie hat eine kurze Vegetationsperiode und ist in der Bearbeitung sehr anspruchslos. Heute erlebt Hirse vor allem in den Vereinigten Staaten eine unerwartete Renaissance, wo sie auch biologisch angebaut wird. Aufgrund ihres bedeutenden Gehalts an Mineralien, Spurenelementen und insbesondere Kieselsäure besitzt sie eine regenerierende Wirkung auf den ganzen Organismus und die Psyche.

Diese köstliche Rotkohlroulade verlangt einige Zutaten und etwas Fingerfertigkeit, aber die Mühe lohnt!

Sind Zwiebeln und Bulgur angebraten, gibt man das Dinkelmehl sowie Sprossen, Nüsse und Kräuter dazu.

Eine Portion der Füllung kommt auf jedes Kohlblatt, das dann hochgeschlagen und eingerollt wird.

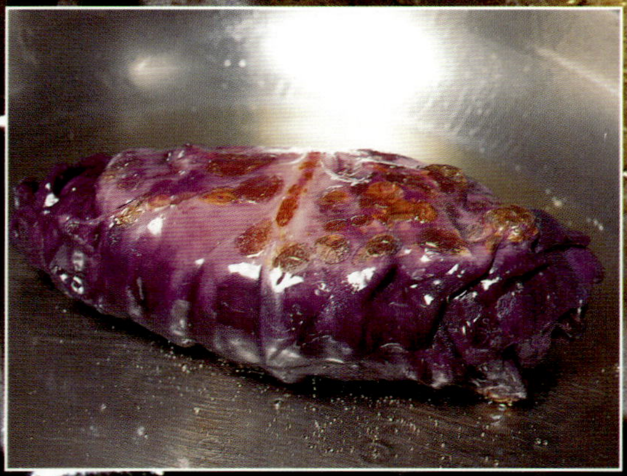

Die Roulade wird mit Brühe und Saft abgelöscht und geschmort – ein optischer und kulinarischer Genuß.

Rotkohlrouladen mit einer Champignon-Bulgur-Füllung

(Abbildungen linke Seite)

4–6 große Rotkohlblätter
150 g Bulgur
200 g Champignons
1 Zwiebel
1 Knoblauchzehe
4 EL Olivenöl
3 EL feingemahlenes Dinkelmehl
3 EL Getreidesprossen
3 EL gehackte Walnüsse
4 EL gehackte Petersilie
2 TL Thymian
1 TL Kräutersalz
2 Eier
250 ml Gemüsebrühe
250 ml Apfelsaft
Meersalz, schwarzer Pfeffer

Den Rotkohl blanchieren, den Bulgur in 500 ml Wasser einweichen.
Die Champignons kleinschneiden und die Zwiebel hacken, mit dem ausgepreßten Knoblauch in 2 EL Olivenöl kurz andünsten.
Den Bulgur dazugeben, mitgaren und die Masse abkühlen lassen.
Dinkelmehl, Sprossen, Nüsse und Kräuter hinzufügen und die Mischung salzen. Dann die Eier unterrühren.
Die Getreidemasse auf die Rotkohlblätter geben und diese zu Rouladen rollen, die man mit Zahnstochern oder Küchengarn zusammenhält.
Das restliche Olivenöl in einer Pfanne erhitzen und die Rouladen von beiden Seiten anbraten. Dann jeweils 125 ml Gemüsebrühe und Apfelsaft zugießen und zudecken. Die Rouladen 10 Minuten garen, wenden und den Rest Gemüsebrühe und Apfelsaft dazugeben. Weitere 5 Minuten garen. Den Sud mit Salz und Pfeffer abschmecken.
Die Rouladen anrichten und mit dem Sud übergießen.

Bulgur-Pilav

1 große Zwiebel
2 junge Möhren
1 Stange Lauch
1 Zucchini
2 Tomaten
50 g Butter
400 ml Gemüsebrühe
Meersalz, schwarzer Pfeffer
200 g Bulgur

Die Zwiebel fein hacken; die Möhren in dünne Scheiben, den Lauch in Streifen und die Zucchini in Würfel schneiden. Die Tomaten überbrühen, abziehen, entkernen und kleinschneiden.
Die Butter zerlassen. Zunächst Zwiebel und Möhren andünsten, dann Lauch und Zucchini zugeben. Schließlich die Tomaten hinzufügen und kurz mitdünsten.
Die Gemüsebrühe angießen; mit Salz und Pfeffer abschmecken. Zum Kochen bringen und den Bulgur einstreuen. Erneut aufwallen und noch 10 Minuten köcheln lassen.

Reis aus der Camargue

Reis stellt heute für die Hälfte der Weltbevölkerung das Grundnahrungsmittel dar. Seit Jahrtausenden wird er in den Ländern Asiens kultiviert, wo er sich von Thailand, Kambodscha und Südchina aus ausbreitete. Zur Zeit des Perser-Reiches vor rund 2500 Jahren gelangte die Pflanze in den Vorderen Orient. Die Mauren führten das Getreide in Spanien ein. Von dort kam es nach Italien, bevor es am Ende des 13. Jahrhunderts Frankreich erreichte. In den folgenden 200 Jahren entstanden viele Reisfelder in der Provence. Von Heinrich IV. ist eine Verordnung überliefert, in der er den Bauern der Camargue den Anbau von Reis, Zuckerrohr und der roten Färberpflanze Krapp vorschreibt.

Wie sich nach verschiedenen Versuchen in anderen Regionen herausstellte, ist die Camargue das einzige Gebiet Frankreichs, wo sich Reis überhaupt kultivieren läßt. Der Anbau verbreitete sich aber erst nach der Eindeichung der Camargue um 1870, die eine Versalzung der Felder zur Folge hatte. Dabei verwendeten die Bauern den Reis nur als Zwischenkultur, um die Böden vor allem für Rebstöcke vorzubereiten.

Das Ausbleiben der Reislieferungen während des Zweiten Weltkriegs und die sich abzeichnende Unabhängigkeit der französischen Kolonie Indochina führten nach 1945 zu einer neuen, vom Marshall-Plan – einem von dem amerikanischen General George Marshall vorgeschlagenen Wiederaufbau-Programm – geförderten Initiative. Nun wurden Bewässerungskanäle und Pumpstationen geschaffen. Der Wein wich, und bis 1960 legte man 30 000 Hektar Reisfelder an; heute sind es noch knapp 25 000.

Am Anfang des Reisanbaus steht das Nivellieren des Feldes. Früher war dies eine sehr aufwendige Maßnahme, bei der man alle zehn Meter Pflöcke einschlug, dann die Bodenhöhe abmaß, um anschließend Löcher oder Buckel auszugleichen. Mitte der 80er Jahre begann man mit Lasergeräten zu arbeiten, welche die gemessenen Werte elektronisch auf Planierraupen übertragen, in der ein Computer das Heben und Senken der Schaufel reguliert. Damit läßt sich ein Feld auf zwei Zentimeter genau ausgleichen. Diese hochmoderne Technik bringt erhebliche Vorteile. Auf dem präzise geebneten Boden kann der Wasserspiegel niedriger bleiben als bisher, was Energie, Zeit und Kosten spart. Heute steht das Wasser nur

fünf bis zehn Zentimeter hoch. Die Wasserhöhe hat direkten Einfluß auf die Erträge, die temperaturabhängig sind: Je geringer der Wasserstand, desto eher erwärmt sich das Wasser. Dieser Faktor spielt in der Camargue als nördlichster Reisanbauregion Europas – Reis wird auch noch in den Mittelmeerländern Spanien, Portugal, Italien und Griechenland erzeugt – eine besondere Rolle.

Die Zeit ist deshalb knapp. Ab 15. April wird gesät. Reis ist das einzige Getreide, das nicht eingegraben, sondern nur auf dem Boden ausgelegt wird. Vier bis fünf Tage vor der Saat werden die Felder überflutet, damit sich das Wasser erwärmen kann. Die Rhône, die für die Bewässerung der Camargue sorgt, nimmt im April die Schneeschmelze der Alpen auf, weshalb ihr Wasser kalt ist. Reis benötigt eine Temperatur von 15 bis 17 °C zum Keimen. Wenn dies nicht innerhalb von 20 Tagen gelingt, verfault das Korn, und es muß neu gesät werden.

Das Pflanzen von Schößlingen, für das eine Arbeitskraft pro Hektar eine Woche brauchte, machten selektive Unkrautvernichter überflüssig. Im Bio-Anbau arbeiten die Reisbauern mit einer simplen natürlichen Methode: Sie setzen ihre Felder vor dem Saattermin unter Wasser. Sobald das Unkraut gekeimt ist, legen sie die Felder trocken. Nachdem die Kräuter verdorrt sind, pflügt man sie zwei Zentimeter tief unter. Anschließend wird nochmals gewässert und nach üblichem Verfahren, aber mit einer leicht erhöhten Dosierung von etwa 225 Kilogramm Samen pro Hektar gesät. Etwa einen Monat nach der Saat läßt man dann das Wasser allmählich ab, damit die jungen, noch schwimmenden Reispflänzchen auf den Boden sinken und dort Wurzeln schlagen können. Anschließend setzt man sie erneut unter Wasser.

Reis blüht in der zweiten August-Hälfte. Die Blüte dauert nur eineinhalb Stunden und fällt in die Zeit zwischen 12 und 14 Uhr. Geht die Blüte schlecht auf, bleibt das Korn leer. Leere Halme stehen gerade, volle Halme biegen sich. Insgesamt braucht Reis 130 bis 150 Tage für seine Entwicklung von der gekeimten Saat bis zur Ernte und verträgt keine Temperaturen unter 12 °C, was in so manchem Herbst Probleme bereiten kann.

Eine gesetzliche Vorschrift untersagt den Reisbauern, ihre Ernte selbst zu bearbeiten und zu vertreiben. Drei kleine Unternehmen gibt es in der Camargue, die den Ertrag aus dem 1000 Hektar umfassenden biologischen Anbau aufbereiten und vermarkten. Reifer Reis wird mit einer Feuchtigkeit von 25 bis 27 Prozent eingebracht. Damit man ihn entspelzen und schälen kann, muß diese auf 14 Prozent gesenkt werden. Die herkömmliche Methode besteht darin, den Reis sofort mit Hilfe spezieller Öfen zu trocknen, wobei es relativ viel Bruch gibt.

Als Joseph Bon, der 1963 als erster französischer Reisbauer auf Bio-Anbau umstellte, im folgenden Jahr die Lagerhalle seiner Reismühle errichtete, ersann er eine ebenso originelle wie effiziente Trocknungsmethode. Sie verläßt sich auf den im Rhône-Delta so starken und häufigen Mistral. Der erntefeuchte Reis wird in glattgestrichenen Haufen von rund sechs Meter Höhe in zehn aus Holz errichteten Zellen eingelagert, die jeweils 250 bis 300 Tonnen Reis aufnehmen können. Vier gewaltige Ventilatoren saugen die trockene Luft des Mistrals an und blasen einen Kubikmeter pro Sekunde in jede Zelle. Auf diese Weise wird der Reis im »Zeitlupentempo« getrocknet. Das Verfahren produziert nicht nur wenig Bruch, sondern erhält auch die Keimfähigkeit des Getreides.

Unbehandelter Reis, sogenannter »Paddy«, ist von hartem Spelz umschlossen. Wird diese rauhe, ungenießbare Außenschale entfernt, erhält man den braunen Vollkornreis mit Silberhäutchen und Keim, die den größten Teil der überaus wertvollen Inhaltsstoffe bergen: die B-Vitamine 1, 2 und 3, aber auch andere Vitamine sowie alle acht essentiellen Aminosäuren (s. S. 18–19). Vollkornreis ist in etwa mit Gemüse vergleichbar, die beste Lagertemperatur liegt bei 5 °C. Kälte schützt Naturreis – und Getreide allgemein – vor Milben oder anderen unerwünschten Mitessern, weshalb man ihn am besten im Kühlschrank aufbewahrt.

Im Zuge der Weiterverarbeitung läuft der Reis durch eine Schälmaschine, die Silberhäutchen und Keim entfernt. Das Resultat ist weißer Reis, der nur noch wenige Vitalstoffe aufweist. Zwar enthält er viel Stärke, aber nicht mehr genug Vitamin B1, mit dessen Hilfe unser Organismus diese verdauen könnte. Daher wurde er in Asien Ursache von Beriberi, einer schweren Nervenkrankheit.

Die Reisfelder der Camargue sind so angelegt, daß sie nur von einer Seite geflutet werden können; die übrigen Seiten umgeben über ein Meter tiefe Gräben. Alle Wasser der Felder der Camargue laufen in den großen Etang de Vaccarès ab. Das hat leider aufgrund der dominierenden konventionellen, mit Pestiziden, Insektiziden und Unkrautvernichtern arbeitenden Landwirtschaft eine zunehmende Vergiftung seines Wassers zur Folge, so daß verschiedene Fischarten wie der früher reichlich vertretene Zander hier nicht mehr zu finden sind. Um das Naturschutzgebiet Camargue zu erhalten, wäre es wünschenswert, die gesamte Reisproduktion Frankreichs auf ökologischen Anbau umzustellen.

Paddy mit Spelzen (unten), hochwertiger Naturreis (oben rechts) und vitaminarmer weißer Reis

Durch das Rütteln der Trennmaschine steigt der rauhe Paddy nach oben, während das glatte Vollkorn herabrutscht.

Rundkornreis ist der ursprüngliche Reis der Camargue, der jedoch durch den eher »modischen« Langkornreis erheblich zurückgedrängt wurde.

Hintergrund: Nur in den beiden Jahrzehnten zwischen 1950 und 1970 wurde in der Camargue in Gärtnereien vorgezogener Reis per Hand gepflanzt.

Reis – die drei Stufen seiner Verwandlung

Paddy
Vom Halm geerntet, besitzt das Reiskorn aus Kieselsäure und Zellulose bestehende Spelzen, die es einhüllen und schützen. So ist Reis jedoch nicht eßbar, sondern muß entspelzt werden.

Vollkorn oder Cargo
Nach der Entfernung der Spelzen sind die Randschichten des Reiskorns, die den Keim und den größten Teil der Vital- und Ballaststoffe, aber auch wertvolles Eiweiß und Fettsäuren enthalten, intakt.

Polierter Reis
Um dem Reiskorn ein weißes Aussehen zu verleihen, werden Randschichten, Keim und damit rund 60 Prozent der Vitalstoffe, darunter der größte Teil der wichtigen B-Vitamine, sowie zwei Drittel der Ballaststoffe entfernt.

Parboiled Reis
Der vorgedämpfte, *parboiled*, Reis nimmt eine Zwischenstellung ein: Ungeschälter Reis wird unter Druck gedämpft, damit er nicht mehr klebt. Bei diesem Verfahren dringt ein Teil der Vitalstoffe in das Innere des Korns ein und wird dort auch nach dem anschließenden Schälen bewahrt.

Die drei Reis-Familien

Rundkorn
Sorten der Familie *japonica*, die in kälteren Regionen am besten gedeiht und zu welcher der italienische Avorio und der Rote Reis der Camargue gehören, haben runde, breite Körner, die geschält kürzer als 5,2 Millimeter sind und eher weich kochen.

Langkorn
Sorten der Familie *indica*, zu der Basmati und Thai zählen, sie besitzen schmale, lange Körner, die als Vollkornreis länger als 6,6 Millimeter sein müssen; sie kleben nicht und kochen körnig.

Mittelkorn
Kreuzung aus Sorten der beiden anderen Familien mit Körnern, die geschält kürzer als 6 Millimeter sind; verliert zunehmend an Bedeutung.

Wie man Vollkornreis kocht

Den Reis waschen und in 30 °C warmem Wasser 24 Stunden einweichen. Nach 12 Stunden abspülen und mit frischem warmem Wasser übergießen. Nur knapp mit Wasser bedeckt zum Kochen bringen, 1 Minute kochen, dann 30 Minuten auf niedrigster Flamme ziehen lassen; gegebenenfalls abgießen.

Hintergrund: Ähren, die sich unter dem Gewicht der Körner biegen, versprechen dem Reisbauern eine gute Ernte.

Für Sekunden auf 270 °C erhitzt, puffen die Reiskörner auf und werden zu Waffeln gestanzt.

Reiswaffeln, mit anderen Körnern und Gewürzen gemischt, sind eine federleichte Spezialität.

Türkischer Lamm-Reis-Topf

300 g Lammfleisch
4 rote Zwiebeln
3 EL Olivenöl
4 große Fleischtomaten
250 g Naturreis
1/2 TL türkischer Paprika
1/2 TL gemahlener Kreuzkümmel
1,2 l Gemüsebrühe
12 getrocknete Aprikosen
Meersalz, weißer Pfeffer
1 kleines Bund Dill
1 EL Zitronensaft
200 g Sahnejoghurt

Das Lammfleisch von vorhandenem Fett und Sehnen befreien und in kleine Würfel schneiden. Die Zwiebeln fein würfeln und mit dem Fleisch in dem Olivenöl anbraten.
Die Tomaten überbrühen, häuten und ebenfalls in Würfel schneiden; mit dem Reis zu dem Fleisch geben. Mit Paprika und Kreuzkümmel würzen. Die Gemüsebrühe erhitzen und angießen. Die Aprikosen hinzufügen und die Mischung 45 Minuten garen.
Am Ende der Garzeit soll der Reis trocken sein; mit Salz und Pfeffer würzen. Den Dill fein hacken, einige Spitzen zum Dekorieren beiseite legen; mit dem Zitronensaft unter den Joghurt rühren und mit Salz und Pfeffer abschmecken.
Den Lamm-Reis-Topf auf vorgewärmte Teller geben, mit Dillspitzen dekorieren und die Joghurtsauce separat servieren.

Safranreis mit Austernseitlingen

1,2 l Gemüsebrühe
50 g Butter
1 EL feingehackte Schalotten
250 g Rundkorn-Naturreis
1 Päckchen Safranfäden
1 EL Olivenöl
1 zerdrückte Knoblauchzehe
500 g Austernseitlinge
2 EL Petersilie
Weißer Pfeffer
60 g frischgeriebener Hartkäse

Die Gemüsebrühe zum Kochen bringen. Die Hälfte der Butter zerlassen und die Hälfte der Schalotten darin goldgelb braten. Den ungewaschenen Naturreis dazugeben und glasig werden lassen. Die kochende Brühe angießen und die Safranfäden dazugeben. 30 Minuten auf kleinster Flamme quellen lassen.
Die restliche Butter und das Olivenöl in eine Pfanne geben, die übrigen Schalotten und den Knoblauch darin andünsten. Die Pilze putzen, in Streifen schneiden und ebenfalls in die Pfanne geben. 15 Minuten unter ständigem Rühren schmoren. Die Petersilie hinzufügen, die Pilze mit Pfeffer würzen und weitere 30 Minuten garen. Zu dem Safranreis geben, zudecken und weitere 15 Minuten garen.
Vom Herd nehmen und 40 g Käse untermischen. Auf vorgewärmte Teller geben und mit dem restlichen Käse bestreut servieren.

Bio-Pasta

Pasta aus Mehlen von biologisch angebauten Getreiden gibt es heute in so vielfältigen Formen wie herkömmliche Nudeln. Als erste Pioniere Anfang der 80er Jahre mit der Herstellung von Bio-Pasta begannen, war Dinkel nicht zu bekommen, und Hartweizen war die Hauptzutat der Nudelmacher. Ab 1985 entdeckte man das Urgetreide Dinkel neu, der schnell seinen Siegeszug begann. Heute stellt er in Nordeuropa nicht selten zwei Drittel des verwendeten Getreides, und auch in der Schweiz und in Frankreich befindet er sich unaufhaltsam auf dem Vormarsch. In geringeren Mengen werden andere Getreide wie Amaranth, Buchweizen oder Hirse für spezielle Sorten untergemischt. Damit die Versorgung mit hochwertigen Dinkelarten gesichert ist, haben viele Pasta-Erzeuger mit Bio-Bauern Lieferverträge abgeschlossen. Bei der handwerklichen Arbeitsweise wird überdies großer Wert auf schonende Herstellung gelegt, so daß die Verluste an wertvollen Inhaltsstoffen gering bleiben. Kühl und trocken gelagert, hält sich Bio-Pasta monatelang und läßt sich daher leicht in die gewohnte Ernährung integrieren.

Pasta-Meister Giuseppe Santisi schwört auf das traditionelle Handwerk und Bio-Getreide.

Hintergrund: Durch feinlöchrige Düsen gepreßt, werden die Teigfäden zu Spätzle abgetrennt.

Jeden Morgen mahlt diese Hammermühle das Getreide für die tägliche Nudelproduktion.

Nur Mehl und Wasser ergeben den Teig, nur Erfahrung garantiert die richtige Konsistenz.

Der aus dem Knettrog kommende Pasta-Teig ist krümelig und elastisch. Er wird nun gepreßt oder gewalzt.

Alle kurzen Nudeln werden durch Düsen gepreßt, die ihnen Form geben, und nach Maß geschnitten.

An jedem Werktag beginnt die Arbeit in ökologischen Pasta-Manufakturen damit, das Mehl für den Tagesbedarf frisch zu mahlen. Bei der Wahl der Mühle scheiden sich die Geister. Hammermühlen mahlen das Korn in einem Arbeitsgang gleichmäßig klein, Steinmühlen benötigen einen zusätzlichen Mahlgang. Dieses Verfahren empfiehlt sich auch, wenn man selbst Mehl für Nudelteige mahlen möchte.

Die Knetmaschine gleicht einem Trog, in dem sich stabile Arme drehen. Er ist aus Edelstahl und faßt 90 Kilogramm Mehl. Hinzu kommen 20 Liter Wasser. Nach 10–15 Minuten Knetzeit fügt der Pasta-Meister nochmals Wasser hinzu. Die Menge hängt ab vom Wetter und der Getreidequalität, denn Vollkornmehl reagiert keineswegs immer gleich. Der fertige, streuselartige Teig fühlt sich elastisch an, quillt aber nicht durch die Finger.

Im nächsten Arbeitsgang erhalten die Nudeln ihre Form. Für »Kurzwaren«, wie sie in der Fachsprache heißen, nämlich für Spiralen und Spätzle, Rigatonis oder Muscheln, gibt man den Teig in die Presse, in der sich ständig Schaufeln drehen, die den Teig zerschneiden. Er muß unaufhörlich in Bewegung sein und sollte möglichst eine Temperatur von 45 °C aufweisen. Anschließend wird er mit dem Druck von 80 Kilopond durch Siebe geschoben, deren Öffnungen die Formen prägen. Sollen zum Beispiel Spätzle hergestellt werden, rotiert vor der Presse ein Messer, daß die Pasta-Streifen exakt in der entsprechenden Länge abschneidet. Nun fallen die frischen Nudeln auf Siebe, unter denen sich Ventilatoren befinden. So gerüttelt, geschüttelt und gleichzeitig vorgetrocknet, kleben sie nicht zusammen.

Bei sogenannten »Langwaren« verwendet man ein anderes Herstellungsverfahren. Der Pasta-Macher gibt den Teig in eine Walze, die mit lediglich 25 °C arbeitet. Deshalb bewahren gewalzte Teigwaren – bei gleicher Ausgangsmischung – hellere Farbtöne. Wie Teppichboden schiebt sich ein breites, jedoch nur fünf Millimeter dünnes, hellbraunes Nudelband aus der Maschine und bildet eine zunehmend dicker werdende Rolle. Eingehängt in eine zweite Walze, wird diese Rolle in der Dicke verringert und von Messern in die gewünschte Breite geschnitten. Ein steter Fluß von Nudelbändern strömt aus dem Gerät. Genau im richtigen Augenblick schiebt sich ein Stahlstab unter die Teigbänder, der die Nudelschnüre leicht anhebt. Jeweils nach etwa 40 Zentimetern werden die Enden dann abgetrennt. Nun hängen frische Spaghetti ebenmäßig über dem Stab, der im rollenden Trockengerüst Platz findet.

Fertig geformte Nudeln müssen trocknen. Gesetzlich ist vorgeschrieben, daß sie nicht mehr Feuchtigkeit enthalten dürfen als das Getreide, aus dem sie hergestellt wurden, also 11 bis 13 Prozent. Daher muß das Wasser, das dem Mehl zugefügt wurde, den Nudeln wieder entzogen werden. »Um Nudeln zu trocknen, braucht man Feuchtigkeit«, wissen Pasta-Experten. Sie gelingen nämlich dann am besten, wenn sie langsam trocknen. Ideal ist deshalb feuchtes Wetter. Die Gestelle mit den hängenden Langwaren und die Siebe mit den Kurzwaren kommen in einen Trockenraum. Hier wird auf der einen Seite warme Luft (45 °C) hineingeblasen und auf der anderen feuchte Luft abgesogen. Innerhalb von 24 Stunden ist die Pasta getrocknet.

Das Ausgangsmaterial für alle langen Pasta-Formen, sogenannte »Langware«, ist breit ausgewalzter und anschließend aufgerollter Teig.

So entstehen Spaghetti: Der Nudelteig wird dünn ausgewalzt, erst in schmale Streifen und dann auf die richtige Länge geschnitten.

Die frische Pasta hängt man zum Trocknen auf Gestelle oder breitet sie auf Sieben aus.

Bio-Pasta aus ökologischem Anbau

Lasagne
Lasagne-Platten aus Weizengrieß unter Zusatz von Eiern

Hirse-Spätzle
Passen zu vielen Gerichten und sind schnell zubereitet; geschmacklich interessant

Dinkel-Santisi
Kleine, in sich gedrehte, geriffelte, fast trichterförmige Nudel von Giuseppe Santisi

Dinkel-Rigatoni
Kurze, dicke, geriffelte Röhrennudeln

Dinkel-Vollkorn-Spiralen
Die Spiralen nehmen reichlich Sauce auf und eignen sich auch hervorragend für Nudelaufläufe.

Dinkel-Vollkorn-Tagliatelle
Dinkel eignet sich ausgezeichnet für Nudelteige; gibt als Vollkorn diesen Bandnudeln ihren dunklen Farbton.

Vollkorn-Suppennudeln

Tortellini mit Tofufüllung
Ringförmige kleine Teigtaschen, ursprünglich eine Spezialität aus Bologna, hier mit einer würzigen Tofufüllung

Soja-Bandnudeln
Nudeln aus Sojamehl, das diese Nudeln mit Eiweiß anreichert

Hartweizen-Spaghetti
Vollkorn-Spaghetti
Dinkel-Makkaroni
Dinkel-Buchweizen-Spaghetti

Spaghetti mit Kurkuma
Kurkuma ist ein asiatisches Ingwergewächs, das einen gelben Farbstoff enthält.

Dinkel-Amaranth-Fusilli
Im Querschnitt S-förmige,, etwa 5 cm lange Nudeln, denen die verwendete Getreidemischung ein feines Nußaroma verleiht

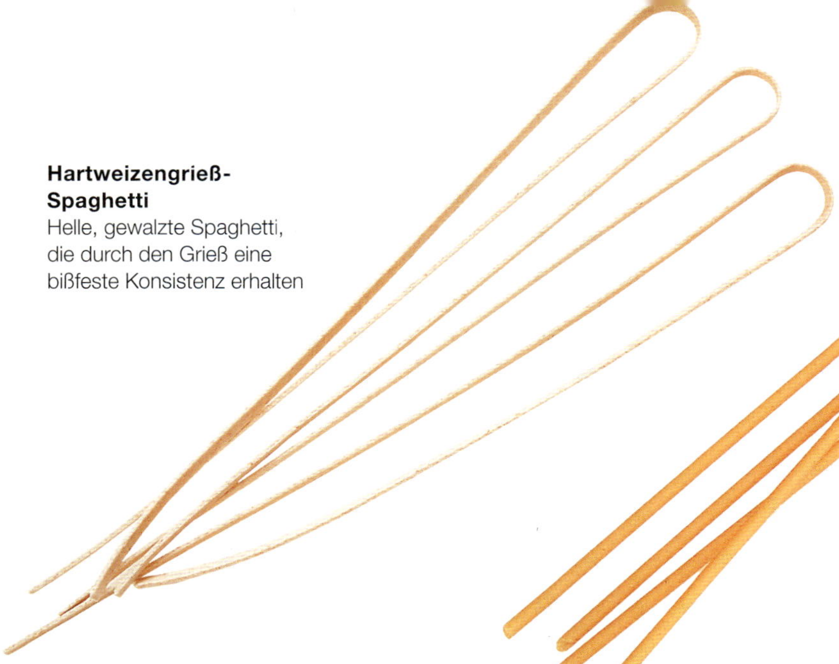

Hartweizengrieß-Spaghetti
Helle, gewalzte Spaghetti, die durch den Grieß eine bißfeste Konsistenz erhalten

Hartweizen-Vollkorn-Makkaroni
Klassische, in der Vollkornversion kernige Hohlnudel

Bunte Nudeln
Mit Rote-Bete-Saft, Spinat und Kurkuma auf natürliche Weise gefärbte Teigwaren

Grünkern-Spiralen
Diese Nudeln haben den feinen Röstgeschmack des in der Milchreife geernteten und gedarrten Dinkels.

Vollkorn-Hörnchen

Dinkel-Vollkorn-Spätzle
Bei dieser kurzen süddeutschen Nudelform, die sich besonders als Beilage zu allen saucenreichen Gerichten eignet, kommt das Dinkelaroma gut zur Geltung.

Hartweizen-Conchiglie
Muschelförmige dickere Nudeln

Soja-Hörnle
Bei Sojaprodukten ist die Garantie wichtig, daß Soja biologisch angebaut wurde, da der konventionelle Anbau große Mengen chemischer Mittel einsetzt.

Spinat-Tagliatelle
Spinat gibt dem Nudelteig, aus dem diese Bandnudeln geschnitten wurden, seine grüne Farbe.

Dinkel-Vollkorn-Spaghetti

Vollkorn-Spaghetti mit Kraken

Vollkorn-Lasagne mit Steinpilzen und Pesto

Grundrezept für Vollkornnudeln

Für etwa 500 g Nudeln

350 g Vollweizenmehl (Type 1050)
3 mittelgroße Eier
2 Eigelbe
1/4 TL Meersalz

(Wenn man den Weizen selbst mahlt, das Getreide ganz fein ausmahlen.) Das Mehl auf die Arbeitsfläche geben, in die Mitte eine Mulde drücken. Eier, Eigelbe und das Salz in die Vertiefung geben, mit einer Gabel verrühren. Dann das Mehl vom Rand her einarbeiten. Wenn der Teig kein Mehl mehr aufnimmt, nach und nach 4–6 EL Wasser zugeben. (Flüssigkeit nur löffelweise unterarbeiten. Selbstgemahlenes Mehl nimmt mehr Flüssigkeit auf als Handelsware.) Der Teig sollte geschmeidig sein.
Den Teig in Folie wickeln und mindestens 60 Minuten im Kühlschrank ruhenlassen. Entweder portionsweise auf einer bemehlten Fläche entsprechend der weiteren Verwendung dünn ausrollen oder mit der Nudelmaschine weiterverarbeiten.
Die Garzeit der Nudeln beträgt etwa 6–9 Minuten.

Grundrezept für Buchweizennudeln

Für etwa 600 g Nudeln

300 g Buchweizen
200 g Weizen
3 Eier
1/2 TL Meersalz
1 EL Olivenöl

Buchweizen und Weizen fein ausmahlen. Beide Mehlsorten mischen und mit Eiern, Salz, Öl und 3–5 EL Wasser zu einem Teig verkneten. Auf einer bemehlten Fläche den Teig dünn ausrollen und mit einem scharfen Messer in kurze, fingerbreite Stücke schneiden.
Die Nudeln 15 Minuten ruhenlassen, dann in Salzwasser etwa 10 Minuten al dente kochen.

Vollkorn-Ravioli mit Auberginen-Ziegenkäse-Füllung

(Abbildung rechte Seite)

250 g Auberginen
Meersalz
500 g Vollkornnudelteig nach Grundrezept (s. links)
4 EL Olivenöl
100 g grobgehackte Walnüsse
100 g Parmesan
200 g Ziegenfrischkäse
1 EL feingehacktes Basilikum
2 EL feingehackte Petersilie
3 Eigelbe
Tomatensauce
(s. Rezept für »Buchweizennudeln mit Bohnen«)
30 g Butter
60 g frischgeriebener Parmesan

Die Auberginen in Würfel schneiden, mit Meersalz bestreuen und 60 Minuten entwässern. Den Teig auf einer gut bemehlten Arbeitsfläche zu großen rechteckigen Platten ausrollen; bis zur Weiterverarbeitung zwischen bemehlte Küchenhandtücher legen.
Die Auberginen abbrausen und gut ausdrücken. Das Olivenöl erhitzen, die Auberginenwürfel darin ausbraten und auf Küchenpapier abtropfen lassen.
Dann mit Nüssen, Parmesan, Ziegenkäse, Kräutern und Eigelben vermischen.
Eine Nudelplatte auf die bemehlte Arbeitsfläche legen und die Auberginen-Ziegenkäse-Mischung mit einem Teelöffel im Abstand von etwa 3 cm daraufsetzen. Mit einem Küchenpinsel den Teig um die Füllung herum mit Wasser bestreichen. Mit einer weiteren Teigplatte abdecken. Mit dem Finger den Teig rund um die Füllung andrücken. Mit dem Teigrädchen drei- oder viereckige Ravioli ausradeln. Die Ravioli in kochendem Salzwasser etwa 15–20 Minuten garen. Die Tomatensauce erhitzen und die Butter einrühren. Die Ravioli mit Tomatensauce und Parmesan anrichten und servieren.

Vollkorn-Spaghetti mit Kraken

(Abbildung links oben)

3 Knoblauchzehen
2 EL Olivenöl
2 Sardellenfilets
400 g küchenfertige kleine Kraken
100 ml Weißwein
400 g Tomaten
1 kleine rote Peperoni
1 EL feingehackte Petersilie
1 EL feingehacktes Basilikum
Meersalz
10 schwarze Oliven
400 g Vollkorn-Spaghetti

Die Knoblauchzehen hacken und in dem Olivenöl andünsten. Die Sardellenfilets fein hacken und mit den Kraken in das Öl geben, durchrühren und mit dem Weißwein ablöschen; bei starker Hitze reduzieren.
Die Tomaten abbrühen, häuten und in Stücke, die Peperoni in feine Streifen schneiden. Zu den Kraken geben und 30 Minuten köcheln lassen. Petersilie, Basilikum und Oliven hinzufügen und mit Meersalz abschmecken.
Die Spaghetti al dente kochen, abgießen und in der Pfanne mit der Sauce vermischen. Auf vorgewärmten Tellern servieren.

Vollkorn-Ravioli mit Auberginen-Ziegenkäse-Füllung

Vollkorn-Bandnudeln mit Brokkoli

500 g Vollkornnudelteig nach Grundrezept (s. linke Seite)

500 g Brokkoli
Meersalz
3 EL Olivenöl
2 weiße Zwiebeln
1 Knoblauchzehe
1 kleine rote Peperoni
500 g Vollkorn-Bandnudeln
50 g frischgeriebener Pecorino

Den Teig zu 30 x 30 cm großen Platten ausrollen und in breite Streifen schneiden. Bis zur Weiterverarbeitung auf ein bemehltes Küchentuch legen und abdecken.
Die Brokkolistrünke abschneiden, schälen und in Stückchen schneiden; die Röschen zerteilen und beiseite legen.
In einem Topf 3 l Salzwasser zum Kochen bringen. Zuerst die Stiele 5 Minuten kochen lassen, dann die Röschen für 3 Minuten dazugeben.
In der Zwischenzeit das Öl in einer Pfanne erhitzen, Zwiebel und Knoblauch fein hacken und in dem Öl glasig dünsten. Den Brokkoli aus dem Wasser heben und mit der entkernten und in Ringe geschnittenen Peperoni in die Pfanne geben.
Die Nudeln in dem Brokkoliwasser al dente kochen, abgießen und in der Pfanne mit dem Gemüse mischen. Den Pecorino getrennt dazu reichen.

Buchweizennudeln mit Bohnen

200 g Wachtel- oder Borlottibohnen
600 g Buchweizennudelteig nach Grundrezept (s. linke Seite)
4 reife Tomaten
1 EL Olivenöl
20 g Butter
1 kleine weiße Zwiebel
1 Knoblauchzehe
100 ml Weißwein
1 EL gekörnte Gemüsebrühe
Meersalz, schwarzer Pfeffer
Cayennepfeffer
70 g frischgeriebener Pecorino

Die Bohnen über Nacht in Wasser einweichen, dann abgießen und abbrausen. In ungesalzenem Wasser 60–90 Minuten garen und abschütten.
Den Buchweizennudelteig in Streifen von 20 x 8 cm ausrollen und von der kurzen Seite her in 2 cm breite Nudeln schneiden. Bis zur Weiterverarbeitung auf ein bemehltes Küchentuch legen und abdecken.
Die Tomaten überbrühen, häuten, entkernen und würfeln. Olivenöl und Butter in einer Pfanne erhitzen, Zwiebel und Knoblauch fein hacken und in dem Fett andünsten. Die Tomatenwürfel hinzufügen und kurz schmoren. Mit dem Wein ablöschen.
Gemüsebrühe und Bohnen zugeben und alles 15 Minuten köcheln lassen. Mit Meersalz, Pfeffer und einer Prise Cayennepfeffer abschmecken.
Die Nudeln al dente kochen und in der Pfanne mit der Sauce vermischen. Den Pecorino getrennt dazu reichen.

Vollkorn-Lasagne mit Steinpilzen und Pesto

(Abbildung Mitte)

500 g Vollkornnudeln nach Grundrezept (s. linke Seite)

Pesto
1 Bund Basilikum
2 Knoblauchzehen
50 g Pinienkerne
50 g Parmesan
3 EL Olivenöl

500 g Champignons oder Austernseitlinge
80 g Butter
1 EL Olivenöl
1 Knoblauchzehe
40 g eingeweichte Steinpilze
250 ml Milch
50 g Vollweizenmehl
100 g Parmesan
Meersalz, Muskat
30 g Butter in Flöckchen

Aus dem Teig Lasagne-Platten herstellen und diese 8 Minuten portionsweise in reichlich Salzwasser garen. Aus dem Wasser heben und bis zur Weiterverarbeitung auf Küchentücher legen.
Für den Pesto alle Zutaten zu einer glatten, homogenen Paste verarbeiten und beiseite stellen.
Die frischen Pilze putzen und in Scheiben schneiden. 30 g Butter und das Olivenöl erhitzen. Den Knoblauch auspressen und mit den Pilzen in das Fett geben. Bei großer Flamme etwa 5 Minuten anbraten. Dann die Steinpilze und das gesiebte Einweichwasser dazugeben. Die Flüssigkeit auf die Hälfte reduzieren. Die Pfanne vom Herd nehmen und den Pesto unterrühren.
Für eine Béchamelsauce die restliche Butter zerlassen und das Mehl einrühren. Nach und nach die Milch zugeben und weiterrühren, bis eine glatte Sauce entstanden ist. Die Hälfte des Parmesan zugeben. Die Sauce mit Salz und Muskat würzen.
Eine Auflaufform ausbuttern und abwechselnd Lasagne-Platten, Pilzmischung, Pesto und Béchamelsauce – mit 8 EL Béchamelsauce abschließen – in die Form schichten. Mit dem restlichen Parmesan und den Butterflöckchen bestreuen. Im vorgeheizten Ofen bei 200 °C etwa 40 Minuten überbacken. In der Form servieren.

Hartweizen-Rigatoni mit roten Linsen und roter Paprika

Nudeln mit Spinat, Gorgonzola und Croûtons

Vollkorn-Spaghetti mit Pilzen in Weißweinsahne

Hartweizen-Rigatoni mit roten Linsen und roter Paprika

(Abbildung oben)

- *1 Zwiebel*
- *1 Knoblauchzehe*
- *1 EL Olivenöl*
- *150 g rote Linsen*
- *1 TL gekörnte Gemüsebrühe*
- *1/2 rote Paprikaschote*
- *1 EL Tomatenmark*
- *Meersalz, Kräutersalz*
- *1 Msp Cayennepfeffer*
- *1 Prise edelsüßes Paprikapulver*
- *2 EL feingehackte glatte Petersilie*
- *200 g Hartweizen-Rigatoni*
- *100 ml Gemüsebrühe*

Die Zwiebel hacken, den Knoblauch zerdrücken und in dem Öl andünsten. Die Linsen zugeben und kurz schwenken. 250 ml Wasser angießen, die gekörnte Brühe hinzufügen und die Linsen etwa 20 Minuten garen. Die Paprika in kleine Würfel schneiden, zu den Linsen geben und kurz mitgaren. Das Tomatenmark hinzufügen und die Mischung mit den Gewürzen abschmecken. Dann die Petersilie zugeben.
Während die Linsen garen, die Nudeln in der Gemüsebrühe al dente kochen und abtropfen lassen. Auf Tellern anrichten, Linsen-Paprika darübergeben und servieren.

Vollkorn-Spaghetti mit Pilzen in Weißweinsahne

(Abbildung oben)

- *100 g Shiitake*
- *100 g Champignons*
- *300 g Austernpilze*
- *1 Schalotte*
- *2 EL Butter*
- *Saft von 1 Knoblauchzehe*
- *200 ml trockener Weißwein*
- *200 ml Sahne*
- *Meersalz, weißer Pfeffer*
- *1 Spritzer Zitronensaft*
- *2 EL feingehackte glatte Petersilie*
- *200 g Vollkorn-Spaghetti*

Die Pilze putzen und in dünne Scheiben schneiden.
Die Schalotte fein würfeln und in der Butter glasig dünsten; den Knoblauchsaft zugeben.
Die Pilze hinzufügen, kurz anbraten und mit dem Wein ablöschen. Dann die Sahne angießen und einköcheln lassen. Mit Salz, Pfeffer und Zitronensaft abschmecken und die Petersilie zugeben.
Die Spaghetti al dente kochen, abtropfen lassen und mit den Pilzen in Weißweinsahne vermischen.
Sofort servieren.

Nudeln mit Spinat, Gorgonzola und Croûtons

(Abbildung links)

- *600 g Spinat*
- *1 kleine Zwiebel*
- *1 Knoblauchzehe*
- *1 EL Olivenöl*
- *250 ml Sahne*
- *2 TL Pfeilwurzelmehl*
- *Meersalz, schwarzer Pfeffer*
- *1/2 TL gekörnte Gemüsebrühe*
- *3 Scheiben Hefebrot*
- *3 EL Butter*
- *Kräutersalz*
- *250 g Vollkornnudeln*
- *100 g Gorgonzola*

Den Spinat waschen, trocknen und grob zupfen. Zwiebel und Knoblauch fein hacken und in dem Öl andünsten, dann den Spinat zugeben und die Sahne hinzufügen. Das Pfeilwurzelmehl mit Wasser anrühren und die Spinatmischung damit andicken; mit Salz, Pfeffer und Gemüsebrühe abschmecken. Das Brot klein würfeln, in der Butter zu Croûtons rösten und mit Kräutersalz würzen.
Die Nudeln in Salzwasser garen und auf Tellern anrichten. Den Spinat auf die Nudeln geben, den Gorgonzola zerbröseln und mit den Croûtons darüber verteilen. Kurz unter dem Grill gratinieren und sofort servieren.

Zander-Lasagne

(Abbildungen rechte Seite)

Nudelteig

- *500 g Weizengrieß*
- *3 Eier, 3 Eigelbe*
- *1/2 TL Salz*
- *2 EL Olivenöl*
- *1 EL Mehl*

Füllung

- *400 g Spinat*
- *50 g Butter*
- *1 Knoblauchzehe*
- *Muskat, Meersalz, weißer Pfeffer*
- *400 g Zanderfilet*

Weißweinsauce

- *500 ml Fischfond*
- *300 ml trockener Weißwein*
- *175 ml Wermut (Noilly-Prat)*
- *1 Schalotte*
- *125 ml Crème double*
- *60 ml Crème fraîche*
- *50 g kalte Butter in Würfeln*
- *Zitronensaft, Meersalz, weißer Pfeffer*

Für den Nudelteig die Zutaten zu einem geschmeidigen Teig verkneten und diesen dünn ausrollen. 12 Taler von 10 cm Durchmesser ausstechen und kurz in kochendes Salzwasser geben.
Für die Füllung den Spinat blanchieren. Die Butter erhitzen und den Knoblauch hineinpressen. Den Spinat in der Butter wenden und mit Muskat, Salz und weißem Pfeffer abschmecken.
Den Fisch würzen und in 5 cm große Stücke schneiden. Auf je vier Nudeltaler eine Schicht Spinat geben, dann ein Stück Zander darauflegen, diese Schichtung wiederholen und mit einem Nudeltaler als Deckel abschließen.
Die Lasagne im Ofen etwa 8–10 Minuten backen.
Für die Sauce Fischfond, Weißwein und Wermut in einen Saucentopf geben und auf die Hälfte reduzieren. Crème double und Crème fraîche hinzufügen, aufkochen lassen und mit der kalten Butter montieren. Mit Zitronensaft, Salz und Pfeffer abschmecken.

Für Zander-Lasagne rollt man den Nudelteig dünn aus und sticht runde Taler aus.

Nudeltaler, Spinat und Fisch werden aufgeschichtet. Ein Taler dient als Deckel.

Im Backofen gegart, mit Weißweinsauce serviert, ist Zander-Lasagne ein feines, leichtes Gericht.

Tips zur Herstellung von Vollkornnudeln

- Das Vollkornmehl unbedingt sieben; dadurch wird der Nudelteig geschmeidiger.
- Die Wasserzugabe durch Eier und Eigelbe ersetzen; das macht Vollkornnudeln »kerniger« im Biß.
- Zum Auswalzen des Teigs eine Nudelmaschine mit Handkurbel benutzen; dies erspart eine mühsame längere Teigbearbeitung von Hand. Den Teig wiederholt und so lange durch die Maschine drehen, bis er für die Weiterverarbeitung ausreichend glatt ist.

Obst

Köstlich herb-süße Johannisbeeren sind ein unvergeß-
liches Geschmackserlebnis.

Vorherige Doppelseite: Zauberhafte Apfelblüte in einem alten, naturgemäßen Obstgarten am Bodensee

Früchte haben etwas Paradiesisches. Allein ihr Äußeres, die Fülle an Farben und Formen erweckt Freude und Lust. Nicht von ungefähr galten sie in allen Kulturkreisen als Götternahrung. Sie symbolisieren Liebe und Verführung, Schönheit und Weisheit.
In den letzten Jahrzehnten ist das Obstangebot immer reichhaltiger geworden, und fast alle gängigen Obstarten gibt es ganzjährig im Handel. Auch viele exotische Früchte, die wir vor wenigen Jahren nicht einmal namentlich kannten, sind inzwischen ein gewohnter Anblick in Läden und auf Märkten. Gleichzeitig hat sich der Verbraucher an äußerlich makellose, in der Größe einheitliche Früchte gewöhnt, was ihm gesetzlich bestimmte Handelsklassen garantieren. Und um ihm die Wahl zu erleichtern, konzentriert sich der Obstbau auf wenige Sorten. Daher suggeriert das Angebot eine Vielfalt, die es so längst nicht mehr gibt. Obst wird mittlerweile weltweit in Monokulturen produziert, die das natürliche Gleichgewicht zerstören – Insektenbefall und Baumkrankheiten sind die Folge. Um dennoch äußerlich einwandfreies, marktgerechtes Obst zu erhalten, werden oft bis zu 20 chemische Mittel eingesetzt. Daß konventionell angebaute Früchte mehr chemische Rückstände als Vitamine enthalten – damit muß man durchaus rechnen.
Um biologisches Obst zu erzeugen, bedarf es einigen Aufwands. Der Obstbauer muß zunächst ein neues natürliches Gleichgewicht schaffen, indem er viele Sorten und Arten anbaut sowie Bäumen und Büschen für Nützlinge Raum bietet. Nur ein Zusammenwirken verschiedenster natürlicher Faktoren garantiert gesundes Obst. Reif geerntet, hat es dann wirklich paradiesische Qualitäten und strotzt vor Vitaminen und Mineralstoffen, darunter seltene Spurenelemente. Obst ist leicht verdaulich, seine Kohlenhydrate werden vom Körper schnell aufgenommen, und seine Ballaststoffe haben segensreiche Wirkungen auf die Gesundheit. Aus biologischem Anbau kommen inzwischen auch Zitrus- und verschiedene exotische Früchte. In Europa gedeihen sie in gemäßigten und vor allem in den südlichsten Regionen.

Gesundmacher par excellence

Kernobst

Äpfel, Birnen und Quitten bilden die Kernobst-Familie, da sie ein Samengehäuse mit kleinen Kernen besitzen. Alle drei gehören zu den Rosengewächsen, den *Rosaceae*, die ursprünglich im Umkreis des Schwarzen und des Kaspischen Meeres beheimatet waren. Äpfel und Birnen eroberten schon vor etwa 5000 Jahren Europa. Ungezählte Sorten entstanden. Heute gibt es auf dem Markt eine Standardisierung, bei der hohe Erträge, Größe und Haltbarkeit den Ausschlag geben. Durchgesetzt haben sich unter anderem der ursprünglich aus Amerika stammende Golden Delicious sowie seine rote Variante, der kanadische Summerred, der international angebaute Granny Smith, der in vielen Ländern gezogene Starking und andere Sorten. Glücklicherweise wächst bei Erzeugern und Verbrauchern jedoch ein neues Interesse an alten, fast in Vergessenheit geratenen Sorten. Deren Vorteil besteht darin, für regionale Klima- und Bodenbedingungen speziell geeignet zu sein und dort dann auch einen eigenen charakteristischen Geschmack zu entwickeln. So bieten gute biologische Baumschulen heute nicht selten an die 200 Apfel-, 80 Birnen- und mindestens ein halbes Dutzend Quittensorten an, von denen hier eine Auswahl gezeigt wird.
Äpfel und Birnen sind von Natur aus regelrechte Gesundmacher. Allerdings gilt dies nur, wenn sie während ihrer Blüte-, Wachstums- und Reifezeit nicht mit Pestiziden und Insektiziden besprüht wurden und man ihren Erntetermin nicht durch Hormongaben vorprogrammiert hat. Denn nur dann kann man sie mit Schale genießen, was wichtig ist, da sich in und unter der Schale die meisten Vitalstoffe befinden: Provitamin A, B-Vitamine, Vitamin C, viele seltene Spurenelemente und Mineralien, Gerbstoffe und Pektin. Pektin kommt vor allem in der Apfelschale, aber auch in nennenswerten Mengen in Quitten vor und ist als natürliches Geliermittel bekannt. Dabei wirkt es mit seiner Quelleigenschaft gegen Durchfall, hat aber vor allem darmreinigende Funktion, bindet sogar krebserregende Stoffe im Darm und beseitigt Cholesterin.
Für die Entwicklung der Vitalstoffe ist es von zentraler Bedeutung, daß die Früchte reif gepflückt werden, da sich erst im Laufe des Reifeprozesses am Baum der volle Gehalt an Vitaminen bildet. Früchte, die aus Gründen des Transports oder der längeren Haltbarkeit unreif geerntet werden, haben einen deutlich niedrigeren Vitamingehalt, und auch ihre Aromastoffe sind entschieden geringer. Reife Birnen fördern aufgrund mehrerer B-Vitamine das Wachstum und stärken das Nervensystem. Mit ihrem hohen Gehalt an Kohlenhydraten, den im Gegensatz zum Apfel indes nur schwachen Fruchtsäuren, sind Birnen im Geschmack süßer und eignen sich auch ohne zusätzliche Süßmittel für viele Zubereitungen. Ihr eingedickter Saft dient sogar selbst als Süßungsmittel.
Quitten eroberten nicht nur Vorderasien, sondern auch den mediterranen Raum. Bei den alten Griechen, die sie nach der kretischen Stadt »Apfel von Kydonia« nannten, standen die angenehm frisch riechenden, leuchtend gelben Früchte hoch im Kurs. Ihre Vorliebe gaben die Griechen an die Römer weiter. Auch auf der Iberischen Halbinsel verbreitete sich der anspruchslose, sonnenliebende und selbstbefruchtende Baum. Im Norden setzte sich Karl der Große für die Verbreitung der Quitte ein. Doch hat sie hier nie sonderlich großen Zuspruch gefunden. Zwar wachsen in heißen Ländern weichschalige Früchte, in die man einfach hineinbeißen kann, aber in der Regel haben Quitten eine harte Schale und sind nur gekocht genießbar. Wegen ihres ausgezeichneten Aromas wurden sie auf vielerlei Weise als Duft- und Würzstoff eingesetzt, so zum Beispiel in Likören und Weinen, oder als Duftspender in Räumen und Schränken. Ideal sind die sehr pektinhaltigen Früchte jedoch für Kompott, Konfitüre, Gelee und Mus.

Hintergrund: Nur ungespritzte Äpfel wie diese sind ein wahrer Schatz an Vital- und Schutzstoffen.

Die schönsten Äpfel hängen am höchsten, also muß man sich selbst auf der Leiter strecken.

Sorgfältig gepflückt und in flachen Holzkisten aufbewahrt, halten sich Äpfel monatelang.

Tafeläpfel

Auralia
Züchtung aus Cox Orangen-Renette x Schöner aus Nordhausen. Mittelgroßer, fein süß-säuerlicher, dezent aromatischer Tafelapfel; bis März haltbar; zarte, mit rostfarbenen Punkten gesprenkelte, grüngelbe bis rötlich verwaschene Schale

Baumanns Renette
Auch als Reinette de Bollviller bekannt. Angenehm milder, aber nicht sehr intensiver Geschmack, gute Festigkeit, zähe Schale; sehr unterschiedlich in der Größe; wird mit zunehmender Reife immer intensiver rot bis dunkelrot

Boskoop (Schöner aus Boskoop)
Gibt große, eher unregelmäßige Früchte mit rauher, grünlich-gelber Schale; im Geschmack erfrischend säuerlich; eignet sich hervorragend zum Kochen und Backen

Canada Reinette
Große bis sehr große Früchte; zunächst gelblich-grün, später rötlich; bisweilen etwas rauhe Schale; aromatischer Geschmack mit dezenter Säure; hält sich bis April, aber welkt, jung dagegen knackig

Cox Orange
Ausgezeichneter Eßapfel mit hervorragendem Aroma, fester Konsistenz und harmonischer Säure; leicht rauhe, grünlichgelbe Schale mit rot-braun marmorierter Backe; ab Ende September; gut haltbar

Elstar
Moderne Kreuzung, bei der Golden Delicious und Ingrid Marie Pate standen; mittelgroßer, leicht gepunkteter Tafelapfel mit schöner roter Backe; saftiger, angenehm süßer Geschmack, für Frischverzehr

Erwin Baur
Bis Januar, Februar haltbarer, mittel bis großer, hochgebauter, gelber Apfel mit roten Streifen; feste, aber nicht harte Schale; edler weinsäuerlicher Geschmack; für Frischverzehr und Verwertung

Freiherr von Berlepsch
Hervorragender würziger Tafelapfel mit goldgelber, mit orangenfarbener bis rotbräunlicher Backe, knackig und saftig; schon ab Mitte September, für Lagerung späte Ernte empfehlenswert

Geheimrat Breuhahn
Später, hochgebauter, spitz zulaufender Tafelapfel; grün bis gelb mit rot verwaschener gestreifter Backe; glatte mittelfeste Schale; süß mit feiner Säure; bis Februar oder März haltbar

Golden Delicious
In warmen Anbauregionen bewährte Sorte von grün-gelber Farbe, oft mit dunkelgrünen oder auch bräunlichen Punkten; ausgereift feinsüßer Geschmack

Goldparmäne
Auch als Reine des Reinettes bekannter, in Frankreich viel angebauter, guter Tafelapfel mit schöner gelber Grundfarbe und rot bis dunkelroten Streifen; im Süden bereits ab Mitte August geerntet

Idared
Aromatischer Eßapfel mit angenehmer Säure, der im Reifestadium oft eine schöne dunkelrote Farbe annimmt, weniger lagerfähig

Jonagold
Schöner gelber Apfel, auf der Sonnenseite meist orangerot geflammt. Sehr guter, würzig-aromatischer Geschmack; frühreifend und erstaunlich lagerfähig

Juno
Gezüchtet aus Ontario x Londonpepping; verbindet harmonisch deren Geschmackskomponenten: aromatische Weinsäure und angenehme Süße; sehr später, großer flacher Apfel; gut bis März, April haltbar

Kaiser Wilhelm
Sehr wuchsstarker Baum mit zunächst gelb-grünen, dann goldgelben, rotgestreiften Früchten; oft große feste Äpfel mit schöner Saftigkeit und eher dezentem Aroma; gut haltbar

Lessangs Kalvill
Grün-gelber, hochgebauter, leicht fünfrippiger, sehr später edler Tafelapfel; vereint feine Süße mit eleganter Säure; feste, leicht bewachste Schale; bei zu dichtem Behang auspflücken

Mutsu
Überwiegend grüne Schale mit teilweiser Gelbtönung und leicht geröteter Backe; feinzellige Struktur und angenehme Süße

Ontario
Sehr großer flacher, kantiger Apfel mit glatter gelber Schale, auf der Sonnenseite geflammt; frische Säure, viel Saft, neutraler Geschmack; sehr gut haltbar, vielseitig verwendbar

Roter Boskoop
Enger Verwandter des Schönen aus Boskoop (s. linke Seite) und ebenso starkwüchsig; Früchte orangerot bis rot getönt, mit ausgeprägtem, säuerlichem Geschmack; feucht gelagert bis April haltbar

Rubinette Wintercox
Relativ spät reifender, hocharomatischer und sehr wohlschmeckender Tafelapfel; bräunlich-rote, leicht rauhe Schale, festes Fleisch; bis Anfang März haltbar

Schweizer Orangenrenette
Kreuzung aus Cox Orange x Ontario, die edlen süßen Wohlgeschmack mit zarter Weinsäure und Haltbarkeit bis in den April vereint; mittelgroße bis große Frucht mit glatter, mäßig fester, grün-gelb bis rot-orangenfarbener marmorierter Schale

Wobers Rambour
Sehr alte Sorte mit großen breiten, unverwüstlichen Bäumen für Grasgärten; der Baumkrone entsprechende, breitkugelige Frucht mit unverwechselbarem, würzigem, mäßig süß-säuerlichem Geschmack; ab Februar zunehmend mehlig

Zuccalmaglio
Späte zitronengelbe Sorte mit leicht geröteter Backe und charaktervollem Geschmack; muß zu guter Fruchtentwicklung ausgedünnt werden; bis Mitte März haltbar

Tafelbirnen

Alexander Lucas
Große gelbe, oft gepunktete, sonnenseits gerötete, saftige Spätbirne, die Wärme liebt; feinwürziges Aroma, angenehme Süße; bei später Ernte haltbar bis April

Boscs Flaschenbirne (Kaiser Alexander)
Rostrote, zimtfarbene, leicht rauhe Schale; gute Konsistenz mit delikatem Muskatgeschmack; leicht zu verarbeiten, aber nur begrenzt haltbar

Gräfin von Paris
Große, grünlich-gelbe, gesprenkelte Winterbirne mit guter Saftigkeit und angenehmem Aroma; mittlere Lagerfähigkeit

Nordhauser Winterforelle
Festschalige, rotbackige, forellenartig gesprenkelte, sehr gut bis März, April haltbare und wohlschmeckende Winterbirne; festes, saftig-süßes Fleisch

Pastorenbirne
Große, flaschenförmige Winterbirne; reif grünlich-gelbe, derbe Schale; vor Verzehr schälen; saftiges, schwach süßes Fruchtfleisch; typisches Aroma mit feiner Säure. Eßperiode von Dezember bis März

Quitte

Bereczki- oder Birnenquitte
Große, birnenförmige, sattgelbe, sehr süße Frucht; nur gekocht genießbar; sehr gute Kocheigenschaften und schöner Rosé-Ton bei Gelee oder Mus

Zubereitungen mit Kernobst

Waldorfsalat mit Apfel und Birne

(Abbildung rechts)

1 Knolle Sellerie
Saft von 1 Zitrone
1 Apfel
1 Birne
2 EL Walnüsse
1/2 Bund glatte Petersilie
1 EL Honig
Abgeriebene Schale von 1/2 Zitrone
80 ml Sahne

Den Sellerie fein raspeln und sofort mit Zitronensaft beträufeln, damit er sich nicht verfärbt. Apfel und Birne in Scheiben oder kleine Stücke schneiden und zu dem Sellerie geben.
Die Walnüsse grob hacken und die Petersilie sehr fein schneiden, mit Honig, Zitronenschale und Sahne zu der Obst-Sellerie-Mischung geben. Alles gut vermengen und dekorativ anrichten.

Waldorfsalat mit Apfel und Birne

Bratäpfel mit Vanillesauce

Bratäpfel mit Vanillesauce

(Abbildung links)

4 mittelgroße Boskoop oder andere säuerliche Äpfel
100 g Quark
60 ml Sahne
1 EL Zimt
1 Msp gemahlene Vanille
2 EL Rosinen oder Korinthen
Abgeriebene Schale von je 1/2 Zitrone und Orange
1 EL Honig
2 EL gehackte Walnüsse
500 ml Weißwein oder Apfelsaft

Die Äpfel ausstechen und seitwärts etwas einritzen, damit sie kontrolliert aufplatzen können.
Alle Zutaten – bis auf den Wein oder Saft – gut miteinander vermengen. Die Äpfel mit der Quarkmasse füllen.
Eine Auflaufform mit dem Wein knapp 1 cm hoch füllen und die Äpfel in die Form setzen.
Bei 200 °C etwa 20 Minuten im Ofen backen.

Vanillesauce
350 ml Sahne
1 Vanilleschote
2 EL Reismehl
Honig

Die Sahne mit 150 ml Wasser mischen und mit der Vanilleschote aufkochen. Das Vanillemark ausschaben. Die Flüssigkeit mit dem Reismehl andicken und mit Honig abschmecken.

Hinweis: Man kann die Bratäpfel auch mit einer Mischung aus 80 g Marzipan, 1 EL in Rum getränkten Rosinen und 2 EL Mandelsplitter füllen.

Zimtbirnen mit Schokoladenschaum

Zimtbirnen mit Schokoladenschaum

(Abbildung linke Seite unten)

Für 2 Personen

2 Birnen
Saft von 1 Zitrone
1 EL Zimt
150 ml Sahne
80 g Mascarpone
1 EL Honig
3 TL Kakao oder Carob
2 EL feingemahlene geröstete Mandeln

Die Birnen halbieren und entkernen, mit etwas Zitronensaft beträufeln. Den restlichen Zitronensaft mit dem Zimt in 500 ml Liter Wasser verrühren und die Birnen darin bißfest dünsten.

Die Sahne mit Mascarpone, Honig und Kakao steif schlagen, dann die Mandeln unterheben.

Die Birnen abtropfen lassen, fächerförmig aufschneiden und über dem Schokoladenschaum anrichten. Nach Geschmack mit geraspelter Schokolade dekorieren.

Äpfel-Orangen-Chutney

(Abbildung rechts)

2 säuerliche Äpfel
2 Orangen
2 mittelgroße Zwiebeln
1 TL Meersalz
2 TL feingeriebener Ingwer
2 EL abgeriebene Orangenschale
1 TL abgeriebene Zitronenschale
Saft von 1 Orange
2 EL Rosinen
1 EL Honig

Äpfel und Orangen schälen, die Äpfel entkernen. Äpfel, Orangen und Zwiebeln in kleine Stücke schneiden.

Alle Zutaten in einen Topf geben und zugedeckt auf kleiner Flamme zu Mus verkochen.

Zu Salat oder Geflügel servieren.

Das Mus hält sich in einem Glas mit Schraubdeckel im Kühlschrank etwa 1 Woche.

Birnen mit Blauschimmelcreme

(Abbildung rechts)

4 reife Birnen
1 TL Zitronensaft
150 g nicht zu reifer Blauschimmelkäse
100 g Frischkäse
1 EL Sahne
1 Prise Cayennepfeffer
4 Sellerieblätter

Die Birnen halbieren und aushöhlen, das Fruchtfleisch mit Zitronensaft einreiben, damit es sich nicht verfärbt.

Blauschimmel- und Frischkäse zusammen pürieren; dann die Sahne unter die Käsemasse rühren und mit Cayennepfeffer abschmecken.

Die Birnenhälften auf den Sellerieblättern anrichten und die Käsecreme mit dem Spritzbeutel dekorativ auf die Früchte spritzen.

Äpfel-Orangen-Chutney

Birnen mit Blauschimmelcreme

Wildfrüchte

Die Natur bietet noch immer einen reichen Schatz an wilden Früchten. Nur sollte man Wildfrüchte dort suchen, wo Wiesen und Wälder noch relativ unbelastet sind, das heißt nicht an Rändern vielbefahrener Straßen, in der Nähe von Fabriken oder konventionell bearbeiteten Ackerflächen. Inzwischen ist die Strahlenbelastung nach dem Unglück von Tschernobyl so weit gesunken, daß man beim Sammeln keine Bedenken mehr zu haben braucht.

Jede Pflanze bevorzugt bestimmte Standorte. Viele Wildpflanzen findet man an Waldrändern und Hecken, auf Weiden und in lichten Hochwäldern. Beim Pflücken sollte man darauf achten, daß man die Pflanzen nicht beschädigt oder gar ausreißt. Stößt man auf einzeln stehende Büsche oder Bäume, sollte man sie nicht völlig abernten, sondern auch Vögeln und anderen Tieren einen Teil der Früchte überlassen. Deshalb besagt eine alte Regel, daß man Früchte, die man durch Ungeschick fallen läßt, nicht aufheben soll, zumal sie durch den Fall beschädigt sein könnten und dann schneller verderben.

Je nach Klimazone – was auch für die unterschiedlichen Höhenlagen im Gebirge gilt – reifen die Früchte frühzeitiger oder später. Am frühesten sind Walderdbeeren, die bereits im späten Frühjahr reifen, während Himbeeren, Wildkirschen und Heidelbeeren den Sommer einleiten. Im August mehrt sich das Angebot der Natur beachtlich, denn nun kommen Moos-, Vogel-, Holunder-, Preiselund Brombeeren hinzu. Der Herbst bringt reife Sand-, Rot- und Weißdornbeeren, Mispeln, Berberitzen und Hagebutten. Nachzügler sind die Schlehen, denen der erste Frost gut bekommt, falls sie nicht im Süden reifen, wo sie ohnehin wesentlich süßer werden.

Generell sollten Wildfrüchte nur in voller Reife gepflückt werden, denn nur dann enthalten sie das Höchstmaß an Vitaminen und Mineralien. Man sollte nur pflücken, was man umgehend genießen oder weiterverarbeiten kann. Wildfrüchte, insbesondere Beeren, halten sich in der Regel nur kurze Zeit. Sie sollten zu Hause sofort in den Kühlschrank gestellt werden. Beeren, die man roh essen kann, lassen sich sehr gut einfrieren. Vor Gebrauch sollte man sie langsam bei Zimmertemperatur auftauen lassen.

Am besten bewahren Wildfrüchte ihre intensiven und nicht selten eigenwilligen Aromen, wenn man sie zu Konfitüre oder Gelee verarbeitet, wobei die herben und säuerlichen Sorten, die nicht roh gegessen werden können, sich oft durch Verbindung mit Äpfeln oder Birnen verfeinern lassen.

1

2

3

4

5

6

7

8

9

10

11

12

13

Beeren

Brombeeren
Weit verbreitete, dornenreiche Wildpflanze; gezüchtete Exemplare haben meist keine Stacheln mehr, geben regelmäßigere Ernten und größere, saftigere Früchte, deren Farbe von tiefem Rot bis Tintenschwarz reicht. Ob frisch oder gekocht, als Gelee oder Sorbet, Brombeeren sind hocharomatisch und besitzen sehr viel Provitamin A und Eisen. Brombeer- und Himbeerblätter eignen sich für Gesundheitstees.

Erdbeeren
Weltweit verbreitet in unübersehbar vielen Züchtungen. Auch als Wildpflanze, die winzige, aber sehr aromatische Früchte liefert. Köstlich, wenn frisch genossen, aber auch in zahlreichen Zubereitungen (s. auch S. 96-99)

Heidelbeeren
Als Heidekrautgewächs lieben sie saure Böden und wachsen in Fichten- und Kiefernwäldern, oft in bergigen Regionen. Ihre kleinen blauen, bereiften Beeren enthalten den Farbstoff Myrtilin, dem blutbildende Wirkung zugeschrieben wird. Überhaupt bergen die mühsam zu pflückenden Früchte eine Vielzahl von Heilstoffen, vor allem für Darm und Augen. Frisch sind sie – mit Milch übergossen – ein Genuß. Beliebt als Saft, Sorbet, Belag von Törtchen oder Kuchen, als Konfitüre und Likör.

Himbeeren
Auf der nördlichen Erdhalbkugel weit verbreitet; kommen als Waldhimbeeren auch in den Handel. Sonst in zahlreichen Sorten gezüchtet; gelbe Sorten nur in Hausgärten. Reif lösen sie sich gut von ihrem zapfenförmigen Fruchtboden. Sehr gesund wegen Mineralien und anregenden Säuren. Himbeeren haben ein köstliches Aroma, man sollte sie möglichst schnell verzehren oder zubereiten, da sie leicht zerdrückt werden; am besten roh und als kaltgerührte Sauce; lassen sich gut einfrieren.

Holunderbeeren
Der häufig wild und überall in Europa und Asien vorkommende hohe Busch produziert Dolden mit schwarz-violetten Beeren; inzwischen werden sie auch gezüchtet. Unreif gelten die Beeren als giftig, können vollreif aber durchaus roh gegessen werden, obwohl man sie allgemein kocht und zur Zubereitung von Kaltschale, Gelee, Saft, Wein und Likör verwendet. Die Blüten ergeben ein feines Sorbet, lassen sich ausbacken oder zu heilsamem Tee aufgießen.

Rote und Weiße Johannisbeeren
In nördlicheren Regionen beheimatet, wo man ihre prägnante Säure zu schätzen weiß. Besitzen viel Vitamin C. Weiße Sorten sind milder und süßer. Die aromatischen Beeren eignen sich frisch als Zutat in Fruchtsalaten, sonst für Konfitüren und Kompotte.

Schwarze Johannisbeeren
Eng verwandt mit roten und weißen Sorten, doch auch in südlicheren Regionen beheimatet. Sie zeichnen sich durch höhere Gehalte von Mineralien und Vitamin C aus, was ihren Most zu einem wahren Gesundheitselixier macht. Wegen des sehr hohen Vitamin-C-Gehalts oxidieren die Beeren schnell. Daher sollte man sie entweder sofort essen, verarbeiten oder einfrieren, wofür sie sich bestens eignen. Sie verfügen über ein ausgeprägt würziges Aroma; schmecken reif roh und ergeben exzellente Sorbets, aber auch ausgezeichnete Gelees, Konfitüren und Liköre.

Jostabeeren
Diese schwärzlichen, glatten Beeren sind eine 20 Jahre alte deutsche Züchtung aus Schwarzer Johannisbeere und Stachelbeere. Sie wachsen paarweise an stachellosen Strauchtrieben und haben einen milden Stachelbeergeschmack mit leichtem Cassis-Anklang. Sie ergeben hervorragende Konfitüren.

Loganbeeren
Zufällige Kreuzung von Himbeere und Brombeere im Jahre 1881 im Garten des Richters Logan in Kalifornien, dann schnell verbreitet und auch in England populär. Die Früchte sind größer und länglicher als Himbeeren; reif bordeauxrot gefärbt. Markante Säure, leicht scharfer, sehr intensiver Geschmack. Sehr saftig, festkochend und deshalb ausgezeichnet für Konfitüren. Erntezeit ist August.

Maulbeeren
Sind Brombeeren, Himbeeren und Erdbeeren strenggenommen keine Beeren, sondern Sammelfrüchte, so gehört der sehr langsam wachsende Maulbeerbaum sogar in eine ganz andere Kategorie. Zu seiner Familie, den *Moraceae*, zählen Feige, Hanf und Hopfen. Seine Früchte ähneln in Farbe und Aussehen jedoch Brombeeren, haben einen feinfruchtigen, leicht säuerlichen Geschmack, können roh verzehrt, zu Saft oder Konfitüre gekocht und in Rezepten durch Brombeeren ersetzt werden.

Preiselbeeren
Kleine Beeren, die in der Reife leuchtend rot werden; entwickeln einen herben Geschmack, besitzen viele Vitalstoffe und verschiedene Säuren, darunter rheumalindernde Benzoesäure. Sie gehören zur Erica-Familie und gedeihen in Heide- und Moorlandschaften, insbesondere in den nördlichsten Ländern Europas. Sie werden als Kompott oder Gelee oder auch mit anderem Obst, etwa Äpfeln und Birnen, zubereitet; traditionell begleiten sie Wildgerichte. Eng verwandt sind Moosbeeren.

Sanddorn
In vielen Gebieten der nördlichen Halbkugel wächst dieser Strauch oder knorrige Baum wild, wobei er feuchtere Regionen und Küsten vorzieht. Zahlreiche, scharfe Dornen verteidigen die orangenfarbenen oder roten kleinen Beeren, die verschiedene Vitamine enthalten, aber Rekordwerte an Vitamin C bieten; deshalb oft als Gesundheitssaft vermarktet. Kommen vor allem als Konfitüre oder Gelee in Verbindung mit Kernobst geschmacklich gut zur Geltung.

Stachelbeeren
Von den Engländern wurden sie sortenreich kultiviert und vielfältig zubereitet, sind aber ursprünglich in Kleinasien und Nordafrika beheimatet. Reife Stachelbeeren können ausgesprochen süß sein. Je reifer, desto reicher sind sie an Mineralien und Vitamin C. Köstlich als rohe Beeren sind rote und gelbe, herber und saurer schmecken weiß-grüne Sorten, die sich nur zum Einkochen eignen.

Vogelbeeren
Stammen von der Eberesche, einem in Europa und Vorderasien oft anzutreffenden wildwachsenden Baum oder Strauch, der auch zur Zierde gepflanzt wird. An ihren Dolden wachsen kleine, oft ovale leuchtend orangerote Beeren. Ihr Gehalt an Vitamin C ist außerordentlich hoch; zudem wirken sie entzündungshemmend. Aufgrund von Bitter- und Gerbstoffen sind sie roh ungenießbar, ergeben aber feines Kompott und Gelee für Wildgerichte sowie Hustensirup und lassen sich gut mit Kernobst verarbeiten. Nicht bittere, süßere Beeren liefert die Mährische Eberesche.

Weintrauben
Zählen zu den beliebtesten Früchten überhaupt und werden in allen Erdteilen kultiviert. Immerhin ein Zehntel aller geernteten Trauben sind für Tafelobst bestimmt, wofür man spezielle, besonders aromatische Sorten anpflanzt. Reif gelesen, enthalten sie nicht nur leicht aufzunehmenden Traubenzucker, sondern viele Mineralien, Vitamine, Gerbstoffe und Säuren, die anregende, reinigende und stärkende Wirkungen auf den Organismus haben. Außer zum direkten Genuß eignen sie sich als Tortenbelag und in Salaten, für Saft und Gelee. Trauben – auch aus biologischem Anbau – sollten stets lauwarm gewaschen werden. Überreife Weintrauben werden getrocknet als Rosinen, Korinthen, Sultaninen, Traubenrosinen oder Weinbeeren angeboten; darauf achten, daß sie ungeschwefelt, »naturell«, sind!

1 Brombeeren
2 Erdbeeren
3 Heidelbeeren
4 Himbeeren
5 Holunderbeeren
6 Rote Johannisbeeren
7 Schwarze Johannisbeeren
8 Maulbeeren
9 Preiselbeeren
10 Sanddorn
11 Stachelbeeren
12 Vogelbeeren
13 Weintrauben

Holunderblüten-Sekt

(Abbildung unten)

10 Dolden Holunderblüten
1 Zitrone
350 ml Wasser
8 EL Apfelessig
4 EL Honig
Saft von 1 Zitrone

Die Holunderblüten – sie müssen gerade erst aufgeblüht sein – kurz abspülen. Die Zitrone in dünne Scheiben schneiden und mit den Blüten sowie den übrigen Zutaten in ein ausreichend großes Gefäß geben; umrühren.

Das Gefäß zudecken und an einen warmen Ort stellen. Schon nach 24 Stunden ist der Holundersaft trinkfertig. Eventuell nochmals mit Honig und Zitrone abschmecken.

Nach 2–3 Tagen beginnt das Getränk zu moussieren. Dann absieben, in Flaschen mit Schraubverschluß füllen und in einen dunklen Raum stellen. In rund 4 Wochen ist der Saft zum Sekt geworden.

Holunderblüten-Sekt

Zubereitungen mit Beeren

Hirsespeise mit Himbeeren

125 ml Sahne
200 g Hirse
100 g Himbeeren
1 EL Zitronensaft
1 Msp gemahlene Vanille
1 EL Honig
2 EL grobgehackte Pistazien
5 EL geschlagene Sahne

Die flüssige Sahne mit der gleichen Menge Wasser vermischen und die Hirse darin garen, gegebenenfalls etwas Wasser nachgießen; abkühlen lassen und gut verrühren. Die Himbeeren mit Zitronensaft, Vanille und Honig pürieren und unter die Hirse mischen, so daß eine feste Creme entsteht. In Schälchen füllen, mit Sahnehäubchen und Pistazien garnieren.

Johannisbeer-Sorbet mit Sekt

500 g Rote Johannisbeeren
Honig nach Belieben
250 ml geschlagene Sahne
400 ml Sekt

Die Johannisbeeren putzen und vom Stielansatz befreien, einige Beeren zum Garnieren beiseite stellen.
Die Beeren in sehr wenig Wasser kurz aufkochen, durch ein Sieb streichen und den Saft (etwa 500 ml) auffangen; abkühlen lassen. Den Honig unter das Beerenmus mischen und die Sahne unterziehen.
Die Masse in einem größeren Behältnis in das Gefrierfach geben, etwa alle 30 Minuten – insgesamt viermal – aufschlagen, um eine Kristallbildung zu verhindern. Dann mindestens 4 Stunden durchfrieren lassen.
Aus dem fertigen Sorbet mit dem Eßlöffel Nocken ausstechen, diese in Glasschalen geben und mit Sekt aufgießen, mit den Beeren garnieren und sofort servieren.

Hinweis: Den Sekt kann man durch eine Mischung aus rotem Johannisbeersaft und Mineralwasser ersetzen.

Stachelbeertorte

Mürbeteig
250 g feines Dinkelmehl
150 g kalte Butter in Stückchen
2 EL Honig
Abgeriebene Schale von 1 Zitrone
1 Prise Meersalz

Füllung
800 g Stachelbeeren
400 ml Sahne
80 g Kartoffelstärke
100 g Honig
5 Eier
2 EL Trester
2 EL Aprikosenkonfitüre

Für den Teig die Zutaten gut miteinander verkneten; 30 Minuten im Kühlschrank ruhen lassen.
Eine Springform von 28 cm Durchmesser mit Butter ausfetten, mit dem Teig auslegen und einen 3 cm hohen Rand drücken. Den Boden mit einer Gabel mehrmals einstechen und etwa 10 Minuten bei 180 °C im Ofen vorbacken.
Für die Füllung die Stachelbeeren säubern. Sahne, Kartoffelstärke, Honig, Eier und Trester mit dem Pürierstab vermischen. Die Stachelbeeren in die Springform geben und auf dem Teigboden verteilen.
Die Sahne-Eier-Masse darübergeben und bei 180 °C zunächst 40 Minuten, dann bei 160 °C weitere 30 Minuten im Ofen backen.
Die Aprikosenkonfitüre mit etwas Wasser sämig rühren und auf dem Kuchen verstreichen.

Crêpes mit Heidelbeeren und Vanilleeis

(Abbildung unten)

Für 8–10 Portionen

Vanilleeis
250 ml Sahne
100 g Honig
2 Eigelbe
$^1/_2$ TL gemahlene Vanille

Crêpes
500 g Heidelbeeren
120 g Honig
1 EL Obstbrannt
100 ml Milch
100 ml Sahne
2 Eier
80 g feines Dinkelmehl
40 g Butter
1 Prise Meersalz
Minzeblättchen

Für das Eis die Sahne steif schlagen, Honig, Eigelbe und Vanille unterziehen. Die Mischung in ein flaches Behältnis geben und einfrieren. Nach 60 Minuten aufschlagen und nach jeweils 30 Minuten den Vorgang noch zweimal wiederholen; 3 Stunden durchfrieren lassen.
Für die Crêpes die Heidelbeeren waschen und abtropfen lassen. Gut 30 g Honig mit dem Obstbrannt verrühren und über die Beeren geben; durchziehen lassen.
Milch, Sahne, Eier, Mehl und den restlichen Honig zu einem glatten Teig verrühren. Die Butter zerlassen und größtenteils unter den Teig rühren. Eine Pfanne erhitzen und mit etwas zerlassener Butter auspinseln.
Die Crêpes ausbacken, indem man jeweils Teig für eine Crêpe in die Pfanne gibt und zugedeckt von einer Seite backt, dann wendet und die andere Seite bei offener Pfanne backt.
Die Crêpes jeweils locker zu einem Viertel falten, Eis und Heidelbeeren auf die äußere Spitze geben und mit Minze garnieren.

Crêpes mit Heidelbeeren und Vanilleeis

Köstlich aus biologischem Anbau

Erdbeeren

Die kleine mehrjährige Staude ist im europaweit betriebenen industriellen Anbau, der teilweise in Gewächshäusern stattfindet, höchst anfällig und wird entsprechend häufig gespritzt. Überdies ist es in vielen Ländern der Europäischen Union gang und gäbe, Erdbeeren aus Gründen der Haltbarkeit zu bestrahlen, was – abgesehen von anderen Bedenken – den Vitamingehalt der Früchte stark reduziert. Durch Kunstdünger und Bewässerung forcierte Erträge haben darüber hinaus den eigentlichen Geschmack der Erdbeeren fast gänzlich eliminiert – Gründe genug, um sich mit Erdbeeren aus biologischem Anbau zu versorgen.

Im biologischen Erdbeeranbau ist es wichtig, daß die Pflanze sich gemäß dem natürlichen Ablauf des Jahreskreislaufs entwickeln kann: Im Frühjahr wächst sie nur langsam, hat wenig Blätter und bildet sehr viele Blüten im Verhältnis zu ihrer Größe aus. Die Ernte – Erdbeeren sind die ersten Früchte der Saison – liegt bei uns in Mitteleuropa zwischen erster Juni- und erster Juli-Woche.

In der Erntezeit steht die kleine Pflanze unter großem Streß und ist daher sehr anfällig für Krankheiten und Parasiten. Erst nach der Ernte

entwickelt sich das Laub so stark, daß man die Furchung der Reihen kaum mehr erkennen kann. In dieser Zeit entwickeln sich auch schon die Blütenanlagen für das nächste Jahr. In dieser Phase benötigt die Pflanze eine Düngung mittels Hornmehl oder in Form von gut kompostiertem Rindermist. Erdbeeren sind – wie auch Himbeeren – für jede Art von organischem Dünger dankbar, haben sie sich doch ursprünglich im humusreichen Waldboden entwickelt.

Nach der Ernte spritzen manche Bio-Bauern den Bestand dreimal mit Hornmist und Hornkiesel, damit sich die Blätter gut ausbilden. Im Oktober und November ist ein Erdbeerfeld bei biologischer Bewirtschaftung leuchtend rot wie wilder Wein, eine Farbgebung, die man auch bei wilden Walderdbeeren beobachten kann. Erdbeerfelder sind bei konventionellem Anbau sehr viel weniger farbintensiv, da die zahlreichen Spritzungen gegen Unkraut und Pilzkrankheiten eine natürliche Abreife des Blattes verhindern.

Das Unkraut ist in der Tat ein Hauptproblem. Aufgrund ihres niedrigen und lockeren Wuchses haben Erdbeerpflanzen keine unterdrückende Wirkung auf Unkraut. Vier- oder fünfmal im Jahr muß daher von Hand gehackt und gejätet werden. Dabei achten viele Bio-Bauern darauf, daß Pflanz- und Hackarbeiten nur an Fruchttagen nach dem Thunschen Aussaat-Kalender (s. S. 17) erfolgen.

In der Hauptblütezeit, Mitte Mai, wird zwischen den Reihen frisch gehäckseltes Stroh ausgelegt, damit die großen Früchte später nicht auf der Erde aufliegen und faulen. Das Stroh hält gleichzeitig Schnecken ab. Ein erfahrener Bio-Bauer pflanzt stets vier oder fünf Sorten an, um das Ertragsrisiko zu mindern – der Ertrag kann innerhalb eines Jahres um bis zu 200 Prozent variieren. Erfolg und Mißerfolg liegen bei kaum einer Kultur so dicht beieinander wie bei Erdbeeren.

Unten: In der Hauptblütezeit der Erdbeeren wird zwischen den Reihen frisch gehäckseltes Stroh ausgelegt, damit die großen Früchte später nicht auf der Erde aufliegen.

Rechte Seite: Erdbeeren aus biologischem Anbau haben wieder Aroma und Geschmack, die sie bei konventioneller Bewirtschaftung fast gänzlich vermissen lassen.

Beim Pflücken von Erdbeeren sollte man darauf achten, daß der Stil mit an der Frucht verbleibt.

Zubereitungen mit Erdbeeren

Marinierter Spargel mit Erdbeeren

300 g grüner Spargel
250 g Erdbeeren
2 EL Honig
8 Blätter Lollo Rosso
2 EL Estragonessig
4 EL Keimöl
Meersalz, weißer Pfeffer
1 kleines Bund Estragon
2 EL Pistazien

Den Spargel dünn schälen und in 3 cm lange Stücke schneiden; beiseite stellen.
Die Erdbeeren waschen, vierteln und mit 1 EL Honig vermischen; ziehen lassen. Die Salatblätter waschen und in kleine Stücke zupfen.
Aus Essig, Öl, dem restlichen Honig, Salz, Pfeffer und 3 EL Wasser eine Vinaigrette zubereiten und den Spargel 15 Minuten darin marinieren.
Die Salatblätter auf Tellern anrichten, Spargel und Erdbeeren darauf verteilen und mit Vinaigrette beträufeln; mit Estragonblättchen und Pistazien bestreuen.

Buchweizenpfannkuchen mit Erdbeeren

Blinis

400 g Erdbeeren
4 EL Honig
1 Msp gemahlene Vanille
2 Eier
100 g Buchweizenmehl
100 g feines Dinkelmehl
150 ml Kefir
1 Msp gemahlener Koriander
1 Msp gemahlener Kardamom
Keimöl, Butterschmalz
Abgeriebene Schale von 1/2 Orange

Die Erdbeeren waschen, vierteln und mit Honig und Vanille vermischen; ziehen lassen.
Die Eier trennen. Eigelbe und Mehl mit 500 ml Wasser verrühren, den Teig mit Koriander und Kardamom würzen.
Die Eiweiße steif schlagen und den Eischnee unter den Teig ziehen. Aus dem Teig in etwas Keimöl und Butterschmalz Pfannkuchen ausbacken. Die Erdbeeren auf die Pfannkuchen geben, überklappen und sofort servieren.

Erdbeersülzchen mit Mascarpone-Vanillesauce

500 g Erdbeeren
500 ml naturreiner Fruchtsaft
1 EL Zitronensaft
8 g Agar-Agar
3 EL Honig
150 g Mascarpone
80 ml Sahne
1/2 TL gemahlene Vanille

Die Erdbeeren waschen, vierteln und in mit kaltem Wasser ausgespülte Förmchen geben. 375 ml Fruchtsaft mit dem Zitronensaft erhitzen. Den restlichen Fruchtsaft mit Agar-Agar verrühren und in den heißen Saft geben. Unter ständigem Rühren weiter erhitzen, bis die Flüssigkeit ganz klar geworden ist und sich das Agar-Agar völlig aufgelöst hat. Dann 2 EL Honig unterrühren.
Den angedickten Fruchtsaft auf die Erdbeeren in den Förmchen gießen, abkühlen und etwa 3 Stunden gelieren lassen.
Mascarpone und Sahne mit dem restlichen Honig und der Vanille zu einer cremigen Sauce verrühren.
Die Erdbeersülzchen auf Teller stürzen und die Sauce so darübergießen, daß sie die Hälfte der Sülzchen bedeckt.

Erdbeer-Traum

(Abbildung)

500 g Erdbeeren
3 EL Honig
80 g Naturreis
200 ml Sahne
Abgeriebene Schale von 1/2 Zitrone
100 ml geschlagene Sahne

Die Erdbeeren waschen, vierteln und mit 2 EL Honig vermengen; ziehen lassen.
Den Reis zu feinem Mehl ausmahlen. Die Sahne mit der gleichen Menge Wasser mischen und mit der Zitronenschale aufkochen. Das Reismehl schnell einstreuen, glattrühren und unter ständigem Rühren etwa 8 Minuten weiterkochen; erkalten lassen.
Die gesüßten Erdbeeren und den restlichen Honig unter die Reismasse geben. Vorsichtig die Schlagsahne unterheben, 10 Minuten ziehen lassen und servieren.

Erdbeeren mit Portwein-Zabaione

800 g Erdbeeren
1 TL Zitronensaft
6 EL Honig
4 Eigelbe
8 EL roter Portwein
Minzeblättchen

Die Erdbeeren waschen und gut abtropfen lassen. Zitronensaft und 2 EL Honig darübergeben und mindestens 60 Minuten ziehen lassen.
Für die Zabaione die Eigelbe mit dem restlichen Honig im Wasserbad schaumig schlagen, langsam (wie das Öl bei der Zubereitung einer Mayonnaise) den Portwein dazugeben und zu einer luftigen Zabaione aufschlagen. Sofort im Wasserbad kaltrühren.
Die Erdbeeren auf Portionstellern verteilen und mit der Zabaione überziehen. Mit Minze garnieren und servieren.

Erdbeer-Traum

Erdbeer-Granita

1 Vanilleschote
Honig nach Belieben
500 g Erdbeeren
3 EL Zitronensaft
1 Flasche Prosecco oder trockener Sekt

Die Vanilleschote aufschlitzen und 20 Minuten in 500 ml Wasser kochen lassen. Die Schote herausnehmen, den Honig einrühren und das Honigwasser erkalten lassen. Die Erdbeeren waschen und mit dem Zitronensaft im Mixer pürieren, dann das kalte Honigwasser zugeben. Die Masse in eine geeignete Schüssel (Edelstahl) geben und in den Tiefkühlschrank stellen; alle 20 Minuten vom Rand her umrühren, damit sich am Rand keine Eiskristalle absetzen. Die Granita benötigt etwa 3–4 Stunden, um fest zu werden.
Jeweils 2 Kugeln Granita in eine Sektschale geben und mit Prosecco aufgießen.

Erdbeer-Mix

(Abbildung)

Für 2 Personen

300 g Erdbeeren
$^1/_2$ Banane
250 ml Joghurt
3 EL Sahne
1 EL Zitronensaft
2 EL Honig
1 Prise gemahlene Vanille

Die Erdbeeren waschen und halbieren, die Banane in Scheiben schneiden. Die Früchte mit etwas Joghurt pürieren, dann den restlichen Joghurt und die übrigen Zutaten hinzufügen und so lange pürieren, bis ein schaumig-cremiges Getränk entsteht.
Gut gekühlt servieren.

Erdbeer-Mix

Exoten in Europa

Mangos

Zu Füßen des Himalaja liegt die Heimat des Mangobaums. Von dort aus eroberte er den indischen Subkontinent, aber auch andere Länder Südostasiens und inzwischen die meisten tropischen und subtropischen Regionen der Welt. Für die Inder ist er ein Geschenk der Götter. Älteste Schriften bezeugen, daß er schon vor 4000 Jahren verehrt wurde. Der schnellwachsende und ausladende Baum, der Höhen von 20 Metern erreicht – Prachtexemplare werden sogar doppelt so hoch –, spielt in dem heißen Klima mit seinem dichten, immergrünen Laubdach eine wichtige Rolle als Schattenspender für Mensch und Tier. Vor allem aber reifen an den Abermillionen Bäumen Milliarden Tonnen von köstlichen Steinfrüchten. Zwei Drittel aller weltweit wachsenden Mangos werden in Indien geerntet und verzehrt. Nicht selten in der indischen Geschichte waren Mangos die letzte Rettung in Hungersnöten, denn sie enthalten nicht nur Kohlenhydrate, sondern alle acht essentiellen Aminosäuren und haben den höchsten Gehalt an dem – speziell für das Wachstum – so wichtigen Provitamin A.

Nimmt die Mango somit hinsichtlich Qualität und Menge eine herausragende Stellung unter den Früchten ein – nach der Banane ist sie die zweitwichtigste exotische Frucht –, so besitzt sie (aus der Sicht des Handels) ein entscheidendes Handicap: Sie läßt sich schlecht transportieren. Deshalb verzehrt man in allen Anbauländern Mangos überwiegend frisch an Ort und Stelle. Nur eine geringe Menge kommt – ökologisch bedenklich – per Flugzeug auf den europäischen Markt.

Seit einigen Jahren werden Mangos auf den Kanarischen Inseln und in kleinerem Umfang in Andalusien auch biologisch gezogen. Die grün, rot, gelb gefärbten Früchte hängen an langen, wie Schnüre wirkenden Stielen. Während sie in Indien Melonengröße erreichen können, bevorzugt man in Spanien Sorten, die birnengroße, aber runde, mildschmeckende Früchte tragen. Mangos, die unreif gepflückt werden – und dann oft einen Beigeschmack von Terpentin haben –, müssen mehrere Tage bei Zimmertemperatur nachreifen, bis sie auf Fingerdruck nachgeben. Kühlen sollte man sie allenfalls direkt vor dem Servieren. Man schneidet die Frucht der Länge nach auf, entfernt den länglichen Kern und löffelt die Hälften aus. Das Fruchtfleisch wird auch gern als Püree zubereitet und zu Saft oder Chutney verarbeitet. In Spanien ist von August bis Dezember Saison.

Mangobäume treiben ihre Sprossen nur in den heißesten Regionen Europas, wo sie inzwischen auch biologisch gezogen werden.

Hintergrund: Blütenrispe an einem Mangobaum. Später werden die Früchte den langen typischen Zweig nach unten biegen.

Exotische Früchte

Längst sind viele Früchte, die ursprünglich aus anderen Weltgegenden stammen, ein gewohnter Anblick in unseren Obstläden geworden. Manche von ihnen sind schon seit Jahrhunderten, manchmal sogar seit Jahrtausenden in den Mittelmeerländern heimisch wie beispielsweise Feigen- oder Granatapfelbäume. Die ältesten gelangten, wie auch viele unserer einheimischen Obstsorten, über Kleinasien und den Vorderen Orient nach Europa. Eine besondere Vermittlerrolle spielten hier die Mauren. Sie waren berühmt für ihre hochentwickelte Gartenbaukunst und Landwirtschaft. Ab dem 8. Jahrhundert führten sie mehrere Obst- und Gemüsearten in Spanien ein, das damals zu ihrem Herrschaftsbereich gehörte. Von der Iberischen Halbinsel aus gelangten die neuen Sorten dann später in andere europäische Länder.

Die Entdeckung Amerikas bescherte Europa neue Gemüse, die sich auch hier etablierten. Im Gegensatz dazu konnten sich die dort heimischen Früchte nicht in Europa akklimatisieren. Ausnahmen sind Kaktusfeige, Cherimoya und Kapstachelbeere (Physalis). Früchte wie Lulo oder Lucuma, Coronilla oder Pitahayas bleiben selbst auf internationalen Märkten weiterhin echte Exoten. Bekannt sind mittlerweile die Papayas. Keine Frucht Südamerikas reicht jedoch nur entfernt an die Popularität der Ananas heran. Andere exotische Sorten wurden erst in den letzten Jahrzehnten eingeführt und vermehrt angepflanzt wie insbesondere die Kiwi. Ihre Kultivierung begann, zunächst zaghaft, während der 70er Jahre in den Mittelmeerländern. Da sie im südeuropäischen Klima bestens gedeiht, ist sie dort inzwischen für die Obstbauern zu einer landesüblichen Frucht geworden, deren Erzeugung längst nicht mehr den einst erhofften großen Gewinn verspricht.

In den vom Klima her geeigneten wenigen subtropischen Regionen Europas interessiert man sich seit kurzem auch für Mangos, Lychees, Karambole und andere Arten. Dort existieren inzwischen auch Betriebe, die nach ökologischen Methoden arbeiten. Im allgemeinen ist das Angebot an exotischen Früchten aus ökologischem Anbau indes noch gering. Es gibt verschiedene wegweisende Projekte in afrikanischen, mittel- und südamerikanischen Ländern sowie auf Sri Lanka, die diese Form der Bewirtschaftung fördern und zugleich den einheimischen Kleinbauern eine Existenzgrundlage bieten. Die konventionelle Produktion tropischer Früchte, besonders von Bananen, liegt oft in der Hand von westlichen Großkonzernen, welche die Arbeiter ausbeuten, sie ungeschützt Pestiziden und Insektiziden aussetzen und gleichzeitig Raubbau an der Natur treiben.

Exotische Früchte aus ökologischem Anbau sind in der Regel entschieden teurer als solche aus konventioneller Erzeugung. Der Grund liegt nicht zuletzt darin, daß Initiativen mit humanitärer, sozialer und umweltschützender Motivation nicht Profite und Gewinnmaximierung zum Ziel haben, sondern die Verbesserung von Lebensverhältnissen. Die folgende Auswahl beschränkt sich auf exotische Früchte, die aus biologischem Anbau oder als Wildfrüchte in den Handel kommen.

Ananas
Heimisch in Südamerika; in vielen tropischen Ländern angebaut; enthält das Eiweiß aufspaltende, verdauungsfördernde, auch medizinisch genutzte Ferment Bromelin; reich an Mineralstoffen und bei Reife an Vitaminen, dabei kalorienarm. Bio-Ananas kommen aus westafrikanischen Ländern und Sri Lanka.

Banane
Die bedeutendste Exportfrucht stammt eigentlich aus Asien; in Mittel- und Südamerika, einigen Ländern der afrikanischen Westküste, aber auch in Indien angepflanzt; reich an Vitalstoffen. Bio-Anbau auf den Kanarischen Inseln, in Israel, der Dominikanischen Republik, in Ghana, Togo und Burkina Faso (früher Obervolta).

Cherimoya (Anone, Zimtapfel)
Stammt aus den peruanischen Anden; schuppige, grün-gelbe, meist apfelgroße Früchte mit ungenießbarer Schale; weißliches, aromatisches, im Geschmack an Bananen erinnerndes süßes Fruchtfleisch mit vielen bohnengroßen braunen Kernen. In geringen Mengen aus biologischem Anbau aus Andalusien.

Feige
Im Nahen Osten und Vorderen Orient weit verbreitet, aber schon seit Jahrtausenden rund um das Mittelmeer kultiviert; viele Sorten mit unterschiedlich gefärbten Früchten von Gelb über Grün und Rot bis Violett; frisch mineralstoffreich und blutbildend. Biologisch angebaut in Italien, Frankreich, Spanien; oft verwilderte, unbehandelte Bäume in südlichen Ländern.

Granatapfel
In orientalischen Kulturen oft besungene und abgebildete Frucht, die Granada ihren Namen gab; unter harter, lederartiger und sie lange frisch haltender Schale sitzen in Fächern kantige, von weichem saftigem Fleisch umhüllte Kerne, die man auskaut oder bei jungen Früchten mitißt; viel und vielseitig zu verwendender Saft aus Öko-Anbau in Spanien und Italien.

Kaki
Ursprünglich im Fernen Osten zu Hause, wachsen Kakibäume gut im Mittelmeerklima; dort in Gärten eher zur Zierde gepflanzt wegen der leuchtend orangeroten Früchte; glatte, tomatenähnliche Schale; vollreif süßer, angenehmer, aber wenig aromatischer Geschmack; hoher Carotin-Gehalt; auch getrocknet. Biologisch aus Italien und Spanien.

Kaktusfeige (Opuntia)
Stammt aus Mexiko und eroberte die Mittelmeerländer, wo sie verwilderte; oft als undurchdringlicher Zaun gepflanzt; feigenförmige, reif rötliche Früchte mit unangenehmen Stachelbüscheln; mit Vorsicht (und Handschuhen) schälen; vitaminreiche, süße, dezent aromatische Früchte am besten auslöffeln. Kommt aus Bio-Anbau in Sizilien und Südspanien.

Kapstachelbeere (Andenbeere, Physalis)
Einjähriges Nachtschattengewächs, verwandt mit der Gärten zierenden Lampionblume; zuerst in Südafrika in größerem Stil angepflanzt. Die vitaminreichen, kirschgroßen gelblichen Früchte sind von einer bastartigen Hülle umgeben; im Geschmack süß-säuerlich und aromatisch. Kommt unter anderem aus Afrika und Neuseeland; gedeiht auch in Bio-Gärten am Mittelmeer.

Karambole (Sternfrucht)
Stammt aus Indien und Malaysia; niedriger Baum, sonderbarerweise ein Sauerkleegewächs; gelbe, vitaminreiche, nach Jasmin duftende Frucht; reif bernsteinfarben schimmernd, hat fünf oder sechs stark ausgeprägte Rippen; quer in Scheiben aufgeschnitten, ergeben sich dekorative Sterne; mit Schale zu genießen. Bio-Karambolen kommen aus Südspanien und Westafrika.

Kiwi (Chinesische Stachelbeere)
Von Neuseeland aus weit verbreitet, wächst lianenartig; sehr hoher Gehalt an Vitamin C; unter der braunen, haarigen dünnen Schale verbirgt sich strahlend grünes Fleisch mit schwarzen Kernen; beerig frischer, süß-säuerlicher Geschmack; entweder halbieren und auslöffeln oder schälen; vielseitig verwendbar. Aus biologischem Anbau unter anderem aus Italien, Spanien und Frankreich.

Lychee
In China, ihrer Heimat, sehr geschätzte Frucht; hohe, in subtropischem Klima wachsende Bäume, die große Rispenstände bilden; Früchte zunächst mit weichen roten Schalen, die zu schuppigen, harten Schutzhüllen trocknen; das hocharomatische, leicht seifige, helle Fruchtfleisch umkleidet einen großen braunen Kern. Seit 1996 werden Bio-Lychees aus der Nähe Malagas angeboten.

Mango
Lieblingsfrucht der Inder; meist ungleichmäßig geformte, von Grün über Gelb bis Rot gefärbte Früchte mit dünner, nicht eßbarer Schale; sehr saftiges, sattgelbes, wohlschmeckendes Fruchtfleisch, das sich nur schwer vom schmalen, langen, faserigen Kern löst; vielseitig verwendet. Im Öko-Anbau aus Ghana, Togo, Sri Lanka und Südspanien (s. auch S. 100).

Maracuja (Passionsfrucht)
Wegen ihrer wunderschönen, an Passionssymbole erinnernden Blumen an vielen wärmeren Standorten Europas gepflanzt. Die lianenähnliche Pflanze trägt allerdings nur in heißen Regionen ihre runden bis eiförmigen Früchte, die von sehr unterschiedlicher Größe sind. Geringe Mengen kommen aus biologischem Anbau aus Afrika oder Kalifornien zum Frischverzehr, bei dem man Fruchtfleisch und zahlreiche Kerne auslöffelt.

Mispel
In mediterranen Ländern gern angepflanztes Kernobst, das an niedrigen Bäumen mit dekorativen länglichen Blättern wächst. Die orangenfarbenen, doch immer braunfleckigen, viel Beta-Carotin enthaltenden Früchte mit den großen, glänzend-braunen Kernen reifen bereits im Frühjahr. Oft etwas säuerlich, erinnern sie im Geschmack an Aprikosen, haben aber eine lederne Haut. Weiter im Norden angebaut, werden sie mit brauner Schale geerntet, sind kleiner und schmecken herb.

Papaya
Aus Mittelamerika; heute in vielen tropischen Gebieten kultiviert; ovale, längliche, gelbe Früchte, die reif in Konsistenz und Aroma an Melonen erinnern; wachsen an astlosen, hohlen Bäumen; sehr süßes, vitaminreiches Fleisch, das eine Fülle von dunklen, kleinen, scharfen Kernen umschließt; Papayabäume liefern das aus ihrem Saft gewonnene Papain, das für Arzneien und als Fleischzartmacher verwendet wird. Aus Bio-Anbau von den Kanarischen Inseln und aus Westafrika.

Aus Bio-Anbau in Andalusien

Orangen und Zitronen

Um Alora mit seiner malerischen Maurenburg, etwa auf halbem Weg zwischen Malaga und Cordoba, haben sich verschiedene Fincas auf biologischen Anbau spezialisiert. 300 Jahre alte Olivenbäume weisen darauf hin, daß es sich hier um eine uralte Kulturlandschaft handelt. Auch der Orangenanbau hat Tradition. Davon zeugen einzelne Bitterorangenbäume mit ihren runden rötlichen Früchten, die eine ungleichmäßige, dicke und rauhe Schale haben. Einst wurden sie zu Englands obligatorischer Marmelade verarbeitet und waren die erste in Spanien gepflanzte Zitrussorte.

Die Zitrusfrüchte stammen ursprünglich aus Südostasien und *Citrus senensis*, die Apfelsinen, aus Südchina, während die Bitterorangen im 11. Jahrhundert in Andalusien vor den Mauren eingeführt wurden, und zwar als Zierpflanzen. Noch heute säumen unzählige immergrüne Orangenbäume so manche Straße in Südspanien. Süßorangen erreichten Spanien erst 400 oder 450 Jahre später durch italienische und portugiesische Kaufleute. Die Spanier ihrerseits legten dann – ebenso wie die Portugiesen – die ersten Plantagen in Amerika an. Hauptsächlich dienten Orangen jedoch weiterhin als Zierbäume oder für medizinische Zwecke. Erst im Jahre 1781 wurde der erste Obstgarten mit Süßorangen gepflanzt. Von da an entwickelte sich der Anbau in rasantem Tempo.

Die ältesten Süßorangenbäume der Region von Alora stehen seit einem Jahrhundert. Es sind Verna, die eher kleine runde oder birnenförmige Früchte mit weicher, dicker Schale tragen. Sie reifen erst Ende des Winters und können bis in den Sommer hinein gepflückt werden. Da ihre Säure ziemlich aggressiv wirkt, entsprechen sie schon längst nicht mehr dem verwöhnten Geschmack der ausländischen Kunden, werden also kaum exportiert und statt dessen zu Saft verarbeitet. Hingegen kommt die Sorte Valencia Late gut an. Es ist eine späte, robuste, weitverbreitete Sorte, bei der sich die neuen Blüten bereits bilden, wenn die Früchte noch reifen. Ihre Saison reicht von Mitte April bis in den Juli. Die mittelgroßen, kugelförmigen oder leicht ovalen Früchte besitzen, wenn sie vollreif sind, einen angenehmen, sehr ausgewogenen süßen Geschmack, sind aber recht scharf, wenn sie zu früh gepflückt werden.

Die Bäume in diesen Zitrushainen sind ausgewachsen. Einige ragen über zehn Meter hoch auf. Da Orangenbäume an neuem Holz tragen, müssen sie regelmäßig geschnitten werden. Dazu tauchen die Arbeiter unter das laubenähnliche Blattwerk und sägen alte Äste von innen heraus aus. In diesen Obstgärten, deren Alter betagte natürliche Kreuzungen zwischen Orangen, Clementinen und Zitronen beweisen, scheint die Zeit stehengeblieben zu sein. Selbst die Maschinen, die zur Bodenlockerung eingesetzt werden, gehören einer anderen Epoche an. Sinnfällig geht hier althergebrachte, naturverbundene Anbauweise in biologische Landwirtschaft über. Die Idylle hat jedoch eine ökonomische Kehrseite: Solche alten, kontinuierlich gewachsenen Obstgärten sind nicht mehr rentabel. Da bedarf es neben der Liebe zu Natur, Land und alten Gemäuern einigen Einfallsreichtums, wenn solche Paradiese erhalten bleiben sollen. Was läßt sich also mit einer nicht nachgefragten Orangensorte wie der Verna anfangen? Man schneidet die Orangen in Scheiben und breitet sie in einem – noch experimentellen – solaren Tunneltrockner aus. So getrocknet, eignen sie sich ausgezeichnet für Tees, ob allein oder in Früchtemischungen, ob kalt oder heiß aufgegossen.

Um das Risiko zu mindern, wird außerdem diversifiziert. Auf den fruchtbarsten Hängen können in Freilandkultur Salate, Chinakohl, Brokkoli, Zucchini und Tomaten gedeihen. Mit Zitrusfrüchten allein ist es selbst auf dem Bio-Markt schwer für kleine und mittlere Höfe zu überleben. Natürlich wachsen in dem heißen Klima auch Zitronenbäume. Bei ihnen handelt es sich überwiegend um die alte, ebenfalls Verna genannte Sorte, die sich unangefochten behauptet. Während die strahlend gelben Früchte reifen, bilden ihre stacheligen Bäume gleichzeitig neue Blüten und schöne, jung auberginenfarbene Blätter. Verna ist eine saftige, dünnschalige Zitrone, die kaum Kerne enthält. Ihre Erntezeit reicht vom Februar bis in den September hinein. Dann schließt sich Prim(m)ofiori an, die im Winterhalbjahr Vitamin C liefert.

Im Gegensatz zu Zitronen und Orangen aus konventionellem Anbau, deren Schalen meist mit giftigen Konservierungsstoffen behandelt sind und deshalb keinesfalls in Getränken, Gerichten oder Backwaren benutzt werden dürfen, haben die Schalen von Zitrusfrüchten aus Bio-Anbau eine natürlich matte Oberfläche und duften angenehm fruchtig. Bei allen Rezepten in diesem Buch werden ausschließlich Früchte aus ökologischem Anbau verwendet, deren Schalen unbehandelt sind.

Ein ausgewachsener Orangenbaum bringt es auf eine Höhe von acht bis zehn Metern und ein Alter von über 100 Jahren, wenn man es ihm denn gewährt.

Die Haupternte für Orangen fällt in das Winterhalbjahr, wenn Zitrusfrüchte wegen ihres Vitamin-C-Reichtums in nordeuropäischen Ländern besonders gefragt sind.

Mit dieser handgelenkten Motoregge wird der Boden unter den Orangenbäumen leicht gelockert. Anschließend sät man dort Gründünger.

Alte Orangensorten finden trotz biologischen Anbaus keine Abnehmer, aber in Scheiben geschnitten und getrocknet eignen sie sich gut für Früchtetees.

Energiespender mit Heilwirkung

Orangen und Zitronen besitzen, wie man weiß, viel Vitamin C, sie enthalten aber auch die Vitamine B1, B2, B6, Niacin und Vitamin E sowie Provitamin A, zudem die Mineralien Kalium, Magnesium, Phosphor, Calcium und Spurenelemente wie Eisen, Zink, Fluor, Kupfer und Schwefel. Sie stimulieren daher Energien, wirken vorbeugend gegen Krebs und besitzen keimtötende Wirkung. Zitronensaft, der auch zum Würzen von Speisen verwendet wird, übt heilenden Einfluß aus bei Infektionen im Mund- und Rachenbereich, sorgt aber dank seiner Vital- und Ballaststoffe ebenso dafür, daß Arterien elastisch bleiben, Cholesterin- und Harnsäurespiegel sinken.

Zitrusfrüchte

Clementine
Bitterorange und Mandarine standen bei dieser rötlichen, oft bauchigen, leckeren Zitrusfrucht Pate. Eher dunkles Fleisch, keine Kerne, süßer als Mandarinen; wird fast nur frisch gegessen. Von November bis Mitte März angeboten.

Grapefruit
Entgegen allgemeiner Ansicht ist sie keine Pampelmuse und wächst an relativ niedrigen Bäumen. Auch ihre in Trauben (»Grapefruit« heißt »Traubenfrucht«) hängenden, leicht bitteren, Appetit und Verdauung anregenden Früchte sind wesentlich kleiner. Praktisch weltweit in warmen Regionen angebaut, reift sie am Mittelmeer zwischen November und April.

Kumquat
Erst ganz allmählich kommt man in Europa auf den Geschmack dieser pflaumengroßen Zwergorange. Ihre Besonderheit ist die glatte, eßbare, süß-bittere Schale mit ihrem Reichtum an ätherischen Ölen. Aromatisch mit betonter Säure, ist sie frisch ein origineller Genuß und ausgezeichnet für Marmeladen.

Limequat
Kreuzung aus der höchst kälteempfindlichen Limette und der robusteren Kumquat. Ergebnis ist ein dorniger Strauch, der runde oder pflaumenförmige, gelbe oder grünlich-gelbe Früchte entwickelt, deren Schale ein bitter-aromatischer Genuß ist. Sehr saftreich, parfümiert, säuerlich mit reichlich Vitamin C.

Limette
Keine andere Zitrusfrucht scheut die Kälte so wie die Limette, die deshalb nur in Tropenklima gedeiht. Ihre Früchte sind kleiner als Zitronen, wesentlich saftiger und ausgesprochen aromatisch. Ihre Schale ist dünn, reißt leicht und hat reif eine gelblich-grüne Farbe. Markantes feines Aroma für Salate, Gekochtes oder Getränke.

Mandarine
So süß und aromatisch sie auch ist, ihre zahlreichen Kerne verleiden den Genuß. Deshalb schwindet das Interesse an den flachen Früchten mit loser, leicht zu lösender Schale. Mandarinen sind indes Basis zahlreicher neuer Sorten und als kernarme, Satsuma genannte Mutation beliebt.

Orange
Die acht bis zehn Meter hohen Bäume existieren in Hunderten von Sorten überall, wo es warm ist. Nach der Farbe unterscheidet man tiefrote Blut- und helle Blondorangen. Als Eßorangen haben sich hellere, im Winterhalbjahr reifende Sorten durchgesetzt.

Pampelmuse
Der Riese unter den Zitrusgewächsen kann doppelt so hoch wie ein Orangenbaum werden und Früchte von mehreren Kilogramm Gewicht produzieren. Gelbe oder rosarote dicke Schale; leicht bitterer, süß-saurer, charakteristischer Geschmack. Vorwiegend frisch verzehrt oder als Saft genossen.

Zitrone
Heute weltweit in den Subtropen angebaut und im Mittelmeerraum weit verbreitet, wo sich der oft buschige Baum gut akklimatisiert hat. Die sauren Zitronen enthalten nicht nur viel Vitamin C, sondern eine Fülle von Mineralien und Spurenelementen. Sie wirken entzündungshemmend, gewebestärkend und anregend auf die Darmtätigkeit.

1

2

3

4

5

6

7

8

1 Clementine
2 Grapefruit
3 Kumquat
4 Limequat
5 Limette
6 Orange
7 Pampelmuse
8 Zitrone

Hintergrund: Neue Zitrusblüten öffnen sich bereits, wenn am Baum noch reife Früchte hängen.

Zubereitungen mit Zitrone

Zitronenbutter

250 g weiche Butter
Abgeriebene Schale von 1 Zitrone
Saft von 1 Zitrone
1/2 TL grobgemahlener schwarzer Pfeffer
1/2 TL Meersalz
1 EL feingehackte Zitronenmelisse

Die Butter schaumig rühren und dann alle Zutaten untermischen. In ein Gefäß geben und im Kühlschrank wieder fest werden lassen. Als Brotaufstrich, zu Fisch oder gegrilltem Fleisch reichen.

Griechische Zitronensuppe

Für 6 Personen

1 küchenfertiges Suppenhuhn (etwa 1,5 kg)
1 TL Meersalz
1 Stange Lauch
2 Stangen Sellerie
2 Möhren
125 g Naturreis
2 Eier
5 EL Zitronensaft

Das Suppenhuhn salzen, in einen Topf geben, mit Wasser bedecken und zum Kochen bringen. Zugedeckt etwa 90 Minuten bei schwacher Hitze kochen. Zu Beginn der Kochzeit den sich bildenden Schaum wiederholt abschöpfen.
Lauch, Sellerie und Möhren kleinschneiden und in die Suppe geben; weitere 60 Minuten köcheln lassen.
Das Huhn aus der Suppe nehmen und anderweitig verwenden.
Die Brühe durchsieben und wieder zum Kochen bringen. Den Reis hinzufügen und etwa 45 Minuten garen.
Die Suppe vom Herd nehmen, 1/2 Tasse Brühe entnehmen und abkühlen lassen. Die Eier leicht schaumig schlagen, dann tropfenweise den Zitronensaft unterrühren. Unter ständigem Rühren eßlöffelweise die abgekühlte Brühe aus der Tasse hinzufügen. Die Eier-Zitronen-Sauce langsam und unter ständigem Rühren in die Suppe einfließen lassen. Die Suppe wieder auf den Herd stellen und auf kleiner Flamme so lange rühren, bis sie cremig ist (nicht zum Kochen bringen, da die Eier sonst stocken). Sofort servieren.

Sizilianischer Zitronensalat

(Abbildung rechte Seite)

6 saftige Zitronen
Rucolablätter
200 g schwarze entkernte Oliven
Meersalz, schwarzer Pfeffer
2 EL Olivenöl

Die Zitronen mit einem scharfen Messer schälen, so daß die weiße Haut entfernt wird, filetieren und entkernen. 10 Minuten in kaltes Wasser geben; vorsichtig herausnehmen, in ein breites Sieb legen und nochmals 10 Minuten stehenlassen.
Eine Servierplatte mit Rucola auslegen, Zitronenfilets und Oliven dekorativ darauf anordnen. Etwas salzen und reichlich schwarzen Pfeffer grob darübermahlen, mit dem Olivenöl beträufeln und sofort servieren.

Seezungenfilets in Zitronensauce

2 Zitronen
8 Seezungenfilets
50 g Butter
Meersalz, schwarzer Pfeffer
Mehl
1 EL Wodka
1 Becher Crème fraîche

Eine Zitrone so dünn schälen, daß keine weiße Haut an der Schale verbleibt; die Schale in sehr dünne Streifen schneiden; den Saft auspressen.
Die Seezungenfilets trockentupfen und mit etwas Zitronensaft beträufeln.
Die andere Zitrone mit einem scharfen Messer schälen, so daß die weiße Haut entfernt wird, filetieren und beiseite stellen.
Den Backofen auf 100 °C vorheizen.
Die Butter in einer sehr großen Pfanne erhitzen. Die Filets salzen, pfeffern und in Mehl wenden. Auf jeder Seite etwa 3 Minuten braten. Dann auf einer Platte im Backofen warm halten.
Den Bratenfond mit dem Wodka und dem restlichen Zitronensaft ablöschen und von der Pfanne lösen. Crème fraîche, abgeriebene Zitronenschale und -streifen hinzufügen und bei großer Hitze rasch um die Hälfte reduzieren. Mit Pfeffer und Salz abschmecken.
Die Seezungenfilets mit den Zitronenfilets in die Sauce geben und 1 Minute ziehen lassen.
Sofort auf der vorgewärmten Platte servieren.
Dazu passen Wildreis und Salat der Saison.

Huhn in Senf-Zitronen-Sauce

(Abbildung rechte Seite)

1 kleine rote Pfefferschote
2 TL scharfer Senf
4 EL Zitronensaft
1 EL abgeriebene Zitronenschale
3 EL Olivenöl
1 junges Huhn (etwa 1,2 kg)
50 g Butter
1 Zitrone, in Achtel geteilt
Petersilie

Die Pfefferschote entkernen und in Ringe schneiden.
Mit Senf, Zitronensaft und -schale sowie Olivenöl gut vermischen.
Das Huhn in mehrere Teile zerlegen und diese von allen Seiten mit der Senf-Zitronen-Mischung einreiben; mindestens 2 Stunden marinieren.
Den Backofen auf 180 °C vorheizen.
Die Butter in einer feuerfesten Form zerlassen. Die Hühnerteile mit der Hautseite nach unten hineinlegen und die Form in den Backofen schieben. Nach 30 Minuten die Hühnerteile wenden, einige Löffel Wasser zugeben und weitere 30 Minuten backen, bis die Haut gebräunt ist.
Auf einer vorgewärmten Platte anrichten und mit Zitronenachteln und Petersilie dekorieren.

Zitronentorte

(Abbildung unten)

400 g feines Vollweizenmehl
1 1/2 TL Weinsteinbackpulver
250 g kalte Butter
3 EL Honig
2 Zitronen
100 g Zitronat
3 Eigelbe
250 g Schafsricotta

Das Mehl mit dem Backpulver in eine Schüssel sieben. Die Butter in Stückchen schneiden und mit 1 EL Honig zu der Mehlmischung geben. Alles schnell zu einem Mürbeteig verkneten, dabei gegebenenfalls etwas kaltes Wasser hinzufügen. Den Teig 60 Minuten in den Kühlschrank stellen.
Den Backofen auf 180 °C vorheizen.
Eine Springform von 24 cm Durchmesser gut einfetten.
Den Teig ausrollen und die Springform damit auskleiden.
Von einer Zitrone die Schale abreiben und zur Hälfte auspressen; die andere Zitrone in dünne Scheiben schneiden. Das Zitronat fein hacken.
Die Eigelbe mit dem restlichen Honig schaumig schlagen, dann Zitronensaft und abgeriebene Schale sowie Zitronat und Ricotta unterrühren.
Die Masse in die Springform füllen und mit den Zitronenscheiben belegen. Den Teigrand rundherum mit dem Daumen bis kurz über die Füllung hinunterdrücken.
Die Torte etwa 60 Minuten im Ofen backen.

Zitronentorte

Zitronenflan

2 Zitronen
3 EL Ahornsirup
30 g Butter
2 EL Honig
3 Eier
300 ml Milch
30 g feines Vollweizenmehl
Zitronenmelisse

Den Backofen auf 180 °C vorheizen.
Die Schale der Zitronen abreiben. Eine Zitrone auspressen; von der anderen die weiße Haut mit einem scharfen Messer entfernen, filetieren und in Ahornsirup marinieren.
Butter und Honig schaumig schlagen, dann Zitronensaft und -schale unterrühren.
Die Eier trennen. Eigelbe, Milch und Mehl unter die Butter-Honig-Masse rühren. Die Eiweiße steif schlagen und auch den Eischnee unterheben.
Eine Auflaufform ausbuttern und die Masse einfüllen.
45–50 Minuten im Ofen backen, bis der Flan gebräunt ist.
Den fertigen Flan sofort anrichten, mit den in Ahornsirup marinierten Zitronenfilets und Melisseblättchen dekorieren und servieren.

Huhn in Senf-Zitronen-Sauce

Sizilianischer Zitronensalat

Zubereitungen mit Orangen

Fenchel-Orangen-Salat

2 große reife Orangen
3 Fenchelknollen
2 kleine rote Zwiebeln
Saft von 1/2 Zitrone
6–8 EL Olivenöl
1 Msp englisches Senfpulver
Meersalz, weißer Pfeffer
3 EL grobgehackte Walnüsse

Die Orangen mit einem scharfen Messer so schälen, daß dem Fruchtfleisch keine weiße Haut mehr anhaftet; dabei den Saft auffangen; Orangen filetieren.
Fenchel und Zwiebeln in dünne Scheiben schneiden; etwas von dem Fenchelgrün beiseite legen.
Fenchelscheiben und Orangenfilets auf einer großen Platte fächerförmig anrichten, die Zwiebelringe darüber verteilen.
Den aufgefangenen Orangensaft mit Zitronensaft, Olivenöl, Senfpulver, Salz und Pfeffer vermischen und über den Salat geben. Mindestens 30 Minuten ziehen lassen, dann das Fenchelgrün fein hacken und mit den Walnüssen über den Salat streuen.

Orangen-Oliven-Salat

3 große Orangen
24 schwarze Oliven
Saft von 1/2 Zitrone
1 TL Meersalz
1/2 TL Kreuzkümmel
1/2 feingehackte Pfefferschote

Orangen über einer Schüssel schälen und den Saft auffangen, die weiße Haut entfernen. Die Orangen filetieren und in etwa 2 cm große Stücke schneiden. Die Oliven entsteinen und mit den Orangenstücken in eine Schüssel geben.
Orangen- und Zitronensaft mit Salz, Kreuzkümmel und Pfefferschote verrühren, über den Salat geben und gründlich vermischen. Mindestens 60 Minuten vor dem Servieren kühl stellen.

Kalbsbraten mit Orangen

Für 6 Personen

1 kg Milchkalbssachlegel
1 EL feingehackter Rosmarin
Meersalz, weißer Pfeffer
40 g Butter
3 EL Olivenöl
3 Orangen
100 ml Gemüsebrühe
100 ml trockener Weißwein
1 EL Weinbrand
20 g kalte Butter

Den Backofen auf 200 °C vorheizen.
Das Fleisch mit Rosmarin, Salz und Pfeffer einreiben. 30 g Butter zerlassen und mit dem Olivenöl in einen Bräter geben. Das Fleisch in den Bräter legen und diesen in den Backofen schieben.
Von einer Orange die Schale abreiben und die Orange auspressen. Nach 20 Minuten den Orangensaft über das Fleisch geben; Gemüsebrühe und Weißwein angießen. Den Braten nach 60 Minuten wenden, gegebenenfalls etwas Wasser zufügen.
Die restlichen beiden Orangen mit einem scharfen Messer schälen, so daß die weiße Haut entfernt wird; filetieren und beiseite stellen.
Nach 45 Minuten den Braten aus dem Backofen nehmen und 10 Minuten ruhenlassen.
In einer Pfanne 10 g Butter erhitzen, die Orangenfilets hinzufügen, 2 Minuten schmoren lassen und mit dem Weinbrand ablöschen.
Den Braten aus der Form nehmen, den Bratensatz lösen, in einen kleinen Topf umfüllen, eventuell reduzieren und abschmecken. Den Braten in dünne Scheiben schneiden, auf eine vorgewärmte Platte geben und die Orangenfilets um das Fleisch arrangieren. Die Orangensauce aus der Pfanne zu der Sauce in den Topf geben, aufkochen lassen, vom Herd nehmen und die kalte Butter unterziehen.
Die Sauce getrennt zu dem Braten reichen.

Mit Orangenschale gewürzter Kaffee

Café Brulot

1 Orange
1 Zitrone
7 Gewürznelken
3 Zimtstangen
12 TL Rohrzucker
8 Tassen starker Espresso
6 EL Cognac

Orange und Zitrone mit einem scharfen Messer so dünn schälen, daß an der Schale keine weiße Haut verbleibt (die Haut ist bitter).
Orangen- und Zitronenschale, Nelken, Zimt, Zucker, 6 Tassen Espresso und 4 EL Cognac in einen kleinen Topf geben und erhitzen, aber nicht zum Kochen bringen. Den restlichen Cognac in eine Kelle geben und über einem Teelicht erwärmen, anzünden und sofort in den Topf geben. Dann den restlichen Espresso hinzufügen und nochmals bis kurz vor dem Siedepunkt erhitzen.
Durch ein Teesieb in Punschgläser gießen und sofort mit Gebäck servieren.

Wildschwein in Eichel-und Orangensauce

Für 6 Personen

1 kleine Orange
1 kg Wildschweinfilet
Meersalz, schwarzer Pfeffer
Mehl
100 g Butter
30 ml Brandy
100 ml Sahne
100 g Eichelmehl
1 EL feingehackter Thymian

Die Orange halbieren. Eine Hälfte so dünn schälen, daß an der Schale keine weiße Haut verbleibt, dann die Schale in sehr feine Streifen schneiden; einige Streifen beiseite stellen. Die andere Hälfte der Orange auspressen.
Das Wildschweinfilet in dünne Scheiben schneiden, salzen, pfeffern und in Mehl wenden.
Die Butter erhitzen und das Fleisch darin von beiden Seiten anbraten.
Den Brandy angießen und flambieren; mit der Sahne ablöschen. Das Eichelmehl vorsichtig in die Sauce einrühren, Thymian und Orangenschalen hinzufügen und die Flüssigkeit leicht reduzieren; mit Salz und Pfeffer abschmecken. Auf vorgewärmten Tellern mit Orangenstreifen garnieren und – nach Belieben – mit Kartoffelrösti servieren.

Gefüllter Seehecht in Orangensauce

Für 6 Personen

1 Zwiebel
$^{1}/_{2}$ rote Paprikaschote
$^{1}/_{2}$ grüne Paprikaschote
1 Zucchini
150 ml Olivenöl
Meersalz, schwarzer Pfeffer
1 küchenfertiger Seehecht (etwa 2 kg)
2 Eier
Mehl
2 Orangen
1 l frischer Orangensaft
500 ml Sahne
120 g Gambas (Hummerkrabben)

Die Gemüse in Streifen oder Scheiben schneiden.
In einer Pfanne 2 EL Öl erhitzen, Zwiebeln und Paprika darin andünsten, dann die Zucchini zufügen und alles bei schwacher Hitze bißfest garen; mit Salz und Pfeffer abschmecken.
Den Seehecht filetieren, die beiden Filets jeweils in drei etwa gleich große Stücke teilen, diese längs aufschneiden und mit den Gemüsen füllen; den Fisch salzen.
Die Eier verquirlen. Die Fischstücke durch das Ei ziehen und in Mehl wenden. Das restliche Öl erhitzen und die Fischstücke darin von beiden Seiten goldgelb braten.
Den Backofen auf 100 °C vorheizen.
Die Orangen schälen und filetieren. Den Orangensaft mit der Sahne vermischen und in eine feuerfeste Form geben; salzen, pfeffern und erhitzen.
Fisch- und Orangenfilets hineingeben und die Gambas hinzufügen.
Die Form in den Ofen schieben und die Gambas 15 Minuten in der Sauce ziehen lassen. Mit den gefüllten Fischfilets und den Orangenfilets servieren.

Salat mit Stockfisch und Orangen

Für 4 Personen

150 g Stockfisch
4 kleine Orangen
1 Staude Chicorée
1 Römischer Salat
1 Tomate
$^{1}/_{2}$ grüne Paprikaschote
1 kleine Zwiebel
1 EL Sherry-Essig
2 EL Zitronensaft
9 EL Olivenöl
Meersalz, schwarzer Pfeffer
1 EL feingehackte Petersilie

Den Fisch ausgiebig wässern, trockentupfen und über Dampf garen, dann in mundgerechte Stücke teilen.
Die Orangen schälen und filetieren. Chicorée und Salat in schmale Streifen, Tomate und Paprika in kleine Würfel schneiden, die Zwiebel fein hacken.
Aus Essig, Zitronensaft, Öl, Salz und Pfeffer eine Vinaigrette rühren. Tomate, Paprika, Zwiebel und Petersilie untermischen.
Den Fisch auf Chicorée und Salat anrichten, mit den Orangenfilets garnieren und mit der bunten Vinaigrette übergießen.

Saftreich und erfrischend

Melonen

Eigentlich gehören die kugelrunden bis ovalen Melonen als Kürbisgewächse zu den Gemüsen, sie werden jedoch fast ausschließlich als Obst verwendet und zubereitet. Das Mittelmeerklima kommt ihnen entgegen, vorausgesetzt sie erhalten genügend Wasser. Da sie lange Ranken treiben, gern klettern und einigen Platz beanspruchen, werden sie im ökologischen Anbau selten in Gewächshäusern kultiviert. Es gibt viele Sorten, die in Größe und Geschmack variieren. Im wesentlichen unterscheidet man jedoch zwischen Zucker- und Wassermelonen.

Zu den Zuckermelonen gehören zum Beispiel Honig-, Ogen- und Netzmelonen ebenso wie die würzigen Kantalupen. Die Schale der Zuckermelonen ist genetzt, gerippt oder gefurcht, und sie haben goldfarbenes, bei Reife stark duftendes Fruchtfleisch, das überaus reich ist an Vitamin A. Die Kerne, die man vor dem Verzehr entfernen muß, befinden sich in einer Höhlung in der Mitte der Frucht. Reife Früchte erkennt man daran, daß sie dem Fingerdruck an dem Ende, das dem Stiel gegenüberliegt, leicht nachgeben.

Wassermelonen, die in der afrikanischen Steppe beheimatet sind, werden inzwischen im gesamten Mittelmeerraum angebaut. Sie können bis zu 15 Kilogramm Gewicht erreichen und enthalten wertvolle Mineralstoffe. Die Kerne sitzen direkt in dem meist roten Fruchtfleisch und lassen sich mit einem spitzen Messer entfernen. Den Reifegrad einer Wassermelone zu erkennen ist nicht ganz einfach. Am besten wählt man Früchte mit matter Schale und klopft mit den Fingern darauf – sie sollten hohl klingen, etwa wie eine Trommel.

Melonen wirken nicht nur nierenreinigend, sondern sind ein erfrischende Durstlöscher, da sie zu 90 bis 95 Prozent aus Wasser bestehen. Wegen ihres geringen Kaloriengehalts eignen sie sich ausgezeichnet für einen Speiseplan zur Gewichtsreduzierung.

Melonensalat mit Zimtsahne

Melonensalat mit Datteln

Melonensalat mit Zimtsahne

(Abbildung linke Seite)

1 mittelgroße Wassermelone
1 kleine Kantalupe
2 Pfirsiche
100 g helle Trauben
100 g blaue Trauben
1 TL Zitronensaft
3 EL Traubensaft
2 EL Honig
200 ml Sahne
1 Msp Zimt
1 EL Ahornsirup
250 g Quark

Von der Wassermelone einen Deckel etwa in der Größe des oberen Drittels abschneiden; die Melone aushöhlen. Das Fruchtfleisch entkernen, in Würfel schneiden und beiseite stellen.
Den Boden der Melone begradigen, damit sie Stand bekommt. Den oberen Rand mit einem scharfen Messer auszacken.
Das Fruchtfleisch der Kantalupe entkernen und würfeln. Die Pfirsiche halbieren, entsteinen und in Spalten schneiden. Die Trauben ebenfalls halbieren und gegebenenfalls entkernen. Das Obst – einschließlich der Wassermelonenwürfel – vorsichtig miteinander vermengen und in die ausgehöhlte Wassermelone füllen.
Zitronen- und Traubensaft mit dem Honig verrühren und über das Obst geben. Die Sahne mit dem Zimt steif schlagen. Den Quark mit dem Ahornsirup vermischen und die Sahne unterheben.
Einige Löffel Sahne als Häubchen auf der Melone anrichten und den Rest separat dazu reichen.

Melonensalat mit Datteln

(Abbildung linke Seite)

1 Netzmelone
1 rosa Grapefruit
200 g frische Datteln
100 g grobgehackte Walnüsse
2 EL Honig
1 EL Zitronensaft
2 EL Cointreau

Das Fruchtfleisch der Melone entkernen und in Würfel schneiden. Die Grapefruit mit einem scharfen Messer so schälen, daß die weiße Haut entfernt wird, und filetieren. Die Datteln enthäuten, halbieren und entkernen.
Das Obst und die Walnüsse vorsichtig miteinander vermengen. Aus dem Honig, Zitronensaft und Cointreau eine Sauce mischen und über den Melonensalat geben.
Im Kühlschrank 60 Minuten durchziehen lassen.
Nochmals vorsichtig durchheben und gekühlt servieren.
Dazu paßt Zimtsahne.

Melone mit Schinken

1 Kantalupe
100 g luftgetrockneter Schinken
Minzeblättchen
Schwarzer Pfeffer

Das Fruchtfleisch der Melone entkernen und in schmale Spalten schneiden.
In die Mitte einer großen runden Servierplatte ein Kompottschälchen mit der Öffnung nach unten stellen und die Schinkenscheiben dekorativ über dem Schälchen verteilen. Die Melonenspalten um den Schinken herum anrichten, etwas groben Pfeffer darübermahlen und mit den Minzblättchen dekorieren.

Melonen-Kaltschale

Melonen-Kaltschale

(Abbildung oben)

1 Honigmelone
250 g rote Johannisbeeren
1 EL Zitronensaft
300 ml schwarzer Johannisbeersaft
3 EL Ahornsirup
4 Kugeln Vanille- oder Beereneis

Die Melone halbieren und entkernen. Mit einem Kugelausstecher 12 Bällchen ausstechen und beiseite stellen. Das restliche Fruchtfleisch mit einem Löffel ausschaben. Die Johannisbeeren – bis auf einige wenige Trauben – von den Stielen streifen und mit dem ausgeschabten Melonenfruchtfleisch, Zitronen- und Johannisbeersaft sowie dem Ahornsirup in einem Mixer pürieren.
Das Fruchtpüree auf vier Schalen verteilen, jeweils drei Melonenkugeln und eine Eiskugel dazugeben und mit den Johannisbeertrauben dekorieren.

Melonen mit Brombeeren

400 g Brombeeren
3 EL Honig
2 EL Sanddornsaft
50 g grobgehackte Haselnüsse
2 kleine Ogenmelonen
200 ml Sahne
1 Msp Vanille
Minzeblättchen

Die Brombeeren verlesen. 2 EL Honig und den Sanddornsaft verrühren, über die Brombeeren geben und 10 Minuten ziehen lassen.
Die Haselnüsse ohne Fett anrösten, den restlichen Honig dazugeben, etwas einkochen und erkalten lassen.
Die Melonen halbieren und entkernen. Das Fruchtfleisch mit einem Löffel herausnehmen und beiseite stellen.
Zur Verzierung den Rand der Melonenhälften auszacken und – damit sie standfest werden – den Boden etwas begradigen; dann die Hälften direkt auf Teller setzen.
Die Sahne mit der Vanille sehr steif schlagen. Das Fruchtfleisch der Melonen würfeln, mit den marinierten Brombeeren, dem Haselnußkrokant und der Sahne mischen, in die Melonenhälften füllen und mit Minze dekorieren.

Süß und aromatisch

Steinobst

Der Sortenreichtum von Steinobst, der sich durch unzählige Kreuzungen ergeben hat, ist selbst für Fachleute nicht immer überschaubar. So gibt es beispielsweise mehr als 2000 Pflaumen- und rund 400 Kirschsorten.
Wenn es reif ist, gehört Steinobst zu den köstlichsten Genüssen. Es hat eine dünne Schale und saftiges Fruchtfleisch, was es sehr empfindlich macht gegen Druck und Stoß. Durch seine Vitamine und Mineralstoffe ist es zudem gesundheitsfördernd. Manche Früchte enthalten so viel Eisen, daß einige wenige schon den täglichen Bedarf eines Menschen decken.

Aprikose (Marille)
Ursprünglich in Zentralasien beheimatet, verbreitete sich das Rosenholzgewächs früh in Vorderasien. Empfindlich im Transport, deshalb meist unreif gepflückt und dann enttäuschend. Ausgereift sind die gelb bis orangenfarbenen samtigen Früchte süß und hocharomatisch, enthalten viel Calcium, Eisen und Provitamin A und haben eine angenehm erfrischende Säure. Kommen zwischen Mai und September vorwiegend aus Griechenland, Italien, Spanien und Frankreich, werden aber auch in den Balkanländern kultiviert. Frisch, als Trockenfrucht (s. S. 131) und ausgezeichnet als Konfitüre.

Mirabelle
Zur Pflaumenfamilie gehörend, mit dem Beinamen *syriaca,* der auf ihre Heimatgegend hinweist. Die Frucht ist wärmeliebend und verträgt nur wenig Frost; am besten in Lothringen, im Elsaß und Südwestdeutschland akklimatisiert; bekannteste Sorte die spätblühende Mirabelle de Nancy; in Südeuropa gut gedeihend, doch wenig geschätzt. Kleine, runde, gelbe, spät im August reifende Früchte mit leicht geröteter Backe. Festes, süßes bis sehr süßes, sich gut vom Stein lösendes Fruchtfleisch. Gern als ganze Frucht, Kompott oder Konfitüre eingemacht oder zu feinaromatischem Mirabellengeist destilliert.

Nektarine
Diese Schwester des Pfirsichs entstand vermutlich aus einer zufälligen Kreuzung mit Pflaumen und wurde in den letzten Jahrzehnten weitergezüchtet. Ihre flaumlose Haut ist glatt, die Farbe von Gelb bis Dunkelrot, das Fruchtfleisch fest, und zur Freude des Handels ist sie etwas unanfälliger gegen Druckstellen. Trotzdem meist hart geerntet, erreicht sie selten ihren vollreifen, köstlichen, saftigen Geschmack, der den ihrer Ahnen vereint und die sie dann an Provitamin A weit übertrifft. In den Mittelmeerländern kultiviert, kommt sie von Ende Mai bis September auf den Markt.

Pfirsich
Im alten China, seiner Heimat, verehrte Frucht, die als Symbol der Unsterblichkeit galt. Heute weltweit kultiviert, dabei anfällig und hinsichtlich Wärme und Humus anspruchsvoll; stellt hohe Anforderungen an Bio-Bauern. Hauptregionen sind die Mittelmeerländer, wo erste weiße Früchte mit schwer zu lösendem Stein im Mai reifen, ab Juni auch gelbe Sorten. Wegen Druckempfindlichkeit meist grün geerntet. Reif reich an Vitalstoffen, darunter Vitamin E und Eisen, und ein vollsaftiger Genuß. Nur kurze Zeit haltbar, kühl lagern und Früchte auch mit nur geringstem, da schädlichem Schimmelbefall wegwerfen.

Pflaume
Prunus domestica ist der Oberbegriff der zahlreichen Pflaumensorten, zu denen auch Mirabellen, Renekloden und Zwetschgen zählen. Im engeren Sinn bezeichnet sie meist bereifte, rotblaue oder blaue rundliche Früchte mit gelbem, sehr saftigem, weichem Fleisch, das schnell zerkocht. In nördlichen Ländern von Juli bis September, aber frühe und späte Sorten und Importe aus dem Süden dehnen die Saison. Enthält viel Vitamin B1 und Mineralien. Durch Fruchtsäuren trotz Süße erfrischend und leicht verdauungsfördernd. Vielseitig verwendbar für Kuchen, Mus, Kompott, zum Trocknen, für Säfte oder zum Brennen.

Reneklode
Grünliche, mittelgroße runde Frucht mit deutlicher Naht, aber auch blaurote Sorten. Die starke – bei allen Pflaumen auftretende – Bereifung besteht aus einer natürlichen wächsernen Schutzschicht. Im Geschmack würzig-aromatisch, oft ausgesprochen süß und saftig. Ursprünglich aus dem Süden, eroberte sie wegen ihrer Frosthärte den Norden, wo die berühmte Sorte Große grüne Reneklode schon seit Mitte des 17. Jahrhunderts nachgewiesen ist. Besonders hoher Gehalt an dem für das Herz so wichtigen Kalium. Früchte zum Frischverzehr, aber auch gut zum Einmachen oder für Konfitüre geeignet.

Sauerkirsche
Kirschen unterteilt man in Sauer-, Süß- und weniger bedeutende Bastardkirschen, Kreuzungen aus den vorangenannten. Vorwiegend in Europa gepflanzt, wo sie außer im höchsten Norden praktisch überall gedeihen. Die in den nördlicheren Ländern geschätzten Sauerkirschen übertreffen süße Varianten an Magnesium-, Eisen- und natürlich Fruchtsäuregehalt, der den Stoffwechsel anregt. Fast ausschließlich zur Verarbeitung bestimmt, dienen sie im Haushalt für die Zubereitung von Kuchen, Cremes, Kompott, Gelee und Säften, werden aber in Nahrungs- und Genußmitteln höchst vielfältig eingesetzt. Erntezeit sind Juli und August.

Süßkirsche
Bereits im Mai im Süden reifende Sommerboten, die in asiatischer wie römischer Mythologie als Göttergeschenk galten. Italien und Deutschland sind heute Haupterzeuger. Zahlreiche in weiche Herz- und festfleischige Knorpelkirschen unterteilte Sorten. Farbliches Spektrum von Hellgelb über Rot bis fast Schwarz, wobei die dunkleren mehr Mineralstoffe enthalten und Sauerkirschen an Kalium, Calcium und Vitamin C übertreffen. Insgesamt gelten ihre Vitalstoffe als blutbildend und wachstumsfördernd. Meist frisch genossen und auf verschiedenste Weise zubereitet, eingemacht und getrocknet. Hauptsaison Juni und Juli.

Zwetschge
Längliche, oft spitz zulaufende Frucht mit flachem spitzem, sich leicht lösendem Stein. Rot, meist aber dunkelblau mit hellerem Reif und gelb-bräunlichem Fruchtfleisch, im September und Oktober reifend. Ihr Vorteil besteht in der Festigkeit des Fleisches, so daß sie gut transportiert, gut gelagert und auch gut gekocht oder gebacken werden kann, wobei sie ihre Form behält. Mit ihrer trotz ausgeprägter Süße prägnanten Säure und dem charakteristischen Aroma besonders in den nördlichen Ländern und vor allem für Kuchen beliebt. Außer zum frischen Genuß auch geeignet zum Einmachen, Einfrieren, Trocknen oder Destillieren.

Zubereitungen mit Kirschen

Quark-Kirsch-Torte

150 g feines Dinkelmehl
70 g kalte Butter
4 EL Honig
250 g Magerquark
100 ml Sahne
2 Eier
1/2 Zitrone
1 TL gemahlene Vanille
1 TL Zimt
2 TL Carob
500 g frische Kirschen

Das Mehl in eine Schüssel sieben, die Butter in kleine Stücke schneiden. Mehl, Butter, 2 EL Honig und 1 1/2 EL kaltes Wasser zu einem Mürbeteig verkneten.
Eine Springform von 26 cm Durchmesser so mit dem Teig auskleiden, daß ein 3 cm hoher Rand stehen bleibt; den Teigboden mehrmals einstechen. 30 Minuten kühl stellen.
Den Backofen auf 170 °C vorheizen und den Teig 15 Minuten vorbacken.
Quark und Sahne miteinander verrühren. Die Eier trennen. Die Schale der Zitronenhälfte abreiben und den Saft auspressen. Eigelbe, den restlichen Honig, Zitronenschale und -saft sowie Vanille, Zimt und Carob unter die Quarkmasse mischen. Die Eiweiße steif schlagen und den Eischnee unterziehen.
Die Kirschen entsteinen, in die Form geben, die Quarkmasse darüber verteilen und die Torte etwa 90 Minuten im Ofen backen.

Sauerkirschkuchen

5 altbackene Brötchen
500 ml Milch
3 Eier
80 g Butter
2 EL Honig
80 g gemahlene Mandeln
1/2 TL Zimt
2 Msp gemahlene Nelken
750 g Sauerkirschen
1–2 EL Semmelbrösel

Die Brötchen in große Stücke brechen. Die Milch erhitzen, darübergießen und die Brötchen quellen lassen.
Die Eier trennen. 50 g Butter mit Eigelben, Honig und Mandeln verrühren, die Gewürze hinzufügen und die Ei- mit der Brotmasse vermengen.
Die Eiweiße steif schlagen. Die Sauerkirschen entsteinen und mit dem Eischnee unter den Brotteig geben.
Den Backofen auf 200 °C vorheizen.
Eine Kuchenform ausbuttern und mit Semmelbröseln ausstreuen. Den Teig in die Form geben und 50 Minuten backen.

Kirsch-Reis-Auflauf

300 g Naturreis
1 Prise Meersalz
1 TL Zimt
1 TL gemahlene Vanille
3 Eier
80 g Butter
80 ml Sahne
4 EL Honig
Abgeriebene Schale von 1 Zitrone
600 g Kirschen
3 EL gehackte Mandeln

Den Reis mit den Gewürzen in 500 ml Wasser auf kleiner Flamme 40 Minuten köcheln, dann nachquellen lassen.
Die Eier trennen. Die Hälfte der Butter schaumig rühren. Eigelbe, Sahne, Honig und Zitronenschale zu der Butter geben und verrühren.
Die Kirschen entsteinen und mit der Buttermischung unter den Reis mengen.
Die Eiweiße schlagen und den Eischnee unter die Kisch-Reis-Mischung heben.
Den Backofen auf 180 °C vorheizen.
Eine Auflaufform ausbuttern, den Reis in die Form füllen. Die Mandeln in einer Pfanne ohne Fett kurz anrösten, über den Reis streuen und die restliche Butter in Flocken darüber verteilen. 50–60 Minuten im Ofen backen.

Schwarzwälder Kirschtorte.
Auch in der Vollwertküche
muß man nicht auf diesen
Genuß verzichten.

Schwarzwälder Kirschtorte
(Abbildung)

Biskuitboden

- 6 Eier
- 4 EL Honig
- 1 Msp gemahlene Vanille
- 1 Prise Meersalz
- 1/2 TL Weinsteinbackpulver
- 1 EL Kakao
- 170 g sehr feines Weizenmehl

Füllung

- 750 g Sauerkirschen
- 1 EL Honig
- 1 TL Johannisbrotkernmehl
- 2 EL Kirschwasser
- 1 l Sahne, stark gekühlt
- 1 EL Kakao
- 1 Tafel Zartbitter-Schokolade

Für den Biskuitboden die Eier trennen. Eigelbe, Honig und Vanille mit 6 EL Wasser luftig verschlagen.
Den Backofen auf 200 °C vorheizen.
Die Eiweiße mit dem Salz steif schlagen. Backpulver und Kakao gut mit dem Mehl vermischen. Eischnee und Mehlmischung abwechselnd unter die Eigelbmasse heben.
Eine Springform von 26 cm Durchmesser ausfetten, den Teig einfüllen, glattstreichen und 20 Minuten backen.
Für die Füllung die Kirschen entsteinen, 10–12 Kirschen zum Dekorieren beiseite stellen. Die übrigen Kirschen in eine Schüssel geben. Honig und Johannisbrotkernmehl mit 2 EL Wasser verrühren und mit den Kirschen vermengen.
Den ausgekühlten Biskuitboden in zwei Platten schneiden und mit dem Kirschwasser beträufeln. Die Sahne steif schlagen. Den ersten Boden dick mit Sahne bestreichen, die Kirschen darauf verteilen und mit Sahne bedecken. Den zweiten Boden daraufsetzen.
Die Schokolade raspeln. Die Torte oben und rundum mit Sahne bestreichen. Die Oberseite mit Kakao bestäuben, an der Seite mit Schokoladenraspeln bestreuen. Die Oberseite mit Sahnetupfern und den zurückbehaltenen Kirschen verzieren.
Vor dem Anschneiden gut durchkühlen lassen.

Kirsch-Kartoffel-Knödel

- 400 g mehligkochende Kartoffeln
- 50 g Butter
- 1/2 TL Meersalz
- Abgeriebene Schale von 1/2 Zitrone
- 30 g Hartweizengrieß
- 120 g feines Dinkelmehl
- 200 g Kirschen
- 1 TL Zimt
- 1 EL Semmelbrösel

Die Kartoffeln kochen, pellen und durch eine Presse drücken. Dann mit 30 g Butter, Salz, Zitronenschale und Grieß vermengen.
Das Mehl zugeben und die Masse zu einem gut formbaren Teig verarbeiten. 20 Minuten ruhenlassen.
Wasser zum Kochen bringen, nur wenig salzen. Die Kirschen entsteinen. Aus dem Teig 16 Kugeln formen und jeweils in die Mitte eine Kirsche drücken. Die Knödel in das siedende Wasser geben und 12–15 Minuten ziehen lassen.
Die restliche Butter mit Zimt und Semmelbröseln kurz erhitzen, anbräunen, über die Knödel geben und diese sofort servieren.

Kirsch-Kaltschale

- 1 kg dunkle Knorpelkirschen
- 100 ml Weißwein
- Saft von 1/2 Zitrone
- 1 EL Kirschwasser (nach Belieben)
- 2 EL Honig
- 75 ml Sahne

Die Kirschen entsteinen und in 500 ml Wasser aufkochen. Ganz leicht einköcheln lassen; den Saft absieben.
Einige Kirschen beiseite legen, die übrigen pürieren und zurück in den Saft geben.
Wein, Zitronensaft und gegebenenfalls Kirschwasser hinzufügen. Etwas abkühlen lassen und mit Honig abschmecken. Erkalten lassen.
Die Sahne steif schlagen. Die Kaltschale in Dessertgläser füllen, mit den restlichen Kirschen und Sahnehäubchen verzieren.

Kirsch-Lassi

- 300 g Kirschen
- 125 ml Joghurt
- Saft von 1 Orange
- 1 TL Zitronensaft
- 1 TL Ingwersaft
- 1 Prise Meersalz
- 2 EL Honig
- 150 ml stilles Mineralwasser

Die Kirschen entsteinen und pürieren; den Joghurt unterrühren.
Die übrigen Zutaten – bis auf das Mineralwasser – hinzufügen und alles gut miteinander vermischen. Mit dem Mineralwasser schaumig aufschlagen und servieren.

Rotwein-Kirschgrütze

- 750 g Süß- oder Sauerkirschen
- 100 g Kleehonig (Menge je nach Geschmack)
- 1 Zimtstange
- 2 Gewürznelken
- 500 ml trockener Rotwein
- 150 g Perlsago

Die Kirschen entsteinen und mit dem Honig vermischen. Die Zimtstange zerteilen und mit den Nelken in ein Gewürzei geben.
Den Rotwein in einen Topf geben, das Gewürzei einhängen und den Wein zum Kochen bringen; 3 Minuten kochen lassen.
Dann das Gewürzei herausnehmen und den Sago einrühren. 15 Minuten unter häufigem Rühren leise köcheln lassen. Die Kirschen hinzugeben, einmal aufkochen, in eine Schüssel umfüllen, abkühlen und im Kühlschrank kalt werden lassen.

Zubereitungen mit Pflaumen

Zwetschgenstrudel

Mechtildshausener Zwetschenstrudel

Teig
270 g feines Vollweizenmehl
25 g Hefe
50 ml Milch
70 ml Sahne
1 EL Rohrzucker
1 Ei
Mark von 1 Vanilleschote
1 Prise Meersalz
1 EL abgeriebene Zitronenschale

Ziehbutter
170 g Butter
20 g Vollweizenmehl

Füllung
500 g Zwetschgen
2 EL Honig
1 TL Zimt
3 EL Semmelbrösel
1 Eigelb

Für den Teig am Vorabend das Mehl in eine Schüssel sieben, eine Mulde drücken und die Hefe hineinbröckeln. Milch und Sahne leicht erwärmen und auf die Hefe gießen. Den Zucker zugeben, mit etwas Mehl vom Rand her verrühren, zudecken, an einen warmen Ort stellen und 30 Minuten gehen lassen.
Die restlichen Zutaten hinzufügen und alles zu einem mittelfesten Teig verkneten. Den Teig in den Kühlschrank stellen und über Nacht aufgehen lassen.
Die Butter aus dem Kühlschrank nehmen.
Für die Ziehbutter am nächsten Tag Butter und Mehl vermengen. Den Teig auf einer bemehlten Arbeitsfläche dünn ausrollen. Dann die Ziehbutter auf den Teig setzen und darin einschlagen, die Ränder gut andrücken. Den Plunderteig noch nochmals falten und ausrollen, so daß drei Schichten entstehen.
Den Teig nun zu einem Rechteck von etwa 30 x 70 cm ausrollen.
Für die Füllung die Zwetschgen entsteinen, in Stücke schneiden und mit Honig und Zimt vermischen. Den Teig mit Semmelbröseln bestreuen, die Zwetschgen darauf verteilen. Den Strudel aufrollen, mit Ei bepinseln und bei 200 °C im Ofen backen.

Zwetschgenknödel

(Abbildung unten)

300 g feines Dinkelmehl
1 TL Zimt
1 TL Weinsteinbackpulver
1 Prise Meersalz
Abgeriebene Schale von 1 Zitrone
250 g Quark
3 EL Honig
125 g kalte Butter in Stückchen
30 mittelgroße Zwetschgen
1 Eigelb
1 TL Milch

Mehl mit Zimt, Backpulver, Salz und Zitronenschale vermengen. Dann Quark und Honig mit dem Mehl verrühren und die Butter zügig in die Masse einarbeiten. Den Teig 40 Minuten ruhenlassen.
Aus dem Teig eine lange Rolle herstellen und diese in 30 gleich große Teile schneiden. Aus jedem Teigstück einen Knödel formen, der eine (nicht entsteinte) Zwetschge umschließt, und auf ein eingefettetes Blech setzen. Eigelb mit Milch verrühren und damit die Knödel bestreichen. Den Ofen auf 200 °C vorheizen und die Knödel etwa 35 Minuten backen. Leicht abgekühlt servieren.

Österreichische Zwetschgenkrapfen

Österreichische Zwetschgenkrapfen

(Abbildung oben)

250 g feines Roggenmehl
50 g Butter
3 Eigelbe
2 EL Honig
16 Zwetschgen
16 Mandeln
1 TL Zimt
Öl zum Ausbacken

Mehl, Butter, Eigelbe und Honig zu einem glatten Teig verkneten, diesen sehr dünn ausrollen und 32 runde Teigstücke von etwa 8 cm Durchmesser ausstechen.
Die Zwetschgen entsteinen und jeweils mit einer Mandel füllen. Jeweils eine Frucht auf ein Teigstück setzen und

Zwetschgenknödel

mit einem anderen abdecken, dabei die Teigkanten im Abstand von etwa 1 cm rund um die Zwetschge gut andrücken.
Reichlich Öl erhitzen und die Krapfen darin schwimmend ausbacken. Auf Küchenpapier abtropfen lassen. Mit Zimt bestreuen und noch warm servieren.

Zwetschgenrolle

500 g feines Dinkelmehl
42 g Hefe
250 ml lauwarme Milch
1 Ei
3 EL Honig
80 g weiche Butter
1 Prise Meersalz
1 Msp gemahlene Vanille
2 kg Zwetschgen
1 TL Zimt
Saft von 1 Zitrone
2 EL Rum
100 g Semmelbrösel
50 g grobgehackte Haselnüsse
1 Eigelb
1 EL Milch

Das Mehl in eine Schüssel sieben und eine Mulde hineindrücken. Die Hefe in die Mulde bröckeln und mit lauwarmem Wasser und etwas Mehl verrühren; zudecken und an einem warmen Ort 20 Minuten gehen lassen.
Milch, Ei, 1 EL Honig, 50 g Butter, Salz und Vanille unterrühren und alles zu einem schweren Teig verarbeiten. Zugedeckt 30 Minuten gehen lassen.
In der Zwischenzeit die Zwetschgen entsteinen und mit dem restlichen Honig sowie Zimt, Zitronensaft und Rum mischen; 30 Minuten ziehen lassen.
Den Teig zu einem Rechteck ausrollen. Die Hälfte der Semmelbrösel und die Haselnüsse darauf verteilen. Die Zwetschgen gut abtropfen lassen – die Flüssigkeit anderweitig verwenden – und auf den Teig geben.
Den Backofen auf 200 °C vorheizen.
Den Teig von der langen Seite her aufrollen und die Ränder fest zusammendrücken; auf ein mit Backpapier ausgelegtes Backblech legen. Milch und Eigelb verrühren und die Rolle damit bestreichen.
Im Ofen 50 Minuten backen.
Die restliche Butter zerlassen und die restlichen Semmelbrösel unterrühren. Über die Zwetschgenrolle geben und diese sofort servieren.

Zwetschgenkuchen

500 g Weizenmehl
250 ml lauwarme Milch
42 g Hefe
200 g weiche Butter
2 Eier
2 EL Honig
1 Prise Meersalz
2 kg Zwetschgen
1 TL Zimt

Die Hälfte des Mehls mit Milch und Hefe anrühren. Den Vorteig zugedeckt mindestens 30 Minuten gehen lassen. Danach das restliche Mehl, Butter, Eier, Honig und Salz in den Vorteig einarbeiten und erneut gehen lassen.
Die Zwetschgen halbieren, entsteinen und jeweils von der Spitze zur Mitte hin einschneiden.
Den Backofen auf 190 °C vorheizen.
Den Hefeteig dünn ausrollen und auf einem gefetteten Backblech auslegen. Die Zwetschgen dachziegelartig darauf anordnen. Kurz gehen lassen und im Ofen etwa 25 Minuten backen. Den noch heißen Kuchen mit Zimt bestreuen und sofort servieren.

Pflaumen-Schichtspeise

Pflaumen-Schichtspeise

(Abbildung oben)

500 g Pflaumen
1 Zimtstange
1 EL Honig
6 Zwiebäcke
125 g gehackte Mandeln
250 ml Sahne
1 Msp gemahlene Vanille

Die Pflaumen entsteinen, vierteln und mit 4 EL Wasser und der Zimtstange kurz aufkochen. Je nach Süße der Früchte mit Honig nachsüßen. Die Zimtstange entfernen und die Masse abkühlen lassen.
Die Zwiebäcke in ein Tuch geben und mit der Nudelrolle mittelgrob zerdrücken. Die Mandeln ohne Fett anrösten und mit den Zwiebackbröseln vermischen. Die Sahne mit der Vanille steif schlagen.
Die erkalteten Pflaumen, die Zwieback-Mandel-Mischung und die Sahne abwechselnd in hohe Gläser füllen. Mit einer Schicht Sahne abschließen, jeweils einem Pflaumenstückchen garnieren und servieren.

Pflaumensorbet mit Zimt

250 g sehr reife Pflaumen
3 Eigelbe
5 EL Honig
2 EL Rum
1 TL Zimt
400 ml Sahne

Die Pflaumen entsteinen, in einen Topf geben und unter ständigem Rühren 5 Minuten dünsten. Durch ein Sieb streichen und erkalten lassen.
Die Eigelbe mit dem Honig zu einer Creme aufschlagen, nach und nach Rum und Zimt einrühren.
Die Sahne sehr steif schlagen und das kalte Pflaumenpüree unterziehen. In eine Schale aus Edelstahl füllen und 4 Stunden im Gefrierfach fest werden lassen.
Dazu paßt eine frische Pflaumensauce, die man herstellt, indem man 200 g entsteinte Pflaumen mit 4 EL Pflaumenwein im Mixer püriert.

Dieser Pfirsich muß noch einige Wochen reifen, bevor man ihn von Hand pflückt. Besonders in Nordeuropa ist südliches Steinobst begehrt.

Die glatte Schale der Nektarine muß erst leuchtend gelb und rot werden, bevor sie ihren an Pflaume und Pfirsich zugleich erinnernden Geschmack entfaltet.

Verführerische Sommergenüsse

Südliches Steinobst

Zu den herrlichsten Sommergenüssen zählen Aprikosen, Pfirsiche und Nektarinen. Sind letztere auch erst seit einem Jahrzehnt im Kommen, gewinnen sie mit ihrer glatten Schale, dem weißen oder gelben Fleisch, dem gezähmten Saft und dem pflaumenähnlichen Geschmack mehr und mehr Anhänger und behaupten sich als dritte im Bunde der südlichen Steinfrüchte.

Sowohl Aprikosen wie auch Pfirsiche haben eine wesentlich längere Geschichte. Beide Früchte hatten es Alexander dem Großen angetan, der erstere im Kaukasus bei den Armeniern, letztere in Persien entdeckte. Folglich gab man ihnen die Namen *Prunus armeniaca* und *Prunus persica*, armenische und persische Pflaume – zu Unrecht. Denn Aprikose und Pfirsich stammen ursprünglich aus China und dürften über die Seidenstraße nach Vorderasien gelangt sein.

Die verführerischen Früchte fanden großen Anklang bei den Arabern. Den Mauren ist es zu verdanken, daß sie in Spanien eingeführt wurden. Allerdings nahmen die arabischen Ärzte bald Anstoß am Pfirsich, dem sie üble Wirkungen auf den Magen nachsagten. Heute ist nachgewiesen, daß er entwässernd, leicht abführend und gerade bei Nierenleiden ausgesprochen positiv wirkt. Aprikosen jedoch erfreuten sich bei den Medizinern aus dem Morgenland hoher Wertschätzung. Obwohl ihre Qualitäten denen des Pfirsichs ähneln, garantiert der wesentlich größere Reichtum an Provitamin A fördernde Einflüsse auf Wachstum, Augen, Leber und Haut.

Den Mauren ist es zu verdanken, daß Aprikosen bereits im 10. Jahrhundert ins Roussillon kamen. In dem von mediterranem Klima beherrschten Gebiet der französischen Ostpyrenäen wurden sie fünf Jahrhunderte, bevor man sie im Rhônetal pflanzte, heimisch. Noch heute ist die rotbäckige Rouge du Roussillon eine der bekanntesten Sorten. Ihr professioneller Anbau zu Füßen des knapp 2800 Meter hohen Canigou entwickelte sich allerdings erst ab 1820. Die Weinbaukrise zu Anfang des 20. Jahrhunderts veranlaßte dann viele Winzer in der heißen Ebene um Perpignan, vom traditionellen Weinanbau auf die Kultivierung von Aprikosen umzustellen.

Nicht nur in bezug auf Aprikosen, auch bei den Pfirsichen, die ab dem 15. Jahrhundert in Frankreich begeistert aufgenommen und gepflanzt wurden, gehört das warme Roussillon zu den bedeutendsten Anbauregionen. Dies gilt ebenso für Früchte aus biologischem Anbau. Sie gehören zu den empfindlichsten Obstarten überhaupt. Im konventionellen Obstbau werden Aprikosen und Pfirsiche in der Regel auf desinfizierte Böden gesetzt, was ihre Anfälligkeit noch weiter erhöht. Zwei Dutzend Spritzungen mit Fungiziden und Pestiziden sind dort üblich. Da beide Obstarten auch besonders transportempfindlich sind, verlagerte sich die Züchtung auf äußerlich stabilere Sorten, meist auf Kosten des Aromas. Zudem werden sie oft unreif gepflückt und erreichen nie die Köstlichkeit der am Baum ausgereiften Früchte.

Im biologischen Anbau stellen sie höchste Anforderungen an den Obstbauern. Mit speziell auf ihre Bedürfnisse abgestimmtem Kompost und Gründüngung versorgt er die bevorzugt auf kalkreichen Böden wachsenden Bäume. Dann versucht er ihre Resistenz durch viele Spritzungen mit Kräuterbrühen und biologisch-dynamischen Präparaten zu stärken. Kommt die Erntezeit, die sich von Ende Mai bis Ende September erstreckt, geht es darum, die Früchte innerhalb zweier Tage zum Kunden zu bringen. Unvergleichlich aromatisch sind sie allerdings, wenn man sie in der Region auf Bio-Märkten oder bei den Erzeugern direkt ersteht: am Baum ausgereift und frisch gepflückt.

Hintergrund: Dieser kerngesunde Pfirsichhain im nördlichen Rhônetal gibt ein Beispiel für den hohen Standard des biologischen Obstbaus, denn Pfirsiche gehören zu den anfälligsten Früchten überhaupt.

Zubereitungen mit Aprikosen, Pfirsichen und Nektarinen

Aprikosen-Chutney

- *500 g Aprikosen*
- *250 g Zwiebeln*
- *250 g Rhabarber*
- *50 g Ingwer*
- *Saft von 1 Zitrone*
- *Saft von 1 Orange*
- *80 g Rosinen*
- *300 ml Obstessig*
- *1 TL Senfkörner*
- *1 Prise Cayennepfeffer*
- *1 Msp Safranpulver*
- *2 EL Honig*

Die Aprikosen entsteinen und grob zerkleinern. Die Zwiebeln in dünne Scheiben, den Rhabarber in 1 cm dicke Stücke schneiden. Den Ingwer fein reiben.
Obst und Gemüse mit den Säften und den übrigen Zutaten etwa 60 Minuten zu Mus kochen; abschmecken.
Das Chutney in fest verschließbare Gläser füllen. Kühl und dunkel aufbewahren und mehrere Wochen ziehen lassen, damit es seinen vollen Geschmack entwickelt.
Unangebrochen etwa 6 Monate haltbar; nach Öffnung im Kühlschrank aufbewahren.

Pfirsiche in Marsala

- *4 große gelbe Pfirsiche*
- *2 EL Butter*
- *2 EL Honig*
- *150 ml trockener Marsala*

Die Pfirsiche mit kochendem Wasser überbrühen, abziehen, halbieren und entsteinen.
Den Backofen auf 200 °C vorheizen.
Eine feuerfeste Form ausbuttern und die Pfirsiche mit der Schnittfläche nach unten hineinsetzen. Den Honig mit dem Marsala vermischen und über die Früchte geben.
Im Ofen 25 Minuten backen.

Nektarinen in Zitronenmarinade

(Abbildung unten links)

- *750 g reife Nektarinen*
- *4 EL Honig*
- *Saft von 1 Zitrone*

Nektarinen halbieren, entsteinen und mit einem scharfen Messer in dünne Scheiben schneiden. Nebeneinander auf einer Platte anrichten.
Den Honig mit dem Zitronensaft verrühren und über die Nektarinen gießen. 60 Minuten im Kühlschrank marinieren lassen und kalt servieren.

Pfirsich-Quark

(Abbildung unten)

- *5 Pfirsiche*
- *2 EL Zitronensaft*
- *200 g Quark*
- *250 ml Sahne*
- *1 EL Honig*
- *Zitronenmelisse*

4 Pfirsiche kurz in kochendes Wasser geben, enthäuten, halbieren und entsteinen; mit dem Zitronensaft pürieren.
Den Quark mit der Hälfte der Sahne und dem Honig verrühren, das Pfirsichpüree unterheben und kalt stellen.
Die restliche Sahne steif schlagen und unter den Pfirsich-Quark ziehen; portionsweise in Schälchen verteilen.
Den letzten Pfirsich in Spalten schneiden, dekorativ auf der Quarkspeise anrichten und diese mit einigen Blättchen Zitronenmelisse garnieren.

Pfirsich-Quark

Nektarinen in Zitronenmarinade

Aprikosen-Quark-Auflauf

Aprikosen mit goldenem Rivesaltes

12 reife Aprikosen
2 EL feingehackte Mandeln
3 EL Honig
3 EL Zitronensaft
1/2 Flasche Rivesaltes doré oder ambré

Die Aprikosen halbieren und entsteinen. In einer Schale mit der Schnittseite nach oben anordnen und mit Mandeln bestreuen.
Honig, Zitronensaft und Wein miteinander verrühren und über die Früchte gießen. 60 Minuten kalt stellen.

Hinweis: Ein aus weißen Trauben gekelterter Rivesaltes, ein natursüßer Wein aus dem Roussillon, entwickelt nach einigen Jahren Alter, wenn er *doré* oder *ambré* genannt wird, oft Aprikosenaroma.

Aprikosen-Quark-Auflauf

(Abbildung oben)

500 g Aprikosen
2 Eier
100 g Butter
500 g Magerquark
3 EL süße Sahne
2 EL feines Dinkelmehl
1 EL Maisstärke
1 EL Honig
1/2 TL gemahlene Vanille
1 EL Semmelbrösel
3 EL Mandelblättchen

Die Aprikosen halbieren, entsteinen und kurz mit wenig Wasser dünsten.
Die Eier trennen. Eigelbe, 80 g Butter, Quark, Sahne, Mehl, Stärke, Honig und Vanille verrühren.
Die Eiweiße steif schlagen und unter die Quarkmasse heben.
Den Backofen auf 180 °C vorheizen.
Eine Auflaufform ausfetten, mit Semmelbröseln und 1 EL Mandeln ausstreuen, die Quarkmasse hineingeben, mit Aprikosen belegen und die restlichen Mandeln darüberstreuen. Die restliche Butter in Flöckchen aufsetzen. Etwa 45 im Ofen backen.

Aprikosentarte

250 g Vollweizenmehl
1 TL Weinsteinbackpulver
125 g kalte Butter in Stückchen
1 EL Rohrzucker
Abgeriebene Schale von 1 Zitrone
1 Msp Meersalz
1 Ei
750 g Aprikosen
40 ml Apricot Brandy
2 EL Honig
2 EL Aprikosenkonfitüre
100 g Mandelstifte

Das Mehl sieben und mit dem Backpulver mischen. Butter, Zucker, Zitronenschale, Salz und Ei hinzufügen und alles zu einem glatten Mürbeteig verkneten; gegebenenfalls 1–2 EL kaltes Wasser dazugeben. Den Teig zugedeckt 60 Minuten in den Kühlschrank stellen.
Die Aprikosen überbrühen, enthäuten und halbieren. 2 EL Wasser, Apricot Brandy, Honig und Aprikosenkonfitüre in einem grroßen Topf erhitzen. Die Früchte dazugeben und 5 Minuten garen.
Die Aprikosen mit einem Schöpflöffel herausnehmen und abkühlen lassen. Den entstandenen Saft zu Sirup kochen.
Den Ofen auf 200 °C vorheizen.
Eine Springform einfetten und mit dem Teig auskleiden, den Boden mit einer Gabel anstechen. Den Teig mit den Aprikosen belegen und den Teigrand etwas über die Früchte drücken. Den Sirup darübergeben und mit den Mandeln bestreuen. Die Tarte 40 Minuten backen.

Birnenkuchen

Hefeteig

- *200 g Vollweizenmehl*
- *15 g Hefe*
- *Milch*
- *25 g Schweineschmalz*
- *1 Ei*
- *1 Prise Meersalz*

Füllung

- *8–10 mittelgroße aromatische Birnen*
- *400 g Quark*
- *2 Eier*
- *100 g Rohrzucker*
- *1 EL Vollweizenmehl*

Streusel

- *250 g Vollweizenmehl*
- *125 g Butter*
- *90 g Rohrzucker*

Für den Teig das Mehl in eine Schüssel sieben, eine Mulde hineindrücken, die Hefe hineinbröckeln, mit etwas lauwarmer Milch übergießen und mit ein wenig Mehl verrühren. Zugedeckt 30 Minuten gehen lassen. Schweineschmalz, Ei, Salz und eine kleine Menge Milch hinzufügen. Alles gut miteinander verkneten und nach und nach so viel Milch zugeben, daß ein weicher Teig entsteht. Den Teig zugedeckt 30 Minuten an einem warmen Ort gehen lassen.

Für die Füllung die Birnen waschen und so schälen, daß ein Teil der Schale erhalten bleibt. Dann die Früchte halbieren, Kerngehäuse und Stiel entfernen. Den Quark mit Eiern, Zucker und Mehl zu einer cremigen Masse verrühren.

Für die Streusel Mehl, Butter und Zucker miteinander vermischen.

Den Backofen auf 190 °C vorheizen. Den aufgegangenen Hefeteig in eine Springform von 26 cm Durchmesser geben und flach drücken.

Den Teigboden dünn mit Quark bestreichen. Die Birnenhälften mit der Schnittfläche nach unten dicht an dicht darauf auslegen. Den restlichen Quark darübergeben und die Oberfläche glattstreichen. Dann die Streusel gleichmäßig darauf verteilen und leicht andrücken.

Den Kuchen etwa 50 Minuten im Ofen backen.

Hinweis: Dieser Birnenkuchen ist ein seit vielen Generationen überliefertes Rezept aus dem Osten, wo Birnen auf mannigfaltige Weise zubereitet werden.

Für den Birnenkuchen wird unter Zugabe von Ei und Schweineschmalz ein weicher Hefeteig hergestellt.

Wenn der Teig gut durchgeknetet ist, läßt man ihn zugedeckt an einem warmen Ort 30 Minuten gehen.

Nach Vorbereitung der Birnen verrührt man Quark, Eier, Zucker und Mehl zu einer cremigen Masse.

Die Streusel bereitet man aus Mehl, Butter und Rohrzucker zu.

Den Hefeteig bestreicht man dünn mit Quark und belegt ihn mit den Birnenhälften.

Dann gibt man die restliche Quarkmasse und die Streusel in die Form und backt den Kuchen.

Der saftige Kuchen mit den Schichten aus Teig, Birnen, Quark und Streusel schmeckt köstlich.

Köstliche Obstkuchen

Baisertorte mit Kiwis
(Abbildung)

Mürbeteig
250 g Vollweizenmehl
1 TL Weinsteinbackpulver
125 g kalte Butter
1 EL Honig
Abgeriebene Schale von 1 Zitrone
1 Prise Meersalz
1 Ei

Füllung
10 Kiwis
3 EL Kiwilikör
4 Eiweiße
1 Prise Meersalz
2 EL Honig

Für den Mürbeteig das Mehl sieben und mit dem Backpulver vermischen. Die Butter in Stückchen schneiden und zusammen mit Honig, Zitronenschale, Salz und Ei zu dem Mehl geben; zu einem glatten Teig verkneten, gegebenenfalls 1–2 EL kaltes Wasser hinzufügen. Den Teig zugedeckt 60 Minuten in den Kühlschrank stellen.
Den Backofen auf 180 °C vorheizen.
Eine Obstkuchenform leicht einfetten und mit dem Teig auskleiden. Den Kuchenboden mit einer Gabel einstechen und 15 Minuten vorbacken.
Für die Füllung 8 Kiwis in Scheiben schneiden und 30 Minuten in dem Likör ziehen lassen.
Die Eiweiße mit einer Prise Salz verschlagen, nach und nach den Honig einrühren, bis die Masse steif ist und glänzt. Den Eischnee in drei Portionen teilen. Unter das erste Drittel die eingeweichten Kiwis mischen, auf den Tortenboden geben und mit dem zweiten Drittel bestreichen. Den restlichen Eischnee in einen Spritzbeutel mit einer Sterntülle füllen und die Torte damit verzieren.
Die restlichen 2 Kiwis in Scheiben schneiden und als Dekoration auf dem Eischnee verteilen.
Die Torte im Ofen so lange backen, bis der Eischnee goldbraun ist. Die Torte schmeckt warm und kalt.

Apfelkuchen mit Mandeln und Rosinen

50 g Rosinen
2 EL ml Rum
200 ml Milch
150 g Butter
400 g Weizenmehl (Type 550)
1 1/2 TL Weinsteinbackpulver
1/2 TL Zimt
5 Eier
3 EL Honig
750 g säuerliche Äpfel (Boskoop)
100 g Mandelblättchen

Die Rosinen über Nacht in dem Rum einweichen.
Die Milch leicht erwärmen und die Butter darin schmelzen. Das Mehl sieben, mit Backpulver und Zimt vermischen. Die Eier mit dem Honig schaumig schlagen. Abwechselnd Milch- und Mehlmischung unter die Eimasse rühren und einen geschmeidigen Teig herstellen.
Den Backofen auf 180 °C vorheizen.
Ein Backblech mit hohem Rand einfetten und den Teig hineingeben; glattstreichen.
Die Äpfel schälen, in Spalten schneiden und fächerförmig auf dem Teig anordnen. Mit Rosinen und Mandeln bestreuen und etwa 35 Minuten im Ofen backen.

Himbeertorte

Teig
50 g Butter
1 Prise Meersalz
140 g feines Dinkelmehl
3 große Eier

Füllung
100 g Mascarpone
150 g Magerquark
2 EL Akazienhonig
200 ml Sahne
500 g Himbeeren

Für den Teig 250 ml Wasser mit Butter und Salz aufkochen lassen. Das Dinkelmehl auf einmal hineingeben und sehr schnell unterrühren; so lange rühren, bis sich der Teig als Kloß vom Topfboden löst.
Den Topf vom Herd nehmen, die Eier jeweils einzeln unter den Teig rühren und den Teig abkühlen lassen.
Den Backofen auf 200 °C vorheizen.
Ein Drittel des Teigs in einen Spritzbeutel mit glatter Tülle füllen. Ein Backblech mit Backpapier auslegen. Den Teig spiralförmig aufspritzen und 20 Minuten im Ofen backen. Auf diese Weise auch die beiden anderen Teigdrittel verarbeiten. Die Böden anschließend auskühlen lassen.
Für die Füllung Mascarpone, Quark und Honig miteinander verrühren. Die Sahne steif schlagen und unter die Quarkmasse ziehen.
Die Hälfte der Creme auf einen Teigboden geben. Die Himbeeren säubern, zur Hälfte auf die Creme geben und gleichmäßig verteilen; mit dem zweiten Boden abdecken. Darauf die restliche Creme und dann die restlichen Himbeeren geben. Den dritten Boden in Stücke zupfen und die Torte damit garnieren. Kühl servieren.

Baisertorte mit Kiwis

Gedeckter Rhabarberkuchen

280 g feines Dinkelmehl
1 Prise Meersalz
Abgeriebene Schale von 1 Zitrone
150 g kalte Butter, in Stückchen geschnitten
3 EL Honig
1 kg Rhabarber
3 EL grobgemahlene Haselnüsse
100 ml süße Sahne
120 ml saure Sahne
2 EL Kartoffelstärke
4 Eier
3 EL Pfirsichkonfitüre

250 g Mehl, Salz, Zitronenschale, Butter und 1 EL Honig miteinander verkneten und den Teig 60 Minuten kalt stellen.
Den Backofen auf 180 °C vorheizen.
Eine Springform von 28 cm Durchmesser ausfetten und mit dem Teig auslegen, dabei einen etwa 3 cm hohen Rand drücken. Den Teigboden mehrmals einstechen und etwa 10 Minuten vorbacken.
Den Rhabarber in etwa 1 cm breite Stücke schneiden.
Den Teigboden mit den Haselnüssen bestreuen und die Rhabarberstücke darauf verteilen. Süße und saure Sahne, Stärke, Eier, das restliche Mehl und den restlichen Honig vermischen und über den Rhabarber in die Form geben. Den Kuchen etwa 30 Minuten backen.
Die Pfirsichkonfitüre mit 3 EL Wasser glattrühren und den warmen Kuchen damit bestreichen.

Ananasringe

1 frische Ananas (etwa 700 g)
2 EL Rum
4 EL Rohrzucker
175 g Vollweizenmehl
1 TL Weinsteinbackpulver
1 Ei
180 ml Milch
Mark von 1 Vanilleschote
1 Prise Meersalz

Die harte Mitte der Ananas ausstechen und die Frucht in Ringe schneiden. Rum und 1 EL Rohrzucker verrühren, über die Ananas geben und 60 Minuten ziehen lassen.
Mehl und Backpulver mischen, in eine Schüssel sieben und in die Mitte eine Mulde drücken.
Ei, Milch, Vanille, Salz und den restlichen Zucker verquirlen, in die Mulde geben und gut verrühren, damit sich keine Klumpen bilden.
Die Ananas aus der Rummischung nehmen und diese unter den Teig rühren. Die Ananasringe in den Teig tauchen und in heißem Öl goldbraun ausbacken.
Auf einem mit Küchenpapier belegten Kuchengitter abtropfen lassen.

Blätterteigschnitten mit Maulbeersahne

Blätterteig
250 g Vollweizenmehl
1 Prise Meersalz
250 g kalte Butter
Rohrzucker

Füllung
500 g Maulbeeren (ersatzweise Brombeeren)
3 EL Honig
200 ml Sahne

Für den Blätterteig das Mehl auf ein Backbrett sieben und in die Mitte eine Mulde drücken. Gut 125 ml Wasser und das Salz in die Mulde geben und alles zu einem glatten Teig verarbeiten; 30 Minuten in den Kühlschrank stellen.
Den kalten Teig auf einer bemehlten Arbeitsfläche zu einem Rechteck ausrollen. Die Butter in Scheiben schneiden, den Teig damit belegen und so zusammenfalten, daß vier Schichten übereinanderliegen; erneut ausrollen und auf die gleiche Weise zusammenschlagen; den Teig nochmals mindestens 30 Minuten kühlen. Diesen Vorgang, einschließlich der Kühlzeit, viermal wiederholen; beim Ausrollen jeweils möglichst ohne Mehl auskommen.
Im fünften Arbeitsgang den Teig zu einem Rechteck ausrollen und dieses in 15 x 15 cm große Quadrate schneiden.
Den Backofen auf 220 °C vorheizen.
Ein Backblech mit kaltem Wasser abspülen, die Teigquadrate darauflegen, mit Rohrzucker bestreuen und etwa 15 Minuten backen; auskühlen lassen. Die Teigplatten vorsichtig halbieren.
Für die Füllung die Hälfte der Maulbeeren mit dem Honig pürieren; die restlichen Beeren vorsichtig halbieren und beiseite stellen.
Die Sahne sehr steif schlagen und unter das Maulbeerpüree ziehen. Die Hälfte der Blätterteighälften damit bestreichen und die zurückbehaltenen Maulbeeren darauf verteilen. Mit den anderen Teighälften bedecken und sofort servieren.

Frisch und köstlich

Konfitüren

Auch wenn in der Naturkost allgemein und speziell in der Vollwert-Ernährung Zucker zu Recht höchst kritisch bewertet wird, muß man auf süße Brotaufstriche oder aromatische Frucht-Coulis nicht gänzlich verzichten. Die beste Methode besteht darin, frisches Obst einfach zu pürieren, nach Geschmack zu würzen und mit Honig – je nach Geschmack auch mit Rohr- oder Fruchtzucker – jene Süße zu geben, die man bevorzugt. Dann vermischt man die Zutaten gründlich, füllt das Püree in ein Schraubglas und bewahrt es im Kühlschrank auf.

Auf diese schnelle Weise erhält man vorzügliche Konfitüren, in denen die Vitalstoffe der Früchte ebenso erhalten geblieben sind wie die des Honigs. Ihre Lebensdauer erhöht man, indem man sie in möglichst kleine Schraubgläser füllt. Aufgrund ihrer nur eingeschränkten Haltbarkeit eignen sie sich nicht zur Vorratshaltung oder zur Konservierung größerer Mengen Obst. Da man sie jedoch auch aus tiefgefrorenen Früchten herstellen kann, muß man außerhalb der Obstsaison keineswegs auf selbstgemachte Konfitüren verzichten. Nicht nur als Brotaufstrich sind sie köstlich, sondern sie schmecken ebenso als Kompott, als Fruchtsauce zu Desserts oder zu Kuchen ausgezeichnet.

Kirschkonfitüre

200 g entsteinte Süßkirschen
2 EL Honig
1 Msp gemahlene Vanille
1 EL Obstbrannt (Maraschino))

Die Kirschen sehr fein pürieren und mit den übrigen Zutaten vermischen. In heiß ausgespülte Schraubgläser füllen, fest verschließen und sofort in den Kühlschrank stellen. Innerhalb von 10 Tagen verbrauchen.

Erdbeerkonfitüre

400 g Erdbeeren
1 TL feingehackte Pfefferminze
1 EL Zitronensaft
2 EL Rohrzucker

Die Erdbeeren halbieren und mit den übrigen Zutaten pürieren. In heiß ausgespülte Schraubgläser füllen und verschließen. Innerhalb von 10 Tagen verbrauchen.

Stachelbeerkonfitüre

300 g Stachelbeeren
1 Prise feingehackter Thymian
4 EL Honig
1 TL Maisstärke

Die Stachelbeeren zerkleinern und mit den übrigen Zutaten auf kleiner Flamme unter Rühren langsam erwärmen. In heiß ausgespülte Schraubgläser füllen, fest verschließen und sofort in den Kühlschrank stellen. Innerhalb von 2–3 Wochen verbrauchen.

Himbeerkonfitüre

400 g Himbeeren
1 TL sehr feingehackte Melisse
1 Msp gemahlenen Koriander
1 TL Zitronensaft
3 EL Honig

Die Himbeeren pürieren und durch ein sehr feines Sieb streichen. Die übrigen Zutaten hinzufügen und mit dem Fruchtpüree verrühren.
In heiß ausgespülte Schraubgläser füllen, fest verschließen und sofort in den Kühlschrank stellen.
Innerhalb von 10 Tagen verbrauchen.

Rhabarberkonfitüre

(Abbildungen unten)

500 g Rhabarber
250 g Bananen
250 g getrocknete Aprikosen
Biologisches Geliermittel auf Pektinbasis
250 g Honig

Rhabarber, Bananen und Aprikosen in kleine Stücke schneiden und in einen großen Topf geben. Das Geliermittel hinzufügen, erhitzen und mit dem Pürierstab zu einer homogenen Masse verrühren. Vom Herd nehmen und etwas abkühlen lassen, dann den Honig unterrühren. Die Konfitüre in heiß ausgespülte Schraubgläser füllen und fest verschließen.
Kühl und dunkel aufbewahren. Innerhalb von 4 Wochen verbrauchen.

Rhabarber mit seinem typischen Aroma ist eine beliebte und leicht zu verarbeitende Zutat für Konfitüren, Fruchtsaucen und Desserts.

Gern gibt man Bananen und getrocknete Aprikosen dazu, die den Geschmack abrunden. Weitere Ingredienzen sind Honig und ein pektinreiches Geliermittel.

Das Obst wird mit dem Geliermittel erhitzt und dann mit dem Stab püriert. Wenn das Püree etwas abgekühlt ist, gibt man den Honig hinzu.

Die Gläser müssen gründlich gesäubert und mit heißem Wasser ausgespült werden, um sie zu sterilisieren.

Die noch heiße Konfitüre wird in Einmachgläser oder Gläser mit Schraubdeckel gefüllt und fest verschlossen.

Schonend zubereitete Konfitüren sind nur kurze Zeit haltbar und müssen kühl und dunkel aufbewahrt werden.

Aprikosenkonfitüre mit Vin Santo

- *250 g getrocknete Aprikosen*
- *Vin Santo*
- *500 g frische Aprikosen*
- *1 EL Zitronensaft*
- *200 g Honig*

Die getrockneten Aprikosen in Stückchen schneiden, in eine flache Schlüssel geben, mit Vin Santo übergießen und 6 Stunden ziehen lassen.
Die frischen Aprikosen entsteinen und in Stücke schneiden. Die eingeweichten Aprikosen abtropfen lassen und mit den frischen Aprikosen und dem Zitronensaft pürieren. Dann den Honig hinzufügen.
Die Konfitüre in heiß ausgespülte Schraubgläser füllen, fest verschließen und sofort in den Kühlschrank stellen. Innerhalb von 10–14 Tagen verbrauchen.

Konfitüre mit Pruneaux d'Agen und Armagnac

- *250 g Trockenpflaumen aus Agen (s. S. 134)*
- *2 EL feingehackte Walnüsse*
- *1/2 TL Zimt*
- *1 Msp gemahlene Nelken*
- *1 Msp Muskat*
- *1 EL Armagnac*
- *1–2 EL Zitronensaft*
- *1–2 EL Honig*

Die Trockenpflaumen entsteinen und kleinschneiden. Mit Walnüssen, Gewürzen, Armagnac und etwas Zitronensaft pürieren; mit Zitronensaft und Honig.
In heiß ausgespülte Schraubgläser füllen und fest verschließen. Innerhalb von 4 Wochen verbrauchen.

Apfel-Möhren-Konfitüre

- *500 g Möhren*
- *2 säuerliche Äpfel (Cox Orange)*
- *Saft von 2 Zitronen*
- *1/2 TL Zimt*
- *250 g Honig*

Die Möhren sehr klein würfeln und mit 250 ml Wasser 15 Minuten garen, dann pürieren.
Die Äpfel grob raspeln und mit Zitronensaft und Zimt zu den Möhren geben. 2 Minuten kochen, dann abkühlen lassen. Wenn die Zutaten handwarm sind, den Honig unterrühren.
Die Konfitüre in heiß ausgespülte Gläser füllen und verschließen. Kühl und dunkel aufbewahren.
Schnell verbrauchen.

Nicht immer kann man alle Kirschen frisch genießen. Wenn man sie in Gläser füllt und etwas Rohrzucker dazugibt, dann mit Wasser aufgießt und die Früchte einkocht, können sie im Winter an frühsommerliche Tage erinnern.

Aprikosenkonfitüre
Vin Santo verleiht ihr Pfiff

Stachelbeerkonfitüre
Mediterran mit Thymian

Himbeerkonfitüre
Kaltgerührt und fein gewürzt

Kirschkonfitüre
Köstlich frisch und mit Schuß

Erdbeerkonfitüre
Mit Pfefferminze aromatisiert

Kraftnahrung und süße Knabberei

Trocken-früchte

Trocknen ist die älteste und einfachste Methode, um Früchte zu konservieren. In nördlicheren Breiten schnitt man Obst wie Äpfel oder Birnen in Stücke, zog sie auf Fäden und hängte sie dann an einen luftigen Ort oder über den Ofen. Auf diese Weise erhielt man zwar etwas unansehnliche, aber durch die Zuckerkonzentration leckere Knabbereien für den Hausgebrauch. Sie hielten sich wesentlich länger als eingelagertes Obst und konnten eingeweicht als Kompott oder für Kuchen verwendet werden.

Im Gegensatz zu Backobst, das bei sehr hohen Temperaturen von oft über 100 °C gedörrt wird, wobei sich die meisten Vitalstoffe verflüchtigen, benutzt man bei Trockenfrüchten sanftere Methoden, von denen die natürlichste die Sonnentrocknung ist. In südlichen und orientalischen Ländern spielt Trockenobst eine zentrale Rolle bei der Vorratshaltung und ist Zutat bei zahlreichen Zubereitungen. Früher war es unverzichtbarer Bestandteil der Ernährung bei den Nomaden und galt als idealer Reiseproviant. Generell gehörten Feigen und Datteln in vielen Ländern des Orients zu den wichtigsten Grundnahrungsmitteln.

Frische Früchte bestehen meist zu 80 bis 90 Prozent aus Wasser. Durch die Trocknung wird dessen Prozentsatz in der Regel auf rund 25 Prozent gesenkt. Im Verhältnis zum Gewicht führt dies zu einer Konzentration der Kohlenhydrate, die sich oft um das Vier- bis Sechsfache erhöhen. Damit einher geht naturgemäß eine kaum geringere Erhöhung der Energiewerte. Weniger spektakulär, aber immer noch erheblich nimmt der Gehalt an Proteinen, Fett und Ballaststoffen zu. Bedeutend ist auch die Konzentration von Mineralien und Spurenelementen, wobei insbesondere die Werte für Kalium, Phosphor, Calcium und Eisen steigen. Während durch die Trocknung der Gehalt an Vitamin C deutlich abnimmt, wird bei behutsamen Trocknungsverfahren meist der Anteil der Vitamine B1, B2, B6 und Niacin, nicht selten auch von Vitamin E größer. Deshalb eignet sich Trockenobst als Kraftnahrung, aber auch als Schleckerei für Kinder und kann, vor allem ungegart, viele Speisen an Vitalstoffen bereichern. Außerdem bietet es in Desserts, Kuchen und Saucen eine Alternative als Süßmittel.

Herkömmliche Trockenfrüchte werden allerdings, um eine Verfärbung zu verhindern und gegen Schädlingsbefall anzugehen, mit erheblichen Dosen von Schwefeldioxid behandelt, das Vitamin B1 zerstört und eine ganze Reihe von unangenehmen Symptomen wie Kopfschmerzen oder Verdauungsstörungen verursachen kann. Aus dem gleichen Grunde begast man die Früchte mit Methylbromid, einem Nervengas, das sich zwar schnell, nicht jedoch ohne Rückstände verflüchtigt.

Bei Trockenfrüchten aus biologischem Anbau muß auf Schwefel und chemische Gifte verzichtet werden. Statt dessen setzt man heute oft Kälte ein, um durch eine kurze Schockgefrierung die Eier der unliebsamen Schädlinge abzutöten. Überhaupt bleibt Kälte auch bei der weiteren Pflege des getrockneten Obstes das beste Mittel, um es zu schützen. Dies gilt auch im Haushalt. Das Angebot an schonend getrockneten biologischen Früchten ist in den letzten Jahren erheblich größer geworden, wobei die meisten aus den Ländern rund um das Mittelmeer kommen. Obwohl dank moderner Verfahren auch eine wesentlich bessere Qualität gewährleistet ist, sollte man jede Packung genau überprüfen, was die vorgeschriebenen Klarsichttüten ermöglichen.

Wird getrocknetes Obst nicht einfach roh geknabbert, in Müslis oder Obstsalaten genossen, empfiehlt es sich, die Früchte in Säften oder – je nach Verwendung – Alkoholischem über Nacht einzuweichen. Dann können sie gut weiterverarbeitet werden, sei es in pürierter oder in gekochter Form. Inzwischen wird eine ganze Reihe exotischer Früchte getrocknet als Knabberei angeboten. Kamen sie zunächst mit Zucker, Schwefel und Öl behandelt auf den Markt, so gibt es mittlerweile auch Ananas, Bananenscheiben, Kiwis, Lychees, Mangos und Papayas aus biologischem Anbau.

Ananas
Auch aus biologischem Anbau, dann zu Würfeln geschnitten und an der Sonne getrocknet; so konzentrieren sich Fruchtsüße und Aromen; als Bonbonersatz.

Apfel
Meist in Ringen angeboten; von der Konsistenz weich, aber leicht zäh; kleingeschnitten in Müslis, besser noch in Apfelsaft eingeweicht, gut in Kompott.

Dattel
Leckere Frucht der gleichnamigen riesigen Palme; bereichert nicht nur Obst-, sondern auch beispielsweise Avocadosalate; läßt sich gut mit Nüssen oder Käse füllen.

Mango
In Stücken werden sie auf Plantagen in verschiedenen afrikanischen Ländern, wo man sie biologisch kultiviert, in der Sonne getrocknet; bestens für Müslis und Fruchtsalate geeignet, aber auch als Knabberei zum Aperitif.

Aprikose
Als Hälften oder als ganze entsteinte Früchte, wobei sonnengetrocknete dunkler und aromatischer sind; eingeweicht, dann püriert fein in Cremes oder Konfitüre.

Banane
Auf unterschiedliche Weise getrocknet, als Chips und im Ganzen; sehr intensiv im Geschmack und besonders magenfreundlich.

Birne
Oft als Hälften getrocknet mit ausgeprägtem Aroma; roh zerkleinert als Zutat für Müslis oder Kuchen; eingeweicht und gekocht als Kompott und in Nachspeisen.

Feige
Als ganze Frucht getrocknet und nicht gepreßt ist sie am besten und schmackhaftesten; eignet sich für Kuchen, Salate sowie für Kompott.

Korinthe
Ursprünglich aus dem griechischen Korinth (daher der Name); Trockenfrucht von kleinen kernlosen roten Weintrauben; auch konventionell nicht geschwefelt; hervorragend zum Backen und Kochen geeignet.

Rosine
Oft Oberbegriff für alle getrockneten Trauben; von unterschiedlichen Rebsorten und für alle Verwendungen; Weinbeeren sind besonders große und süße Exemplare aus Kalifornien.

Sultanine
Einst nur türkische, größere, fleischigere Schwester der Korinthe aus weißen, ebenfalls kernlosen Trauben; roh für Müslis oder Obstsalate, vor allem aber zum Backen.

Papaya
Kleingeschnitten und getrocknet, sind die gelben Stückchen eine Bereicherung für Müslis und Obstsalate, wobei die verdauungsfördernde Wirkung der Frucht erhalten bleibt.

Pfirsich
Als Hälften getrocknet, bräunlich-orangenfarben, etwas zäh und sehr viel weniger aromatisch als zum Beispiel Aprikosen; bereiten eingeweicht mehr Genuß; in Desserts oder Kompott.

Pflaume und Zwetschge
Mit oder ohne Stein, ganz oder halbiert; säuerlich-süß oder vollsüß – immer intensiv im Geschmack; roh ein Genuß; köstlich eingeweicht zu Fleisch, in Desserts oder Eiscremes.

Zubereitungen mit Trockenfrüchten

Pflaumen in Grappa

Aprikosen-Joghurt-Mousse

- *250 g getrocknete Aprikosen*
- *300 ml Weißwein*
- *1 EL Pfirsichlikör*
- *3 Becher Joghurt*
- *Biologisches Geliermittel auf Pektinbasis*
- *2 EL Honig*
- *200 ml Sahne*
- *1 TL Butter*
- *50 g Mandelblättchen*

Die Aprikosen 6 Stunden in dem Weißwein einweichen; dann gut ausdrücken, den Saft auffangen.
Die Früchte mit dem Pfirsichlikör vermischen, pürieren und den Joghurt hinzufügen.
Die Einweichflüssigkeit aufkochen und auf etwa 100 ml reduzieren. Das Geliermittel dazugeben und 2 Minuten unter ständigem Rühren kochen. Den Honig untermischen und die Masse unter Rühren abkühlen lassen; dann unter die Aprikosen-Joghurt-Mischung geben. Die Sahne sehr steif schlagen und ebenfalls unterheben. Die Mousse in Sektschalen anrichten und mindestens 60 Minuten kalt stellen.
In der Zwischenzeit die Butter zerlassen und die Mandeln darin rösten; erkalten lassen. Die Mousse mit den Mandeln bestreuen und servieren.

Kompott aus Trockenfrüchten

(Abbildung oben)

Für 2–3 Personen

- *3 getrocknete Feigen*
- *3 getrocknete Zwetschgen*
- *3 getrocknete Apfelringe*
- *3 getrocknete Birnenringe*
- *3 getrocknete Aprikosen*
- *700 ml Apfelsaft*
- *1 EL Honig*
- *1 Msp gemahlene Vanille*
- *1 Msp Kardamom*

Die Trockenfrüchte über Nacht in dem Apfelsaft einweichen. Am nächsten Tag kurz aufkochen lassen. Mit Honig, Vanille und Kardamom würzen.
Warm oder kalt servieren.

Pflaumen in Grappa

(Abbildung oben)

- *100 g getrocknete Pflaumen mit Stein*
- *750 ml Grappa oder Trester*

Die Pflaumen waschen, abtropfen lassen, in eine Literflasche mit weitem Hals geben, mit Grappa auffüllen und dunkel stellen.
Schon nach 2 Tagen haben die Pflaumen den Branntwein aufgesogen und ihr Aroma an ihn abgegeben. Je länger man die Pflaumen ziehen läßt, um so intensiver wird das Aroma.

Kartoffel-Hafer-Knödel mit Trockenobstsauce

(Abbildung unten)

Trockenobstsauce

50 g getrocknete Birnenstücke und Apfelringe
2 EL Rosinen
250 ml Apfelsaft
1/2 Zimtstange
1 EL Pfeilwurzelmehl

Knödel

800 g gekochte, abgekühlte Kartoffeln
180 g mittelgrobes Haferschrot
1–2 Eier
1 Bund feingehackte Petersilie
1/2 TL Kräutersalz
1 Prise Muskat
Meersalz

Für die Obstsauce die Trockenfrüchte über Nacht in dem Apfelsaft und der gleichen Menge Wasser einweichen. Die Früchte in der Einweichflüssigkeit mit dem Zimt zum Kochen bringen. DasPfeilwurzelmehl in etwas Wasser anrühren, zu den Früchten geben und diese aufkochen lassen.

Für die Knödel die Kartoffeln pellen und fein reiben. Haferschrot, Eier, Petersilie und Gewürze zu den Kartoffeln geben und alles zu einem Teig verkneten.

Aus der Masse Knödel formen und diese in kochendes Salzwasser geben. Wenn sie an die Oberfläche steigen, weitere 3 Minuten ziehen lassen. Dann aus dem Wasser nehmen und gut abtropfen lassen.

Die Obstsauce auf Teller geben, die Knödel darauf anrichten und sofort servieren.

Orangen-Feigen-Creme

6 getrocknete Feigen
Saft von 2 Orangen
1 Orange
200 g Mascarpone
1 EL Honig
100 ml Sahne
1 Msp gemahlene Vanille
1 Msp Anis
1 Msp Kardamom
1 EL abgeriebene Orangenschale
1 TL abgeriebene Zitronenschale

Die Feigen in Streifen schneiden und in dem Orangensaft 4 Stunden ziehen lassen.

Die Orange schälen – die Schale aufheben –, filetieren und in kleine Stücke schneiden.

Mascarpone und Honig gut vermischen. Die Sahne steif schlagen und unter die Mascarpone-Masse ziehen. Gewürze und Zitrusschalen hinzufügen. Zum Schluß die Feigen mit dem Orangensaft und die Orangenstücke untermischen.

Mit zwei Eßlöffeln Nocken abstechen und auf Tellern anrichten. Mit dem Zesteur von der Orangenschale feine Streifen schneiden und damit die Creme garnieren.

Salat aus Adzukibohnen und getrockneten Aprikosen

8 getrocknete Aprikosen
150 ml Apfelsaft
150 g Adzukibohnen
3 EL Rotweinessig
2 EL Distelöl
1 EL Honig
1 TL Kräutersalz
Schwarzer Pfeffer
1 EL feingehackter Thymian
1 Lauchzwiebel
2 rote Zwiebeln
1 Bund Kerbel, feingehackt
1 Bund Petersilie, feingehackt

Die Aprikosen kleinschneiden und in dem Apfelsaft, die Bohnen über Nacht in Wasser einweichen.

Die Bohnen abgießen und in frischem Wasser garen, dann abtropfen lassen. Aus Essig, Öl, Honig, Salz, Pfeffer und Thymian eine Marinade rühren und die Bohnen darin abkühlen lassen.

Aprikosen und Apfelsaft zufügen und alles gut durchziehen lassen.

Die Zwiebeln in Ringe schneiden und mit den Kräutern zu der Aprikosen-Bohnen-Mischung geben. Die Zutaten gut miteinander vermengen und vor dem Servieren abschmecken.

Kompott aus Trockenfrüchten

Kartoffel-Haferknödel mit Trockenobstsauce

Eine französische Spezialität

Pruneaux d'Agen

Südwestfrankreich ist – nach Kalifornien – Haupterzeuger von getrockneten Pflaumen, den hochberühmten Pruneaux d'Agen. Heute wird nur eine einzige Sorte, die Prune d'Ente, angepflanzt, die sich hervorragend zum Trocknen eignet und deshalb im Laufe der Jahrhunderte alle anderen Sorten verdrängte. Vermutlich waren es Kreuzritter, die sie im Mittelalter aus Syrien mitbrachten, und Mönche, die für ihre Verbreitung im Gebiet nördlich von Agen sorgten. Diese Stadt am Ufer der Garonne gab ihnen den Namen, obwohl das wichtigste Anbaugebiet im Departement Lot-et-Garonne liegt und bis hinauf nach Bergerac reicht.
Die Prune d'Ente besitzt eine violette, teils rötlich, teils rosé getönte, bereifte Schale und eine ovale Form. Ihre spezielle Qualität zeigt sich in getrocknetem Zustand. Dann ist sie von schwarzglänzendem Äußeren und von weicher, auf der Zunge zergehender Konsistenz, ihr Inneres ist sattgelb bis bernsteinfarben und sehr aromatisch. Als Kind des Südens liebt sie sonnige Hänge, verträgt keine späten Fröste und ist empfindlich gegen Wind. Sie mag tiefe, ton- und kalkhaltige Böden, aber keine zu feuchten oder sandigen. So übersteht sie lange Regenperioden ebenso schlecht wie zu große Trockenheit. Die Bäume, die ausgewachsen eine Höhe von vier bis fünf Metern erreichen, werden in mit verrottetem Mist und Kompost gut vorbereitete Böden in der Regel auf sieben mal sieben Meter Abstand gesetzt. Gern arbeitet man mit Gründüngung. Von großer Bedeutung ist die Erziehung der Bäume, die ihnen einen Stamm von etwa 1,10 Meter Höhe beläßt. Bis zum sechsten Jahr, wenn die Bäume zu tragen beginnen, gibt ihnen der Pflaumenbauer durch sorgfältiges Schneiden eine pyramidale Form mit Ästen, deren Zweige im Fischgrätmuster angeordnet sind. Der Schnitt sorgt für eine gute Belüftung der Krone und hat wesentlichen Einfluß auf die Gesundheit der Bäume und die Makellosigkeit der Früchte. Weitere Elemente, welche die natürliche Resistenz der Bäume stärken, sind die Ausgewogenheit des organischen Düngers und der Bewässerung.
Um Trockenpflaumen zu erzeugen, spielt die optimale Reife der Früchte die Hauptrolle. Dafür ist es notwendig, daß das Blattwerk gesund und reichlich ist und der Ertrag – durch rechtzeitiges Auslichten – gemeistert wurde. Die Reife läßt sich an verschiedenen Anzeichen erkennen:

- Anreicherung von Zucker im Fruchtfleisch,
- Abnahme des Säuregehalts,
- tiefere Färbung der Haut,
- Weichwerden des Fruchtfleischs,
- Herabfallen der Früchte ohne Stiel.

Prunes d'Ente kurz vor der Pflückreife

Die herabgefallenen Pflaumen werden sofort aufgelesen und in kleine Körbe gelegt.

Auf Rahmen ausgebreitet, die man auf Karren schichtet, werden die Pflaumen in die voluminösen Trockenöfen geschoben.

Die berühmten französischen Trockenpflaumen sind – ohne daß man sie einweichen muß – sofort genießbar.

Die Erntezeit beginnt in der zweiten Hälfte des August und erstreckt sich bis Anfang Oktober. Während Großbetriebe die Bäume mit Spezialmaschinen rütteln lassen, arbeiten Bio-Obstbauern überwiegend manuell. Doch auch in diesem Fall werden die Früchte nicht gepflückt. Ganz traditionell schlagen erfahrene Erntehelfer mit Stöcken auf die einzelnen Zweige. Da die reifen Pflaumen leicht – und was wichtig ist: ohne Stiel – herabfallen, beeinträchtigt diese Prozedur die Bäume nicht. Außerdem bleiben unreife Früchte am Baum hängen, was der Qualität zugute kommt. Anschließend liest man die Früchte vom Boden auf. Eine Person sammelt auf diese Weise zwischen 350 und 500 Kilogramm Pflaumen pro Acht-Stunden-Arbeitstag. Um 200 Bäume, die üblicherweise auf einem Hektar stehen, abzuernten, braucht man drei bis fünf Tage.
Die Pflaumen werden in einer einzigen Lage auf Rahmen ausgebreitet, zwischen denen Luft zirkulieren kann. Früher in der Sonne oder in Brotbacköfen getrocknet, schiebt man heute die auf Karren gestapelten Rahmen in große Trockenkammern oder -tunnel. In diese wird heiße Luft geblasen und feuchte Luft abgesogen. Zwischen der Phase der Vortrocknung, die bei 60 °C geschieht, und der bei 75 °C stattfindenden *finition* vergehen insgesamt 18 bis 24 Stunden. Ziel ist es, den Feuchtigkeitsgehalt der Pflaumen auf ein Niveau von 21 bis 23 Prozent zu senken, dabei aber ihr Aroma zu erhalten und durch ein Anfangsstadium von Garung zu verstärken. Andererseits gilt es eine Karamelisierung zu vermeiden, die zu Lasten des Geschmacks ginge und den Pflaumen eine unerwünschte braune Farbe verliehe. Deshalb darf die Temperatur im Inneren der Früchte 75 °C nicht überschreiten.
Einmal getrocknet, was sofort nach der Ernte zu geschehen hat, werden die Trockenpflaumen in großen Holzkisten bei einer Temperatur von 7 bis 10 °C in dunklen Räumen mit 70 Prozent Luftfeuchtigkeit zwischengelagert, damit sie nicht schimmeln. Bevor sie auf den Markt kommen, steht den Pruneaux d'Agen ein kurzes heißes Wasserbad bevor, damit ihr Feuchtigkeitsgehalt um etwa 10 Prozent ansteigt. Das verleiht ihnen den appetitlichen Glanz und die köstlich weiche Konsistenz und hat für den Verbraucher den Vorteil, daß er sie sofort genießen kann.
Je nach Reifegrad und Größe braucht man 2,5 bis 3,5 Kilogramm frische Früchte, um ein Kilogramm Trockenpflaumen zu erhalten. Aufgrund ihres hohen Gehalts an Ballaststoffen wirken sie Wunder auf die Verdauung. Sie sind reich an Provitamin A, aber auch an B-Vitaminen, Kalium, Phosphor, Magnesium und Eisen und mit ihrem Gehalt an Kohlenhydraten ein gesunder, nervenstärkender und wirkungsvoller Energiespender.

Rechte Seite: Mit Stockschlägen werden die Äste der Pflaumenbäume in Schwingungen versetzt, so daß die reifen Pflaumen herabfallen.

Früher wurden die Pflaumen auf ungleichmäßigen Plateaus zum Trocknen ausgelegt.

Früchtebrot

Ansatz für 2 Brote
1,3 kg mittelgrob geschroteter Roggen
750 ml lauwarmes Wasser
300 g Grundansatz für Sauerteig (s. S. 42

Die Zutaten gründlich zu einem recht feuchten Teig verrühren. Zudecken und 12 Stunden an einem warmen Ort gehen lassen.
Dann 300 g Sauerteig für den nächsten Ansatz abnehmen, in ein Glas mit Schraubdeckel geben und im Kühlschrank aufbewahren.

Hauptteig
650 g Roggen
350 g Weizen
2 EL Honig
2 EL Rübensirup
1 EL gemahlene Muskatblüte
1 TL gemahlener Zimt
1 TL gemahlener Ingwer
1 TL gemahlener Anissamen
1 TL gemahlener Koriandersamen
1 EL Meersalz
100 g getrocknete Datteln
100 g getrocknete Pflaumen
100 g getrocknete Aprikosen
50 g getrocknete Feigen
50 g getrocknete Äpfel
50 g getrocknete Birnen
50 g Walnüsse
50 g Mandeln
50 g Haselnüsse

Das Getreide mittelfein mahlen und zu dem Sauerteigansatz vom Vortag geben; 750 ml Wasser angießen und die Mischung zu einem Teig verkneten. Falls der Teig zu fest sein sollte, noch etwas Wasser zugeben. Dann Honig, Sirup und Gewürze hinzufügen.
Datteln und Pflaumen entsteinen. Alle Früchte in kleine Stücke schneiden und die Nüsse grob hacken. Früchte und Nüsse in den Teig geben und die Zutaten gut vermengen.
Den Teig in 2, 3 oder4 gleiche Teile teilen. Entsprechend große Backformen mit Mehl ausstäuben, den Teig hineingeben und mit feuchten Händen glattstreichen. Zugedeckt an einem warmen Ort 30 Minuten gehen lassen.
Den Backofen auf 190 °C vorheizen, ein Schälchen Wasser hineinstellen und die Brote – je nach Größe – 45-55 Minuten backen, dabei mehrmals mit Wasser besprühen.
Die Brote aus der Form nehmen und 15 Minuten ohne Form durchbacken.

Zum Sauerteig mit Roggen- und Weizenmehl kommen viele verschiedene Trockenfrüchte und Nüsse.

In die Backform gefüllt und glattgestrichen, muß der Brotteig 30 Minuten aufgehen.

Zutaten für ein Früchtebrot

1 Aprikosen
2 Feigen
3 Datteln
4 Pflaumen
5 Mandeln
6 Walnüsse
7 Birnen
8 Ingwer
9 Roggen- und Weizenmehl
10 Zimt
11 Nelken
12 Salz
13 Anis
14 Koriander
15 Muskatblüte

Das sehr reichhaltige Früchtebrot ist »Kraftnahrung« im besten Sinne – zu welcher Tageszeit auch immer.

Nahrhaft und sättigend

Nüsse

Nüsse, die botanisch zur Gruppe des Schalenobstes gehören, gelten geschichtlich als eines der allerersten menschlichen Nahrungsmittel überhaupt, das zudem den Vorteil besitzt, daß man es lagern kann. In Amerika haben manche Indianerstämme für den Winter vorwiegend Nüsse bevorratet und sollen oft wochenlang ausschließlich von ihnen gelebt haben.

Unter dem Begriff Nüsse subsumiert man einerseits die eßbaren Samen von Früchten, andererseits die Früchte selbst. Sie sind ungemein nahrhaft und ein wertvolles Lebensmittel. So haben Wal- und Paranüsse pro 100 Gramm über 700 Kalorien. Doch nicht allein hinsichtlich ihrer Energiewerte stellen Nüsse die meisten Früchte in den Schatten. Im Pflanzenreich übertreffen sie mit ihrem hohen Proteingehalt von etwa 15 bis 25 Prozent alle anderen Arten außer Hülsenfrüchten. Selbst den Vergleich mit Fleisch und Fisch bestehen sie glänzend, wobei ihr Eiweiß verdaulicher ist. Ein wahrer Schatz jedoch sind sie – mit Ausnahme von Kokosnuß und Kastanie – an ungesättigten Fettsäuren, vor allem an Linolsäure (s. S. 18–19), weshalb ihr Genuß günstigen Einfluß bei Herz- und Gefäßproblemen hat. Mit teilweise über 60 Prozent Ölanteil haben die meisten Nüsse den Nachteil, schnell ranzig zu werden. Dies gilt vor allem, wenn sie geschält sind.

Ihr gesundheitlicher Wert wird durch den Reichtum an Vitalstoffen erhöht. Sie sind reich an Vitaminen und enthalten meist viele B-Vitamine, vor allem B1, B2 und B6, die Wachstum, Nervensystem und Gehirnfunktion fördern, sowie erstaunliche Mengen an Vitamin E, das nicht nur das Nußöl vor zu schneller Oxidierung bewahrt, sondern auch im menschlichen Organismus als Zellschutz wirkt. Mit vergleichsweise hohen Konzentrationen an Calcium, Kalium, Phosphor und Magnesium liefern Nüsse dem Körper wichtige mineralische Bausteine für Wachstum und Stoffwechsel.

Nüsse eignen sich wegen dieser geballten positiven Eigenschaften ausgezeichnet als Proviant und geben einen Energieschub bei besonderer Beanspruchung. In der Naturkostküche werden sie als Zutat hochgeschätzt, eben weil sie den Proteingehalt erhöhen, essentielle Fettsäuren liefern und für wichtige Vitamine sorgen. Dabei bewahrt ihre natürliche Schale nicht nur diese Inhaltsstoffe optimal, zugleich ist sie eine Garantie dafür, daß sie nicht mit Salz, minderwertigen Fetten und Zusatzstoffen denaturiert wurden.

Nüsse von A bis Z

Cashewnuß
Die nierenförmige Nuß, die unter einer apfelähnlichen und genießbaren Scheinfrucht sitzt, stammt ursprünglich aus Westindien. Ihre harte Schale enthält ein ätzendes, in der Industrie genutztes Gift. Sie wird heute außer in Südamerika, in Afrika und Indien angepflanzt und ausschließlich geschält angeboten. Am besten schmecken die weißen, unversehrten Kerne, die auch geröstet und gesalzen im Handel erhältlich sind.

Erdnuß
Sie ist der Außenseiter unter den Hülsenfrüchten, wächst als einjähriger Strauch, der seine Früchte in den Boden gräbt, wo sie mehrere Zentimeter tief ausreifen. Dort trocknen die Hülsen und werden durch Roden eingebracht. Erdnüsse, die in fast allen heißen Ländern angebaut werden, haben große Bedeutung in der Welternährung. Sie sind sehr eiweiß- und ölhaltig. Roh erinnert ihr Geschmack an Bohnen, geröstet gewinnt er Nußaroma.

Eßkastanie
In den Mittelmeerländern wächst sie wild, aber sie ist bis nach Süddeutschland und England verbreitet. Prachtexemplare erreichen über 20 Meter Höhe. Ihre eßbaren Samen sitzen in stacheligen Hüllen, die aufplatzen, wenn sie reif sind. Die etwas kleineren Maronen schmecken besser. Vor der Einführung der Kartoffel waren sie ein wichtiges Nahrungsmittel, wurden zu Gemüse und Fleisch gereicht und als Mehl unter Brot- und Kuchenteig gegeben.

Haselnuß
Frühzeitig in ganz Europa verbreitet, gehörten die nahrhaften und haltbaren Haselnüsse zu den ersten Nahrungsmitteln der Menschen. Heute werden die Sträucher vor allem in der Türkei und den anderen mediterranen Ländern kultiviert. Die zahlreichen Sorten teilen sich in mehr runde und eher längliche Formen. Überwiegend kommen Haselnüsse geschält in den Handel, mit ihrer schönen harten Schale meist aus Inlanderzeugung oder Frankreich.

Kokusnuß
In tropischen Gebieten gedeihende Steinfrucht einer bis 30 Meter hoch wachsenden Palme. Die Nüsse sind von einer dicken Faserschicht umgeben, die für Seile, Matten, Säcke und anderes verarbeitet wird. Kokosnüsse sollten immer noch (hörbar) im Inneren Flüssigkeit enthalten – ein Zeichen ihrer Frische – und an den Augen nicht geschimmelt sein. Ihr Fett mit überwiegend gesättigten Fettsäuren spielt in der Naturkost keine Rolle.

Macadamianuß
Besonders delikate, aus Australien stammende und von dem Forscher McAdam 1857 entdeckte Edelnuß. Heute werden die kleinen immergrünen Bäume auch in Afrika, Amerika und Spanien angepflanzt. Die runden Nüsse, die etwas größer als Haselnüsse sind, sind von einer dünnen, halbfesten Schale umgeben, die man mit dem Messer aufschneiden kann. Leider kommen sie fast nur geschält, meist in Öl geröstet und gesalzen, in den Handel.

Mandel
Mandelbäume wachsen rund um das Mittelmeer, werden aber auch im Vorderen Orient, in Kalifornien und anderswo gezogen. Die mit dem Pfirsich verwandte Steinfrucht sitzt in einer pelzig rauhen Außenschale, die sich bei Reife aufspaltet und die hellbraune harte Nußschale freigibt. Kann man Süßmandeln nicht in der Schale kaufen, sollte man möglichst jene mit dünner brauner Haut wählen und nicht die blanchierten oder gemahlenen.

Paranuß
Sie stammt von einem Urwaldbaum aus dem Amazonasgebiet, der eine Höhe von über 50 Meter erreicht, aber nur selten angebaut wird. Die Nüsse werden gesammelt. Sie befinden sich, oft zu zwei oder drei Dutzend, in kopfgroßen, kugeligen Kapseln, die im Spätherbst zu Boden fallen. Die eigentlichen Nüsse haben eine dünne, aber sehr harte, dreikantige Schale. Mit dieser Schale werden sie meist angeboten. Vorsicht vor dem schädlichen Schimmel, der sich darin entwickeln kann.

Pekannuß
Beheimatet im Süden der Vereinigten Staaten, waren die äußerlich Eicheln ähnelnden Nüsse Winterproviant der Indianerstämme. In den Südstaaten findet man heute die größten Plantagen dieser oft 40 Meter Höhe erreichenden Bäume, die inzwischen auch in anderen Ländern und Kontinenten gepflanzt werden und mit den Walnußbäumen verwandt sind. Pekannüsse werden geschält und ungeschält angeboten, aber die dünnen Schalen lassen sich leicht knacken.

Pinienkern
Die Parasol-Pinien, die mediterranen Gestaden zusätzlichen Charme geben, bilden faustgroße Zapfen. Auf deren harten Segmenten stecken die länglichen Samen. Entfernt man die schützende braune Haut, kommen kleine elfenbeinfarbene Spindeln zum Vorschein. Sie ähneln in ihren Inhaltsstoffen Nüssen. Als Zutat in der iberischen, italienischen und orientalischen Küche geschätzt, werden sie immer geschält und teilweise geröstet verkauft.

Pistazie
Der immergrüne Baum wird seit Jahrtausenden im Vorderen Orient kultiviert, wo man seine kleinen Kerne roh oder in Gerichten auch wegen ihrer grünlichen Farbe schätzt. Bei Reife platzen die hellen Schalen von selbst auf und geben den unregelmäßigen, von einer dunkleren Haut umschlossenen Kern frei. Oft geröstet und gesalzen mit oder ohne Schale im Handel.

Walnuß
Der imposante ausladende Baum, dessen Urheimat der Ferne Osten war, ist heute in allen milderen Regionen verbreitet. Haupterzeuger ist Kalifornien, in Europa Frankreich und Italien. Am Baum sind die Nüsse von einer grünen ledrigen Hülle umgeben, die aufplatzt, wenn die Nuß reif ist. Das Innere ihrer beiden Hälften bildet ein unterteiltes Gehäuse, in dem die Kerne stecken. Sie werden zwar auch ohne Schalen angeboten, sind aber als ganze Nüsse beliebter.

Rechte Seite:
1 Cashewkerne
2 Erdnüsse
3 Eßkastanie
4 Haselnuß
5 Kokosnuß
6 Mandeln
7 Paranuß
8 Pinienkern
9 Pistazie
10 Walnuß

Hintergrund: Ein prächtig blühender Eßkastanienbaum

1
2
3
4
5
6
7
8
9
10

Avocados

Von Malaga ins Landesinnere. Kaum abgezweigt von der Küstenstraße der Costa del Sol, heben sich im Morgenlicht die flachen Hügel wie Scherenschnitte gegen den Himmel ab. Feigenkakteen und Eukalyptusbäume säumen den Straßenrand.

Im Gebiet des Pago Real Alto biegen wir von der Straße ab und folgen dem schmalen Feldweg zu einer Finca. An manchen Stellen scheint er kaum breiter als der Radabstand. Zwischen Bäumen und Büschen mit länglichen, an Rhododendron erinnernden Blättern windet er sich den Hang hinauf. Erst als wir anhalten, erkennen wir die an langen Stengeln herabhängenden ovalen grünen Früchte – Avocados. Wir sind in ihrem einzigen Anbaugebiet auf dem europäischen Festland. Hier, im küstennahen Teil Andalusiens, herrscht subtropisches Klima, das dem von Kalifornien gleicht. Es ist Februar. War es bei Tagesgrauen noch empfindlich kühl, steigt die Temperatur im Laufe des Morgens schnell auf angenehme Grade an.

Avocadobäume, die zu den Lorbeergewächsen zählen, brauchen Hitze, um zu gedeihen und ihre Früchte zu entwickeln. Sie können bis zu 20 Meter hoch werden. Doch in den Plantagen stutzt man sie, so daß sie selten acht Meter überschreiten. Gerade sind die Landarbeiter dabei, die am tiefsten hängenden Früchte abzuschneiden und die untersten Zweige zu kappen, damit die nächste Ernte nicht den Boden berührt. Botanisch gehören Avocados zu den Früchten, auch wenn man sie durch ihre Verwendung eher den Gemüsen zuordnen würde.

Avocados wurden in Mexiko bereits vor 8000 Jahren sehr geschätzt, wie Grabfunde vermuten lassen. Bei den Azteken stand die *ahuakatl*, die Alligatorbirne, in hohem Ansehen. Inzwischen gehören die auch »Butter des Waldes« genannten Früchte zu den Grundnahrungsmitteln der Mexikaner. Jedoch erst in den letzten hundert Jahren begann sich der Anbau von Avocados zu verbreiten, vor allem in den 50er Jahren. Heute werden die Früchte in nahezu allen tropischen und subtropischen Regionen angepflanzt.

Obwohl es an die 400 Sorten gibt, sind Avocados züchterisch wenig verfälscht und rustikal geblieben. In Andalusien kennen sie praktisch keine Schädlinge und müssen infolgedessen auch nicht gespritzt werden. Die flachwurzelnden immergrünen Bäume werfen alte Blätter ab, die auf dem Boden langsam verrotten und mit denen sie sich selbst mulchen. Avocados mögen drainierte Böden und reagieren gut auf reifen Mist und Kompost.

Die Terrassen, auf denen die Bäume stehen, sind keine 20 Jahre alt. Sie wurden speziell für den Obstanbau angelegt. Auf der anderen Seite gegenüber erhebt sich noch ein unberührter Hang. In weitem Abstand wachsen dort Olivenbäume und einige Steineichen. Auf der Kuppe krönt ihn eine kleine, weißgekalkte, aber verlassene Finca. Über Jahrhunderte hat man auf den Hügeln extensive Viehwirtschaft betrieben und Oliven geerntet. Dann brachte der Fortschritt die Wasserleitungen. Der Obstanbau eroberte die Hänge, während im Tal nun intensiv Gemüse kultiviert wurde.

Avocados aus biologischem Anbau in Europa sind der Initiative zweier Deutscher zu verdanken. Von Cordoba aus begannen sie unter dem Namen »Campiña Verde« (grüne Felder) andalusische Bauern von ökologischen Methoden zu überzeugen, sie bei Umstellung und Anbau zu beraten und sich europaweit um die Vermarktung ihrer biologischen Erzeugnisse zu kümmern. Die widerstandsfähigen Avocadobäume eigneten sich besonders für den Bio-Anbau, auf den sich in der Gemeinde Entre Rios die erste Finca Mitte der 80er Jahre spezialisierte. Auf flachen Hängen erstrecken sich dort inzwischen gut 50 Hektar prächtiger Bäume. Um die Steinfrüchte ernten zu können, fahren die Arbeiter mit Hebebühnen zwischen die hohen Baumzeilen. Besonderen Wert legt man darauf, daß die Avocados einzeln abgeschnitten werden, was eine Spitzenqualität garantiert. Dadurch bleibt nämlich der Stengelansatz erhalten, mit dem die Früchte optimal nachreifen und der sie an der anfälligsten Stelle gegen Schimmelbefall schützt. In kleinen Kästen werden die frischgepflückten Avocados zur nahen Erzeugergemeinschaft gekarrt und versandfähig nach Kaliber verpackt. Bei Kaliber 12 – so die Vorschrift – gehen 12 Früchte in die vier Kilogramm fassenden A-Kartons, bei Kaliber 28 sind es 28.

Inzwischen haben sich mehrere Fincas auf den biologischen Anbau von Avocados spezialisiert. Durch Anpflanzung verschiedener Sorten gelingt es ihnen, neun Monate im Jahr Avocados anzubieten, nur von Juli bis September reifen keine Früchte. Von den fünf Sorten Bacon, Fuerte, Pinkerton, Hass und Reed ist Hass geschmacklich die beste. Rudolf Hass, ein nach Amerika ausgewanderter deutscher Briefträger, entdeckte die rauhschalige Sorte Anfang der 30er Jahre in seinem Garten in Kalifornien. Er vermehrte und propagierte die durch natürliche Kreuzung entstandene Varietät. Ihre Besonderheit besteht in der mit zunehmender Genußreife tiefdunkel werdenden Schale, so daß die Hass als einzige Avocadosorte dem Verbraucher ein optisches Indiz für die richtige Verzehrzeit bietet. Aufgrund ihres nussigen Aromas ist die Hass die bevorzugte Frucht aller Avocadofreunde.

Linke Seite: Avocados werden immer in der Baumreife geerntet. Sie sind dann noch hart und ungenießbar. Genußreife erlangen sie erst nach Lagerung. Aufgrund ihrer Widerstandsfähigkeit eignen sich Avocadobäume besonders gut für den Bio-Anbau.

Avocados sind die Früchte von immergrünen und sehr widerstandsfähigen Bäumen, die kaum Krankheiten oder Insektenbefall kennen.

Die subtropisches Klima liebenden Lorbeergewächse erreichen bis zu 20 Meter Höhe. Für die Ernte sind spezielle Hebebühnen notwendig.

Die selbstfahrenden Bühnen liften die Arbeiter in die hohen Gipfel der Bäume, wo die Früchte von Hand abgeschnitten werden. Der Stengelansatz bleibt so erhalten.

Die frischgepflückten Früchte werden von der Genossenschaft für den Verkauf vorbereitet.

Vorbereitung für den Markt

- Zunächst kommen die Früchte auf einen Rollteppich, wo alle beschädigten oder zu kleinen Exemplare aussortiert werden.
- Nach einer Fahrt durch ein Gebläse passieren die Früchte Bürsten, die sie von jeglicher Verschmutzung säubern.
- Es folgt eine weitere, noch striktere Auslese und die gewichtsmäßige Vorsortierung.
- Dann rüttelt das Kalibrierband jede einzelne Frucht zu dem ihr entsprechenden Gewichtsschacht, zur Zeit auf 10 Gramm, bald jedoch auf 2 Gramm genau.
- Per Hand werden die Avocados nach Kaliber in die handelsüblichen A-Kartons von 4 Kilogramm Inhalt verpackt.

Um erstklassige Qualität liefern zu können, wird bei Bio-Avocados der Reifezeitpunkt genauestens ermittelt. Das ist keineswegs leicht, da die Früchte äußerlich darauf keine Rückschlüsse zulassen. Avocados reifen nie am Baum; an den Ästen erlangen sie nur die sogenannte Baumreife, und die Genußreife stellt sich erst ein nach der Pflückung. Die Baumreife wird bestimmt, indem man den Ölgehalt, der ein hohes Minimum überschritten haben muß, feststellt. Dann folgt ein Test der Genußreife, bevor die Ernte beginnt.

Wie alle Früchte entwickeln auch Avocados ihren ganzen Reichtum an Vitalstoffen erst im Reifezustand. Sie sind erstaunliche Gebilde, denn abgesehen von Oliven und Nüssen sind sie die einzigen Früchte, die Fett in Mengen enthalten. Nicht selten liegt der Fettgehalt über 20 Prozent. Dabei handelt es sich um höchst gesunde, mehrfach ungesättigte essentielle Fettsäuren, insbesondere Linolsäure, die der menschliche Körper braucht, um lebenswichtige Gewebshormone bilden zu können. Zugleich haben diese Fettsäuren die Funktion, Vitamine aufzunehmen, was den erstaunlichen Reichtum der Avocado an Vitamin E erklärt. Darüber hinaus enthält sie alle essentiellen Aminosäuren sowie vor allem Kalium und Eisen. Diese für Pflanzen höchst seltene Kombination von Inhaltsstoffen macht die Avocado zu einem außerordentlich gesunden und energiespendenden Lebensmittel.

Vom richtigen Umgang mit Avocados

- Feste – und deshalb unbeschädigte – Früchte kaufen und zu Hause reifen lassen.
- Nur in Ausnahmefällen auch weiche, genußreife Früchte erstehen, die oft Druckstellen haben.
- Früchte mit Stengelansatz auswählen, der beweist, daß die Frucht vom Baum geschnitten wurde; der Stengelansatz schützt zudem vor Schimmelbefall.
- Avocados reifen schneller, wenn man sie bei Zimmertemperatur zusammen mit anderem Obst aufbewahrt.
- Die Früchte halten sich länger, wenn man sie kühl bei 4–10 °C lagert.
- Sie vertragen keine zu tiefen Temperaturen oder gar Frost, dann verfärbt sich ihr Fleisch dunkel, ohne reif zu sein.
- Wenn die Schale bei mittlerem Fingerdruck nachgibt, ist die Frucht genußreif.
- Nur die Sorte Hass wird bei zunehmender Reife erkennbar dunkler bis schwarz.
- Möglichst die Sorte Hass auswählen, sie schmeckt am besten.
- Einmal aufgeschnitten, oxidiert das Fruchtfleisch schnell. Daher erst kurz vor der Verwendung aufschneiden oder sofort mit Zitronensaft oder Essig beträufeln.
- Eine Fruchthälfte hält sich 1–2 Tage im Kühlschrank, wenn man den Kern nicht entfernt, die Schnittflächen mit Zitronensaft bestreicht und sie fest in Klarsichtfolie wickelt.
- Avocados halten sich in der Tiefkühltruhe nur, wenn man sie zerdrückt und mit Zitronensaft vermischt einfriert; im Kühlschrank auftauen lassen.

Avocados – ein vielseitiger Genuß

- Pur, ohne jede Zutat, insbesondere die Sorten Hass und Pinkerton
- Nur mit etwas Meersalz bestreut
- Mit Vinaigrette oder Salatsauce nach individuellem Geschmack
- In jedem Salat als feine und dekorative Bereicherung
- Zerdrückt, mit Zitronensaft und Meersalz abgeschmeckt, als leckerer Brotaufstrich oder delikate Sauce
- Püriert als erfrischende Shakes oder in Saft-Cocktails
- Als milde, wohlschmeckende, vitalstoffreiche, leicht verdauliche Kindernahrung
- Püriert mit etwas Sahne als Gemüsecreme oder unter heiße Brühe geschlagen

Nährstoffgehalt der Avocado

Mit ihrem Fettgehalt von fast 24 Prozent – vornehmlich bestehend aus den hochwertigen mehrfach ungesättigten Fettsäuren – ist die Avocado die fettreichste Frucht überhaupt. Aber sie besitzt noch andere wertvolle Nährstoffe. Pro 100 g sind dies: 2 g Eiweiß – 4 g Kohlenhydrate, davon 3,3 g Ballaststoffe – 503 mg Kalium – 10 mg Calcium – 29 mg Magnesium; dazu nennenswerte Mengen an Vitamin C (13 mg). Alles in allem: 223 kcal/932 kJ.

Avocadosorten

Bacon
Glatte, gelblich gesprenkelte, dunkelgrüne, weiche dünne Schale, ovale Form. Oktober bis Ende Dezember

Cocktail-Avocado
Von Fuerte-Bäumen; seltene, daumengroße, unbestäubte, kernlose, mildschmeckende Frucht

Fuerte
Weitverbreitet, hell gesprenkeltes Grün, ledrige Schale, längliche Birnenform; voller Geschmack. November bis Ende März

Hass
Zunächst grün, bei zunehmender Genußreife dunkelviolett bis schwarz, rauhe genarbte, dicke und harte Schale; hervorragender nussiger Geschmack; kleine Früchte bieten proportional mehr Fleisch. Januar bis Mitte Juni

Pinkerton
Dunkles Grün, schmale, längliche Form mit rauher genarbter Schale; fettreich, gute Haltbarkeit. November bis Ende Februar

Reed
Rund, sehr große, glänzend grüne Früchte mit leicht rauher, mitteldicker Schale: mildes Aroma. April bis Ende Juli

Der Stengelansatz beweist, daß die Frucht vom Baum geschnitten wurde. Er schützt sie gegen Schimmel- und Fäulnisbakterien.

Man nimmt die Avocado in die Hand und schneidet sie der Länge nach mit einem Messer rund um den Stein herum in der Mitte auf.

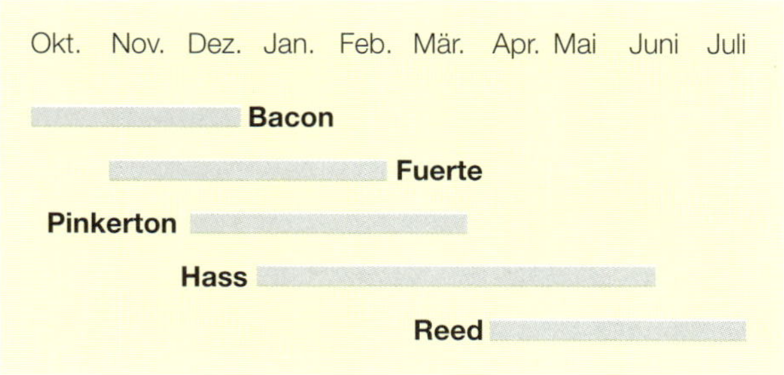

Avocadosalat mit Datteln und Orangen

Guacamole

Dann dreht man die beiden Hälften gegeneinander, damit sich die obere von dem großen Stein löst, und hebt sie behutsam ab.

Optimal gereifte Avocados besitzen leuchtend gelbes Fruchtfleisch. Den Kern entfernt man, indem man ein Messer hineinsticht und ihn vorsichtig heraushebelt.

Avocadosalat mit Datteln und Orangen

(Abbildung oben)

150 g Datteln
1 Orange
1 Zwiebel
2 Avocados
125 ml Vinaigrette

Die Datteln entkernen und kleinschneiden.
Die Orange schälen und würfeln.
Die Zwiebel in Ringe schneiden.
Das Avocadofleisch ebenfalls in Würfel schneiden.
Alle Zutaten in einer Salatschüssel vermengen und mit Vinaigrette – die man aus Essig, Öl, Salz und Pfeffer zubereitet – übergießen; gut vermischen.

Guacamole

(Abbildung oben links)

1 Tomate
$^1/_2$ kleine Zwiebel
2 mittelgroße Avocados
1 EL Zitronensaft
Meersalz, schwarzer Pfeffer

Die Tomate enthäuten, entkernen und in kleine Würfel schneiden.
Die Zwiebel fein hacken.
Das Avocadofleisch auslösen und zerdrücken. Mit Zitronensaft, Salz und Pfeffer vermischen, dann Tomate und Zwiebel unterrühren.
Mit geröstetem Brot als Vorspeise servieren.
Köstlich auch als Dip etwa zu Meeresfrüchten oder als Salatwürze. Rein vegetarische Alternative zu Mayonnaise.

Hinweis: Guacamole ist eine mexikanische Spezialität, die ursprünglich zusätzlich mit scharfen Chilischoten und Knoblauch zubereitet wird.

Gemüse

Erbsen reichern den Boden mit natürlichem Stickstoff an und spielen daher in der biologischen Landwirtschaft eine wichtige Rolle.

Vorherige Doppelseite: Weißkohl ist gesunde, vitaminreiche und – wenn bilogisch angebaut – auch gut bekömmliche Kost.

Was auch immer wir essen, in keinem anderen Lebensmittel ist die Nährstoffdichte so groß wie in Gemüse. Es enthält eine Fülle an Vitaminen, Spurenelementen, Mineral- und Ballaststoffen sowie wichtige Enzyme und Hormone – sie alle sind sehr wesentlich für Gesundheit, Widerstandskraft und Ausgeglichenheit –, hingegen nur verhältnismäßig wenig Kalorien. Das bedeutet, daß wir nach Herzenslust in Gemüse schwelgen können, ohne uns Übergewicht aufzuladen.
Dieser Reichtum hat nur einen Nachteil: Er verflüchtigt sich mit erschreckender Schnelligkeit. Vitamine scheuen Licht, Luft und Wärme, Mineralstoffe erliegen Wasser. Daher will der Umgang mit Gemüse gelernt sein. Reifes Gemüse enthält das Maximum an Vitalstoffen im Augenblick seiner Ernte. Nach 24 Stunden sind bereits zwischen einem Viertel und einem Drittel der Vitamine verlorengegangen, nach drei Tagen ist es schon die Hälfte. Da Gemüse in herkömmlichem Anbau nur unter gewaltigem Einsatz von Kunstdünger und chemischen Mitteln, oft dazu noch in sonnenlichtschwachen, energievergeudenden Treibhäusern produziert wird, kommt für eine gesunde Ernährung ausschließlich biologisch angebautes Gemüse in Frage. Den Weg und die Zeit zwischen Ernte und Verbrauch kann nur eine möglichst direkte Versorgung kurz halten, weshalb man Gemüse der Saison und die in der Umgebung gezogenen wählen sollte. Biologisches Gemüse aus anderen Ländern ist immer dann von Wert, wenn es ein saisonbedingt schmales Angebot ergänzt.
Bietet Gemüse mit seiner großartigen Vielfalt an Wurzeln, Knollen, Blättern, Stielen, Blüten, Fruchtständen, Samen und Früchten stets abwechslungsreiche Anregungen, müssen ihre Nährstoffe noch die Hürde der Zubereitung nehmen.
Unbeschadet gelangen sie nur im Rohzustand auf den Tisch. In der – erwiesenermaßen gesünderen – mediterranen Küche gehört Salat oder Rohkost zu jedem Essen. Will man Gemüse aber zubereiten, dann möglichst schonend und in kurzer Garzeit, am besten nur mit etwas Butter oder Öl und/oder ganz wenig Wasser. Dann bleiben nicht nur die Vitalstoffe weitgehend erhalten, sondern Konsistenz, Geschmack und Farbe bewahren den charakteristischen Genuß jeder einzelnen Art.

Fein- und Feldgemüse

Artischocke
In Mittelmeerländern sehr beliebte, frostempfindliche Riesendistel, deren feinstes Stück der Blütenboden ist; meist gekocht, nur ganz jung roh, dann feingeschnitten in Salaten.

Aubergine
Ursprünglich indisches, empfindliches Fruchtgemüse; nie roh essen wegen seines Solaningehalts (Solanin ist ein giftiges Alkaloid); neutral im Geschmack, exzellent gedünstet, gebacken oder gebraten.

Batate
Aus Südamerika stammende Süßkartoffel, die auch in China sehr beliebt ist; botanisch eine Windenart, die oft spindelförmige Knollen bildet; süßlich und mehlig; am besten gebraten.

Bleich-, Stangen- oder Staudensellerie
Bruder der Knolle, heute nicht mehr in Erde oder Papier eingeschlagen, sondern selbstbleichend; ob roh oder gekocht, immer äußerst würzig; Blätter als Küchenkraut verwendbar.

Blumenkohl
Dicker Blütenstand einer Kohlvariante; wenn mit Kunstdünger gezogen, schwer verträglich, wenn biologisch angebaut, sehr bekömmlich; gut roh zu genießen; sonst bißfest gekocht oder gebraten.

Brennessel
Verkanntes Wildgemüse mit blutreinigender Wirkung; heilend bei Rheuma und Gicht; nur junge Blätter verwenden und gegen Brennhaare abbrühen; in Salat, Suppen und wie Spinat.

Brokkoli
An Vitalstoffen seinem Verwandten, dem Blumenkohl, überlegener, verzweigter Delikateßkohl; Stiele und Blätter ebenfalls genießbar; immer (vor)gegart, vielseitig verwendbar.

Busch- und Stangenbohne
Ein Gemüsegeschenk Süd- und Mittelamerikas; reich an Kohlenhydraten und Vitalstoffen; enthält giftiges, nur durch längeres (!) Dünsten zu beseitigendes Phasin.

Chicorée
Zichorienart, die im ersten Jahr Wurzeln, im zweiten Jahr helle, süßliche, leicht bittere Spindeln treibt; industriell in Hydrokultur; gut als Salat und gedünstet.

Chinakohl
Schnell wachsender, aus dem Freiland im Herbst geernteter, entfernter Kohlverwandter; gut für Salate oder kurz gedünstet; sehr bekömmliches, mineralreiches, dezentes Gemüse.

Dicke Bohne
Ureuropäische und asiatische Leguminose; in dick wattierten Hülsen wachsend; besonders aromatisch, wenn früh gepflückt; nicht lagern; immer garen; fein in Salaten und Cremes.

Erbse
Weltweit verbreitet; dabei eher selten frisch zubereitet; kurz gegart, sehr bekömmlich; besonders delikat in Salaten oder Mischgemüsen sind ganze Zuckerschoten.

Fenchel
Vor allem im Winterhalbjahr angebotenes, würziges mediterranes Gemüse; jung und frisch in Salaten, sonst gut gedünstet und überbacken; Blätter als Küchenkraut verwendbar.

Gartenmelde
Aus der Mode gekommene, wildwachsende, teils in Gärten gezogene Verwandte des Spinats mit dreieckigen, bemehlten Blättern; gekocht, gedünstet oder – gründlich gewaschen – auch als Salat.

Grünkohl
Besonders in Nordeuropa geschätzter Blattkohl mit sehr hohem Gehalt an Vitalstoffen, insbesondere Vitamin C und Provitamin A; nach Frost zarter und würziger; nur kurz dünsten.

Gurke
Artenreiche Kletterpflanze, darunter die dominierenden Einlegegurken; Schale nur von Salatgurken aus Bio-Anbau genießbar, erst kurz vorm Anrichten salzen; gutes Schmorgemüse.

Knollensellerie
Würziges, an B-Vitaminen und ätherischen Ölen reiches Gemüse; wirkt entwässernd, blutreinigend und nervenberuhigend; gern als Rohkost genossen; sonst für Salat oder Eintöpfe.

Kohlrabi
Bildet ungewöhnliche narbige Sproßknollen; nicht nur gegart verwendet, auch roh geraspelt in Salaten; wertvolle Blätter für Salate oder wie Spinat.

Kürbis
In Italien in großem Stil angebaut; für Kürbiskernöl in Osteuropa; ab Herbst für feine Cremesuppen, Gemüse, Chutneys und sauer eingelegt.

Lauch, Porree
Liliengewächs mit durch Anhäufeln gebleichten Scheinsprossen; nur aus Bio-Anbau gut verträglich; feines, aber markantes Aroma; anregend für Nieren, Leber und Galle.

Mangold
In Mittelmeerländern und der Schweiz gern gegessenes, wie Spinat zubereitetes Gemüse; außer Blatt- auch Stielmangold, dessen Stiele wie Spargel gegart werden.

Möhre, Karotte
Runde oder längliche, weltweit beliebte, gesunde Wurzel; spendet reichlich Beta-Carotin (Provitamin A); roh, gegart und mit jungen Blättern zu genießen.

Okra
Im östlichen Mittelmeer verbreitetes Fruchtgemüse; grüne kantige Schoten für Mischgerichte und Eintöpfe; zuvor in Essigwasser blanchieren; nicht kalt lagern.

Pak-Choi, Japankohl
Verwandter von Chinakohl und Mangold; gedeiht in gemäßigtem Klima bestens; mildaromatisch; kurz gedünstet; Stiele wie Spargel; auch in Salat.

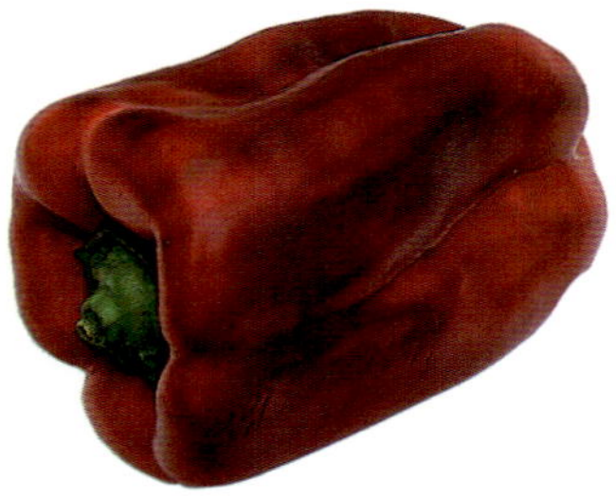

Paprika
Ursprünglich südamerikanisches, wärmeliebendes Fruchtgemüse mit hohem Gehalt an Vitamin C; roh in Salaten, gegrillt, geschmort, gefüllt oder sauer eingelegt.

Pastinake
Große würzige, gut haltbare Uraltwurzel mit viel B-Vitaminen und Kohlenhydraten; in England und Skandinavien sehr geschätzt für Eintöpfe und Pürees; Blätter als Küchenkraut.

Radieschen
Sehr beliebte Gemüseknabberei; Galle, Leber, Magen und Darm anregend; fast nur roh genossen, im Salat, als Garnierung; junge Blätter für Suppen; aus Freilandanbau schärfer.

Rettich
Bereits im Altertum geschätztes, dank der Senföle heilendes, rübenförmiges Gemüse; überwiegend roh genossen; eingesalzen verliert er an Schärfe.

Schwarzer Rettich
Das schwarze Äußere verhüllt blütenweißes, besonders gesundes, mineralien- und vitaminreiches Innenleben, das er in Herbst und Winter liefert.

Rhabarber
Äußerlich – als Rhizome bildende Staude – ein Gemüse, werden seine Stangen ohne die giftigen Blätter als Frucht verwendet; nur gekocht für Obstgrützen, auf Kuchen, in Konfitüren.

Rosenkohl
Bildet am Stengel Knospen, die kleinen Kohlköpfen gleichen; reich an Vitalstoffen; möglichst frisch kochen; als Beilage, überbacken oder als lauwarmer Salat.

Rote Bete, Rote Rübe
Nord- und mitteleuropäische Spezialität; hoher Mineralstoff- und Vitamingehalt und hochwertiges Eiweiß; sehr gesund, wenn nicht nitratbelastet; roh oder gekocht.

Rotkohl
Feste, violette Köpfe, die bereits ab Frühsommer reifen; dann besonders gut für Salate; Haupternte im Winter; gekocht oder gedünstet, fein mit Apfel oder Eßkastanien.

Sauerampfer
In Gärten gezüchtete Version; sowohl Gemüse wie Würze; nur junge Blätter möglichst frisch verwenden; ausgezeichnet für grüne (Fisch-) Saucen, Cremesuppen und feinsauren Spinat.

Schwarzwurzel
Noch immer weitgehend verkannte, da umständlich, am besten mit Handschuhen zu schälende Wurzel; positive Wirkungen auf Zellen; spargelähnlich.

Spargel
Langlebige Staude mit wohlschmeckenden Sprossen; entweder unterirdisch weiß oder oberirdisch grün, dann vitalstoffreicher und ungeschält gekocht; Kochwasser als Suppenbasis.

Speiserübe
Gruppenbezeichnung, die Mairüben oder französische Navets, Herbstrüben oder englische Turnips einschließt; immer gekocht, oft püriert; sehr fein Teltower Rübchen.

Spinat
Blutbildendes, Magen anregendes, vitaminreiches Blattgemüse; frisch im Salat; meist kurz gedünstet; für Suppen, Tartes, Aufläufe; schnell genießen.

Tomate
Einer der Superstars unter den Gemüsen, ob rund oder oval, kirschklein oder pfundschwer, frisch, gedünstet oder gekocht, als Sauce oder Saft, einfach unentbehrlich.

Topinambur
Süßlich schmeckendes Knollengemüse nordamerikanischer Indianer, das ebensogut als Rohkost wie gedünstet in Scheiben oder als Püree zubereitet werden kann.

Weißkohl
Weitverbreitete Kohlart mit runden oder spitzen Köpfen; kleine Köpfe aus früher Ernte roh für Salat; sonst gedünstet, in Suppen oder Aufläufen; für Sauerkraut.

Wirsing
In Nordeuropa und Rußland geschätzter Kohlkopf mit krausen Blättern; feinwürziges Frühsommergemüse, derber im Winter; nur gegart gegessen, vor allem in Eintöpfen.

Zucchini
Nichtwuchernde Verwandte des Kürbis; mit länglichen, kantigen Früchten; klein geerntet roh in Salaten; sonst nur kurz dünsten oder füllen; fein sind ausgebackene Blüten.

Zuckermais
Durch Mutation aus Futtermais entstandene, süße Variante mit zarten Kolben; in – nicht gesalzenem – Wasser kochen oder grillen, als ganze Kolben, in Salat oder Mischgemüse.

Zwiebel
In allen Küchen der Welt beliebte Zutat; hochgeschätztes Naturheilmittel; zahlreiche Sorten; nur kurz vor Verwendung schneiden oder hacken; kulinarisch sehr vielseitig.

Suppengemüse
Möhre, Sellerie, Lauch und Petersilie geben einer Gemüsebrühe den typischen Geschmack.

Gemüse-Kalender – Hauptangebotszeiten von frisch geerntetem Gemüse aus biologischem Anbau in Europa

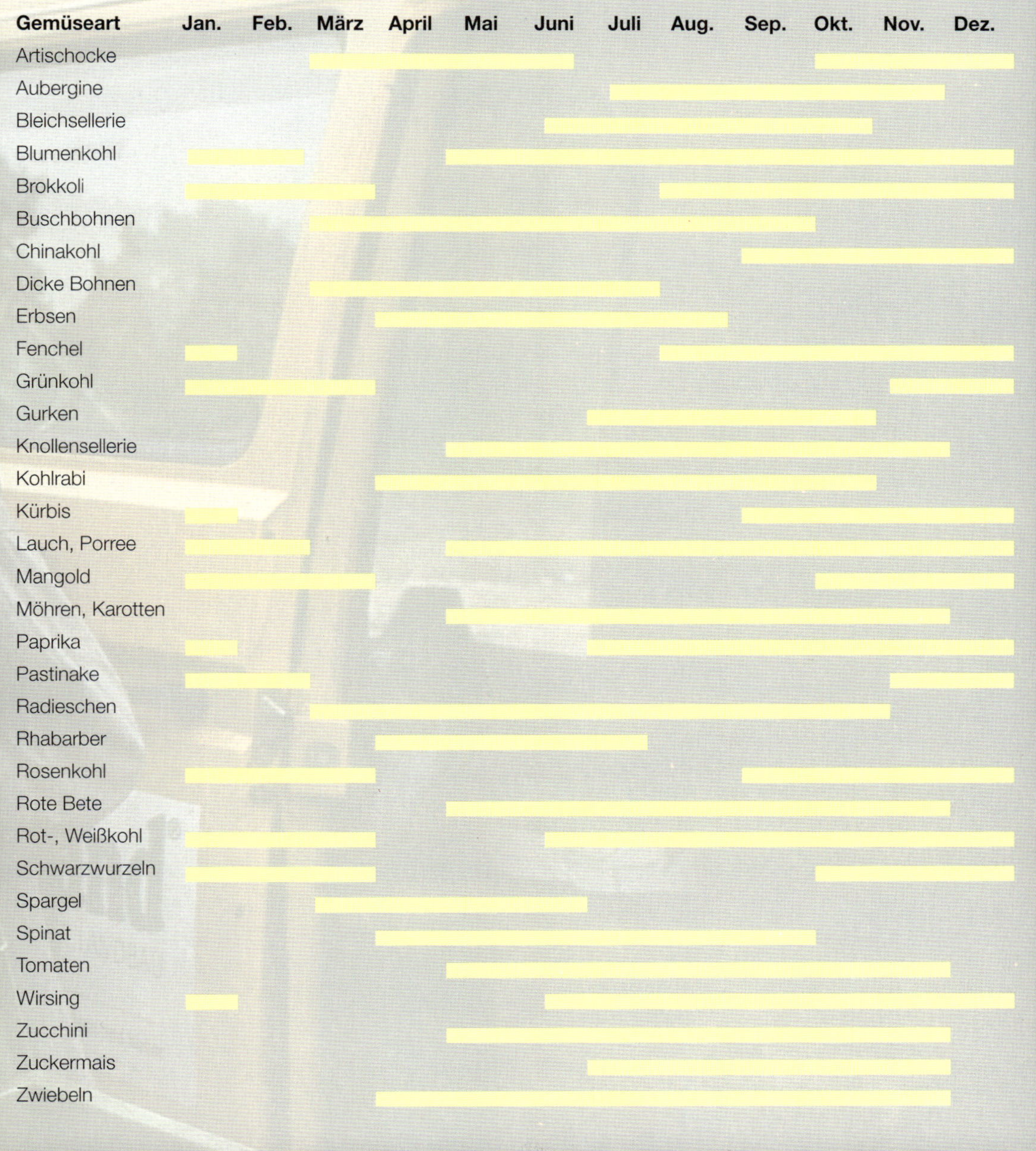

Rohkost – Nichts ist gesünder

Bei der Angabe von Inhaltsstoffen – ob für Getreide, Obst oder Gemüse – bezieht man sich auf den frischen Rohzustand der Lebensmittel. Werden sie gegart, in welcher Weise auch immer, ergeben sich mehr oder weniger große Veränderungen. Vor allem Obst und Gemüse büßen durch Erhitzen viel von ihren Vitaminen und Mineralien, Enzymen und Aromastoffen ein. Rohkost ist deshalb ein sinnvoller Bestandteil jeder gesunden Ernährung. Zur Rohkost zählt man im weiteren Sinn:

- frisches Obst und Gemüse,
- Keime und Sprossen,
- Nüsse und Kerne,
- Rohmilch und Rohmilchprodukte,
- milchsaure Gemüse wie Sauerkraut.

Fest steht, daß beim Verzehr von roher, ungekochter Frischkost die wichtigen Ballaststoffe (s. S. 31) optimal aufgenommen werden und Pflanzeneiweiß unbeeinträchtigt absorbiert wird. Darüber hinaus kommen Textur und Aromen unverfälscht zur Geltung, was die Unterschiede der einzelnen Früchte oder Gemüse betont. Inwieweit und ob überhaupt Rohkost mit gekochter Nahrung verbunden werden sollte oder kann, darüber streiten die Ernährungslehren (s. auch Anhang, Band 2). Eine Verhaltensregel wird jedoch durchgängig empfohlen, wenn man rohe und gegarte Speisen in eine Mahlzeit integriert: Rohkost soll man als erstes essen.

Gemüsesuppe

Diese einfache Gemüsesuppe lebt von der Vielfalt der Gemüse, die der Garten schenkt. Deshalb folgt sie der Saison und wird zum Spiegel für die jeweilige Jahreszeit. Wenn möglich, sollten frische Kräuter verwendet werden. Zwiebel, Kartoffeln und Petersilie gehören immer hinein.

1 mittelgroße Zwiebel
2 Stangen Lauch
2,5 kg Gemüse der Saison, zum Beispiel Möhren, grüne Bohnen, Kohlrabi, Kohlrübe, Weißkohl, Sellerie,Tomaten
500 g Kartoffeln
2 EL Sonnenblumenöl
3 EL feingehackte Kräuter, zum Beispiel Basilikum, Ysop, Oregano, Majoran, Liebstöckel, Salbei
Meersalz
250 g Rosenkohl
2 EL feingehackte Petersilie

Die Zwiebel kleinschneiden. Lauch und das übrige Gemüse in Ringe oder Würfel schneiden, die Kartoffeln würfeln.
Das Öl in einem großen Topf erhitzen, die Zwiebel hineingeben und glasig dünsten; nach kurzer Zeit den Lauch hinzufügen, ebenfalls andünsten. Dann das übrige Gemüse und die Kräuter in den Topf geben. Mit heißem Wasser auffüllen, salzen und garen.
Den Rosenkohl getrennt in wenig Wasser garen. Erst kurz vor dem Servieren zu der Suppe geben. Die Suppe mit Petersilie bestreuen und auftragen.

Die Zutaten für eine Gemüsesuppe richten sich nach dem Saisonangebot.

Einfach, aber arbeitsaufwendig ist diese Suppe, für die alle Gemüse kleingeschnitten werden müssen.

Die Vielfalt des Gemüseangebots macht aus dieser einfachen Suppe einen bekömmlichen Genuß.

Liebes- oder Paradiesäpfel

Tomaten

Als Kolumbus die ersten Tomatenpflanzen aus Amerika, wo sie von den Azteken kultiviert und »tomatl« genannt wurden, mitbrachte, begegneten die Europäer der Frucht mit einigem Mißtrauen. Ihr eigenartig intensiver Duft und der unerwartet aromatische Geschmack erfüllten die Menschen des 16. Jahrhunderts mit Skepsis. Daher begnügte sich die Oberschicht damit, Tomatenstauden in Blumengärten anzupflanzen – es galt bei den Damen der Gesellschaft sogar als chic, bei Festen Kränze aus Tomatenblüten im Haar zu tragen – und deren Früchte als leuchtende Zierde anzusehen.

Natürlich gab es dennoch wagemutigere Genießer, und schon bald verbreiteten sich Gerüchte über die anregende Wirkung des exotischen Nachtschattengewächses, die zu seinen Beinamen Liebes- oder Paradiesapfel führten. Erst im 18. Jahrhundert gewann sie in Südeuropa an Boden.

Ihr erster wortgewandter Verfechter war kein anderer als der Ahn der modernen gastronomischen Literatur, Grimod de la Reynière (1758 bis 1838), der in den Jahren 1803 bis 1813 seinen »Almanach des Gourmands« veröffentlichte. Darin vertrat er die Ansicht, daß die Tomate erst nach der Französischen Revolution (1789) von Provenzalen und Okzitaniern nach Paris gebracht worden und bis dahin völlig unbekannt gewesen sei. Um 1807 muß es dort bereits ein nennenswertes Angebot gegeben haben. Grimod nennt die Frucht »Tomate« wie auch »Liebesapfel« und rühmt ihre Eignung für vorzügliche Saucen. In diesem Zusammenhang teilt er das von ihm selbst kreierte Rezept für gefüllte Tomaten mit und behauptet, es sei das bislang einzige eigenständige Tomatengericht überhaupt. Der Tomate prophezeit er eine große kulinarische Zukunft voraus.

Gleichwohl verging noch ein weiteres Jahrhundert, bis Tomaten als Gemüse in die Gärten und Küchen der nördlicheren Länder Europas Einzug hielten. Zu dieser Zeit hatte man begriffen, daß Tomaten wärmeliebend und frostempfindlich sind, und wies ihr entsprechend geschützte Standorte zu oder zog sie in Glashäusern, wo man sie als einjährige Pflanze kultivierte. In den letzten 50 Jahren eroberten sich Tomaten einen immer bedeutenderen Platz im Gemüseangebot. Dies führte in milderen Regionen zum Massenanbau im Freiland und im Norden zur Errichtung unzähliger Gewächshäuser, in denen Tomaten unter künstlichen

klimatischen Bedingungen und unter Einsatz von Nährlösungen und Chemikalien in Rekordzeiten heranreiften. Dabei blieb nicht nur ihr Geschmack auf der Strecke, sondern auch der überwiegende Teil ihrer Vitalstoffe.

Verglichen mit solchen Tomaten haben sonnengereifte Früchte aus biologischem Anbau ein wunderbares Aroma und zudem eine Vielzahl an Vitaminen und Mineralstoffen, Fruchtsäuren und ätherische Öle. Auch geben sich Bio-Bauern in Nordeuropa Mühe, ihnen in Gewächshäusern möglichst ideale natürliche Bedingungen zu schaffen. Die Resultate sind durchaus überzeugend. Lange Zeit als minderwertig im Vergleich zu anderen Gemüsen angesehen, weiß man inzwischen die gesundheitlich positiven Eigenschaften des kalorienarmen Fruchtgemüses zu würdigen. So wirken sie anregend auf den gesamten Organismus, schützen vor Infektionen, fördern Sekretionen und beugen aufgrund ihres Vitaminreichtums sogar Krebs vor.

Es gibt eine Fülle von Tomatensorten, von kleinen Kirsch- oder Cocktailtomaten über ovale Eiertomaten bis zu gewichtigen Fleischtomaten. Auch farblich können Tomaten erstaunliche, im Handel selten anzutreffende Variationen bieten und ausgereift gelb bis fast schwarz sein.

In südlichen Ländern sind feste, noch leicht grünliche Tomaten für Salate am beliebtesten. Aber mit dem Grün ist Vorsicht geboten, denn unreif weisen die Früchte als Nachtschattengewächse noch giftiges Solanin auf, das auch im Stengelansatz vorkommt, den man deshalb immer herausschneiden sollte. Auch nur leicht angefaulte oder angeschimmelte Tomaten dürfen nicht mehr verwendet werden, da der Schimmel in Verdacht steht, möglicherweise krebsfördernd zu sein.

Bei Zubereitungen empfiehlt es sich generell, Tomaten zu häuten, indem man sie mit kochendem Wasser überbrüht und dann abzieht. Für besonders feine Gerichte sollte man sie auch entkernen, während man für den Hausgebrauch besser nicht auf diese Ballaststoffe verzichtet.

Gebackene Tomaten

4 große Fleischtomaten
4 Knoblauchzehen
1 Bund glatte Petersilie
4 gewässerte Sardellenfilets
4 EL Semmelbrösel aus Vollkorntoast
2 Eigelbe
3 EL Olivenöl
1 TL Oregano
Weißer Pfeffer
Meersalz

Den Backofen auf 250 °C vorheizen.
Die Tomaten quer durchschneiden und das Fruchtfleisch (das man anderweitig verwendet) mit einem Löffel herausnehmen.
Den Knoblauch auspressen; Petersilie und Sardellenfilets fein hacken. Mit Semmelbröseln, Eigelben, 2 EL Olivenöl, Oregano und reichlich Pfeffer zu einer homogenen Paste rühren; mit Salz abschmecken.
Die Paste in die vorbereiteten Tomaten füllen.
Eine feuerfeste Form mit dem restlichen Olivenöl ausstreichen, die Tomaten hineinsetzen und 10–15 Minuten im Ofen backen.
Sofort heiß servieren.

Tomatenpizza

Teig

500 g Vollweizenmehl
42 g Hefe
1 Prise Rohrzucker
Meersalz
2 EL Olivenöl

Sauce

750 g reife Strauchtomaten
1 Bund Basilikum
3 Knoblauchzehen
1 EL Olivenöl
Meersalz
Weißer Pfeffer
1 Büffelmozzarella
50 g frischgeriebener Pecorino

Für den Teig 400 g Mehl in eine große Schüssel sieben und in die Mitte eine Mulde drücken. Die Hefe mit dem Zucker in 300 ml lauwarmem Wasser lösen und in die Mulde geben. Zugedeckt 20 Minuten gehen lassen.
Etwa $1/2$ TL Salz und das Öl zugeben und alles zu einem glatten Hefeteig verkneten. Ist der Teig zu feucht, noch etwas Mehl hinzufügen.
Den Teig mindestens 5 Minuten kräftig durchkneten, zu einer Kugel formen, in eine große Schüssel legen, mit Mehl überstäuben und zugedeckt 2 Stunden gehen lassen.
In der Zwischenzeit den Belag zubereiten.
Die Tomaten überbrühen, enthäuten, quer halbieren, entkernen und in Würfel schneiden.
Das Basilikum – bis auf einige Blättchen – fein hacken, den Knoblauch auspressen und beides in dem Olivenöl anschwitzen.
Die Tomaten hinzufügen, kurz aufkochen und bei kleiner Flamme 30 Minuten köcheln lassen. Mit Salz und Pfeffer abschmecken. Erkalten lassen.
Den aufgegangenen Pizzateig auf eine bemehlte Arbeitsfläche geben und mit den Händen flach auseinanderdrücken. Zu einer Pizza formen, indem der Rand unter Drehen auseinandergezogen wird. Der Pizzaboden sollte etwa 0,5 cm dick sein und einen Durchmesser von mindestens 30 cm haben, mit einem etwas dickeren Rand.
Den Backofen auf 250 °C vorheizen.
Den Teig auf ein gefettetes Backblech oder in eine Pizzaform geben und nochmals 30 Minuten gehen lassen.
Die Mozzarella in Scheiben schneiden. Die Pizza mit der vorbereiteten Sauce bestreichen, den Pecorino darüberstreuen und mit der Mozzarella belegen.
Etwa 15 Minuten im Ofen backen, bis der Rand braun ist.
Aus dem Ofen nehmen, 2 Minuten ruhenlassen, mit Basilikumblättchen garnieren und servieren.

Tomaten-Brot-Salat

500 g trockene Scheiben Weizenvollkornbrot
4 EL Rotweinessig
1 Knoblauchzehe
500 g feste Fleischtomaten
2 rote Zwiebeln
Basilikumblättchen
2 EL Olivenöl
Meersalz, weißer Pfeffer
Schwarze Oliven

Das Brot in eine Schüssel geben. 100 ml Wasser mit dem Essig vermischen und über das Brot geben. 10 Minuten ziehen lassen, dann das Brot gut ausdrücken.
Eine Schüssel gut mit dem Knoblauch ausreiben und das Brot hineingeben. Tomaten und Zwiebeln in Scheiben schneiden und dazugeben. Die Basilikumblättchen zerzupfen und mit dem Öl zu dem Salat geben. Die Zutaten vorsichtig vermischen; mit Salz und Pfeffer abschmecken.
Mit den Oliven dekorieren und servieren.

Frische mediterrane Gemüse wie Zucchini und Auberginen sind die Hauptzutaten von Ratatouille.

Farbe geben rote und grüne Paprikaschoten, die halbiert, entkernt und in Stücke geschnitten werden.

Olivenöl ist ein weiterer wichtiger Aromaspender wie auch die Zwiebeln, die man nur leicht anbräunt.

Auch Auberginen und Paprika schmecken besser, wenn man sie vorher etwas andünstet.

Nach den Zucchini gibt man die Tomaten dazu, wobei man möglichst vollreife verwenden sollte.

Durch Knoblauch und Kräuter, vor allem Thymian, erhält der Eintopf seinen würzigen Geschmack.

Ratatouille

Provenzalischer Gemüseeintopf

4 kleine Zucchini
2 Auberginen
Je 2 rote und grüne Paprikaschoten
4 reife Fleischtomaten
2 Zwiebeln
3 Knoblauchzehen
8 EL Olivenöl
Meersalz, schwarzer Pfeffer
1 Bouquet garni

Die Zucchini in 1 cm dicke Scheiben, die Auberginen in Würfel schneiden. Die Paprikaschoten halbieren, entkernen und in Stücke schneiden. Die Tomaten überbrühen, abziehen und vierteln. Die Zwiebeln kleinschneiden und den Knoblauch feinhacken.
Den Backofen auf 180 °C vorheizen.
Das Olivenöl in einem großen Schmortopf erhitzen und die Zwiebeln darin leicht anbräunen. Dann Auberginen und Paprika hinzufügen und andünsten. Kurz danach Zucchini und Tomaten dazugeben. Die Gemüse salzen, pfeffern und mit dem Knoblauch bestreuen.
Alle Zutaten gut vermischen, das Bouquet garni – ein Kräuterbund, bestehend aus Petersilie, Rosmarin, Majoran, Thymian, Estragon und Bohnenkraut – auf die Gemüse legen und den Topf zudecken.
Den Topf in den Ofen stellen und die Gemüse 60 Minuten garen. Oder den Gemüseeintopf zugedeckt auf kleiner Flamme 50–60 Minuten schmoren lassen. Das Kräuterbund entfernen und die Ratatouille servieren.

Mediterrane Gemüsegerichte mit Auberginen und Paprika

Auberginenröllchen mit Mozzarella-Füllung

(Abbildung unten Mitte)

2 Auberginen
Meersalz
2 Büffelmozzarella
Maiskeimöl
Vollkornmehl
1 Bund großblättriges Basilikum
Weißer Pfeffer
4 reife Tomaten

Die Auberginen längs in etwa 1 cm dicke Scheiben schneiden. Salzen und 30 Minuten entwässern; abspülen, ausdrücken und trockentupfen.
Die Mozzarella in Scheiben schneiden. Reichlich Öl in einer Pfanne erhitzen. Die Auberginenscheiben in Mehl wenden und in dem heißen Öl ausbacken; auf Küchenpapier abtropfen lassen.
Den Backofen auf 200 °C vorheizen.
Auf jede Auberginenscheibe eine Scheibe Mozzarella und ein Basilikumblättchen legen und gut pfeffern. Zusammenrollen und mit einem Zahnstocher befestigen.
Die Tomaten überbrühen, enthäuten, entkernen und in Würfel schneiden. In eine feuerfeste Form geben, salzen und pfeffern, Basilikum darübergeben und die Auberginenröllchen daraufsetzen. Etwa 15 Minuten backen.

Paprika-Tomaten-Gemüse

300 g Zwiebeln
2 EL Olivenöl
1 kg rote, grüne und gelbe Paprikaschoten
2 Knoblauchzehen
750 g reife Tomaten
Meersalz
Weißer Pfeffer

Die Zwiebeln grob würfeln. Das Öl in einer großen Pfanne erhitzen und die Zwiebeln darin glasig dünsten.
Die Paprikaschoten halbieren, entkernen und längs in Streifen schneiden. Den Knoblauch zerdrücken und mit den Paprika zu den Zwiebeln geben.
Die Tomaten überbrühen, enthäuten, vierteln und ebenfalls in die Pfanne geben. Bei mittlerer Hitze 20 Minuten unter häufigem Umrühren dünsten; gegebenenfalls noch vorhandene Flüssigkeit verdunsten lassen. Gut mit Salz und Pfeffer abschmecken. Warm oder kalt servieren.

Gefüllte Paprika

1 mittelgroße Aubergine
Meersalz
1 Zwiebel
2 Knoblauchzehen
3 EL Olivenöl
125 g Lammhackfleisch
1 Bund glatte Petersilie
1 Ei
100 g frischgeriebener Hartkäse
Vollkornsemmelbrösel
Schwarzer Pfeffer
500 g rote, grüne und gelbe Paprikaschoten
100 ml Gemüsebrühe

Die Aubergine in kleine Würfel schneiden, salzen und 60 Minuten entwässern; abspülen und gut ausdrücken.
Zwiebel und Knoblauch fein hacken und in 2 El Olivenöl glasig dünsten. Dann Auberginenwürfel und Hackfleisch hinzufügen, anbraten und erkalten lassen.
Die Petersilie fein hacken und mit Ei und Hartkäse zu Gemüse und Fleisch geben. Ausreichend Semmelbrösel hinzufügen, damit die Mischung gut bindet, aber nicht zu fest wird. Mit Salz und Pfeffer abschmecken.
Den Backofen auf 180 °C vorheizen.
Von jeder Paprika einen Deckel abschneiden, diese vorsichtig entkernen und mit der Fleisch-Gemüse-Mischung füllen; die Deckel aufsetzen.
Das restliche Öl in eine feuerfeste Form geben und die Schoten hineinstellen. Die Gemüsebrühe angießen und die Paprika 30 Minuten im Ofen garen.

Auberginenbällchen

(Abbildung links unten)

Meersalz
600 g Auberginen (möglichst schlanke Früchte)
2 EL gehacktes Basilikum
2 Knoblauchzehen
100 g frischgeriebener Pecorino
1 Ei
Vollkornsemmelbrösel
Vollkornmehl
Maiskeimöl

In einem großen Topf Salzwasser zum Kochen bringen. Den Stielansatz der Auberginen abschneiden und die Früchte ins Wasser geben; 5 Minuten sprudelnd kochen lassen. Das Wasser abgießen und die Auberginen abkühlen lassen.
Die Auberginen ausdrücken und fein zerkleinern. Das Fruchtfleisch in eine Schüssel geben und mit Basilikum, zerdrücktem Knoblauch, Pecorino, Ei und einer guten Prise Salz vermengen. Ausreichend Semmelbrösel hinzufügen, damit ein homogener Teig entsteht.
Walnußgroße Stücke abteilen, zu Bällchen formen und in Mehl wälzen.
Reichlich Maiskeimöl in einem genügend großen Topf erhitzen. Die Auberginenbällchen portionsweise – sie müssen im Fett schwimmen – 5–10 Minuten goldbraun ausbacken.
Auf Küchenpapier abtropfen lassen.
Die Auberginenbällchen schmecken heiß oder kalt.

Auberginenbällchen

Gefüllte Auberginen

Auberginenröllchen mit Mozzarella-Füllung

Gefüllte Auberginen

(Abbildung oben)

- *2 größere Auberginen*
- *Meersalz*
- *1 Zwiebel*
- *4 EL Olivenöl*
- *2 Knoblauchzehen*
- *125 g Büffelmozzarella*
- *1 EL Kapern*
- *2 EL feingehackte glatte Petersilie*
- *2 EL feingehackte grüne Oliven*
- *1 Ei*
- *2 EL Vollkornsemmelbrösel*
- *Schwarzer Pfeffer*
- *6 reife Tomaten*
- *1/2 Bund Basilikum*
- *100 g frischgeriebener Hartkäse*

Die Auberginen halbieren und aushöhlen. Das Fruchtfleisch in kleine Würfel schneiden, salzen und 60 Minuten entwässern; abspülen und gut ausdrücken.
Die Zwiebel fein hacken und in 3 EL Öl goldgelb braten. Das Auberginenfleisch hinzufügen, anbraten und bräunen. Den Knoblauch zerdrücken und zu den Auberginen geben, durchrühren und die Mischung erkalten lassen. Die Mozzarella in kleine Stücke schneiden, die Kapern abspülen. Mit Gemüse, Petersilie, Oliven, Ei und Semmelbröseln zu einer glatten Masse vermischen. Mit Salz und Pfeffer würzen.
Den Backofen auf 200 °C vorheizen.
Die Tomaten überbrühen, enthäuten und würfeln. In eine feuerfeste Form geben; würzen, mit dem restlichen Öl beträufeln und das zerzupfte Basilikum darauf verteilen. Die Auberginenhälften mit der Gemüsemasse füllen und auf die Tomaten setzen. Mit dem Käse bestreuen und 40 Minuten im Ofen backen.

Auberginen-Paprika-Gemüse

Für 4–6 Personen

- *2 kleine Auberginen*
- *2 rote Paprikaschoten*
- *2 Tomaten*
- *2 Zwiebeln*
- *2 Knoblauchzehen*
- *Meersalz, schwarzer Pfeffer*
- *5 EL Olivenöl*
- *2 EL Weinessig*

Den Backofen auf 180 °C vorheizen.
Auberginen und Paprika in große längliche Stücke schneiden. Die Tomaten überbrühen, enthäuten, entkernen und halbieren, die Zwiebeln in Scheiben schneiden, den Knoblauch zerdrücken.
Die Gemüse in eine feuerfeste Form schichten, salzen, pfeffern und mit dem Olivenöl beträufeln.
Im Ofen 25 Minuten garen und warm servieren.
Soll das Gemüse kalt gegessen werden, nach dem Garen den Essig untermischen und kalt stellen.

Ein edles Gemüse

Artischocken

Cynara, eine hinreißende Schönheit mit langem blondem Haar, hatte Jupiter den Kopf verdreht. Nur widerstand sie kühl dem göttlichen Begehren. Das erzürnte den Göttervater dermaßen, daß er sie in eine stachelige Pflanze verwandelte, die *Cynara scolymus*. So will es die Mythologie.
Artischocken sind mehrjährige Stauden, die über vier bis fünf Jahre guten Ertrag bringen. Dann läßt ihre Kraft nach, und sie werden neu gepflanzt. In südlichen Ländern reicht die Haupternteperiode von Dezember bis Mai, je nach Sorte können sie aber auch über das ganze Jahr tragen; weiter nördlich sind sie eine Spezialität biologischer Gewächshauskultur. Jede gutgedüngte Pflanze erzeugt pro Saison sieben bis acht Blütenköpfe, die nacheinander heranwachsen. Sie werden stets vor der Blüte geschnitten, denn nur dann sind sie genießbar.
Es gibt verschiedene Sorten, wobei sich die kleinen, länglichen und violetten Sorten auch zum Rohessen eignen. Dabei müssen die Artischocken ganz jung und sehr frisch sein, so daß sich noch kein sogenanntes »Heu« gebildet hat. Das Herz wird frei- und dann in feine Lamellen geschnitten, die man als Salat genießt. Bei größeren, runden und grünen Köpfen benutzt man vor allem die Böden oder nagt die fleischigen Verdickungen am unteren Ende der Hüllblätter ab. Vorsicht geboten ist bei den aromatischen älteren italienischen Sorten, deren Blattschuppen in nadelscharfen Dornen enden. Der leicht bittere und nussige Geschmack macht Artischocken zur Delikatesse. Sie verdanken ihn dem Cynarin, einem Bitterstoff, der auf Leber und Galle entgiftend wirkt, Blase und Nieren stärkt, Rheumatismus lindert. Er kommt konzentrierter in Stielen und Blättern vor, aus denen man ihn für pharmazeutische Zwecke gewinnt.

Um Herz und Boden einer Artischocke zu enthüllen, muß die Spitze großzügig abgeschnitten werden.

Dann entfernt man mit einem scharfen Messer die harten Blätter, die um den Blütenboden sitzen.

Nun kommen die zarten inneren Blättchen zum Vorschein, die man mit den Fingern abzupfen kann.

Das sogenannte »Heu«, das aus dem Herzen wächst, muß man bei älteren Exemplaren mit einem Teelöffel herausschaben.

Dreifaltige Artischocke: nur leicht gestutzt und zum Kochen vorbereitet – als zartes Herz – als fein gesäuberter Boden.

Diese dekorativ befestigte Zitronenscheibe erübrigt die Zugabe von Essig oder Zitronensaft im gesalzenen Kochwasser.

Gut Ding will Weile haben, denn erst nach einer Kochzeit von etwa 35 Minuten lösen sich die Blätter leicht.

Die französische Weise: Das gegarte Artischockenfleisch am Blattansatz wird in eine leckere Sauce getunkt und abgenagt.

Hinweise zum Umgang mit Artischocken

• 1. Am einfachsten bereitet man große Artischocken auf französische Weise als ganzen Kopf zu. Dabei bricht man den Stiel heraus – oder schneidet ihn ab und bewahrt ihn für eine andere Verwendung auf – und gart den Kopf in Salzwasser mit einem Schuß Essig oder Zitronensaft etwa 45 Minuten. Dann hebt man ihn mit einem Schöpflöffel heraus, läßt ihn mit dem Boden nach oben abtropfen und etwas abkühlen. Pro Person nimmt man eine Artischocke und serviert dazu eine oder verschiedene Salatsaucen.
• 2. Wenn man Artischocken auf die feine Art genießen will, muß man akzeptieren, daß oft nur ein Viertel, manchmal nur knapp ein Fünftel der Köpfe eßbar ist. Wer zu wenig wegschneidet, verdirbt sich und seinen Gästen mit holzigen oder strohigen Teilen den Genuß.
• 3. Bei kleineren violetten oder spitzen Artischocken bricht man zunächst den Stiel heraus, entfernt die harten äußeren Blätter und stutzt mit einer Küchenschere die Spitzen der anderen Blätter um 2–4 cm, je nach Größe und Frische der Artischocken. Die Blätter in der Mitte drückt man auseinander, um mit einem Messer oder einem spitzen Löffel das Heu herauszuschaben. Die Köpfe sofort nach dieser Vorbereitung in Essig- oder Zitronenwasser legen, damit sie sich nicht verfärben. Je nach Größe und weiterer Verwendung werden sie dann 30 bis 40 Minuten in Salzwasser gekocht oder gedünstet und in Sauce gegart.
• 4. Artischocken schmecken – wie so viele Gemüse – am besten, wenn sie bißfest gegart werden. Genaue Garzeiten sind deshalb schwer anzugeben, weil Artischocken in Größe, Durchmesser und Gewicht stark variieren.
• 5. Stiele können genauso schmackhaft wie Artischockenböden sein. Deshalb werden insbesondere kleine, ganz junge Artischocken oft mit langen Stielen angeboten. Zunächst muß man diese von eventuellen Blättern befreien und dann die äußere behaarte Rinde abschälen. In mundgerechte Stücke geschnitten, werden sie mit den Artischocken gemeinsam gegart.
• 6. Will man bei großen Artischocken nur den Boden zubereiten, bieten sich zwei Vorgehensweisen an, nachdem man den Stiel ausgebrochen oder abgeschnitten hat: Entweder bricht man die Blätter einfach ab – die man dann getrennt gart und mit einer Salatsauce serviert – und befreit den Boden von zu dünnen Blättern und Heu, oder man schneidet alle Blätter mit einem sehr scharfen, stabilen Messer knapp über dem Blütenboden ab (etwa 3 cm stehen lassen). Alle härteren Schuppen auf dem äußeren Boden müssen ebenfalls entfernt werden wie auch das innere Heu. Jeden vorbereiteten Boden sofort in Essig- oder Zitronenwasser legen. Anschließend in kochendem Salzwasser etwa 25 Minuten garen oder mit anderen Zutaten dünsten.
• 7. Um große Artischocken als ganzes zu füllen, bricht man zunächst die Stiele heraus, entfernt die äußeren Blätter und schneidet die Blattspitzen ab. Dann gart man die Artischocken in Salzwasser mit einem Schuß Essig oder Zitronensaft etwa 40 Minuten und läßt sie gut abtropfen. Nun werden die Blätter auseinandergedrückt und das Heu entfernt. Anschließend können die Artischocken gefüllt werden.
• 8. Artischocken dürfen nie in Aluminiumtöpfen gegart werden, da sie sich darin unangenehm schmutzig verfärben.
• 9. Frisch sind Artischocken, wenn ihre Stiele fest sind, man aber leicht mit dem Fingernagel in die Schnittfläche eindringen kann. Zu weiche Stiele, zu stark geöffnete Köpfe und braune oder trockene Blattspitzen sind ein Zeichen dafür, daß das Gemüse schon länger liegt.
• 10. Gegarte Artischocken innerhalb von 24 Stunden verzehren. Sie verlieren an Konsistenz und Geschmack und werden auch unbekömmlich.

Artischocken auf französische Art

4 große runde Artischocken
1/2 TL Meersalz

Vinaigrette
4 hartgekochte Eier
2 rohe Eigelbe
4 EL Olivenöl
4 EL Weißweinessig
1 TL scharfer Senf
Meersalz, weißer Pfeffer
1 EL feingehackter Kerbel
1 EL feingehackter Schnittlauch
1 EL feingehackte Petersilie
1 EL Kapern

Wie beschrieben (s. linke Seite, unter 1.) die Artischocken vorbereiten und garen.
Die Eier schälen und die Eigelbe herausnehmen. Die Eiweiße fein hacken und beiseite stellen.
Die gekochten und rohen Eigelbe gut vermischen, dann Öl, Essig und Senf einrühren, mit Salz und Pfeffer abschmecken. Zum Schluß Kräuter, Kapern und feingehackte Eiweiße unterrühren.
Die Artischocken warm portionsweise auf großen Tellern anrichten und die Vinaigrette dazu reichen. Man ißt die Artischocken, indem man die Blätter abzupft, das fleischige Ende wie einen Löffel in die Sauce tunkt und dann mit den Zähnen abnagt.

Artischocken auf venezianische Art

8 möglichst kleine spitze Artischocken
3 EL feingehackte glatte Petersilie
4 zerdrückte Knoblauchzehen
50 g Butter
2 EL Olivenöl
Meersalz, weißer Pfeffer

Wie beschrieben (s. linke Seite, unter 3.) die Artischocken vorbereiten.
Nebeneinander – mit dem Boden nach unten – in einen ausreichend großen Topf geben. Die geschälten Stiele dazulegen, alles zu drei Viertel mit Wasser bedecken und zum Kochen bringen. 15 Minuten bei starker Hitze zugedeckt garen.
Petersilie, Knoblauch, Butter, Olivenöl sowie Salz und Pfeffer zugeben. Aufkochen lassen und – da die Butter das Wasser leicht überschäumen läßt – 5 Minuten ohne Deckel weiterkochen lassen, dann wieder den Deckel auflegen.
Nach 30 Minuten die Artischocken auf die Blattseite stellen und bei offenem Topf so lange bei mittlerer Hitze garen, bis das Wasser komplett verdunstet ist. Um festzustellen, ob die Artischocken gar sind, zupft man ein Blatt ab: Läßt es sich leicht heraus- und durch die Zähne ziehen, sind die Artischocken gar, wenn nicht, gibt man noch etwas Wasser zu und läßt sie noch eine Zeitlang garen.
Dazu paßt am besten helles Bauernbrot.

Von den Blütenständen der Artischocken muß man alle Blätter entfernen, um zum eigentlichen Leckerbissen, dem Herzen, vorzudringen.

Hintergrund: Ein Artischockenfeld. Artischocken, mehrjährige Stauden, gehören zu den Disteln und haben große lappige Blätter.

Hochwertiges Grundnahrungsmittel

Kartoffeln

Heimat der Wildkartoffeln sind die südamerikanischen Anden, wo die Inkas sie vermutlich schon vor 3000 Jahren zu kultivieren begannen. Einer der Konquistadoren im Gefolge Pizarros führte sie im 16. Jahrhundert in Spanien ein, wo man ihren kulinarischen Wert allerdings nicht erkannte, aber durchaus an gewisse Heilwirkungen glaubte. So ließ der spanische König Philipp II. sie 1565 Papst Pius IV. als wirksames Mittel gegen Rheumatismus überreichen.

Wesentlichen Anteil an der Verbreitung der Kartoffel in Mittel- und Nordeuropa hatte der flämische Botaniker Charles de Lescluse, der unter dem lateinischen Namen Clusius bekannt war. Er führte sie 1588 zunächst in Wien ein, und als er 1589 nach Frankfurt ging, stritt er auch dort für ihre Verbreitung. Zwar pflanzte er sie in Schloßgärten zur Zierde an, aber er überzeugte auch den Landgrafen Wilhelm IV. von Hessen-Kassel von ihren kulinarischen Vorzügen.

Dennoch dauerte es weitere rund 150 Jahre, bis die Kartoffel zu einem Grundnahrungsmittel wurde, vor allem in Irland. Bereits gegen Ende des 16. Jahrhunderts hatte sie Sir Walter Raleigh, Admiral unter Elisabeth I., eingeführt, der sie von einer seiner Beutefahrten aus Amerika mitgebracht hatte. In Irland fand die Kartoffel ein ihr besonders entsprechendes feucht-mildes Klima vor und gedieh noch auf den ärmsten Böden. Dort traditionell mit der Schale gekocht, bewahrte sie ihren ganzen Reichtum an Vitaminen und Mineralstoffen, so daß sie nicht nur die Mägen füllte, sondern zugleich wesentlich zur Verbesserung der Volksgesundheit beitrug. Als 1845 die Kartoffelpest die Ernte vernichtete und auch die folgenden Jahre nur Mißernten brachten, erlebte Irland die schlimmste Katastrophe seiner Geschichte: Durch Hungertod und Auswanderung wurde die Bevölkerung fast um die Hälfte dezimiert. Noch heute ist das historische Desaster im Bewußtsein der Iren gegenwärtig.

Einige Herrscher erkannten im 18. Jahrhundert die Chance, mit Hilfe von Kartoffeln die Hungersnot zu bekämpfen. Einer ihrer entschlossensten Verfechter wurde Friedrich der Große von Preußen, der 1756 den Bauern den Befehl gab, sie anzubauen. Um die Skepsis der Landbevölkerung zu überwinden, griff er zu einer List: Er ließ Kartoffeläcker bewachen, um den Wert der Feldfrucht zu demonstrieren und seine Untertanen indirekt zum Diebstahl dieser Kostbarkeit zu verleiten.

Als während des Siebenjährigen Kriegs (1756–63) der französische Apotheker Parmentier in preußische Gefangenschaft geriet, lernte er dort die nahrhaften Erdäpfel kennen. In den Jahrzehnten danach setzte sich Parmentier für ihre Verbreitung in Frankreich ein. Er selbst baute sie auf einem Grundstück in Neuilly bei Paris an. Während der Regierungszeit Ludwigs XVI. (1774–92) gelang es ihm, auch den Hof von ihren Qualitäten zu überzeugen. Erst im 19. Jahrhundert setzte sich der Kartoffelanbau dann in allen europäischen Ländern weitgehend durch. Heute kennt man allein in Europa rund 470 zugelassene Sorten.

Für viele Bio-Bauern sind Kartoffeln ein wichtiger Wirtschaftsfaktor, und die Ernte der Erdäpfel ist ein jahreszeitlicher Höhepunkt im Arbeitsablauf.

Sofort nach der Ernte werden die Kartoffeln ausgelesen. Die beschädigten Knollen kommen in die Futterküche (Abbildung rechte Seite).

In den letzten zwei, drei Jahrzehnten ist der Anbau stark rückläufig. Grund dafür ist zum einen das vielfältige Angebot an Nahrungsmitteln. Zum anderen geriet die Kartoffel, eben weil man sie wegen ihrer Sättigungseigenschaften angebaut hatte, in Verruf, dick zu machen. Längst weiß man jedoch, daß etwa Pellkartoffeln nicht mehr Kalorien enthalten als Vollmilch, Seezunge oder Mirabellen, aber entschieden weniger als die gleiche Menge an Brot, Nudeln, Reis oder Fleisch. Kartoffeln sind – ganz im Gegenteil – ein biologisch besonders hochwertiges Lebensmittel, weil sie alle acht essentiellen Aminosäuren, wichtige Vitamine wie A, B1, 2 und 6, aber auch Folsäure, Pantothensäure, Niacin sowie viel Vitamin C liefern. Darüber hinaus versorgen sie den Organismus mit Spurenelementen und allen wichtigen Mineralien. Ihre Kohlenhydrate in Form von Stärke sind überdies leicht verdaulich, so daß es nur wenige Lebensmittel gibt, die einen so ausgewogenen und gesundheitsfördernden Beitrag zur Ernährung leisten wie die Kartoffel.

Dies gilt jedoch nicht für industrielle Produkte aus Kartoffeln und auch nicht für Ernten aus industriellem Anbau. Auf mit Kunstdünger und Jauche überdüngten, mit Pestiziden, Herbiziden und Fungiziden malträtierten Äckern nehmen die Knollen reichlich Nitrat, schädliche Schwermetalle und wahrscheinlich noch weitere Gifte auf. Zugleich büßen sie drastisch an Geschmack ein.

Es ist nicht verwunderlich, daß für viele Bio-Höfe in Mittel- und Nordeuropa der Kartoffelanbau zum wichtigsten Wirtschaftsfaktor geworden ist. Es gibt – mit Ausnahme von Möhren – kein anderes Gemüse, bei dem der Geschmacksunterschied zwischen konventionellem und ökologischem Anbau so eindeutig ist wie bei Kartoffeln. Allerdings verlangt der Bio-Anbau erheblich mehr Einsatz. Für eine gute Ernte muß der Acker bereits mit einer geeigneten Vorfrucht wie Getreide oder einem Leguminosengemenge aus Erbsen, Ackerbohnen, Wicken und Buchweizen vorbereitet werden. Im Herbst folgt eine Düngung mit Stallmist, im Winter die Pflugfurche und im Frühjahr die Vorbereitung des Saatbeets. Biologische Kartoffeln werden etwas später gesetzt, in Reihen mit etwa 75 Zentimeter Abstand, und angehäufelt.

Während die Stauden überirdisch ihr Blattwerk entfalten, bilden sie unter der Erde Verdickungen, die für die Pflanze Nährstoffreserven bergen: die Knollen. Deshalb sollten sie nicht zuviel Konkurrenz bekommen. Um Unkraut zu beseitigen, wird mehrmals geeggt respektive gestriegelt und dann erneut angehäufelt. Gegen Schädlinge wie den Kartoffelkäfer geht man mit Gesteinsmehl vor. Ihr größter Feind jedoch heißt Phytophtora, die Kraut- und Knollenfäule, gegen die biologisch kein Kraut gewachsen ist. Spätestens im August beginnt sie um sich zu greifen und führt auf einem befallenen Feld zu Ernteeinbußen von 40 Prozent. Nicht allein solche unwägbaren Risiken und Schäden, auch die sorgfältige Vorbereitung und der hohe Arbeitsaufwand rechtfertigen entsprechende Preise. Dafür werden die Verbraucher mit gesunden und schmackhaften Kartoffeln belohnt.

Die beliebtesten Bio-Kartoffeln

(Zu den hier angegebenen Kocheigenschaften siehe Seite 168)

Agria
Mittelfrüh, vorwiegend festkochend, gelbfleischig, nicht nachdunkelnd; große, lang-ovale Knollen; guter Geschmack; vielseitig verwendbar; hoher Vitamin-C-Gehalt; lagerfähig.

Arnika
Frühreifend, vorwiegend festkochend, dunkelgelb; rund-ovale Knollen; angenehme Feuchte, milder Geschmack; für nördliche Regionen; sehr guter Ertrag; ab Januar nachdunkelnd.

Cilena
Frühreifend, festkochend, tiefgelbe reine Fleischfarbe; lange Form; milde, wohlschmeckende Speise- und Salatkartoffel; anspruchsvoll, guter Ertrag.

Cinja
Frühreifend, vorwiegend festkochend, tiefgelb; lang-ovale bis lange Knolle; gute Kochkonsistenz; recht anspruchsvoll; gute Haltbarkeit im Winterlager.

Exquisa
Mittelfrüh, festkochend, gelber Ton; lang-oval, spitz zulaufende Form; feiner Geschmack, festes Fleisch; anspruchsvoll; sehr geringer Ertrag; anfällig für Knollenfäule.

Gloria
Sehr frühe Vorkeimsorte, vorwiegend festkochend, gelber reiner Ton; lang-oval bis lang; sehr gute Speisequalität; mittlere Ansprüche; guter Ertrag.

Granola
Mittelfrüh, vorwiegend festkochend, gelb, etwas rauhschalig; rund-oval; wohlschmeckend; mittlere Ansprüche; ertragssicher; sehr robust; sehr gut lagerfähig.

Leyla
Sehr frühe Vorkeimsorte, vorwiegend festkochend, tiefgelb, nicht nachdunkelnd beim Kochen; lang-oval bis lang; sehr wohlschmeckend; mittlere Ansprüche; befriedigender Ertrag.

Linda
Mittelfrüh, festkochend, gelbfleischig, sich wenig verfärbend; relativ kleine, längliche Knollen; sehr guter Geschmack; geringer Ertrag, gut lagerfähig.

Nicola
Mittelfrüh, festkochend, gelb, nicht verfärbend; ansprechende länglich-ovale Form; milder Geschmack; feine Konsistenz; anspruchslos; etwas eingeschränktere Lagerfähigkeit.

Renate
Frühreifend, festkochend, gelbes Fleisch; oval bis lang-oval; sehr gute Salatkartoffel; gutes Häufeln wichtig; mittlerer Ertrag; bis Februar gut zu lagern.

Rosella
Mittelfrüh bis mittelspät, vorwiegend festkochend, gelb bis dunkelgelb, Außenschale rot; oval; kräftiger Geschmack; schlecht schälend; unempfindlich; hoher Ertrag; gut lagerfähig.

Santé
Mittelfrüh, ziemlich mehlig; hellgelbe Schale und Fleisch; ovale, große Knollen; geschmacklich recht gut; gute Resistenz; sehr gute Erträge; ziemlich gute Lagerfähigkeit.

Sieglinde
Frühreifend, festkochend, gelb; langfallend, glattschalig; angenehmer Geschmack, gute Konsistenz, besonders für Salat; alte Sorte; mittlerer Ertrag.

Solara
Mittelfrüh, vorwiegend festkochend, reine, beim Kochen nicht nachdunkelnde Farbe; oval; neutraler Geschmack; schnell garend; recht hohe Ansprüche; hohe Resistenz; guter Ertrag.

1

2

3

4

5

6

7

Besonders beliebte Kartoffelsorten:
1 Cilena
2 Cinja
3 Granola
4 Linda
5 Nicola
6 Santé
7 Sieglinde

Kocheigenschaften von Kartoffeln

Festkochende Kartoffeln enthalten weniger Stärke. Ihre Schale reißt in der Regel nicht beim Kochen. Sie werden in nördlichen Ländern auch als Salatkartoffeln bezeichnet, da sie sich bestens für diese Zubereitungsart eignen. Ihre feste, stabile Konsistenz wird aber ebenso für Pell-, Brat- oder gratinierte Kartoffeln geschätzt.
Vorwiegend festkochende Kartoffeln besitzen mehr Stärke als festkochende. Beim Kochen platzt ihre Schale nur geringfügig auf. Sie sind praktisch für alle Zwecke verwendbar, aber insbesondere als klassische Salzkartoffeln, da sie ideal Saucen aufnehmen. Sie lassen sich gut als Pellkartoffeln kochen, aber auch braten, backen und fritieren.

Mehlig- oder mehlig-festkochende Kartoffeln sind die stärkereichste Sorte. Ihre Schale reißt immer beim Kochen. Ideal sind sie für alle Zubereitungsweisen, bei denen die Knollen zu Püree oder Teig verarbeitet oder als Bindemittel für Suppen verwendet werden sollen.

So stellt man die Kartoffelstärke fest:
Man schneidet die Kartoffel in der Mitte durch und reibt die Hälften gegeneinander. Je stärker die Schnittflächen zusammenhaften, desto höher ist der Anteil an Stärke und desto mehliger kochen sie. Haften sie schlecht, handelt es sich um eine festkochende Sorte. Mehligfestkochende Sorten haben einen mittleren Stärkeanteil.

Tips zur Zubereitung

- Am besten kocht man Kartoffeln in der Schale. So bleiben alle wertvollen Inhaltsstoffe erhalten. Pellkartoffeln immer in kochendes Wasser geben.
- Frühkartoffeln möglichst schnell zubereiten und verzehren, denn bereits nach 10 bis 14 Tagen beginnen sie zu verschrumpeln. Bei ihrer oft dünnen Schale ist Dämpfen die angemessenste Garweise.
- Kartoffeln immer dunkel aufbewahren. Bei Lichtkontakt bilden sich grüne Flecken, die giftiges Solanin enthalten und entfernt werden müssen.
- Zur Einkellerung von Kartoffeln ist ein dunkler, trockener, gutbelüfteter und kühler, aber frostfreier Keller notwendig. Sonst besser nach Bedarf kaufen.

Für die Kartoffel-Ravioli verwendet man mehligkochende Kartoffeln, die man in sehr dünne Scheiben schneidet.

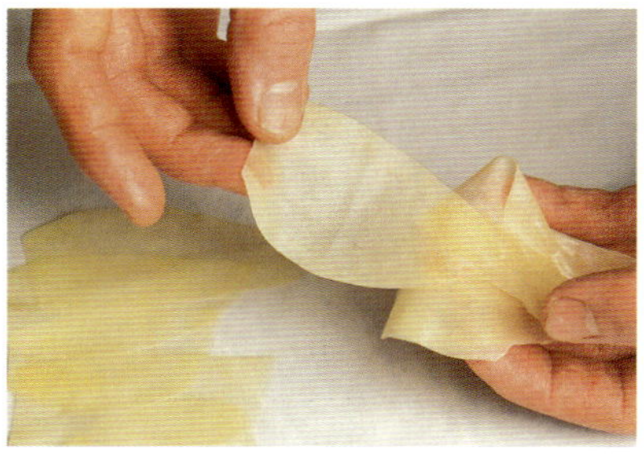
Die Kartoffelscheiben werden mit Fingerspitzengefühl auf einem sauberen Küchentuch ausgebreitet.

Dann legt man die Kartoffelscheiben überlappend so zusammen, daß sich Quadrate von etwa 12 cm Seitenlänge ergeben.

Diese Kartoffelscheibenquadrate bilden die Basis für die Ravioli. Sie müssen sich nur noch fest genug verbinden.

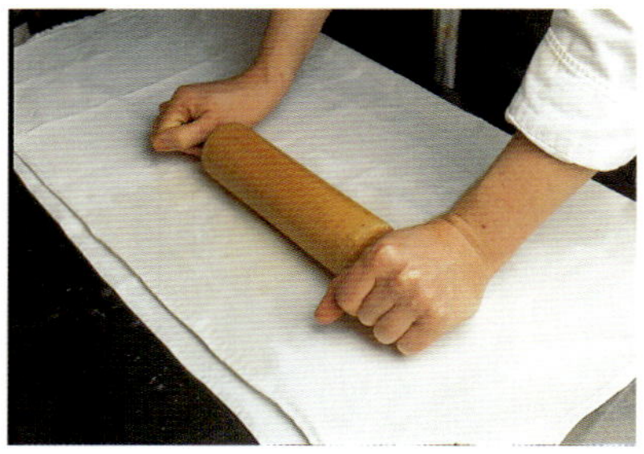
Die Quadrate werden mit einem zweiten Tuch abgedeckt, das man etwas befeuchtet, und behutsam überwalzt.

Auf die Quadrate setzt man die Füllung – Blutwurst, Endiviensalat und Majoran –, die man auch mit einem Quadrat bedeckt.

Mit einem Ringausstecher von 10 cm Durchmesser sticht man dann aus den Kartoffelquadraten Ravioli aus.

Die Ravioli werden anschließend kurz in heißem Öl gebraten, bis sie leicht gebräunt sind, und dann gewürzt.

Kartoffel-Ravioli mit Blutwurst

(Abbildungen oben und rechts)

150 g Puy-Linsen (s. S. 185)
2 EL Aceto Balsamico (Balsamessig)
4 mehligkochende Kartoffeln
2 EL feingehackter Majoran
Endiviensalat
4 Scheiben Blutwurst
5 EL Olivenöl
Meersalz, schwarzer Pfeffer
1 feingehackte Schalotte
3 Fäden Safran
1 Msp Kreuzkümmel

Die Linsen mit 1 EL Essig in Wasser aufsetzen und etwa 40 Minuten bißfest kochen; gut abtropfen lassen und dann beiseite stellen.
Die rohen Kartoffeln in hauchdünne Scheiben schneiden – am besten eignet sich dazu eine Maschine – und auf einem sauberen Küchentuch so auslegen, daß sie 8 Quadrate von etwa 12 cm Seitenlänge bilden. (Die Größe der Kartoffelquadrate muß jeweils dem benutzten Ringausstecher angemessen sein.

Hier hat er einen Durchmesser von 10 cm – eine für die Ravioli gut handhabbare Größe.)
Auf die Kartoffelquadrate ein zweites sauberes Küchentuch legen, befeuchten und die Kartoffelscheiben darunter mit der Nudelrolle vorsichtig und kurz walzen, damit sich die Scheiben verbinden. Dann das obere Tuch behutsam abziehen.
Jeweils $^1/_2$ EL Majoran, ein wenig feingeschnittenen Endiviensalat und 1 Scheibe Blutwurst auf 4 Quadrate geben.
Jeweils mit einem zweiten Kartoffelquadrat abdecken, die Ecken rundherum gut andrücken und mit einem passenden Ringausstecher Ravioli ausstechen.
In einer Pfanne 3 EL Öl erhitzen und die Ravioli darin braten, bis sie zu bräunen beginnen; von beiden Seiten mit Salz und Pfeffer würzen.
In dem restlichen Olivenöl die Schalotte kurz mit dem Safran andünsten, Kreuzkümmel und den restlichen Essig hinzufügen, dann die Linsen dazugeben und mit der Zwiebelsauce verrühren; mit Salz und Pfeffer abschmecken.
Die Kartoffel-Ravioli mit jeweils einer Portion Linsen auf Tellern anrichten und servieren.

Kartoffeln mit Sellerie und Orangenöl

1 große Orange
8 EL Olivenöl
4 große festkochende Kartoffeln
2 kleine Sellerieknollen
Rosmarin
Meersalz, schwarzer Pfeffer
Orangensaft
Limettensaft
Weißer Pfeffer
Sonnenblumenöl

Für das Orangenöl 2 Tage zuvor die Orange ganz fein schälen, so daß keine weiße Haut an der Schale haftet. Die Schale in feinste Streifen schneiden und in 6 EL Olivenöl auf etwa 65 °C erwärmen. Sofort vom Feuer nehmen, in ein Schraubglas füllen und 2 Tage stehenlassen.
Den Backofen auf 180 °C vorheizen.
Das restliche Olivenöl in eine feuerfeste Form geben, Kartoffeln und Sellerie in Spalten schneiden und in der Form verteilen; mit Salz und schwarzem Pfeffer würzen.
Etwa 10–15 Minuten im Ofen backen und mit Rosmarin bestreut anrichten.
Das Orangenöl abgießen, mit etwas Orangen- und Limettensaft, Salz und weißem Pfeffer abschmecken und über das Gemüse geben.
Die Orangenschalen in etwas Sonnenblumenöl leicht fritieren und das Gemüse damit garnieren.

Spinatkartoffeln mit Spiegelei

(Abbildung links)

300 g Kartoffeln
2 Schalotten
2 EL Butter
120 g entstielter Blattspinat
50 g frischgeriebener Hartkäse
4 Eier
Meersalz, weißer Pfeffer
Olivenöl
Kapern

Die Kartoffeln mit Schale kochen und pellen.
Die Schalotten fein hacken und in 1 EL Butter glasig dünsten. Den Spinat dazugeben und kurz mitdünsten, bis er zusammenfällt.
Die Kartoffeln zerdrücken und mit dem Spinat vermengen. Mit dem Käse bestreuen und diesen einschmelzen lassen.
Die restliche Butter in einer großen Pfanne zerlassen. 4 Ringausstecher von 10 cm Durchmesser hineinsetzen, in jeden ein Ei schlagen, salzen, pfeffern und braten. Dann die Ringausstecher jeweils in die Mitte der Teller plazieren, jeweils ein Viertel der Spinatmasse einfüllen und diese glattstreichen. Darauf jeweils ein Spiegelei geben. Mit etwas Olivenöl umgießen und mit einigen Kapern garnieren. Die Ausstecher entfernen und das Gericht sofort servieren.

Reibekuchen*

1 kg festkochende Kartoffeln
1 geriebene Zwiebel
2 Eier
Meersalz, Muskat, Mehl

Die Kartoffeln schälen und in ein Sieb reiben, damit die Masse abtropfen kann; anschließend in eine Schüssel geben. Die Zwiebel und dann die Eier hinzufügen; nach Geschmack mit Salz und Muskat würzen. Alles gut verrühren und die Teigkonsistenz mit etwas Mehl regulieren. Öl in einer schweren Pfanne erhitzen, eßlöffelweise den Kartoffelteig hineingeben und mit dem Löffelrücken flach drücken. Die Reibekuchen von beiden Seiten goldgelb ausbacken und sofort servieren. Dazu paßt Apfelmus.

* In Bayern heißen die Reibekuchen Reiberdatschi, im Rheinland Rievkooche, in Norddeutschland Kartoffelpuffer.

Bratkartoffeln

1 kg festkochende Kartoffeln
3 EL Öl
Meersalz, schwarzer Pfeffer

Die Kartoffeln mit Schale kochen, pellen und in nicht zu dünne Scheiben schneiden.
Das Öl in einer Pfanne erhitzen und die Kartoffelscheiben darin unter häufigem Wenden etwa 20 Minuten goldbraun braten. Mit Salz und Pfeffer abschmecken.
Man kann die Bratkartoffeln anreichern, indem man Zwiebel- und Speckwürfel mitbrät.

Kartoffelsalat

$1\frac{1}{2}$ kg festkochende Kartoffeln
Kümmel
125 ml Gemüsebrühe
1 gehackte Zwiebel
5 EL Essig
Meersalz, schwarzer Pfeffer
4 EL Sonnenblumenöl

Die Kartoffeln in Salzwasser mit Kümmel 15–20 Minuten kochen. Abgießen, abschrecken, pellen und etwas abkühlen lassen. Wenn sie lauwarm sind, in dünne Scheiben schneiden und in eine Schüssel geben.
Die Brühe erhitzen und über die Kartoffeln geben. Zwiebel und Essig sowie Salz und Pfeffer nach Geschmack hinzufügen und vorsichtig mit den Kartoffelscheiben vermengen. Etwa 20 Minuten ziehen lassen, dann behutsam das Öl untermischen.

Kartoffel-Birnen-Gratin
(Abbildung rechts)

500 g festkochende Kartoffeln
4 reife aromatische Birnen
Saft von $1/2$ Zitrone
250 g Rohmilch-Camembert
2 Zwiebeln
$1/2$ TL Kräutersalz
Weißer Pfeffer
2 EL Butter
3 Lauchzwiebeln

Die Kartoffeln mit Schale kochen, pellen und in Scheiben schneiden.
Die Birnen vierteln, entkernen, in Spalten schneiden und mit Zitronensaft beträufeln. Den Camembert in dünne Scheiben, die Zwiebeln in Ringe schneiden.
Den Backofen auf 220 °C vorheizen.
Abwechselnd Kartoffeln, Birnen und Käse in eine Auflaufform schichten; mit Salz und Pfeffer würzen.
Die Zwiebelringe darüber verteilen, die Butter in Flöckchen daraufsetzen und 25 Minuten im Ofen überbacken.
Die Lauchzwiebeln in Ringe schneiden und vor dem Servieren auf dem Gratin verteilen.

Kartoffel-Birnen-Gratin

Rösti mit Ziegenkäse und Apfelmus
(Abbildung rechts)

200 g vorwiegend festkochende Kartoffeln
Meersalz, schwarzer Pfeffer
1 TL feingehackter Rosmarin
1 EL feingehackter Majoran
2 EL Olivenöl
200 g fester, milder Ziegenkäse
150 g Apfelmus

Die Kartoffeln schälen, grob raspeln, leicht salzen, pfeffern, mit Rosmarin und Majoran würzen und gut vermengen. Die Kartoffeln in dem Öl als kleine Rösti von beiden Seiten braun braten.
Den Käse in Scheiben schneiden, auf die Hälfte der Rösti geben und mit einem zweiten Rösti bedecken.
Den Deckel auf die Pfanne setzen und den Käse einschmelzen lassen. Mit dem Apfelmus servieren.

Rösti mit Ziegenkäse und Apfelmus

Schupfnudeln mit Mohn und Zimteis
(Abbildung links)

Schupfnudeln
1 kg mehligkochende Kartoffeln
100 g Vollweizengrieß
120 g weiche Butter
1 Ei
2 Eigelbe
Meersalz
200 g Vollweizenmehl
2 EL Mohn
1 EL Rohrzucker
4 EL leicht geschlagene Sahne

Zimteis
250 ml Milch
250 ml Sahne
1 Zimtstange
4 Eigelbe
1 EL Rohrzucker

Teepflaumen
500 ml schwarzer Tee
250 ml Orangensaft
2 EL Rohrzucker
40 ml Rum
1 Zimtstange
1 Sternanis
Schale von 1 Orange
250 g Backpflaumen

Für die Schupfnudeln die ungeschälten Kartoffeln auf ein Backblech geben und im Ofen bei 180 °C etwa 90 Minuten backen; aus der Schale nehmen und zerdrücken. Grieß, 100 g Butter, Ei, Eigelbe und Salz zu der Kartoffelmasse geben; alle Zutaten gut vermengen. Das Mehl darübersieben und das Püree zu einem glatten Teig verarbeiten.
Den Kartoffelteig ausrollen und in etwa 5 cm breite Streifen schneiden, diese in der Hand fingerdick aufrollen und in reichlich kochendem Salzwasser garen, bis sie an der Oberfläche schwimmen. Herausschöpfen und abtropfen lassen.
Die restliche Butter bräunen, den Mohn zufügen und aufschäumen lassen. Die Schupfnudeln hineingeben, in der Mohnbutter wälzen und mit dem Rohrzucker bestreuen.
Für das Eis Milch und Sahne mit der Zimtstange aufkochen, vom Feuer nehmen und 60 Minuten ziehen lassen. Die Zimtstange entfernen.
Eigelbe und Zucker schaumig schlagen. Die Zimt-Sahne-Milch erneut aufkochen, etwas abkühlen lassen und langsam in die Eier-Zucker-Masse einrühren. Durch ein Sieb passieren und in der Eismaschine oder dem Tiefkühlfach fest werden lassen.
Für die Teepflaumen – die zwei Tage vorher zubereitet werden müssen – alle Zutaten bis auf die Pflaumen in einen Topf geben, erhitzen und die Flüssigkeit um ein Drittel reduzieren. Dann in ein Glas umfüllen, die Backpflaumen einlegen und 2 Tage kalt stellen.
Die Schupfnudeln anrichten, indem man auf jeden Teller 1 EL leicht geschlagene Sahne gibt und die Schupfnudeln dekorativ darauf anordnet. In die Mitte eine Kugel Zimteis setzen und mit einigen Backpflaumen garnieren.

Schupfnudeln mit Mohn und Zimteis

Rote Bete
Die ersten roten Beten eines Jahres kommen im Mai auf den Markt.

Pastinake
Junge Pastinaken sind knackig fest und beliebt als Rohkost. Sie werden als Lagergemüse angeboten.

Rettich
Diese langen, weißen Rettiche sind ein Gemüse, das, roh gegessen, im Sommer sehr erfrischend ist.

Mairübe
Mairüben sind ein Frühlingsbote und zeigen etwas frisches Grün, das man auch verwenden kann.

Schwarzer Rettich
Je später das Jahr, desto dunkler der Rettich; zwar ißt man ihn ebenfalls roh, aber gut geschält.

Staudensellerie
Im Sommer, wenn er gut in Salate paßt, reift inzwischen selbstbleichender Stangensellerie im Freiland.

Wurzeln und Knollen

Obwohl sie zu verschiedenen Familien gehören, haben Wurzeln und Knollen bildende Pflanzen eine große Gemeinsamkeit: Sie sammeln unter der Erde einen Schatz an Energie und Gesundheit fördernden Stoffen an. Eigentlich sind sie dazu bestimmt, der Pflanze das Überwintern zu ermöglichen und genügend Reserven zu speichern, damit sie im Folgejahr über die Kraft verfügt, auszutreiben und Samen zu bilden. In der Regel handelt es sich nämlich um zweijährige Pflanzen.

Größte Bedeutung unter diesen Gemüsen, zu denen man Sellerie, Rote Bete, Schwarzwurzeln, die verschiedenen Rettiche, aber auch Kohlrüben und als Exoten Topinambur zählen kann, haben die Möhren. Es gibt kaum ein Land der Erde, wo sie nicht angebaut werden. Sowohl in Asien als auch in Europa waren Wildmöhren seit frühester Zeit bekannt. So entdeckte man ihre Samen in Pfahlbauten aus der Jungsteinzeit. Vermutlich erfuhren diese noch nicht sonderlich kulinarischen Urformen während der Zeit des Römischen Reiches eine entscheidende Veränderung, als sie mit dem mediterranen Wurzelgiganten *Daucus maximus* gekreuzt wurden. Seither haben Möhren an Format, Feinheit und Verbreitung gewonnen.

Ihre attraktive Farbe verdanken sie dem Beta-Carotin, das in reiner kristalliner Form von intensivstem Gelb ist. Im Bereich der Pflanzen und vegetarischen Lebensmittel besitzen Möhren mit Abstand den höchsten Gehalt an Beta-Carotin. Dabei handelt es sich um das wichtigste Provitamin, das die Vorform des erst im menschlichen (oder tierischen) Körper gebildeten Vitamin A darstellt. Ist dessen Wirkung zum großen Teil auch noch nicht erforscht, so weiß man immerhin, daß es für das Zellwachstum erforderlich ist. Folglich sind Möhren mit vollem Recht eine bevorzugte Kindernahrung. Allerdings muß man dabei beachten, daß Provitamin A unbedingt in Fett gelöst werden muß, um vom Körper aufgenommen zu werden. Von roh gegessenen Möhren kommen Kindern andere wertvolle Vital- und Ballaststoffe zugute, aber so gut wie kein Beta-Carotin. Will man dessen Aufnahme begünstigen, sollte man Möhren beispielsweise in Butter dünsten, aber nicht mit Ölen anrichten, die mehrfach ungesättigte Fettsäuren enthalten, da diese das Beta-Carotin behindern. Die positive Wirkung auf das Zellwachstum spielt auch bei der Vorbeugung gegen Krebserkrankungen eine Rolle. Außerdem hat Vitamin A eine wichtige Funktion in bezug auf unsere optische Wahrnehmungsfähigkeit in der Dunkelheit oder unter schlechten Lichtverhältnissen. Ein Mangel zeigt sich deshalb oft an auftretender Nachtblindheit.

Möhren und Karotten, wie man ihre runde Form nennt, stellen spezielle Ansprüche im Anbau. Sie

Möhren bauen viele Höfe für Babynahrung an. Die Haupternte erstreckt sich über Sommer und Herbst; dann fährt man das vitaminreiche Gemüse hängerweise ein.

Der Roder faßt die Möhren beim Kraut und zieht sie daran aus dem Boden.

Möhren lassen sich bestens in einer Miete bis zum nächsten Frühjahr lagern.

Hier entfernt man das Grün von den Möhren. Es ist als Futter begehrt.

Um die Qualität zu gewährleisten, werden die Möhren sorgfältig verlesen.

bevorzugen tiefgründigen, drainierten, lockeren, auch etwas sandigen Boden, der viel Humus enthält. Gern mögen sie gut gedüngte Böden, doch muß der Dünger alt sein. Denn mit frischem Mist käme auch die viel Schaden anrichtende Möhrenfliege. Die Samen der Pflanze sind winzig. Zwei Millionen Körner braucht man im Feldanbau pro Hektar. Gern benutzen Bio-Bauern pneumatische Sämaschinen, die bei Breitsaat so präzise arbeiten, daß das arbeitsaufwendige Vereinzeln entfällt.
Die Pflanzen wachsen auf Dämmen heran, die acht Tage vor der Einsaat gezogen werden. Darauf stehen pro laufendem Meter 120 Möhren. Der Reihenabstand beträgt 75 Zentimeter. Kurz bevor die Samen die Erde durchstoßen – meist nach einer Woche –, wird das bereits gekeimte Unkraut mit dem Abflammgerät vernichtet. So können die Möhren drei bis vier Wochen fast konkurrenzlos sprießen, bevor gehackt werden muß.
Die ersten frischen Möhren vom Freiland, die im Bund angeboten werden, können in nördlicheren Regionen bereits ab Mitte Mai geerntet werden. Die Haupternte erfolgt von Juli bis in den November. Im Feldanbau faßt der Möhrenroder die Wurzeln am Kraut und zieht sie heraus. Das Kraut wird dann automatisch abgeschnitten, bevor die Möhren über das Ladeband auf den parallelfahrenden Hänger gelangen. Dort fallen sie direkt in Kisten und werden ungewaschen in die Kühlräume des Hofes transportiert.
Junge Frühmöhren sind für den sofortigen Genuß bestimmt. Man kann sie nur wenig mehr als eine Woche lagern. Dazu muß man umgehend das Kraut abschneiden und die Wurzeln im Kühlschrank aufbewahren. Die erst im Herbst reifenden Sorten, die bei weitem dominieren, eignen sich am besten zur Einlagerung. Sie halten sich nicht nur lange im Boden, sondern reifen dort nach und sollten erst geerntet werden, wenn sich ihr Kraut verfärbt. Im übrigen ist das Kraut frischgeernteter junger Möhren gesund und schmackhaft und kann mitzubereitet werden.

Zubereitungen mit Wurzeln und Knollen

Sellerie-Cremesuppe mit Rieslingsekt

(Abbildung unten)

1 mittelgroße Sellerieknolle
1 kleine Zwiebel
1 EL Butter
1 EL gekörnte Gemüsebrühe
Meersalz, weißer Pfeffer
1 TL Zitronensaft
125 ml Rieslingsekt
125 ml Sahne

Den Sellerie in mundgerechte Stücke schneiden.
Die Zwiebel fein würfeln und in der Butter glasig dünsten.
Den Sellerie hinzufügen und 750 ml Wasser angießen.
Das Gemüse garen und pürieren.
Die Gemüsebrühe unterrühren und die Mischung mit Salz und Pfeffer abschmecken. Dann Zitronensaft und Sekt hinzufügen.
Die Sahne leicht schlagen, zu der Suppe geben und diese kurz aufwallen lassen. Nochmals abschmecken und sofort servieren.

Sellerie-Möhren-Salat mit Brunnenkresse

1 kleine Sellerieknolle
300 g junge Möhren
10 kleine Radieschen
1 Bund Brunnenkresse
50 g grobgehackte Walnüsse

Salatsauce
2 EL Sherry-Essig
2 EL Apfelessig
2 EL gekörnte Gemüsebrühe
1 TL Honig
1 Msp Senf
4 EL Sonnenblumenöl
1 feingehackte Schalotte
1 TL feingehackte Petersilie

Sellerie, Möhren und Radieschen in mittelgrobe Streifen hobeln.
Für die Salatsauce alle Zutaten in ein Schraubglas geben und schütteln, damit sie sich verbinden. 2 EL der Sauce abnehmen und beiseite stellen.
Die restliche Salatsauce unter die Wurzelgemüse mischen und 10 Minuten ziehen lassen.
Die Brunnenkresse mit der zurückbehaltenen Sauce vermischen und auf einer großen Salatplatte verteilen. Das Wurzelgemüse darauf anrichten, mit den Walnüssen bestreuen und sofort servieren.

Topinambursalat

12 mittelgroße Topinamburknollen
50 g Pinienkerne
1 Zitrone
2 EL Olivenöl
Meersalz, weißer Pfeffer
1 Bund feingehackte Petersilie

Die Topinambur in Wasser garen, die Haut abziehen und die Knollen in Würfel schneiden.
Die Pinienkerne in einer Pfanne ohne Fett rösten. Die Zitrone halbieren, eine Hälfte auspressen, die andere in dünne Scheiben schneiden.
Zitronensaft, Öl, Salz, Pfeffer und Petersilie mischen und die Marinade über die Topinamburwürfel geben.
Mit Pinienkernen bestreuen und mit Zitronenscheiben garnieren. Sofort warm servieren.

Sellerie-Cremesuppe mit Rieslingsekt

Rote-Beten-Rohkost mit Apfel und Nüssen
(Abbildung unten rechts)

- 3 mittelgroße Knollen rote Beten
- 1 Apfel
- 1 Zwiebel
- 3 EL Weißweinessig
- 4 EL Distelöl
- 1 EL Honig
- Meersalz, schwarzer Pfeffer
- 1 TL gemahlener Kümmel
- Gehackte Haselnüsse

Die rote Beten raspeln, den Apfel in kleine Stücke schneiden, die Zwiebel fein hacken.
Essig, Öl und Honig mit Salz, Pfeffer und Kümmel zu einer Vinaigrette verrühren.
Rote Beten, Apfel, Zwiebel und Haselnüsse vermischen und mit der Vinaigrette übergießen, gut vermengen, abschmecken und 15 Minuten ziehen lassen.

Karamelisiertes Wurzelgemüse
(Abbildung unten Mitte)

- 4 mittelgroße Möhren
- 1 Pastinake
- 2 EL Olivenöl
- 1 TL Kurkuma
- 2 EL Honig
- 4 EL Weißweinessig
- 1/2 TL Kräutersalz
- 1 Prise Piment
- 1 Prise gemahlener Zimt
- 1 Prise gemahlene Nelken
- 1 Prise Cayennepfeffer
- Meersalz

Möhren und Pastinake längs in Streifen schneiden.
Die Hälfte des Olivenöls erhitzen und die Möhren darin andünsten. Dann 1/2 TL Kurkuma und 1 EL Honig dazugeben; leicht karamelisieren lassen. Mit 2 EL Essig ablöschen und die Gewürze hinzufügen.
Die Pastinake in dem restlichen Öl andünsten. Die restlichen Mengen Kurkuma und Honig zugeben. Nachdem die Pastinake etwas karamelisiert ist, mit dem restlichen Essig ablöschen und salzen.
Möhren und Pastinake dekorativ auf Tellern anrichten und als Vorspeise servieren.

Schwarzwurzeln mit Schinken

- 800 g Schwarzwurzeln
- 4 EL Zitronensaft
- 1 l Gemüsebrühe
- 1 Scheibe luftgetrockneter Schinken (etwa 50 g)
- 1 kleine Zwiebel
- 1 Bund glatte Petersilie
- 1 EL Olivenöl
- 30 g Butter
- Meersalz, weißer Pfeffer

Die Schwarzwurzeln mit Gummihandschuhen schälen oder die Hände vorher mit Essig einreiben.
Die Wurzeln in 5 cm lange Stücke schneiden und sofort in Wasser legen, in das man 2 EL Zitronensaft gegeben hat, damit sie sich nicht verfärben.
Die Gemüsebrühe mit 1 EL Zitronensaft zum Kochen bringen. Die Schwarzwurzeln hineingeben, 10 Minuten garen und abgießen.
Schinken, Zwiebel und Petersilie fein hacken und in dem Öl anrösten. Die Schwarzwurzeln dazugeben und unter häufigem Wenden 15 Minuten bißfest schmoren.
Die Butter unterziehen und das Gemüse mit dem restlichen Zironensaft sowie Salz und Pfeffer abschmecken.

Karamelisiertes Wurzelgemüse

Rote-Beten-Rohkost mit Apfel und Nüssen

Lange vergessen und verkannt

Pastinaken

In früheren Zeiten war diese bis zu 40 Zentimeter lang werdende, süßlich schmeckende, weißlich-gelbe Wurzel – im übrigen eine Petersilienart und Verwandte der Möhre – hochgeschätzt und nahm in der Ernährung einen festen Platz ein, bevor sie durch die Kartoffel verdrängt wurde. Dabei können sich Pastinaken, was den Nährstoffgehalt angeht, durchaus mit Kartoffeln messen. Sie haben fast deren Gehalt an Kohlenhydraten, zwar etwas weniger Eiweiß, aber mehr Fett. Bei den Mineralien entsprechen die Kalium- und Magnesiumwerte denen der Erdäpfel, bei Phosphor und Calcium jedoch wie auch mit ihrem Anteil an Vitamin C übertreffen Pastinaken ihre Konkurrentinnen mit Leichtigkeit.

Was die Pastinake wahrscheinlich im Laufe des 18. Jahrhunderts letztlich verdrängte – obwohl sie seinerzeit sogar die Möhre an Popularität übertrumpfte –, waren die mit ihrem Anbau verbundenen erheblichen Schwierigkeiten. Zwar zählt sie zu den am frühesten gesäten Gemüsen, aber sie bedarf auch einer extrem langen Wachstumsperiode von fast sieben Monaten. Außerdem keimt sie nur mühsam und unregelmäßig. Da sie nicht selten dafür vier Wochen benötigt, tut man gut daran, Radieschen mitzusäen. Wenn diese erntereif sind, ist es an der Zeit, die Pastinaken zu vereinzeln.

Zu den Pluspunkten der Wurzel gehören ihre Anspruchslosigkeit und Widerstandsfähigkeit. Pastinaken nehmen praktisch mit jedem Boden vorlieb, auch wenn sie natürlich in gutvorbereiteten, tiefen, lockeren und humusreichen Äckern oder Beeten am besten gedeihen. Wie ihre orangenfarbenen Verwandten können sie keinen frischen Dünger vertragen. Braucht man in diesem Fall auch keinerlei Befürchtungen hinsichtlich der schädlichen Möhrenfliege zu hegen, frischer Dünger würde Pastinaken dazu veranlassen, eine mehrfach verzweigte Wurzel zu bilden und nicht die erwünschte Spindel. Gegen Krankheiten sind sie indes weitgehend unanfällig.

Von Oktober an können sie geerntet werden, wenn man sie aber abdeckt, kann man damit auch bis in den Winter warten. So kommen Pastinaken dann auf den Markt, wenn es nur wenig frisches Freilandgemüse gibt. Kühl und ungewaschen gelagert, halten sie sich bis zum Frühjahr.

Vor allem in den angelsächsischen und skandinavischen Ländern behaupteten sich Pastinaken als Püree oder im Ofen gebacken in der Küche, während sie anderswo höchstens als Viehfutter oder getrocknet als Bestandteil von Fleischwaren, Fertigsuppen, Gemüse- und Würzmischungen überlebten. In England beispielsweise werden *parsnips* seit langem als Gemüse kultiviert, und auch in der französischen und der österreichischen Küche waren Pastinaken stets gebräuchlich als Zutat zu Salaten oder in Eintopfgerichten.

Daß sie jetzt eine Renaissance erfahren, ist den Bio-Bauern zu verdanken. Die Wiederentdeckung der Wurzel ist ein Glücksfall, denn nicht nur haben Pastinaken gesundheitsfördernde Eigenschaften, sie sind auch ein ausgesprochen würziges Gemüse, das viele die Verdauung anregende ätherische Öle enthält. Ihr süßes Aroma und ihr unverkennbarer Geschmack – der zwischen Möhre und Sellerie liegt – verträgt sich gut mit gesalzenen und geräucherten Lebensmitteln. Roh gegessen schmeckt sie leicht nussig. So sind Pastinaken vielseitig zu verwenden: Ob frisch und geraspelt in Salaten, ob gedünstet oder gebraten allein oder mit anderen Gemüsen oder in Suppen und Eintöpfen – stets sorgen sie für einen kulinarisch interessanten, besonders herzhaften Akzent.

Pastinaken halten sich ungesäubert ohne weiteres bis ins Frühjahr. Vor der Verwendung muß man sie gründlich abbürsten.

Die langen Wurzeln waren früher ein wichtiges Grundnahrungsmittel, das durch die Kartoffel verdrängt wurde.

Auch nach sorgfältiger Säuberung sollte man vor allem ältere Exemplare schälen, bevor man sie verarbeitet.

Oft ist gerade der Kopf beim Blattansatz braun geworden, so daß man am besten ein gutes Stück davon abschneidet.

Die Pastinake besitzt einen großen inneren Holzkörper, aber auch einen breiten vitalstoffreichen Rindenring.

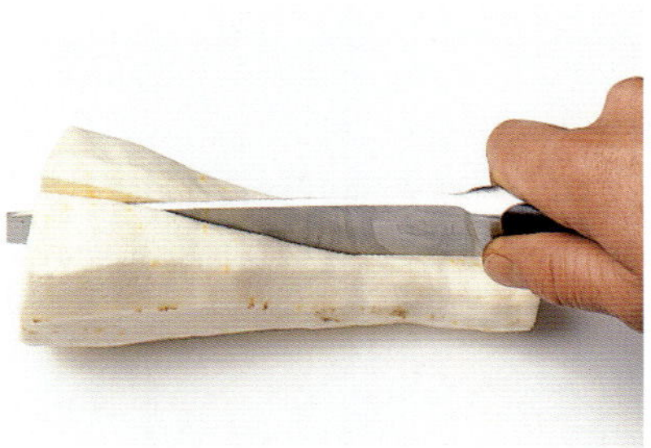
Aufgrund ihrer beachtlichen Größe werden Pastinaken immer zerteilt, dabei halbiert man sie zunächst der Länge nach.

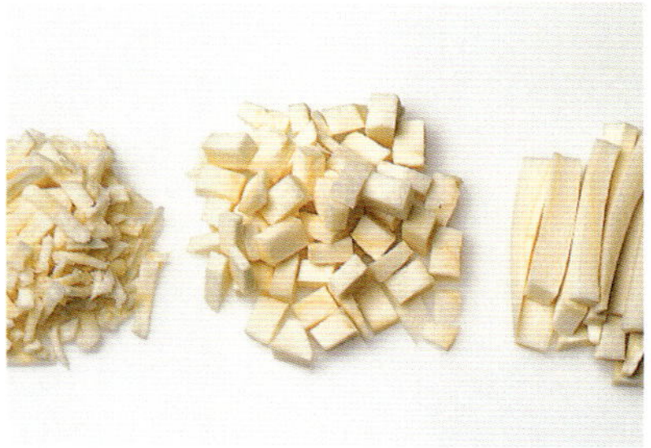
Ob feingehackt, als Würfel oder in Stäbchen geschnitten, zerkleinert läßt sich die Wurzel am besten verarbeiten.

Für Rohkost, Rösti oder das traditionelle Püree sollte man sie zunächst durch den Gemüsewolf drehen und raspeln.

Pastinaken-Rösti

- *2 mittelgroße Pastinaken*
- *1 kleine Zwiebel*
- *1 Bund glatte Petersilie*
- *1/2 TL Kräutersalz*
- *Weißer Pfeffer*
- *2 EL feines Dinkelmehl*
- *1 Ei*
- *1 EL Sahne*

Die Pastinaken grob raspeln. Zwiebel und Petersilie fein hacken und alle Zutaten miteinander vermengen.
In einer Pfanne reichlich Öl erhitzen. Den Pastinakenteig eßlöffelweise hineingeben und flach drücken.
Die Rösti von beiden Seiten etwa 7 Minuten knusprig backen.

Pastinaken-Spinat-Gratin

- *2 große Pastinaken*
- *500 g Blattspinat*
- *1 mittelgroße Zwiebel*
- *1 Knoblauchzehe*
- *1 EL Olivenöl*
- *Kräutersalz, schwarzer Pfeffer*
- *125 ml Sahne*
- *2 EL Mascarpone*
- *1 Ei*
- *100 g frischgeriebener Emmentaler*
- *Meersalz*

Die Pastinaken in 15–20 cm lange breite Streifen schneiden und im Standsieb über Wasserdampf 3–4 Minuten garen.
Den Spinat grob zerpflücken.
Zwiebel und Knoblauch fein würfeln und in dem Olivenöl kurz anrösten. Den Spinat hinzufügen und bei geschlossenem Deckel garen. Mit Kräutersalz und Pfeffer abschmecken.
Den Backofen auf 220 °C vorheizen.
Sahne, Mascarpone, Ei und geriebenen Käse sowie Meersalz nach Geschmack miteinander verrühren.
Eine Auflaufform ausfetten und die Hälfte des Spinats in die Form geben. Mit den Pastinaken bedecken, dann den restlichen Spinat darüber verteilen.
Die Sahne-Käse-Mischung über das Gemüse gießen und 15 Minuten im Ofen überbacken.

Pastinaken in Pimpernellensahne

- *3 mittelgroße Pastinaken*
- *250 ml Sahne*
- *1/2 TL Kräutersalz*
- *2 TL Pfeilwurzelmehl*
- *1 großes Bund Pimpernelle*
- *1 Spritzer Zitronensaft*
- *Meersalz, weißer Pfeffer*

Die Pastinaken in etwa 1 cm breite, 1 cm dicke und etwa 15 cm lange Streifen schneiden. Im Standsieb über Wasserdampf 5–7 Minuten garen, dann abtropfen lassen.
In der Zwischenzeit die Sahne mit 125 ml Wasser zum Kochen bringen. Das Pfeilwurzelmehl in 2 EL Wasser anrühren und die Sahnemischung damit andicken.
Die Pimpernelle fein schneiden, in die Sahnesauce geben und mit Zitrone, Salz und Pfeffer abschmecken.
Die Pastinaken auf einer vorgewärmten Platte anrichten und mit der Sauce übergießen.

Adzukibohnen
Ursprünglich aus Japan, in biologischem Anbau in Italien kultiviert; beliebt in Suppen oder Reisgerichten, aber wegen ihrer Süße auch in Desserts.

Augenbohnen
Variante der grünen Spargelbohne, mit typischer dunkler Marke; in Südamerika und Asien bedeutend; schnell garend, angenehm nussiger Geschmack.

Borlottibohnen
In Italien geschätzte braune, rot gesprenkelte Sorte, die sich beim Kochen grün färbt; gut geeignet für Salate, in Suppen und Saucen.

Dicke Bohnen
Auch Sau-, Pferde- oder Puffbohnen genannt; köstlich, wenn jung gepflückt und frisch zubereitet; getrocknet bräunliche harte, nach dem Kochen zu entfernende Schale.

Erbsen, Schäl-, Trockenerbsen
Sorten, die in der Hülse ausreifen; ungeschält am besten über Nacht einweichen, dann für Suppen, Eintöpfe oder Pürees.

Flageoletbohnen
Kleine, hellgrüne, aus Frankreich stammende Sorte mit hervorragenden Kocheigenschaften und ausgezeichnetem Geschmack, deshalb meist als einzelnes Gemüse gereicht.

Kichererbsen
Einjährige, buschige Pflanze mit kurzen Hülsen; hellbeigefarbene, auch gelbe, selten schwarze Erbsen; in Afrika, Spanien, Indien als Mehl, Püree, Gemüse und in Eintöpfen verwendet.

Kidneybohnen
Roter Farbton, Nierenform und gutes Aroma; in Südamerika sehr beliebt, festkochend, aber von mehliger Konsistenz, mit hohem Ballaststoffanteil; für Salate, Eintöpfe, Ragouts.

Limabohnen, Mondbohnen
Aus Peru; von leicht getöntem Weiß, rund und groß; intensiver Geschmack; Kochwasser mehrmals wechseln wegen leichter Blausäureentwicklung.

Linsen
Nach Durchmesser sortiert: ab 7 mm Riesen-, 6–7 mm Teller-, 4,5–6 mm Mittellinsen; grün oder braun getönt; je kleiner, desto schmackhafter.

Puy-Linsen
In Frankreich kultivierte, stets ungedüngte, kleine, grau-grüne bis grün-bläuliche Linse mit dünner Schale; kurze Garzeit, hervorragender Geschmack (s. S. 184).

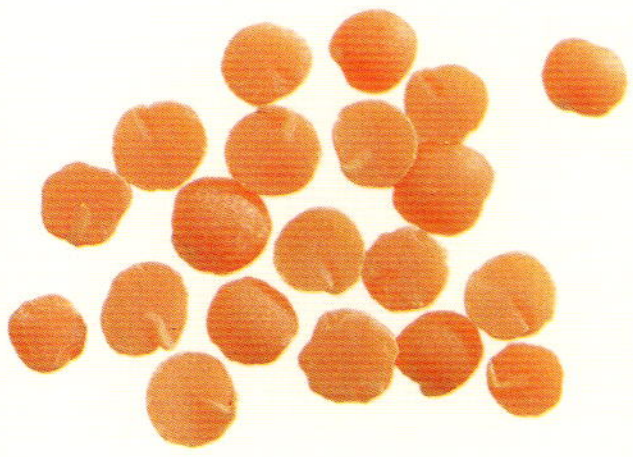

Rote Linsen
Kleine, braun-rote Sorte; geschält und gespalten; schnellgarend, sich zu Brei auflösend, für Suppen, Püree und Brotaufstriche.

Schwarze Bohnen
Nierenförmig, mit glänzender schwarzer Schale, aber weißem Kern; in Südamerika weitverbreitet; Basis der zu Mais und Hirse gegessenen schwarzen Bohnensauce.

Sojabohnen
Glyzinienart; weltweit wichtigste Hülsenfrucht; Basis einer Fülle industrieller Produkte; extrem hoher Eiweißgehalt; auch gekocht, wichtig als Sprossen (s. S. 190).

Wachtelbohnen, Pintobohnen
Rot-braun, mit attraktiver Sprenkelung, die an Wachteleier erinnert; angenehmer Geschmack; gut für Eintöpfe; biologischer Anbau in den USA.

Weiße Bohnen
Üblichste Vertreter der Bohnenfamilie, die beim Kochen leicht zu weich werden; sind Standardzutat in vielen Suppen und Eintöpfen; dezenter Geschmack.

Fast unbegrenzt lagerfähig

Getrocknete Hülsenfrüchte

Hülsenfrüchte füllten die Vorratskammern der Völker schon in grauer Vorzeit. Denn wenn die Samen von Bohnen, Erbsen, Linsen und anderen Leguminosen ausreifen und trocknen, sind sie jahrelang haltbar. Ihre frühe Verbreitung läßt sich auf ihre Anspruchslosigkeit zurückführen. Die sehr artenreiche Familie der Schmetterlingsblütler – über 12 000 sind bekannt – kommt auch mit trockenen und unwirtlichen Böden zurecht, sie bereiten sogar den Boden für nachgesäte Pflanzen: Sie lockern ihn auf, und ihren Knöllchenbakterien gelingt es, den in der Luft enthaltenen Stickstoff zu binden. Deshalb kommt ihnen in der biologischen Landwirtschaft eine spezielle Bedeutung für Fruchtfolgen und als Gründüngung zu. Doch sie reichern nicht nur den Boden mit Stickstoff an, sondern bilden daraus selbst Eiweiß. Hülsenfrüchte sind die wichtigsten Proteinlieferanten aus dem Pflanzenreich. Zwar enthalten sie nicht alle essentiellen Aminosäuren in ausreichendem Maße, aber schon unsere Vorfahren fanden heraus, daß sie – gemeinsam mit Getreide zubereitet – eine hochwertige und vollständige Ernährung darstellen. Viele traditionelle Gerichte, ob in Asien, Amerika, Afrika oder Europa, basieren auf Hülsenfrüchten. Durch die Entwicklung von chemischen Düngern in der modernen Landwirtschaft zurückgedrängt und von der Industrie überwiegend zu Viehfutter degradiert, wird ihr Potential für die Welternährung nach wie vor mißachtet. Immerhin erfahren sie dank eines gesteigerten Ernährungsbewußtseins zunehmend mehr Beachtung, indem man ihre hervorragenden Eigenschaften neu schätzen lernt und dabei auch ihren kulinarischen Wert wiederentdeckt.

Eiweiß und Ballaststoffe in getrockneten Hülsenfrüchten

Anteil pro 100 g

	Eiweiß	Ballaststoffe
Erbsen, ungeschält	23 g	16,8 g
Kichererbsen	20 g	9,5 g
Weiße Bohnen	22 g	19,2 g
Kidneybohnen	21 g	8,3 g
Sojabohnen	37 g	12,0 g
Linsen	24 g	10,5 g

Zum Vergleich: Frische Hülsenfrüchte und Gemüse enthalten jeweils 2–6 g Eiweiß und Ballaststoffe.

Schlesische Erbsensuppe

500 g getrocknete grüne Erbsen mit Schale
1/4 Sellerieknolle
1 Möhre
4 Kartoffeln
1 Stange Lauch
1 EL feingehackter Liebstöckel
4 Würfel Gemüsebrühe
4 Mett- oder Räucherwürstchen
100 g Speck
4 Scheiben Vollkorntoast
2 EL Butter

Die Erbsen über Nacht einweichen. Am nächsten Tag das Wasser abgießen, die Erbsen mit 2 l frischem Wasser aufsetzen.
Sellerie, Möhre und Kartoffeln in Würfel, den Lauch in Ringe schneiden. Nach 20 Minuten Gemüse, Liebstöckel und Gemüsebrühe zu den Erbsen geben. Zugedeckt etwa
60 Minuten kochen, gegebenenfalls noch etwas Wasser zugießen.
Die Würstchen mit einer Gabel anstechen, in die Suppe geben und 30 Minuten mitkochen lassen.
Den Speck in ganz feine Würfel schneiden, auslassen und in die fertige Suppe geben. Die Toastscheiben in Würfel schneiden, in der Butter goldbraun rösten und getrennt dazu reichen.

Rucolasalat mit Borlottibohnen

200 g getrocknete Borlotti- oder Wachtelbohnen
Meersalz
150 g Rucola
4 Strauchtomaten
2 EL Olivenöl
2 EL Aceto Balsamico (Balsamessig)
2 EL Gemüsebrühe
1/2 TL Senf
Weißer Pfeffer

Die Bohnen über Nacht einweichen.
Am nächsten Tag das Wasser abgießen und die Bohnen in reichlich frischem Wasser etwa 60–90 Minuten – je nach Alter der Bohnen – garen.
Wenn die Bohnen gar sind, das Salz hinzufügen und die Bohnen im Kochwasser abkühlen lassen; dann abgießen.
Den Rucola auf Portionstellern anrichten, die Bohnen darüber verteilen und mit Tomatenachteln garnieren.
Aus den übrigen Zutaten eine Sauce mischen und über den Salat geben.
Dazu paßt im Ofen gegrillte Polenta.

Weiße-Bohnen-Suppe mit Grießklößchen

Suppe

150 g getrocknete weiße Bohnen
1 TL getrockneter Liebstöckel
1 TL getrocknetes Bohnenkraut
1 TL getrocknetes Basilikum
1 TL getrockneter Majoran
1 große Prise Kümmel
1 Lorbeerblatt
500 g gemischtes frisches Gemüse
3 EL Olivenöl
1–2 EL gekörnte Gemüsebrühe
1 Msp Muskat
1 Msp gemahlene Pfefferschote
1 TL Meersalz
3 EL feingehackte Petersilie
2 EL Zitronensaft

Klößchen

2 EL Butter
2 TL gekörnte Gemüsebrühe
5 EL Mais- oder Hartweizengrieß
1/2 TL getrockneter Oregano
1/2 TL getrocknetes Basilikum
1 Msp Muskat
1 EL Quark

Für die Suppe die Bohnen über Nacht in 750 ml Wasser quellen lassen. Am nächsten Tag mit den Kräutern aufsetzen und garen.
Die frischen Gemüse – zum Beispiel Staudensellerie, Kohlrabi, Möhren, Lauch, Pastinaken oder Topinambur – in Würfel oder Scheiben schneiden, kurz in dem Öl andünsten und zu den Bohnen geben.
Gemüsebrühe, Gewürze und Petersilie hinzugeben, noch 10–15 Minuten auf kleiner Flamme ziehen lassen; vor dem Servieren mit Zitronensaft abschmecken.
Für die Klößchen die Butter mit 5 EL Wasser und der Gemüsebrühe in einen Topf geben, den Grieß einrühren, die Gewürze dazugeben und aufkochen lassen. Die Temperatur reduzieren und den Grieß 20 Minuten quellen lassen, dann den Quark unterrühren.
Mit zwei Teelöffeln oder den Händen aus der Masse Klößchen formen und diese in kochendes Salzwasser geben. Wenn sie an der Oberfläche schwimmen, noch 2–3 Minuten weitergaren. Dann herausschöpfen, abtropfen lassen und in die Bohnensuppe geben.

Gerichte mit frischen Hülsenfrüchten: Erbsen und Bohnen

Erbsen mit Salatherzen

Erbsen mit Salatherzen

(Abbildung links oben)

- 1 weiße Zwiebel
- 50 g Butter
- 2 Stauden Römischer Salat
- 500 g frische Erbsen
- 100 ml Gemüsebrühe
- 1 TL Rohrzucker
- 3 EL Mascarpone
- Weißer Pfeffer

Die Zwiebel in feine Ringe schneiden und in der Butter glasig dünsten.
Von dem Salat die äußeren dunklen Blätter entfernen und die Herzen in Streifen schneiden, mit den Erbsen zu der Zwiebel geben und andünsten.
Die Gemüsebrühe angießen, den Zucker hinzufügen und das Gemüse 30 Minuten auf kleiner Flamme garen.
Den Mascarpone unterrühren und mit Pfeffer würzen.

Salat aus grünen Bohnen und Tomaten

(Abbildung links unten)

- 5 Knoblauchzehen
- 4 EL Aceto Balsamico (Balsamessig)
- Meersalz
- 500 g Stangen- oder Buschbohnen
- 250 g reife Strauchtomaten
- Basilikumblättchen
- Weißer Pfeffer
- 2 EL Olivenöl

Den Knoblauch auspressen und mit dem Essig sowie einer Prise Salz verrühren; mindestens 30 Minuten stehenlassen.
Die Bohnen in Stücke schneiden, eventuell vorhandene Fäden abziehen, dann bißfest garen und abkühlen lassen.
Die lauwarmen Bohnen in eine Schüssel geben.
Die Tomaten vierteln und zu den Bohnen geben. Das Basilikum zerzupfen und über dem Salat verteilen.
Den Knoblauchessig durch ein feines Sieb über den Salat geben, pfeffern und mit dem Olivenöl beträufeln.
Alles vorsichtig vermengen und sofort servieren.

Salat aus grünen Bohnen und Tomaten

Nudeln mit Zuckerschoten und Räucherlachs

500 g Vollkornnudeln
1 Schalotte
30 g Butter
250 g Zuckerschoten
250 g Mascarpone
50 g frischgeriebener Hartkäse
Meersalz, weißer Pfeffer
100 g Räucherlachs aus Wildfang

Die Nudeln in Salzwasser al dente kochen.
Die Schalotte fein hacken.
Die Butter in einer großen Pfanne zerlassen und die Schalotten darin 5 Minuten glasig dünsten.
Die Zuckerschoten 5 Minuten in Salzwasser blanchieren, abgießen und abschrecken.
Den Mascarpone zu den Schalotten in die Pfanne geben, schmelzen lassen, die Zuckerschoten hinzufügen und 5 Minuten köcheln lassen.
Den Hartkäse unterrühren und die Mischung gut mit Salz und Pfeffer würzen, dann die Nudeln dazugeben.
Auf vorgewärmten Tellern servieren und den Räucherlachs in Stückchen auf den Nudeln verteilen.

Grüne Bohnen in Minzsauce

700 g grüne Bohnen
2 EL Olivenöl
1 Knoblauchzehe
1 EL Essig
2 EL gehackte Minze
Meersalz

Die Bohnen etwa 5 Minuten in Salzwasser kochen, so daß sie gar, aber noch fest sind. Dann abgießen, in eine Schüssel geben und warm halten.
Das Olivenöl in einer Pfanne erhitzen und den Knoblauch unter ständigem Rühren darin andünsten. Essig, Minze und Salz hinzufügen. Alles gemeinsam erhitzen, dann über die Bohnen geben. Sofort servieren.

Dicke Bohnen mit Fenchel und Apfel

(Abbildung unten Mitte)

2 EL Butter
700 g Dicke Bohnen
1 Fenchelknolle
1 Apfel
Meersalz, weißer Pfeffer

Die Butter in einer Pfanne bei schwacher Hitze zerlassen.
Die Bohnen und etwas Wasser hinzufügen und 15–20 Minuten garen.
Den Fenchel in feine Streifen schneiden, den Apfel entkernen und würfeln. Fenchel und Apfel zu den Bohnen geben, zudecken und weitere 6 Minuten dünsten. Dann den Deckel abnehmen und die Flüssigkeit fast gänzlich verkochen lassen; mit Salz und Pfeffer abschmecken.
Dazu reicht man Ricotta oder Hüttenkäse und Brot.

Dicke-Bohnen-Sauce mit Pecorino

250 g Dicke Bohnen
1 Bund Pfefferminze
1 Knoblauchzehe
4 EL Pecorino
2 EL Olivenöl
Meersalz, weißer Pfeffer

Die Bohnen in kochendem Wasser 2 Minuten blanchieren. Sind die Bohnenkerne zu groß, müssen sie aus der Schale gedrückt werden.
Die Minze grob hacken und mit den übrigen Zutaten im Mixer pürieren. Ist die Sauce zu dick, noch etwas Olivenöl dazugeben; mit Salz und Pfeffer abschmecken.
Frisch zubereitet zu Nudeln oder als Sauce zu gekochtem Fleisch reichen. Die Sauce kann man nicht aufbewahren, da sie ihr frisches Aroma schnell verliert.

Stangenbohnen mit Tomaten

2 EL Olivenöl
1 kleine Zwiebel
500 g Tomaten
1 Knoblauchzehe
1 kg Stangen- oder Buschbohnen
200 ml Gemüsebrühe
1 TL Oregano
Meersalz, weißer Pfeffer

In einem Schmortopf das Öl erhitzen, die Zwiebel feinhacken und darin glasig dünsten.
Die Tomaten überbrühen, enthäuten und vierteln. Den Knoblauch zerdrücken, zu den Zwiebeln geben und 2 Minuten mitdünsten, dann die Tomaten dazugeben.
Gegebenenfalls die Fäden der Bohnen abziehen, die Bohnen brechen und zu den Tomaten geben.
Gut durchrühren, mit der Gemüsebrühe aufgießen, den Oregano darüberstreuen und zugedeckt 30 Minuten köcheln lassen. Dann den Deckel abnehmen und die Mischung so lange dünsten, bis alle Flüssigkeit verdampft ist und die Bohnen gar sind. Mit Salz und Pfeffer würzen.

Gedünstete Dicke Bohnen

200 g weiße Zwiebeln
2 EL Olivenöl
2 Tomaten
400 g Dicke Bohnen
2 TL gekörnte Gemüsebrühe
Meersalz, weißer Pfeffer
2 EL feingehackte Petersilie

Die Zwiebeln in Stücke schneiden. Das Öl in einen Schmortopf geben und die Zwiebeln darin glasig dünsten.
Die Tomaten überbrühen, enthäuten, entkernen und mit den Bohnen und der Gemüsebrühe zu den Zwiebeln geben. Zugedeckt etwa 30 Minuten garen. Gegebenenfalls genügend Flüssigkeit nachgießen. Mit Salz und Pfeffer würzen und mit der Petersilie bestreut servieren.

Dicke Bohnen mit Fenchel und Apfel

Für Feinschmecker sind die grünen Puy-Linsen die Krönung der Hülsenfrüchte. Der biologische Anbau wird durch das Mikroklima der Region begünstigt.

Wenn die Linsen auf natürliche Weise getrocknet sind und nur noch wenig Feuchtigkeit enthalten, werden sie nach Größe und Qualität sortiert.

Europas berühmteste Linsen

Die grünen Linsen von Puy

Europas berühmteste Linsen kommen aus der Auvergne, der vulkanischen Landschaft im Zentrum Frankreichs, genauer: aus dem Velay, dessen Hauptstadt das von drei Vulkanfelsen überragte Le Puy ist. Funde aus gallo-romanischer Zeit belegen, daß ihr Anbau eine fast 2000 Jahre alte Tradition besitzt. Ihre grüne Farbe verdanken sie dem blauen Pigment Anthozyan, das, verbunden mit dem gelben Kern, für den charakteristischen blaßgrünen Grundton sorgt. Da das Pigment jedoch nicht gleichmäßig verteilt ist, zeichnen sich tiefergetönte blau-grüne Marmorierungen ab. Das auch in Heidelbeeren und dunklen Weintrauben enthaltene Pigment wirkt stärkend auf Blutgefäße.

Bei den grünen Linsen handelt es sich um eine ausgesprochen kleine Sorte, die nur einen Durchmesser von 4 bis 5 Millimetern und eine Dicke von 2 bis 2,5 Millimetern besitzt. Sorgt bereits deshalb der im Verhältnis hohe Anteil an Schale, unter der sich die Aromen befinden, für einen intensiveren Geschmack als bei größeren Sorten, gibt es dafür noch einen anderen Grund: Die Linsen enthalten deutlich mehr – sich auf das Aroma auswirkende – Mineralstoffe als andere Linsen, vor allem Magnesium und Eisen, die zudem nicht in der Schale, sondern im Keim sitzen.

Doch nicht allein der ausgezeichnete Geschmack hat den grünen Linsen von Puy Bekanntheitsgrad und Nachfrage gesichert. Sie besitzen im Vergleich auch eine feinere Schale als andere Linsen und enthalten etwas weniger Stärke. Diese Faktoren bedingen die kürzere Kochzeit, eine angenehme Konsistenz der sich beim Kochen braun färbenden Hülsenfrüchte und ihre gute Verträglichkeit.

Im Velay säen noch heute um die 700 Bauern gut 2500 Hektar mit Linsen ein, und zwar mit ihrer speziellen uralten Sorte Anicia. Im März und April, wenn die Bodentemperatur über 5 °C steigt, ist die Zeit dafür gekommen. Dabei werden die Mondphasen genauestens beachtet: Die Linsen müssen bei abnehmendem Mond – im letzten Viertel – 2 bis 3 Zentimeter tief in den Boden kommen, damit die Samenbildung begünstigt wird. Bei einem Reihenabstand von 15 bis 20 Zentimetern, den die Pflanzen brauchen, um sich gegenseitig zu stützen, kommen 350 Samen auf den Quadratmeter, 100 Kilogramm auf den Hektar.

Die Äcker, die auf 600 bis 1200 Meter Höhe liegen, werden nicht gedüngt. Überwiegend auf vulkanischen Böden kultiviert, die von sich aus genügend Fruchtbarkeit bieten, reicht den Linsen der Stickstoff, den sie selbst aus der Luft aufnehmen können. Heute weiß man, daß es nicht die Vulkanerden sind, die den Linsen von Puy ihren einmaligen Charakter geben, denn zum Teil wachsen sie auch auf anderen Böden, ohne an Qualität einzubüßen. Wesentlich mehr Einfluß hat darauf das Mikroklima. Obwohl Winter und Frühjahr auf den Hochebenen bisweilen sehr rauh sind, genießt Le Puy heiße und sonnige Sommer. Dann wirken das Cantal und die Berge der Margeride im Südwesten sowie die Höhen des Vivarais im Südosten als schützende Barrieren, und oft setzt Föhn ein. Die Folge sind reichliche Sonnenstunden und trockene heiße Winde.

Müssen sich die Pflanzen auch zu Beginn ihrer Vegetationsperiode gegen niedrige Temperaturen durchsetzen, schlägt das Wetter spätestens zu ihrer Reifephase um und bietet ihnen die Wärme, die sie mögen, so daß es zu befriedigenden Erträgen kommt. Allerdings beginnen die Linsen alsbald unter der üblicherweise einsetzenden Trockenheit zu leiden. Dies hat zur Folge, daß sie nicht voll ausreifen. So erreichen sie nicht den üblichen Stärkegehalt, und ihre Schale bleibt weicher. Diese Faktoren bestimmen ihre ungewöhnliche kulinarische Qualität. Ab Ende Juli bis Mitte September findet die Ernte statt. Dann sind die Linsen bereits auf natürliche Weise getrocknet und besitzen nur noch zwischen 14 und 16 Prozent Feuchtigkeit, bisweilen noch weniger. Nun werden sie nach Größe und Qualität sortiert und verpackt. Für den biologischen Anbau bieten sie sich aufgrund ihrer Unabhängigkeit von zusätzlichem Dünger an. Darüber hinaus bereichern sie durch ihre Knöllchenbakterien den Boden mit Stickstoff und sind deshalb eine geschätzte Zwischenfrucht.

Puy-Linsen natur

La Lentille Verte du Puy au Naturel

1 Stange Sellerie
1–2 Möhren
2 Zwiebeln
50 g Speck
2 EL Olivenöl
200 ml Weißwein
500 g Puy-Linsen
1 EL gekörnte Gemüsebrühe
1 Zweig Thymian
2 Lorbeerblätter
1 TL Butter
Meersalz, schwarzer Pfeffer

Die Gemüse in Würfel, den Speck in Streifen schneiden und in dem Öl andünsten. Den Weißwein zufügen und die Flüssigkeit um die Hälfte reduzieren.

Die Linsen abbrausen und zu dem Gemüse geben. Mit der dreifachen Menge Wasser aufgießen, Gemüsebrühe, Thymian und Lorbeer hinzufügen. 25–30 Minuten garen, je nachdem ob die Linsen fester oder weicher gewünscht werden.

Die Linsen abgießen, das Kochwasser aufheben. Darin 3 EL gekochte Linsen sehr weich kochen und pürieren. Das Püree mit der Butter zu den Linsen geben, vermischen, mit Salz und Pfeffer abschmecken und servieren.

Lachstartar mit grünen Puy-Linsen

Tartare de Saumon aux Lentilles Vertes du Puy

(Abbildung oben)

2 Zwiebeln
150 g Puy-Linsen
1 Bouquet garni
2 TL gekörnte Gemüsebrühe
3 EL Olivenöl
2 EL Weißweinessig
1 EL Senf
Meersalz, schwarzer Pfeffer
300 g Lachs
3 Schalotten
3 kleine Gewürzgurken
1 hartgekochtes Ei
1 EL feingehackte Petersilie
1 EL feingehackter Estragon
Zitronensaft
1/2 Orange
2 EL Orangensaft

Die Zwiebeln hacken, die Linsen abbrausen. Beides in einen Topf geben, die dreifache Menge Wasser, die Gemüsebrühe und das Bouquet garni hinzufügen. 20–25 Minuten garen, dann die Linsen abtropfen lassen.

Aus 2 EL Öl, Essig, Senf, Salz und Pfeffer eine Vinaigrette zubereiten und ein Drittel der Sauce zu den noch warmen Linsen geben.

Den Lachs in kleine Stücke schneiden. Schalotten, Gurken und Ei fein hacken; mit Petersilie, Estragon und der restlichen Vinaigrette zu dem Lachs geben, alles gut vermischen und mit Zitronensaft und Salz abschmecken. Kalt stellen und 30 Minuten ziehen lassen.

Eine Törtchenform von etwa 10 cm Durchmesser pro Portion zu zwei Drittel mit dem Lachstartar füllen und gut zusammendrücken. Darauf eine Schicht Linsen geben und diese gut andrücken, damit das Törtchen zusammenhält.

Die Orange so fein schälen, daß keine weiße Haut an der Schale haftet, dann die Schale in sehr dünne Streifen schneiden. Aus dem restlichen Öl, Orangensaft, Salz und Pfeffer eine Sauce rühren und die Schalen hinzufügen.

Die Lachstörtchen auf Tellern anrichten und jeweils mit etwas Orangensauce umgießen.

Lebenskraft pur

Keimlinge und Sprossen

Da im Samen alle Anlagen der zukünftigen Pflanze vorhanden sind, wundert es nicht, daß er in dem Augenblick, in dem er zu sprießen beginnt, ein unglaubliches Potential offenbart. Schließlich verfügt er von Natur aus über eine höchst konzentrierte Kraft, die dem Keimling über die erste, äußerst kritische Phase seiner Existenz zu helfen vermag, bevor er selbst Wurzeln entwickelt, um von außen Nahrung aufzunehmen. Besitzt schon der Samen – ob es sich nun um ein Getreidekorn, eine Hülsenfrucht, den Kern einer Ölpflanze oder eine Nuß handelt – einen außerordentlichen Reichtum an Kohlenhydraten, Eiweiß und Vitalstoffen, so geschehen Wunder, wenn in ihm das Leben erwacht. Dazu müssen indes bestimmte Faktoren zusammentreffen: Wasser, Wärme, Sauerstoff und Licht.

Feuchtigkeit ist das alles auslösende Agens. Sie weicht die Schale des Korns auf, die es so gut schützt, daß bei manchen Arten die Keimfähigkeit über Jahre, in Ausnahmefällen sogar über Jahrhunderte und Jahrtausende erhalten bleibt. In dem Augenblick, in dem Wasser in das Innere eindringt, wird der Wachstumsprozeß initiiert, vorausgesetzt, ein zweites Element ist in richtigem Maße vorhanden: Wärme. Mangelt es an Wärme oder wirkt sie im Übermaß, wird die Entwicklung entweder unterbunden oder empfindlich gestört, und der Keim verdirbt. Bei den meisten verwandten Saaten liegt die ideale Temperatur zum Keimen zwischen 19 und 23 °C. Reis hingegen würde erst nach mehreren Tagen bei 30 °C Wärme keimen.

Diese gut dosierte Wärme schafft in Verbindung mit Wasser eine Atmosphäre, welche die Aktivität der Enzyme in hohem Maße fördert. Enzyme bestehen im wesentlichen aus Eiweiß und einem aktivierenden Faktor, bei dem es sich oft um Vitamine oder um Metallionen handelt. Im Zusammenhang mit der Keimung sind sie diejenigen Wirkstoffe, welche die molekularen Bestandteile des Samenkorns aus ihrem passiven Zustand erwecken und zu chemischen Reaktionen veranlassen.

Hintergrund: Bei diesem urweltlichen Gebilde handelt es sich um gut gekeimte Roggensprossen.

Diese Reaktionen erfahren nun eine weitere entscheidende Förderung. Denn nachdem das Wasser die Schale hat aufquellen lassen und durchlässig gemacht hat, kann das für alles Leben unerläßliche Basiselement eindringen: Sauerstoff. Damit erhält der Keim die geheimnisvolle Initialzündung und beginnt sich zu rühren. Nun arbeitet alles im Samenkorn nur noch darauf hin, ihm jene Stoffe und die Energie zuzuführen, die sein Wachstum optimal fördern. Dabei geschehen chemisch erstaunliche Vorgänge, an deren Steuerung auch Hormone einen bestimmten Anteil haben. Im Korn verbinden sich Moleküle, erweitern, vergrößern sich und werden teilweise umstrukturiert. Es entstehen neue oder vermehrte essentielle Aminosäuren und Vitamine, Stärke wird für Stoffwechselprozesse aufgeschlossen. Während der Keim – nun auch durch den Einfluß des Lichtes gefördert – sichtlich zu wachsen beginnt und in wenigen Tagen die Größe erreicht, in der man ihn essen sollte, hat sich der Wert seiner Inhaltsstoffe vervielfacht.

Zu nennen sind zunächst die Enzyme, die auf den menschlichen Stoffwechsel und die Verdauung eine stimulierende und äußerst positive Wirkung haben. Keimlinge und Sprossen kommen im Vergleich zu Körnern ganz generell der Aufnahme durch unseren Organismus entgegen, da viele Inhaltsstoffe, etwa Mineralstoffe, wesentlich besser aufgeschlossen sind. Schwer verdauliche Stärke, um ein anderes Beispiel zu geben, ist oft zu einem erheblichen Teil bereits genutzt und in leicht zu absorbierende Glucose umgewandelt worden. Verblüffend ist auch der Gehalt an Vitaminen. In den wenigen Tagen Keimdauer kann er sich im Vergleich zum Samen deutlich erhöhen und erreicht bei einzelnen Vitaminen nicht selten Zunahmen von mehreren 100 Prozent. Überraschend ist dabei die Entstehung von sonst nur in tierischem Eiweiß enthaltenem Vitamin B12, das eine wichtige Rolle beim Zellwachstum und in bezug auf das Nervensystem spielt. Amerikanischen Wissenschaftlern ist es gelungen, sein Vorkommen vor allem in den Sprossen von Hülsenfrüchten nachzuweisen.

Die Entdeckung der versteckten Kräfte der kleinen Sprossen und Keimlinge reicht Jahrtausende zurück. Uralte Zeugnisse gibt es aus Asien, wo Sprossen zur alltäglichen Ernährung gehören. Als leicht erschließbare Quelle wertvollster Vitalstoffe steckt ihre Bedeutung in Europa jedoch noch in den Anfängen. Dabei ist es keineswegs schwierig, Keimlinge und Sprossen selbst zu ziehen und in die täglichen Mahlzeiten zu integrieren. Auf diese Weise stünde sogar in den unwirtlichsten Zeiten immer ein frisches, die Widerstandskräfte stärkendes und dabei köstlich schmeckendes Lebensmittel zur Verfügung.

Welche Samen sich am besten zum Keimen eignen

Im Prinzip kann man es mit jedem – chemisch unbehandelten – Samen versuchen, aus dem eine Pflanze entsteht, die uns Eßbares liefert. Allerdings werden nur diejenigen Samen speziell zum Keimen respektive für Sprossen gezüchtet und angeboten, bei denen es am meisten lohnt.
Dabei handelt es sich im wesentlichen um Getreide, Hülsenfrüchte und Ölsaaten.

- Getreide: Dabei ist zu unterscheiden zwischen den sogenannten Pseudo-Getreiden Amaranth, Buchweizen und Quinoa auf der einen und Dinkel, Gerste, Hafer, Hirse, Roggen und Weizen auf der anderen Seite. Amaranth und Quinoa benötigen die vergleichsweise hohe Temperatur von 25 °C, um zu keimen, und müssen nicht vorher eingeweicht werden, was jedoch bei Buchweizen für 12 Stunden zu empfehlen ist. Eßbar sind sie nach 3 bis 4 Tagen. Die »richtigen« Getreide brauchen lange Einweichzeiten von 9 bis 15 Stunden, werden dann aber bereits geerntet, wenn der Keim – in der Regel nach 2 bis 3 Tagen – Samenkornlänge erreicht. Grünkern hat durch das Darren, Naturreis durch den Trocknungsprozeß die Keimfähigkeit verloren.
- Hülsenfrüchte: Hier eignen sich Adzukibohnen, Erbsen, Kichererbsen, Linsen, Mung- und Sojabohnen für das Ziehen von Sprossen. Man weicht sie am besten zunächst je nach Größe 6 bis 15 Stunden ein und erntet sie nach 3 Tagen. Sojabohnen müssen gut feucht gehalten werden und bilden nach einer Woche ihre Keime, die mit einer Länge von etwa 3 Zentimetern geerntet werden. Sie sollten vor dem Genuß heiß abgespült werden.
- Öl- und andere Saaten: Alfalfa (Luzerne), Bockshornklee, Leinsamen, Kresse, Kürbis, Radieschen, Rettich, Senf und Sonnenblumen. Bei ihnen variiert die Einweichzeit teilweise beträchtlich. Während man bei Alfalfa und Leinsamen wie auch bei Kresse gut darauf verzichten kann, sollte man die anderen Saaten zwischen 4 und 8 Stunden einweichen. Sie läßt man in aller Regel zu Sprossen werden, was bedeutet, daß man ihnen 4 bis 6 Tage Zeit zum Wachsen läßt, ehe man sie erntet und beispielsweise als Salat genießt.

Wie man Keimlinge und Sprossen zieht

Geräte Das einfachste Gefäß ist ein Weckglas, über das man ein Stück Gaze oder Mull mit Hilfe eines Einmachgummis spannt. Beliebt sind Keimgeräte aus Ton, Glas oder Kunststoff, in denen man auf mehreren Etagen verschiedene Sprossen gleichzeitig ziehen kann.

Mengen Für die Schale eines Keimgeräts, die in der Regel einen Durchmesser von etwa 18 Zentimetern besitzt, sind 2 EL Saat ausreichend, damit sich die Keime gut entwickeln können. Entsprechend der angestrebten Verwendung, etwa als Zusatz im Salat oder in einer Gemüsepfanne, rechnet man pro Person $1/2$–1 EL respektive 1–2 EL Saat.

Vorbereitung Es empfiehlt sich, sämtliche Samen vor der Verwendung abzubrausen. Bis auf die kleinsten Samen, die keine Einweichzeit benötigen, muß man bei allen anderen Samen die Schalen vorquellen lassen. Diese Einweichzeit hängt von der Größe des Samens und der Härte seiner Schale ab. Sie ist bei Getreide und Hülsenfrüchten länger als bei Ölsaaten. In vielen Fällen ist es am praktischsten, die Samen über Nacht einzuweichen.

Keimung Die Samen brauchen Feuchtigkeit und Wärme, damit der Keimprozeß in Gang kommt. Für die meisten ist in diesem Anfangsstadium ein dunkler Schrank am geeignetsten. Die günstigste Keimtemperatur liegt um 20–21 °C (s. links). Zuviel Feuchtigkeit ist eher schädlich, weshalb Keimboxen für jede Etage über einen eigenen Ablauf verfügen. Im Glas sollte man die Samen nur gut spülen, aber abtropfen und einfach feucht lassen. Vom zweiten Tag an brauchen die Keime Licht, aber nie direktes Sonnenlicht. Die Keime müssen regelmäßig gespült werden, am besten zweimal am Tag, damit sich kein Schimmel bildet. Kresse, aber auch verschiedene Getreide entwickeln Schleim oder feinste Haarwurzeln, die nicht mit Schimmel verwechselt werden sollten. Gerade bei den Sprossen, die am längsten wachsen, ist peinliche Sauberkeit unerläßlich.

Vor der Verwendung Haben sich Keime oder Sprossen wie gewünscht entfaltet, sollte man sie vor dem Genuß noch einmal mit frischem Wasser abspülen und abtropfen lassen. Es ist auch ratsam, sie zu sortieren und nicht gekeimte Samen zu entfernen. Diese können – vor allem bei Hülsenfrüchten – noch steinhart sein und den Zähnen gefährlich werden. Da bei Hülsenfrüchten oft verdauungshindernde Stoffe frei werden, muß man die Keime heiß abspülen, wenn man sie roh verzehren will. Sonst empfiehlt es sich, sie ganz kurz zu blanchieren, bevor man sie Gerichten hinzufügt.

Genuß Keime und Sprossen geben Salaten und Rohkost mit ihren oft markanten Aromen, die von nussig bis pfeffrig-scharf reichen können, einen interessanten Akzent. Sonst verleihen sie vor allem gedünsteten Gerichten Pfiff und Aroma, wobei sie immer erst kurz vor dem Servieren untergemischt werden sollten. Dabei kann man die scharf schmeckenden Sorten auch als Gewürz verwenden. Gut passen sie als Zutat zu Getreidegerichten, kleinere Sprossen eignen sich auch für Dips und Saucen.

Aufbewahrung Keime und Sprossen, welche die gewünschte Größe erreicht haben, ißt man am besten sofort. Da Kälte jedoch ihre weitere Entwicklung stark beeinträchtigt, kann man sie auch in einem gut verschließbaren Glas bis zu 48 Stunden im Kühlschrank aufbewahren.

1 Hartweizen
2 Dinkel
3 Roggen
4 Weizen
5 Hirse
6 Nacktgerste
7 Nackthafer

Oben: Wie Ölsaaten und Hülsenfrüchte eignet sich auch Getreide zum Keimen. Bereits nach 2–3 Tagen, wenn sie die abgebildete Größe haben, kann man sie essen.

Sprossensalat

Je 3 EL Dinkel, Gerste und Roggen
1 EL Alfalfa
Je 1 kleine rote, grüne und gelbe Paprikaschote
1 Knoblauchzehe
1 Schalotte
1 Bund Rucola
2 EL Rotweinessig
3 EL Olivenöl
1 EL Honig
2 EL feingehackter Kerbel
1 Prise Cayennepfeffer
1 Msp Kräutersalz
Meersalz, schwarzer Pfeffer

Die Getreidesamen zum Keimen bringen und nach 3 Tagen ernten.
Die Paprikaschoten entkernen und in sehr kleine Würfel schneiden. Knoblauch und Schalotte fein würfeln, Rucola fein hacken.
Die Gemüse mit den Sprossen mischen.
Aus den übrigen Zutaten eine Vinaigrette mischen und abschmecken. Über den Salat geben, vorsichtig unterheben, durchziehen lassen und servieren.

Sprossensalat

Das Eiweiß-Wunder

Soja und Tofu

Die Sojabohne, die zur botanischen Familie der Glyzinien gehört, ist im 20. Jahrhundert weltweit zur bedeutendsten Hülsenfrucht geworden. Schon seit Jahrtausenden wird sie in China angebaut und zählt dort zu den Grundnahrungsmitteln. So wurde *sou*, die große Bohne, im alten China neben Reis, Weizen, Gerste und Hirse als eines der fünf heiligen Körner verehrt.

Die bevorzugten Sorten – es gibt insgesamt rund 3000 – sind blaßgelb gefärbt. Zwar können die nicht ausgereiften Samen auch frisch als gekochtes Gemüse zubereitet werden, aber überwiegend bringt man sie als trockene Hülsenfrüchte ein.

Die Sojabohne übertrifft alle anderen Nahrungsmittel, einschließlich Fleisch, Geflügel und Fisch, an Eiweißgehalt. Dieses Eiweiß ist außerordentlich hochwertig, denn es enthält alle acht essentiellen Aminosäuren und immerhin sieben davon in völlig ausreichendem Maße für die menschliche Ernährung. Zu den meist an die 40 Prozent Proteine kommen gut 18 Prozent Fett, darunter viele ungesättigte Fettsäuren, vor allem auch die essentielle Linolsäure, die für Stoffwechsel und Gewebe große Bedeutung hat. Bemerkenswert ist außerdem der Reichtum an Lecithin, das eine wichtige

andere Dritte-Welt-Länder mühen sich ebenfalls um eine Vergrößerung des Anbaus.

Dieser Boom steht nicht in Zusammenhang mit den überragenden gesundheitlichen Werten der Sojabohne, wohl aber mit ihrem Reichtum an Eiweiß und Öl. Zum überwiegenden Teil wird sie als Kraftfutter eingesetzt. Wenn die Industrie aus Soja Speiseöl und Margarine gewinnt, dann meist mit chemischen Verfahren, bei denen mehrfach ungesättigte Fettsäuren und Vitamine verlorengehen. Rückstände aus solchen Produktionen werden gleichfalls als Futtermittel verwendet. Auf diese Weise ergibt sich ein makabrer Kreislauf: Länder der Dritten Welt ruinieren ihr Ackerland und ihre Umwelt mit der durch (westliche) Kunstdünger und Pestizide ermöglichten Monokultur von Soja, um die industrielle Fleischproduktion

Für die Herstellung von Tofu werden zunächst die Sojabohnen gereinigt und eingeweicht.

Die Sojamilch wird gekocht und dann durch ein Siebnetz gegossen, um die Hülsenbestandteile herauszufiltern.

Nun gibt man zu der Sojamilch ein Gerinnungsmittel wie etwa Nigari, um Molke und Eiweißbestandteile zu trennen.

Die Molke setzt sich oben ab und wird – hier von Hand – abgeschüttet; zurück bleibt die Eiweißmasse.

Das ausgeflockte Eiweiß, das immer noch einen hohen Anteil an Feuchtigkeit enthält, kommt nun in Preßformen.

In der Formpresse wird der Tofu zu einem Block gepreßt, den man später in Portionsstücke schneidet.

Nun gibt man den noch relativ warmen Tofublock in Wannen mit kaltem Wasser, um ihn abzukühlen.

Tofu kommt in kleinen Stücken auf den Markt. Er kann mit Gewürzen, Nüssen, Gemüsen oder Rauch aromatisiert sein.

Die äußerlich Buschbohnen gleichende einjährige Pflanze wird in der Regel bis zu einem Meter hoch. Ein ungewöhnliches Charakteristikum ist ihre Behaarung. Ob Blätter, Stiele oder Hülsen, sie alle sind – zum Teil dicht – behaart. Ihre zahlreichen Blüten sind winzig, oft von leicht getöntem Weiß, aber nicht selten auch dezent violett oder dunkler. Daraus bilden sich bis zu daumenlange Hülsen, die bis zu fünf runde, in Größe und Farbe stark variierende Samen enthalten. Diese können Durchmesser von 5 bis 12 Millimetern aufweisen und weißlich über rot und grün bis schwarz sein.

Linke Seite: Die Herstellung von Tofu beginnt stets mit der Zubereitung von Sojamilch, für die man zunächst Sojabohnen püriert.

Rolle im Nervensystem spielt und vor Cholesterin schützt. Außerdem hat Soja einen außerordentlich hohen Mineralstoffgehalt und weist einen Rekordwert an Vitamin E auf, zu denen noch die Vitamine B1 und B2 kommen.

Von buddhistischen Mönchen bereits vor mehr als 1000 Jahren in Japan eingeführt und auch in anderen fernöstlichen Ländern seit Jahrhunderten Bestandteil der täglichen Ernährung, kam Soja erst im 18. Jahrhundert nach Europa und Anfang des 19. Jahrhunderts in die USA, ohne daß es ernsthaftes Interesse weckte. Heute hat sich die Einstellung zu der »Wunderbohne« entschieden geändert. In den letzten Jahrzehnten ist die Sojaproduktion in den Vereinigten Staaten nachgerade explodiert. Mit über 25 Millionen Hektar Anbaufläche sind sie zum Hauptproduzenten geworden, gefolgt von Brasilien. Argentinien sowie einige

des reichen Westens zu befördern. Während der Welthunger immer dramatischere Dimensionen annimmt, wird das eigentlich hochwertige Eiweiß, das – direkt für die menschliche Ernährung verwendet – zu 80 Prozent verwertet werden könnte, über die Tiermast auf eine nur sechsprozentige Ausnutzung reduziert. Über 90 Prozent der weltweiten Sojaproduktion werden so vergeudet!

Darüber hinaus verarbeitet die Industrie Soja mit aufwendigsten Methoden zu anderen Produkten, von denen das sogenannte Sojafleisch, das TVP (Textured Vegetable Protein), das wohl minderwertigste ist. Soja findet sich zudem zur Eiweißanreicherung in diversen Fertigprodukten. Doch nicht nur für Eßbares taugt es, man kann es für Kunstfasern, Lacke und selbst für Sperrholz nutzen. Soja ist zu einem der vielseitigsten Rohstoffe der Industrie geworden.

Die Vielseitigkeit hat bei Soja jedoch – angesichts des Hungers auf der Welt und der ökologischen Konsequenzen – nicht nur zweifelhafte Aspekte. Das Lebensmittel besitzt auf ganz anderen Ebenen eine verblüffende Wandlungsfähigkeit, die den findigen Chinesen nicht verborgen blieb. Abgesehen von den Sprossen, die in ihrer Küche eine zentrale Bedeutung haben, teilen sich die auf Soja basierenden Erzeugnisse in zwei Gruppen: die nicht fermentierten und die fermentierten.

Wichtigster Ausgangsstoff der ersten Gruppe ist Sojamilch. Um diese Milch zu erhalten, werden getrocknete gelbe Sojabohnen 12 Stunden lang eingeweicht. Danach püriert man sie mit wenig Wasser, um sie anschließend in die acht- bis zehnfache Menge heißen Wassers einzurühren. Nach einer Kochzeit von gut 15 Minuten wird die Milch gefiltert und ausgepreßt. Großerzeuger klären sie meist mit Zentrifugen, beseitigen den Eigengeschmack durch Temperaturbehandlung, dann folgen Homogenisierung und Pasteurisierung. Dies geschieht bei biologischer Herstellung nicht.

Sojamilch, die aufgrund des Lebensmittelrechts nur als Trunk oder Drink bezeichnet werden darf, ist in vieler Hinsicht der Kuhmilch gleichwertig, in ihrem Eiweißgehalt sogar überlegen. Sie ersetzt in Ostasien tierische Milch und kann genau wie sie verwendet und weiterverarbeitet werden, ob zu Milchmixgetränken, Dickmilch, Joghurt oder zu Tofu genanntem Quark.

Somit beginnt die – auch im Haushalt leicht durchführbare – Herstellung von Tofu immer mit dem Ansetzen von Sojamilch. *To* steht für Bohne und *fu* für gerinnen. In die noch heiße Milch wird als Gerinnungsmittel Calcium- oder Magnesiumsulfat, meist aber das aus dem Japanischen Meer gewonnene Bittersalz Nigari gegeben. Die Gerinnung vollzieht sich außerordentlich schnell. Bereits wenige Minuten, nachdem das Mittel vollständig zugefügt wurde, flockt das Eiweiß aus. Darüber setzt sich die Molke ab. Sie wird abgeschöpft, dann kommt das Eiweiß in Kästen, in denen es gepreßt wird. Je nach Druck und der nur 20 bis 30 Minuten dauernden Preßzeit, erhält der Tofu entweder eine weichere oder festere Konsistenz. Er wird dann geschnitten, gekühlt, verpackt oder vorher eventuell mit Gemüsen, Nüssen, Gewürzen oder Rauch aromatisiert.

Tofu besitzt 12 bis 14 Prozent Eiweiß und alle acht essentiellen Aminosäuren, die in einem so ausgewogenen Verhältnis enthalten sind, daß ihre biologische Wertigkeit die von Fleisch, Fisch und Milch übertrifft. Der Fettgehalt von Tofu beträgt 4 bis 5 Prozent, wobei die mehrfach ungesättigten Fettsäuren der Sojabohne weitgehend erhalten bleiben. Das gilt auch für die B-Vitamine und die Mineralstoffe.

Nur eins besitzt Tofu praktisch nicht: Geschmack. Das ist nicht unbedingt von Nachteil, im Gegenteil: Er nimmt ideal das Aroma der Zutaten an.

Vor rund zwei Jahrtausenden dürfte Tofu in China entdeckt worden sein, wo er seither zu den traditionellen Zutaten der Küche zählt. Eine noch größere Bedeutung erlangte er in Japan. Nach Europa kam er Anfang der siebziger Jahre, wo zuerst in Belgien und den Niederlanden kleine handwerkliche Tofureien entstanden. Nach einigen Jahren folgten Pioniere in anderen Ländern, und mit Beginn der 80er Jahre weitete sich die Tofuherstellung erheblich aus. Seither wachsen die Einsicht in seinen ernährungsphysiologischen Wert sowie der Überdruß an zuviel Fleisch. Auf der Basis von ökologisch angebauter Soja gibt es inzwischen an die 300 Produkte, die zunehmend auch in konventionellen Läden angeboten werden.

Tofu-Variationen

• 1 Tofu natur: ohne Aromatisierung; man kann ihn marinieren, braten, grillen, backen, kochen und anderweitig verwenden. • 2 Tofu mit Mungsprossen, Sesam, Meersalz, Petersilie und anderen Kräutern; vor allem für Salate. • 3 Geräucherter Tofu: in aromatischer Sojasauce mariniert, dann über Buchenscheiten geräuchert; aus der Pfanne oder auf Brot. • 4 Tofu mit Haselnüssen: besonders reich an Fettsäuren und Eiweiß; kalt auf Brot, mit Früchten oder im Salat. • 5 Gemüsetofu: mit feingewürfelten Gemüsen und Kräutern; vielfältig verwendbar, auch als bunte Einlage in Suppen. • 6 Tofu mit Champignons, Zwiebeln und Meersalz; Spezialität, die kalt gegessen wird, aber gebraten besonders gut schmeckt.

Soja-Glossar

Chiang
Chinesische Würzpaste auf der Basis von Sojabohnen und Reis, vor allem zu Saucen verarbeitet
Ketjap
Sojasauce aus schwarzen fermentierten Bohnen
Kinako
Pulver aus gerösteten Sojabohnen
Kori-Tofu
Trockentofu, wird angerührt zu Seidentofu und wie dieser verwendet
Miso
Japanische Würzpaste aus Soja und Reis in vielen Variationen, vorwiegend als Suppenbasis
Natto
Ganze gekochte Sojabohnen, die anschließend fermentieren und dunkelbraun werden; in Japan als Beilage oder Zwischengericht
Nigari
Magnesiumchloridhaltiges Bittersalz aus dem Japanischen Meer; natürliches Gerinnungsmittel bei Tofu
Okara
Sojakleie, bleibt nach dem Filtrieren von Sojamilch zurück; getrocknet als Zusatz von Teigen
Seidentofu oder Kinugoshi
Sehr weicher Tofu, der ohne Pressen gewonnen wird; für Saucen und Cremes
Seitan
Aus Weizeneiweiß gewonnen, aber mit Sojasauce gewürzt, die den Gehalt an der Aminosäure Lysin erhöht; fleischähnlich
Sojafleisch
TVP (Textured Vegetable Protein); in einem aufwendigen industriellen und unökologischen Prozeß erzeugtes Fleischimitat mit über 50 Prozent Eiweiß
Sojaflocken
Aus gegarten ganzen Sojabohnen gewalzt; wie Getreideflocken zu verwenden
Sojagranulat
Aus geschroteten, zuvor gerösteten und gegarten Bohnen; ökologischere Alternative zu Sojafleisch
Sojamehl
In zwei Versionen angeboten: als entfettetes Mehl aus dem bei der Ölextraktion anfallenden Rückstand oder als vollfettes, aus ganzen Sojabohnen gemahlenes Mehl; Zusatz zu Mehlmischungen oder Teigen
Sojamilch
In vielen Ländern Ersatz für Kuhmilch; wird aus mit Wasser versetzten pürierten Bohnen gewonnen; Basis für Frischkäse, Tofu und andere Milchprodukte
Sojaöl
In der Regel durch chemische Extraktion gewonnenes, denaturiertes Speiseöl
Sojasauce
Aus Soja und Weizen durch Fermentierung gewonnene Sauce, japanisch Shoyu, wobei zwischen der stärkeren und dunkleren Koikuchi und der milderen und helleren Usukuchi unterschieden wird
Tamari
Eigentlich Tamari shoyu, reine Sojasauce nach chinesischer Art, mit sehr geringem Weizenanteil
Tempeh
Sojaprodukt, wobei durch Enzyme eine weiße feste, faserige Masse entsteht; sehr vitalstoffreich; gebraten oder gekocht; wenn aus ganzen Sojabohnen, dann – im Gegensatz zu Tofu – vollwertig
Tofu
Sojaquark, der je nach Konsistenz zum Braten und Kochen oder für Cremes und Pasten verwendet wird
Yuba
Haut, die sich beim Erhitzen von Sojamilch bildet; frisch eine Delikatesse, meist getrocknet in verschiedensten Formen zum Garen und Fritieren

Tofu, Hirse, Mandeln, Mangold, Möhren, Zwiebeln und diverse andere Zutaten gehören zu diesem feinen Vollwertgericht.

Natur-Tofu ist geschmacklich neutral. Diese Marinade aus Olivenöl, Sojasauce, Knoblauch- und Zitronensaft gibt ihm Würze und Aroma.

In der Marinade gebraten, bräunen die aromatisierten Tofustücke appetitlich und erhalten einen dezenten Rauchgeschmack.

Tofu, Mangold und Hirse harmonieren im Geschmack vorzüglich, und auch hinsichtlich ihrer Nährstoffe ergänzen sie sich ausgezeichnet.

Marinierter Tofu mit Mandelhirse und Mangoldgemüse

(Abbildungen limks)

200 g Tofu natur
3 EL Olivenöl
4 EL Sojasauce oder Tamari
Saft von 1/2 Zitrone
1/2 TL Kräutersalz
2 Knoblauchzehen
125 g Hirse
250 ml Gemüsebrühe
Meersalz, schwarzer Pfeffer
3 EL feingeriebene Mandeln
2 EL feingehackte Petersilie
500 g Mangold
1/2 Zwiebel
1 EL Butter
1/2 TL gekörnte Gemüsebrühe
100 ml Sahne
1 kleine Möhre
1 TL Pfeilwurzelmehl
1 Msp Muskat

Den Tofu in flache Dreiecke schneiden. Aus Öl, Sojasauce, Zitronensaft und Kräutersalz eine Marinade rühren; 1 Knoblauchzehe hineinpressen und den Tofu in der Marinade einlegen.
Die Hirse zuerst warm, dann kalt waschen und abtropfen lassen. Ohne Fett kurz anrösten, dann die Gemüsebrühe hinzufügen und 8 Minuten kochen; mit Salz und Pfeffer abschmecken und noch 20 Minuten ausquellen lassen. Kurz vor dem Servieren Mandeln und Petersilie untermischen.
In der Zwischenzeit den Mangold vorbereiten, indem man Stiele und Blätter voneinander trennt. Die Stiele in kleine Stücke und die Blätter in Streifen schneiden.
Zwiebel und den restlichen Knoblauch fein hacken und in der Butter glasig dünsten. Dann die Stiele hinzufügen und andünsten.
Die gekörnte Gemüsebrühe in 5 EL heißem Wasser auflösen und angießen. Die Blätter hineingeben und kurz dünsten, bis sie zusammenfallen.
Die Möhre in sehr kleine Würfel schneiden und zu dem Mangold geben.
Die Sahne mit der gleichen Menge Wasser mischen und zu der Mangold-Möhren-Mischung geben; mit dem Pfeilwurzelmehl, das man mit etwas Wasser anrührt, eindicken und mit Salz, Pfeffer und Muskat abschmecken.
Den Tofu in der Marinade braten. Mit Hirse und Mangold anrichten und sofort servieren.

JOHANN BRANDT
IPPENSEN 4
PETER BRUNKHORST
IPPENSEN 36
IPPENSEN 4

Wenn die Zwiebeln nach der Ernte bei schönem Wetter auf dem Feld trocknen können, halten sie sich besonders gut.

Beim Einbringen der Zwiebeln wird direkt vor Ort die Qualität überprüft, damit den Verbraucher nur gute Ware erreicht.

Pflanzliches Antibiotikum

Zwiebeln

Was wäre die Kochkunst ohne Zwiebeln! Allein der Duft, wenn sie in Butter oder Olivenöl dünsten, weckt Appetit und steigt höchst angenehm in die Nase. Den rohen Saft empfinden wir indes eher als beißend und scharf, was aber seiner positiven Wirkung keinerlei Abbruch tut. Zwiebeln – und in geringerem Maße Lauch, ihr dezenter Verwandter – haben unleugbare medizinische Wirkungen und gelten als pflanzliches Antibiotikum. Sie wirken generell Infektionen, Entzündungen und Parasiten entgegen. In der Volksmedizin schätzt man sie zum Beispiel als Wurmmittel, setzt sie aber ebenso – häufig in Verbindung mit Honig – gegen Husten, Schnupfen und sogar Asthma ein. Auch wissenschaftlich sind ihre positiven Wirkungen bewiesen, nicht zuletzt bei Arteriosklerose.

Zwiebeln sind reich an Vitaminen der B-Gruppe, an Vitamin C, E und Provitamin A sowie Mineralstoffen und Spurenelementen, worunter sich das gegen Krebs schützende Selen befindet. Aber es sind die ätherischen Öle, die den Wert der Zwiebel ausmachen. Diese schwefelhaltigen Aromastoffe wirken über die Schleimhäute anregend auf sämtliche Verdauungsorgane.

Früh schon wurden die medizinischen Wirkungen der Zwiebel in den Ländern Asiens und Südeuropas entdeckt und ihre Eignung für die Küche. Im alten Ägypten zählte sie bereits zu den Grundnahrungsmitteln. Der Bau der Pyramiden wäre ohne Zwiebeln, mit denen man die Gesundheit der Sklaven erhielt, wohl nicht denkbar gewesen. Zwiebeln sind heute eines der beliebtesten Gemüse überhaupt und werden auf allen Kontinenten angebaut, vorzugsweise in wärmeren Klimas.

Man unterscheidet zwischen verschiedenen Zuchtweisen und Sorten. Bei Gärtnern sind Steckzwiebeln beliebt, vorgezogene Minizwiebeln, die problemlos und vergleichsweise zügig zu jeweils einer dicken Bulbe heranwachsen. Nur sind sie weniger lagerfähig als gesäte Zwiebeln, bei denen man etwas länger auf die Ernte warten muß. Darüber hinaus gibt es mehrere Sorten:

- Frühlingszwiebeln: Gesät im August, kann man sie im nächsten Frühjahr ernten, wenn sie kleine weiße Zwiebeln gebildet haben. Ihr würziger grüner Stengel wird mitgegessen.
- Gemüsezwiebeln: Der milde Riese unter den Zwiebeln braucht viel Wärme und wird in mediterranem Klima kultiviert.
- Lauchzwiebeln: Bei dieser Art kommt es nur zu einer Verdickung des Stengels, weshalb das Grün die wichtigere kulinarische Rolle spielt.
- Perlzwiebeln: Die haselnußgroßen, im Sommer geernteten Zwiebeln werden selten frisch angeboten, sondern vorwiegend sauer eingelegt, wodurch sie silbrig schimmern, daher auch als Silberzwiebeln bezeichnet werden.
- Rote Zwiebeln: Die in südlichen Ländern beliebte, rötlich bis violett gefärbte Sorte hat einen angenehm aromatischen, eher sanften Geschmack und ist ideal für Salate.
- Schalotten: Im Gegensatz zu den anderen Zwiebeln vermehrt sich die gesteckte Mutterzwiebel durch Teilung und bildet nicht selten ein gutes Dutzend kleiner, meist ovaler Zwiebelchen; als Würzzwiebel besonders geschätzt.
- Speisezwiebeln: Bei dieser für den Verbrauch wichtigsten Art unterscheidet man im Anbau nach Saat- und Steckzwiebeln, wobei letztere früher reifen und größer werden; sie sind jene Universalzwiebeln, die auch den ganzen Winter über zur Verfügung stehen.

Hintergrund: Ohne Laub in Kisten verpackt, lassen sich Zwiebeln kühl und luftig problemlos bis zum nächsten Frühjahr lagern.

Biologischer Zwiebelanbau

Zwiebeln lieben Kompost. Die Saat wird im Hochsommer ausgebracht, keimt drei Wochen und übersteht dann den Winter abgemulcht. Mit der ersten Wärme des Frühjahrs setzen die Zwiebeln ihr Wachstum fort und sind im Juni erntereif.
Sie werden nicht unbedingt gelagert, sondern lösen mit ihrem noch frischen Grün auf dem Markt die Frühlingszwiebeln ab. Will man sie einlagern, sät oder steckt man sie besser im März und wartet, bis ihr Laub abstirbt und von selbst umknickt. Keinesfalls sollte man es vorzeitig abknicken – das würde den Bulben Kraft vorenthalten, sie für Fäulnis anfällig machen und ihre Haltbarkeit reduzieren.
Sind sie aus dem Boden gezogen, müssen sie trocknen. Bei schönem Wetter kann man sie einfach auf dem Feld liegen lassen. Sonst sollte man sie unter einem Vordach einzeln ausbreiten. Nach etwa zwei Wochen entfernt man die äußeren losen Schalen, flicht das Laub zu Zöpfen, um die Zwiebeln daran aufzuhängen oder entfernt es, wenn man sie in Kisten lagern will.
Dunkel, kühl, vor allem aber luftig aufbewahrt, halten sie sich, bis die ersten Frühlingszwiebeln reifen.

Schalotten in Orangen-Ingwer-Sud

Lauch in Sherry-Marinade

Frühlingsquiche

Zwiebelkuchen

300 g Vollweizenmehl
20 g Hefe
1 Prise Rohrzucker
1 TL Meersalz
2 EL Maiskeimöl

Belag
600 g Zwiebeln
50 g Butter
2 EL Maiskeimöl
3 Eier
200 ml saure Sahne oder Crème fraîche
Meersalz, weißer Pfeffer
$^{1}/_{2}$ TL Kümmel

Das Mehl in eine große Schüssel geben und in die Mitte eine Mulde drücken. Die Hefe mit dem Zucker in 200 ml lauwarmem Wasser lösen und in die Mulde geben. Zugedeckt 20 Minuten gehen lassen.
Salz und Öl hinzufügen und alles zu einem glatten Teig verkneten. Den Teig zu einer Kugel formen, mit Mehl bestäuben und zugedeckt 2 Stunden gehen lassen.
Für den Belag die Zwiebeln in Scheiben schneiden und in dem Öl glasig dünsten; abkühlen lassen.
Den Backofen auf 250 °C vorheizen.
Den Teig ausrollen, auf einem gefetteten Backblech auslegen und die Zwiebeln darauf verteilen. Die Eier mit den restlichen Zutaten verqirlen und über die Zwiebeln geben. Den Zwiebelkuchen im Ofen gut 25 Minuten backen.

Schalotten in Orangen-Ingwer-Sud
(Abbildung)

400 g Schalotten
3 EL Olivenöl
3 EL Aceto Balsamico (Balsamessig)
Saft von 2 Orangen
3 EL Rosinen
Schale von 1 Orange, in feine Streifen geschnitten
3 EL Sonnenblumenkerne
1 EL geriebener Ingwer
Meersalz
Honig nach Belieben

Die Schalotten in dem Olivenöl leicht anbraten. Mit dem Essig ablöschen und die Flüssigkeit einkochen lassen. Den Orangensaft angießen und die übrigen Zutaten – bis auf den Honig – hinzufügen und alles zugedeckt bei schwacher Hitze 15 Minuten köcheln lassen, nach Belieben mit Honig abschmecken. Warm oder kalt servieren.

Bandnudeln mit Lauch und Parmaschinken

500 g Porree
30 g Butter
1 Becher Mascarpone
50 g frischgeriebener Pecorino
Meersalz, weißer Pfeffer
100 g Parmaschinken
500 g Dinkel-Bandnudeln

Den Lauch in schmale Ringe schneiden, gut waschen und in der Butter 10 Minuten dünsten.
Den Mascarpone dazugeben und nochmals 5 Minuten köcheln lassen.
Den Pecorino unterrühren und die Mischung mit Salz und Pfeffer abschmecken.
Die Bandnudeln al dente kochen, abgießen und direkt in der Pfanne mit der Sauce mischen.
Die Nudeln auf vorgewärmten Tellern anrichten, den Parmaschinken in Stücke zupfen und darübergeben.

Frühlingsquiche
(Abbildung)

200 g feines Dinkelmehl
80 g kalte Butter
$1^{1}/_{2}$ TL Meersalz

Belag
8 junge kleine Möhren
4 Frühlingszwiebeln
1 Kopf Eisbergsalat
3 Eier
250 ml saure Sahne
1 TL Kräutersalz
1 Msp schwarzer Pfeffer
150 g frischgeriebener Hartkäse (Greyerzer)

Mehl, Butter und Salz mit 125 ml Wasser zu einem glatten Mürbeteig verkneten und 30 Minuten kalt stellen.
Die Möhren bißfest garen und längs halbieren.
Die Frühlingszwiebeln blanchieren, gut abtropfen lassen und der Länge nach vierteln.
Den Backofen auf 180 °C vorheizen.
Eine Quicheform von 26 cm Durchmesser mit dem Teig auslegen. Den Eisbergsalat kleinschneiden und auf den Teig geben. Die Möhren spiralförmig darauf anordnen und die Lauchzwiebeln in die Zwischenräume legen.
Eier, Sahne, Salz und Pfeffer miteinander verquirlen, über das Gemüse gießen und mit Käse bestreuen.
Die Quiche im Ofen etwa 40 Minuten backen.

Lauch in Sherry-Marinade

3 Stangen Lauch
1 Zwiebel
1 Knoblauchzehe
2 EL Olivenöl
2 EL Weißwein
2 EL trockener Sherry
Saft von $^{1}/_{2}$ Zitrone
1TL Meersalz
1 Msp weißer Pfeffer
2 Stangen Lauchzwiebeln

Den Lauch schräg in 10 cm lange Stücke schneiden und in wenig Wasser garen.
Zwiebel und Knoblauch fein hacken.
Aus Öl, Wein, Sherry, Zitronensaft, Salz und Pfeffer eine Marinade herstellen. Zwiebel und Knoblauch unterrühren und den Lauch noch warm in die Marinade geben.
Die Lauchzwiebeln in schmale Ringe schneiden und vor dem Servieren über den marinierten, am besten noch warmen Lauch streuen.

Knoblauch

In allen wärmeren Ländern der Welt wird Knoblauch auf Tausenden von Hektar Land angebaut. Im biologischen Anbau steht er nur auf vergleichsweise kleinen Flächen. Wenn südfranzösische, spanische oder italienische Bio-Bauern jährlich zwei bis vier Hektar kultivieren, gehören sie bereits zu den größten Erzeugern.

Knoblauch liebt es warm und sonnig. Im übrigen stellt er als Mitglied der Lilienfamilie geringe Ansprüche. Am liebsten ist ihm ein fruchtbarer, leichter, kalkig-lehmiger Boden. Zuviel Wasser bekommt ihm gar nicht, dann fault seine Knolle. Eine spezielle Fruchtfolge beginnt mit vier Jahren Luzerne, in denen der Boden sich regenerieren kann. Nach einem, selten einem zweiten Mal Knoblauch folgen zwei Jahre lang Getreide wie Weizen oder Gerste, dann entweder noch ein drittes Mal Getreide oder aber nochmals Knoblauch, je nach der Fruchtbarkeit des Bodens. Nach Gründüngung, die auf dem Feld bleibt, schließt Knoblauch den Zehn-Jahres-Zyklus.

Ende des Sommers wird der Boden durch tiefes Pflügen und anschließendes Eggen vorbereitet. Bevor der Knoblauch maschinell gesetzt wird, müssen die Knollen in die einzelnen Zehen zerlegt werden. Einen halben Tag badet man sie in Kupferkalkbrühe, um gegen Pilzkrankheiten vorzubeugen. 800 bis 1000 Kilogramm rechnet man pro Hektar. Diese Setzzehen werden auf größeren Betrieben aus anerkanntem Saatgut selbst erzeugt, um zu verhindern, daß Viruskrankheiten, die relativ häufig auftreten, in den biologischen Anbau gelangen. Meist konzentriert man sich auf den Herbstanbau und weiße oder weiß-violette Sorten. Sie ergeben zwar etwas niedrigere Erträge, sind aber am längsten haltbar.

Gegen auflaufendes Kraut wird bei Bedarf mechanisch gehackt. Je nach Standort müssen die Reihen eventuell auch einmal per Hand durchgegangen werden. Nach einer leichten organischen Düngergabe im Frühjahr muß der Bauer darauf achten, daß sich nicht Echter Mehltau und Rost breitmachen, gegen die er vorbeugend mit gelöstem Schwefel vorgeht. Drohender Rostbefall zeigt sich – als frühe Warnung – zuerst an Getreide und Gras.

Knoblauch beginnt ab Ende Juni zu reifen. Die Ernte erfolgt maschinell. Früher ließ man die Knollen, vom eigenen Laub geschützt, auf dem Feld in der Sonne abtrocknen. Das ist heute nicht mehr möglich, da Knoblauch ein begehrtes Gut ist. Daher erfolgt die Trocknung auf dem Hof. Halbtrocken wird er bereits angeboten, um jedoch richtig durchzutrocknen, benötigt er acht Monate.

Knoblauchsorten

Weißer oder weiß-violetter Knoblauch
Im Herbst gesetzt, entwickelt sich zu großen Knollen; Ernte im Juni und Juli; ausgezeichnete Haltbarkeit.

Rosafarbener Knoblauch
Im Frühjahr gepflanzt; aus vielen kleinen Zehen bestehende Knollen; Ernte im Juni und Juli; läßt sich Monate aufbewahren.

Grüner Knoblauch
Frisch und noch nicht ausgereift; kommt von Ende April bis Mitte Juni auf den Markt; sehr zart im Geschmack; nur ein bis zwei Wochen haltbar.

»Wundermedizin« Knoblauch

Seit Jahrtausenden wird Knoblauch von unseren Vorfahren als Heilmittel eingesetzt. Modernste Untersuchungen haben bestätigt, daß das würzende Lauchgewächs – dessen charakteristischer Geschmack und durchdringender Geruch auf ein ätherisches schwefelhaltiges Öl zurückzuführen ist – in der Tat außergewöhnliche medizinische Qualitäten besitzt. Regelmäßiger und reichlicher Knoblauchgenuß wirkt vorbeugend gegen eine ganze Anzahl weitverbreiteter Zivilisationskrankheiten.

Knoblauch wirkt

- blutverdünnend, daher senkt er das Risiko von Herzinfarkt und Schlaganfall;
- senkend auf Blutfett- und Cholesterinspiegel;
- krebsvorbeugend;
- antibakteriell, insbesondere im Darmbereich, wo er schädliche Keime abtötet und Würmer austreibt;
- potenzsteigernd;
- gegen Bronchitis, Husten und Erkältung;
- desinfizierend, weshalb man ihn zur Wundbehandlung einsetzen kann.

Vermutlich waren es die Römer, die erstmals aus Knoblauch und Olivenöl eine Paste herstellten und damit den Aïoli erfanden. Die Qualität des Aïoli hängt von der des Knoblauchs ab, der möglichst jung sein sollte und keinesfalls zusammengeschrumpft sein darf.

Provenzalen, Katalanen und Spanier streiten heute um die Ehre, als eigentliche Heimat des Aïoli zu gelten. Für seine Zubereitung wird die Knoblauchknolle in ihre Zehen zerlegt, die man schält und zunächst hackt.

Wer den originalen Aïoli zubereiten will, darf die Mühe nicht scheuen und muß die althergebrachten Utensilien verwenden: einen möglichst steinernen Mörser und einen aus feinem Olivenholz gedrehten Stößel.

Nachdem man mit dem Stößel den gehackten Knoblauch völlig zerdrückt hat, fügt man die einzige Zutat hinzu: Olivenöl, selbstverständlich aus erster kalter Pressung – zunächst tropfenweise, später in dünnem Strahl.

Es ist eine wahre Kunst, die nur noch wenige Köchinnen und Köche beherrschen: auf traditionelle Weise nur mit einem Stößel Knoblauch und Olivenöl steif zu schlagen, wobei man den Stößel sehr schnell rotieren lassen muß.

Der echte Aïoli unterscheidet sich immer von einer Mayonnaise – zum einen durch seine weniger feste Konsistenz, zum anderen durch seine blassere Farbe, zum dritten durch seine feurige Schärfe.

Aïoli

1 Knoblauchknolle
250–300 ml Olivenöl

Die Knoblauchknolle zerlegen, die Zehen schälen und hacken. Anschließend entweder im Mörser zerstoßen oder im Mixer pürieren.
Unter ständigem Rühren tropfenweise das Olivenöl zugeben. Wenn die Sauce dick zu werden beginnt, das Öl etwas zügiger nachgießen, bis man eine Paste erhält. Man kann die Knoblauchpaste mit einer Prise Salz und einigen Tropfen Zitronensaft abschmecken.
Aïoli wird zu gegrilltem Fisch, Stockfisch und Lammfleisch gereicht und paßt auch zu gegrilltem Gemüse und Pellkartoffeln. Noch besser schmeckt er am folgenden Tag.

Knoblauchmayonnaise

10 Knoblauchzehen
1/4 TL Meersalz
3 Eigelbe
250 ml Olivenöl
2 TL Zitronensaft
Schwarzer Pfeffer

Dies ist eine mildere Version des Aïoli. Damit sie gelingt, müssen alle Zutaten Zimmertemperatur haben.
Den Knoblauch mit dem Salz zerstoßen und mit den Eigelben gründlich verrühren.
Unter ständigem Rühren in einem dünnen Strahl das Olivenöl hinzufügen. Wenn etwa die Hälfte des Öls eingerührt wurde, ist die Paste bereits emulgiert. Daher kann man das restliche Öl – unter ständigem Rühren – etwas schneller zugießen.
Anschließend den Zitronensaft unterrühren und die Mayonnaise mit Pfeffer abschmecken.

Vorherige Doppelseite: Knoblauch ist ein sehr gesundes und vielseitig verwendbares Würzmittel – man kann ihn einlegen, zerstoßen, zerdrücken, auspressen oder auch als ganze Zehe mitgaren.

Zutaten für ein typisches spanisches Frühstück: Landbrot, Olivenöl, Knoblauch und Schinken.

Zunächst reibt man die Brotscheiben ausgiebig mit Knoblauch ein.

Dann beträufelt man das Brot mit Olivenöl, salzt nach Geschmack und ißt den Schinken dazu.

Zubereitungen mit Knoblauch

Romesco-Sauce
(Abbildung ganz unten)

50 g Mandeln
3 Knoblauchzehen
1 Tomate
Meersalz, schwarzer Pfeffer
1 TL Paprikapulver
5 EL Olivenöl
1 EL Weißweinessig

Die Mandeln schälen, anrösten und mit dem Knoblauch in einem Mörser zerstoßen.
Die Tomate überbrühen, enthäuten, entkernen und zu der Mandel-Knoblauch-Mischung geben. Alles zu einer homogenen Paste verarbeiten; mit Salz und Pfeffer abschmecken. Dann Paprikapulver, Olivenöl und Essig zugeben.
Romesco-Sauce paßt zu gegrilltem oder gebackenem Fisch sowie zu fritiertem oder im Ofen gegartem Gemüse.

Knoblauchpüree

12 große Knoblauchzehen
100 ml Gemüsebrühe
50 g Butter
30 g Vollweizenmehl
150 ml Milch

Die Knoblauchzehen halbieren, etwa 10 Minuten in der Gemüsebrühe garen und dann pürieren.
Die Butter zerlassen, das Mehl einrühren und unter Rühren die Milch angießen.
Das Knoblauchpüree dazugeben und 5 Minuten unter Rühren köcheln lassen.
Das Püree paßt zu gegrilltem Lammfleisch.

Gebackener Knoblauch
(Abbildung unten)

4 frische Knoblauchknollen (je etwa 200 g)
Schwarzer Pfeffer
Meersalz
8 Scheiben Vollkorntoast
80 g Butter

Den Backofen auf 250 °C vorheizen.
Die Knoblauchknollen auf ein mit Backpapier ausgelegtes Backblech geben und so lange im Ofen backen, bis die Schalen dunkel sind.
Die einzelnen Zehen enthäuten und mit einer Gabel zerdrücken; pfeffern und salzen.
Das Toastbrot toasten, mit der Butter und der Knoblauchmasse bestreichen. Der gebackene Knoblauch paßt als Vorspeise zu mediterranen Gemüsen.

In Olivenöl marinierter Knoblauch

2–3 rote Pfefferschoten
500 g geschälte Knoblauchzehen
Olivenöl

Die Pfefferschoten zerdrücken und mit dem Knoblauch bis 4 cm unter den Rand in ein großes sterilisiertes Glas schichten. Dann so mit Olivenöl aufgießen, daß das Öl mindestens 1 cm über dem Knoblauch steht.
Das Glas fest verschließen, dunkel stellen und den Knoblauch mindestens 4 Wochen ziehen lassen.
Knoblauch wie Knoblauchöl eignen sich zur Zubereitung von Fleischgerichten und Salatsaucen.

Gebackener Knoblauch

Romesco-Sauce

Eingelegter Knoblauch auf Balkanart

(Abbildung unten)

- *200 ml Weißwein*
- *200 ml Weißweinessig*
- *2 EL Honig*
- *4 rote Pfefferschoten*
- *2 Zweige Thymian*
- *1 TL Meersalz*
- *500 g Knoblauchzehen*
- *Olivenöl*

Wein und Essig mit 200 ml Wasser sowie Honig, Pfefferschoten, Thymian und Salz aufkochen.
Den Knoblauch dazugeben und 24 Stunden ziehen lassen. Dann nochmals aufkochen und 5 Minuten köcheln lassen.
In sterilisierte Schraubgläser füllen und mit einer Schicht Olivenöl als Luftschutz abdecken. Erkalten lassen und fest verschließen. An einem dunklen, kühlen Ort mindestens 3 Wochen ziehen lassen.
Die Marinade kann man als Knoblauchessig verwenden.

Mozzarella in Knoblauchmarinade

(Abbildung unten)

- *4 Mozzarella*
- *Einige Radicchioblätter*
- *2 kleine rote Zwiebeln*
- *1 rote Pfefferschote*
- *8 Knoblauchzehen*
- *1/4 TL Meersalz*
- *1 Bund glatte Petersilie*
- *1 Bund Basilikum*
- *2 EL Zitronensaft*
- *8 EL Olivenöl*

Die Mozzarella in Scheiben schneiden und auf dem Radicchio anrichten.
Zwiebeln und Pfefferschote in feine Ringe schneiden und über den Mozzarellascheiben verteilen.
Den Knoblauch mit dem Salz zu einer Paste zerstoßen.
Petersilie und Basilikum fein hacken und zusammen mit der Knoblauchpaste und den restlichen Zutaten zu einer Sauce aufschlagen; über die Mozzarella geben.
Mindestens 60 Minuten ziehen lassen.
Mit warmem geröstetem Stangenweißbrot, das man mit Knoblauch eingerieben hat, servieren.

Stockfisch in scharfer Knoblauchsauce

- *700 g Stockfisch*
- *1 Knoblauchzehe*
- *1 getrocknete rote Pfefferschote*
- *3 EL Olivenöl*
- *Schwarzer Pfeffer*

Den Stockfisch mindestens 24 Stunden in kaltem Wasser einweichen, dabei zwischenzeitlich das Wasser immer wieder erneuern. Dann den Fisch in kleine Stücke schneiden, gut abspülen und abtropfen lassen.
Den Knoblauch fein hacken und die Pfefferschote in Stücke brechen. Knoblauch und Pfefferschote in dem Öl andünsten, dann die Pfefferschotenstücke herausnehmen.
Die Fischstücke mit der Haut nach unten zu dem Knoblauch geben und 20 Minuten bei schwacher Hitze und unter ständigem Rühren dünsten. (Durch das Rühren verbinden sich Olivenöl, Gelatine der Fischhaut und Knoblauch zu einer Sauce mit einer Konsistenz von Mayonnaise.) Mit Pfeffer abschmecken.
Dazu passen Salzkartoffeln.

Knoblauchsuppe mit Muskatellertrauben

- *300 g altbackenes Weißbrot ohne Kruste*
- *4 Knoblauchzehen*
- *Meersalz*
- *4 EL Olivenöl*
- *2 EL Sherry-Essig*
- *150 g gemahlene Mandeln*
- *750 ml eisgekühltes Wasser*
- *200 g Muskatellertrauben*

Das Brot in Scheiben schneiden und 5 Minuten in Wasser einweichen. Dann sehr gut ausdrücken und zerrupfen.
Den Knoblauch mit dem Brot, 1/4 TL Meersalz, Öl und Essig pürieren. Dann die Mandeln dazugeben, langsam das Eiswasser einrühren, bis sich eine cremige Suppe ergibt. Etwa 3 Stunden kalt stellen.
Die Trauben halbieren und entkernen.
Die kalte Suppe mit Salz abschmecken, in Teller füllen und mit den Trauben garniert servieren.

Eingelegter Knoblauch auf Balkanart

Mozzarella in Knoblauchmarinade

Fenchel und Gurken

Fenchel und Gurken gehören verschiedenen botanischen Familien an. Fenchel ist ein Doldenblütler und mit den Möhren verwandt. Sowohl die Früchte, die das ätherische Fenchelöl enthalten, wie auch der Samen wirken medizinisch heilend. In der Küche werden der Samen – als Back- und Einmachgewürz – und vor allem die Knollen, die zwiebelartig verdickten Stengel der Pflanze, verwendet. Zwar wächst Fenchel auch in mitteleuropäischen Regionen im Freiland, aber sein eigentliches Dorado sind die Mittelmeerländer.

Gurken zählen – wie die Melonen – zu den Kürbisgewächsen. Auch die ursprünglich subtropischen Gurken gedeihen in den Ländern des Mittelmeerraums unter freiem Himmel, während sie weiter im Norden meist nur in Gewächshäusern richtig reifen. Im biologischen Anbau sind Fenchel und Salatgurken besonders gefragte Spezialitäten. Was sie verbindet, ist ihre Vorliebe für ein warmes Klima. Gerichten geben sie eine südliche Note – der Fenchel mit seinem charakteristischen Anisaroma und die erfrischende Gurke mit ihrer leichten Bitterkeit eignen sich gut für Salate.

Gratinierter Fenchel

1 kg Fenchel
1/2 TL Meersalz
100 g Greyerzer
150 g Roquefort
200 ml saure Sahne
1/2 TL Fenchelsamen
Schwarzer Pfeffer

Das Grün vom Fenchel schneiden und beiseite legen. Den Fenchel längs in schmale Streifen schneiden und den Strunk entfernen.
In kochendem Salzwasser etwa 5 Minuten bißfest garen, abgießen und abtropfen lassen.
Den Backofen auf 200 °C vorheizen.
Eine Auflaufform ausfetten und den Fenchel dachziegelartig einschichten. Den Greyerzer reiben, den Roquefort zerbröckeln und beide mit der sauren Sahne vermengen. Den Fenchelsamen hinzufügen und die Käsemischung mit Pfeffer abschmecken.
Die Käse-Sahne-Mischung über den Fenchel geben und das Gemüse 15 Minuten im Ofen überbacken.
Das Fenchelgrün fein hacken und vor dem Servieren über den Fenchel streuen.

Marinierter Fenchel

500 g Fenchel
2 Schalotten
125 ml Sherry
2 EL Aceto Balsamico (Balsamessig)
1 EL Honig
1 EL Fenchelsamen
Meersalz, schwarzer Pfeffer

Das Grün vom Fenchel schneiden und beiseite legen. Den Fenchel halbieren, den Strunk entfernen und das Gemüse längs in Streifen schneiden.
In kochendem Salzwasser etwa 5 Minuten bißfest garen, abgießen und abtropfen lassen.
Die Schalotten fein würfeln und mit Sherry, Essig, Honig, Samen, Salz und Pfeffer zu einer Marinade verrühren.
Den noch warmen Fenchel in die Marinade geben und etwa 3 Stunden ziehen lassen. Vor dem Servieren das Fenchelgrün fein hacken und über das Gemüse streuen.

Kalte Gurkensuppe

1 mittelgroße Salatgurke
300 g Joghurt
200 ml Buttermilch oder Kefir
1–2 Knoblauchzehen
Meersalz, schwarzer Pfeffer
6 Blättchen Minze

Die Gurke schälen, entkernen und in schmale Stifte schneiden, dann mit Joghurt und Buttermilch pürieren.
Den Knoblauch auspressen und den Saft unter die Gurkensuppe rühren.
2 Minzeblättchen fein hacken und zu der Suppe geben, mit Salz und Pfeffer abschmecken.
Etwa 2 Stunden im Kühlschrank ziehen lassen. Vor dem Servieren mit den restlichen Minzeblättchen garnieren.

Fenchel-Orangen-Salat

2 Orangen
1 Zitrone
4 kleine Fenchelknollen
4 EL Olivenöl
1/2 TL Meersalz
Schwarzer Pfeffer
10 schwarze Oliven
2 EL Himbeeressig

Eine Orange und die Zitrone schälen, filetieren und den Saft auffangen. Die zweite Orange auspressen.
Den Fenchel von Strunk und Grün befreien; das Grün beiseite legen.
Die Fenchelknollen längs so in feine Streifen schneiden, daß der Fenchel noch zusammenhält. Zitronen- und Orangensaft mit 2 EL Olivenöl in einer Pfanne erhitzen und den Fenchel darin andünsten; mt Salz und Pfeffer würzen.
Zitronen- und Orangenfilets hinzufügen und ebenfalls kurz dünsten.
Zitrusfrüchte und Fenchel aus der Pfanne nehmen. Den Saft auffangen und mit dem Himbeeressig verrühren.
Das Fenchelgrün fein hacken und zur Hälfte mit dem restlichen Olivenöl zu der Flüssigkeit geben und gut vermischen.
Die Fenchelscheiben mit den Orangen- und Zitronenfilets auf Tellern anrichten und die Sauce darübergeben.
Die Oliven entsteinen und mit dem restlichen Fenchelgrün das Gemüse garnieren.

Gurken in Sahnesauce

1 Salatgurke
1 Schalotte
2 EL Butter
100 ml Weißwein
1 TL gekörnte Gemüsebrühe
1 Bund Dill
1 Becher Crème fraîche
Weißer Pfeffer

Die Gurke halbieren, entkernen und in 1 cm dicke Scheiben schneiden.
Die Schalotte fein hacken und in der Butter glasig dünsten. Die Gurkenscheiben dazugeben und 5 Minuten unter Rühren dünsten.
Den Wein und die Gemüsebrühe hinzufügen und bei starker Hitze 5 Minuten kochen.
Den Dill grob hacken und mit der Crème fraîche zu den Gurken geben; mit Pfeffer abschmecken.
Die Sahne-Gurken passen gut zu Fischgerichten.

Gurken-Fenchel-Salat mit Gorgonzolacreme

1 Knoblauchzehe
1 Salatgurke
1 Fenchelknolle
Saft von 1–2 Zitronen
100 g Gorgonzola
1 TL Senf
4 EL Olivenöl
Meersalz, weißer Pfeffer

Eine Salatschüssel mit dem Knoblauch ausreiben.
Die Gurke in Scheiben schneiden, den Fechel fein hobeln; das Fenchelgrün beiseite legen.
Die Gurkenscheiben mit dem Fenchel in die Salatschüssel geben und mit etwas Zitronensaft beträufeln.
Den Gorgonzola mit 2 EL Zitronensaft, Senf und etwas Olivenöl zu einer cremigen Masse verrühren; mit Salz und Pfeffer abschmecken.
Das restliche Olivenöl mit dem restlichen Zitronensaft mischen, über den Salat gießen und den Salat gut durchheben.
Den Gurken-Fenchel-Salat auf Tellern anrichten.
Die Käsecreme über den Salat geben und diesen jeweils mit einem Sträußchen Fenchelgrün dekorieren.

In leicht gesalzenem Wasser mit etwas Dill und Knoblauch eingelegte Gurken

Salat

Wer wäre im Reich der Gemüse ein besserer Bote für Frische und Leichtigkeit als Salat? Ist er in südlicheren Ländern schon längst fester Bestandteil fast jeder Mahlzeit, steigert sich auch im Norden von Jahr zu Jahr die Lust auf diesen unbeschwerten Genuß. Dabei ist kaum ein Gemüse aus konventionellem Anbau so mit Schadstoffen, vor allem Nitrat, belastet, wie die in Treibhäusern gezogenen Blattsalate, die nachweislich oft die doppelte Menge Nitrat enthalten wie Bio-Gemüse. Um so wichtiger ist es, nur solche aus biologischem Anbau zu verwenden.

Blattsalate bestehen zu 90 Prozent aus Wasser, mit ein Grund, warum sie so wenig Kalorien haben. Der kleine, zehnprozentige Rest jedoch hat gesundheitlich einiges zu bieten. In den Blättern – vor allem in den äußeren – sind viele Vitamine enthalten: Vitamin C, Provitamin A und Vitamine der B-Gruppe. Zum Salatherzen hin nimmt dieser Reichtum rapide ab. Aber Salat enthält darüber hinaus nicht nur die häufig vorkommenden Mineralstoffe Calcium, Kalium und Phosphor, sondern auch seltenere wie Jod, Kupfer, Zink und Selen, das als Schutz gegen Herzinfarkte und Krebs wirkt. Allerdings sollte man sich nicht mittags an allzu großen Mengen gütlich tun, denn Kopfsalat wirkt auf sanfteste Weise nervenberuhigend und schlaffördernd.

Hintergrund: Dieser wunderbar knackige Lollo Biondo steht als Symbol für die hervorragende Qualität biologisch erzeugter Gemüse.

Biologischer Anbau von Salat

Bei Salaten handelt es sich überwiegend um Langtagspflanzen. Diese Pflanzenkategorie braucht eine bestimmte Menge Licht pro Tag, um zum Blühen zu kommen. Da eine Blüte in diesem Fall unerwünscht ist, reduziert man die Lichtdauer, damit die Salate viel Blattmasse entwickeln. Sind im Sommer die Tage jedoch sehr lang, schießt der Salat in kürzester Zeit, ohne richtige Köpfe auszubilden, und blüht. Dieser Sachverhalt muß im Anbau genauestens berücksichtigt werden. Daher werden die meisten Salatsorten im Frühjahr, Herbst oder Winter gezogen, während man im Sommer auf sogenannte tagneutrale Arten ausweicht, die von der langen Präsenz des Lichts nicht direkt in ihrem Wachstum angeregt werden.

Die große Nachfrage und die kurze Kulturdauer, die bei Kopfsalat 50 bis 60 Tage, bei Endiviensalat 90 Tage beträgt, machen Salat generell und speziell diese beiden beliebtesten Sorten für Gärtner und Bauern zu einem wirtschaftlich interessanten Produkt. Aus diesem Grund werden in allen Regionen Salate in biologischem Anbau erzeugt. Während der kälteren Jahreszeit kommen sie aus Südfrankreich, Italien und Spanien. Inzwischen jedoch zieht der Großteil der Betriebe die jungen Pflänzchen selbst. Seit 1996 ist es im ökologischen Anbau Vorschrift, daß die Jungpflanzen biologisch gezogen sein müssen, ab 2002 muß auch biologisches Saatgut verwendet werden, das bis dahin noch aus konventionellem Anbau stammen darf.

Die Samen werden in Minitopfballen gesteckt und brauchen etwa 15 bis 18 Tage, bis sie ausgepflanzt werden können. Das Feld muß gut vorbereitet werden. Der beste Dünger ist verrotteter Mist, der spätestens zwei Monate vor der Bepflanzung ausgebracht werden sollte. Der Boden verlangt darüber hinaus eine gründliche Bearbeitung wie Eggen, Hacken und Lockern. Sorgen machen den Bio-Bauern die unerwünschten Beikräuter. Als Gegenmittel hat sich das Abflammen mit Propangas bewährt, wenn der Salat zwischen 4 und 10 Blätter gebildet hat. Zwar leiden dabei die Außenblätter der Pflanzen, aber das Verfahren gefährdet sie weit weniger als etwa das Hacken, da sich bei Verletzungen leicht Pilzbefall einstellt. Wind mögen Salate ebensowenig wie Wassermangel, so daß auf regelmäßige Bewässerung zu achten ist.

Kopfsalat ist fragil. Wenn er reif ist, muß er zügig geschnitten werden. Endiviensalat kann indes bis zu 4 Wochen bei Pflückreife auf dem Feld bleiben. Einmal gepflückt, ist Eile geboten, um ihn zum Verbraucher zu bringen, denn nur frisch ist Salat ein Genuß.

Ökologischer Gemüseanbau verlangt viel Handarbeit, wie hier beim Auspflanzen des Salats.

Mit dem Ziehen von Rillen wird das nächste Salatbeet für die Setzlinge vorbereitet.

Jeder Kopf verlangt Aufmerksamkeit, da Beikräuter – einst Unkraut genannt – von Hand gejätet werden.

Hintergrund: Salatpflanzen zieht man in Gewächshäusern vor, um eine gute Entwicklung zu garantieren. Seit 1996 muß diese »Kinderstube«, ab 2002 auch das Saatgut biologischen Richtlinien genügen.

Salate von A bis Z

Batavia
Attraktiver, an den Rändern rötlicher Kopfsalat; neuere, aus Frankreich stammende, eng mit dem Eissalat verwandte, wärmeliebende Züchtung; knackige, krause Blätter mit fester Struktur und würzigem Geschmack.

Brunnenkresse
Schon im Mittelalter geschätzte, in Wasser wachsende Heil- und Gemüsepflanze; traditionell in Dreienbrunnen in Thüringen und der französischen Picardie kultiviert; blutreinigend; scharfer Geschmack; nicht lange haltbar.

Eichblatt
Pflücksalat mit leichter Kopfausbildung, dessen am Rand rötliche Blätter deutlich an Eichenlaub erinnern; feiner nussiger Geschmack; gut in gemischten Blattsalaten; schnell zusammenfallend.

Eisberg (Knack-, Krachsalat)
Große, feste, runde Köpfe von einigem Gewicht (bis zu 800 Gramm); angenehm aromatische, durch den hohen Wassergehalt sehr frisch schmeckende, fleischige Blätter; gut haltbar; auch gekocht als Gemüse.

Endivie
Verwandte des Chicorées, flachwachsend mit grünen, etwas zähen Außenblättern und strahlend gelbem Herz; leicht bitterer Geschmack; glattrandig als haltbarerer Eskariol, gekraust als empfindlicherer Frisée.

Feldsalat (Rapunzel, Mausohr)
Ursprünglich sehr weitverbreiteter, niedriger Wildsalat mit kleinen Blattrosetten; heute zunehmend beliebt; sehr vitamin- und eisenhaltig; ausgeprägter, feiner Nußgeschmack.

Kapuzinerkresse
Beliebte Gartenpflanze mit schönen orangenfarbenen oder gelben Blüten; runde Blätter; pikanter Geschmack als Würze in Mischsalaten; eßbare Blüten für attraktive Garnierung; Entzündungen hemmende Wirkung.

Kopfsalat
Mit Abstand der am meisten verwendete Salat; mittlerweile auch in rötlicher Version; neutral im Geschmack, deshalb süß oder herzhaft angerichtet, aber ebenso gedünstet; welkt schnell.

Kresse
Eigentlich ein schnellwachsender, halbmeterhoher, weißblühender Kreuzblütler; wird nur wenige Tage alt; mit zwei mittelgrünen Keimblättern in Schachteln angeboten; pikanter, würziger Geschmack; appetitanregend.

Lollo Biondo
Gelb-grüne, stark gekräuselte Blätter; wie der farblich ungewöhnliche rötliche Lollo Rosso, dem er züchterisch folgte, aus Italien stammend; gute Haltbarkeit und sanftherber Geschmack.

Lollo Rosso
Attraktiver, rot- und krausblättriger, in Mode gekommener italienischer Pflücksalat mit lockerer Blattrosette; gern in gemischten Blattsalaten; angenehmes, dezent herbes Aroma mit leichter Nußnote.

Löwenzahn
In der Volksmedizin vielverwandte, weitverbreitete Wildblume; bildet in lockeren Böden oder gebleicht zarte, weißlich-gelbe, langgestreckte Blätter; hoher Gehalt an ätherischen Ölen und Vitamin C; sehr würzig, feinbitter.

Pflücksalat
In Hausgärten beliebte, frühwachsende Salatsorte mit länglichen krausen, jung sehr zarten Blättern; bildet keinen Kopf, sondern Stengel; Blätter werden einzeln gepflückt; sanfter Geschmack; nur frisch, nicht haltbar.

Portulak
Ein uraltes, auch wildwachsendes Gemüse, das eine Wiederentdeckung verdient; die runden fleischigen und sehr gesunden Blätter schmecken nussig-knackig und bereichern jeden Salat.

Radicchio
Verwandter von Chicorée und Endivie; feste kleine, weiß und rot gefärbte Köpfe; angenehmer, von Stoffwechsel förderndem Bitterstoff geprägter Geschmack; attraktiv in Mischsalaten; mittlere Haltbarkeit.

Römischer Salat (Romana, Bindesalat)
Bildet um einen Mittelstrunk große, tiefgrüne, länglichovale, aufrechtstehende, früher zusammengebundene Blätter; herbwürzig und innen knackig; in den Mittelmeerländern sehr beliebt.

Rucola (Rauke)
In warmen Regionen weitverbreitete Wildpflanze mit an Rettich erinnernden, im Freiland kräftig grünen Blättern; charakteristisches intensives, teils scharfes Aroma; anregende Wirkung.

Sucrine
Tagneutraler kleinköpfiger Salat; im Sommer in Südeuropa als Ersatz für Kopfsalat angebaut; wird nach Gewicht verkauft; milder, dezent-herber Geschmack; angenehme, etwas festere Blattstruktur.

Rohkostteller

1 kleiner Kopfsalat
3 EL Zitronensaft
1/2 Sellerieknolle
1 säuerlicher Apfel
2 Möhren
1 Bund Radieschen
6 EL Sahne
3 EL Maiskeimöl
1 TL Rohrzucker
Meersalz, schwarzer Pfeffer
4 EL geröstete Kürbiskerne

Den Salat waschen, grob zerpflücken und trockenschleudern. Auf einem großen Salatteller anrichten.
Apfel, Sellerie und Möhren raspeln, sofort mit etwas Zitronensaft vermischen und in eine Schüssel geben.
Die Radieschen ebenfalls raspeln und zu der Gemüsemischung geben; vermengen und auf dem Salat verteilen.
Die Sahne mit dem restlichen Zitronensaft, Öl, Zucker sowie Salz und Pfeffer zu einer schaumigen Sauce aufschlagen und über den Salat geben.
Mit den Kürbiskernen bestreut servieren.

Spanischer Salatteller

1 Kopfsalat
Je 1 rote und gelbe Paprikaschote
3 Tomaten
1 rote Zwiebel
200 g gekochte dicke weiße Bohnen
16 dicke grüne Oliven
8 geviertelte eingelegte Artischockenherzen
Rotweinessig
Olivenöl
Meersalz, schwarzer Pfeffer

Den Salat zerpflücken, waschen und trockenschleudern.
Die Paprikaschoten in Streifen, die Tomaten in Scheiben, die Zwiebel in Ringe schneiden.
Auf großen Tellern die Salatblätter anrichten. Paprika, Tomaten, Zwiebeln und Bohnen, zuletzt Oliven und Artischockenherzen darauf verteilen.
Essig, Olivenöl, Salz und Pfeffer getrennt dazu reichen.

Löwenzahn-Stielmus-Salat

(Abbildung unten)

1 große Kartoffel
1 TL Kümmel
2 Eier
1 Zwiebel
2 Knoblauchzehen
1 EL Sonnenblumenöl
150 g junge Löwenzahnblätter
150 g Stielmus
3 EL Weißweinessig
3 EL Sonnenblumenöl
Meersalz, schwarzer Pfeffer

Die Kartoffel in der Schale mit dem Kümmel in Wasser garen. Die Eier – je nach Größe – 4–5 Minuten weich kochen.
Zwiebel und Knoblauch hacken und in dem Öl glasig dünsten.
Löwenzahn und Stielmus waschen, trockenschleudern und vermischen.
Die Kartoffel pellen und noch heiß auf die Gemüse pressen, dann Zwiebel und Knoblauch darübergeben.
Die Eier schälen, auf den Salat legen und mit einem Holzlöffel in Stückchen drücken. Essig und Öl hinzufügen.
Alles gut miteinander vermengen, mit Salz und Pfeffer abschmecken und warm servieren.

Löwenzahn-Stielmus-Salat

Feldsalat mit Knoblauch-Croûtons

3 Scheiben Vollkorntoast
2 Knoblauchzehen
2 EL Butter
1 Msp Senf
2 EL Gemüsebrühe
4 EL Weinessig
4 EL Walnußöl
1 feingehackte Schalotte
500 g Feldsalat

Die Toastscheiben in Würfel schneiden.
Die Knoblauchzehen halbieren und in der Butter leicht bräunen. Aus der Pfanne nehmen, die Brotwürfel hineingeben und unter Rühren rösten; beiseite stellen.
Aus Senf, Gemüsebrühe, Essig und Öl eine Vinaigrette zubereiten, dann die Schalotten unterrühren.
Den Feldsalat verlesen, waschen und trockenschleudern; mit der Vinaigrette mischen.
Den Salat mit den Knoblauch-Croûtons bestreuen und servieren.

Römischer Salat mit Birnen und Gorgonzola

1 Kopf Römischer Salat
4 Birnen
2 EL Zitronensaft
50 g grobgehackte Walnüsse
100 g Gorgonzola
8 EL Sahne
Weißer Pfeffer

Den Salat waschen, in mundgerechte Stücke zupfen und trockenschleudern. Auf Tellern anrichten.
Die Birnen in Spalten schneiden, mit etwas Zitronensaft beträufeln und auf dem Salat verteilen. Mit den Walnüssen bestreuen.
Den Gorgonzola gut zerdrücken und mit der Sahne zu einer glatten Sauce verrühren; mit Pfeffer abschmecken.
Die Käsesauce über den Salat geben und servieren.

Pinzimonio

Italienische Rohkostplatte mit Dip

4 Möhren
Je 1 kleine gelbe, rote und grüne Paprikaschote
1 kleine Fenchelknolle
2 Stangen Sellerie
1 kleine Salatgurke
1 Bund Radieschen

Dip
2 gewässerte Sardellenfilets
6 EL Olivenöl
3 EL Zitronensaft
Schwarzer Pfeffer

Die Gemüse längs in etwa 5 cm lange Streifen schneiden, die Radieschen ganz lassen.
Für den Dip die Sardellenfilets fein hacken, mit den übrigen Zutaten mischen und in ein Schälchen füllen.
Das Schälchen auf einer großen Salatplatte in die Mitte stellen und das Gemüse dekorativ rundherum anrichten.
Dieser Salat wird als Vorspeise oder Zwischengang eines Menüs gereicht.

Blattgemüse

Mangold, Spinat, Sauerampfer, Weinblätter, vor allem auch die bereits vorgestellten Salate – sie alle gehören zu den Blattgemüsen und sind ein wichtiger Bestandteil unserer Ernährung. Da sie viel Vitamin A, Calcium, Eisen und Chlorophyll enthalten, sind sie – wenn aus biologischem Anbau und roh verzehrt – der Gesundheit höchst förderlich. Aber auch schonend gegart als Gemüse oder in Suppen liefern sie dem Körper viele Vitalstoffe in nennenswerten Mengen.

Blanchierter Blattmangold mit Knoblauch

(Abbildung oben)

300 g Blattmangold
1 Schalotte
3 EL Olivenöl
3 Knoblauchzehen
1 Prise Muskat
Meersalz, schwarzer Pfeffer

Stiele und Blätter des Mangolds kleinschneiden. Die Schalotte fein würfeln, den Knoblauch in feine Scheiben schneiden. Olivenöl in einem Topf erhitzen. Die Mangoldstiele in dem Öl andünsten, Zwiebeln und Knoblauch hinzufügen und ebenfalls kurz dünsten.
Etwas Wasser angießen und die Mangoldblätter dazugeben; kurz dünsten, bis sie in sich zusammenfallen.
Vom Herd nehmen, den Muskat zugeben und mit Salz und Pfeffer abschmecken.
Als Vorspeise mit Toast oder Baguette oder als Gemüsebeilage zu Getreidebratlingen reichen.

Warmer Kartoffelsalat mit Sauerampfer

1 kg festkochende Kartoffeln
Meersalz
1 TL Kümmel
200 g junger Sauerampfer
1 Schalotte
8 EL Gemüsebrühe
3 EL Weinessig
4 EL Olivenöl
1 Eigelb
1 Msp Senfpulver
Weißer Pfeffer

Die Kartoffeln in der Schale mit dem Kümmel in Salzwasser garen.
Den Sauerampfer fein hacken.
Die Kartoffeln etwas abkühlen lassen, pellen und in Würfel schneiden. Die Schalotte fein hacken und zu den Kartoffeln geben.
Aus den übrigen Zutaten eine cremige Salatsauce rühren, mit Salz abschmecken und unter die Kartoffeln mischen. Den Sauerampfer unterheben und den Kartoffelsalat noch warm servieren.

Überbackene Spinatnocken in Champignonsahne

(Abbildung oben)

300 g mehligkochende Kartoffeln
200 g Blattspinat
1 kleine Zwiebel
1 kleine Knoblauchzehe
1 EL Olivenöl
1 Ei
2 EL feines Dinkelmehl
1 Prise Muskat
Meersalz, weißer Pfeffer

Sauce

300 g Champignons
1 Schalotte
2 EL Butter
150 g Sahne
1 EL Pfeilwurzelmehl
1 TL Meersalz
1 Msp weißer Pfeffer
1 EL Sojasauce
2 EL feingehackte glatte Petersilie

Für die Nocken die Kartoffeln mit der Schale garen, pellen und warm durch die Kartoffelpresse drücken oder fein reiben.
In der Zwischenzeit den Spinat zerzupfen, die Zwiebel fein würfeln und den Knoblauch zerdrücken. Zwiebel und Knoblauch in dem Öl glasig dünsten, dann den Spinat dazugeben und dünsten.
Das Gemüse zu den Kartoffeln geben, Ei und Mehl hinzufügen, alles gut vermengen und mit Muskat, Salz und Pfeffer abschmecken.
Mit feuchten Händen oder zwei Eßlöffeln Nocken formen und in Salzwasser garen, bis die Klößchen an der Oberfläche schwimmen.
Für die Sauce die Champignons blättrig schneiden. Die Schalotte fein würfeln und in der Butter glasig dünsten.
Die Champignons hinzufügen und kurz anbraten. Die Sahne mit 3 EL Wasser vermischen und zu den Pilzen geben.
Das Pfeilwurzelmehl mit etwas Wasser anrühren und die Champignonsahne damit andicken. Mit Salz, Pfeffer und Sojasauce abschmecken und die Petersilie untermischen. Zu den Nocken servieren.

Stielmangold mit Paprika und Schafskäse

(Abbildung oben)

500 g Stielmangold
2 Knoblauchzehen
2 kleine Zwiebeln
1 rote Paprikaschote
2 EL Olivenöl
Kräutersalz
1 TL edelsüßes Paprikapulver
1 Prise Cayennepfeffer
Schwarzer Pfeffer
100 g Schafskäse

Blätter und Stiele des Mangolds sowie Knoblauch, Zwiebeln und Paprikaschote kleinschneiden oder hacken. Zwiebeln, Knoblauch und Paprika in dem Öl andünsten. Dann den Mangold hinzugeben, kurz dünsten und mit etwas Wasser ablöschen. Mit den Gewürzen abschmecken.
Den Schafskäse würfeln und unter das Gemüse mischen. Als Vorspeise mit Baguette servieren.

Gegrillter Radicchio

3–4 Köpfe Radicchio (etwa 1 kg)
Meersalz, schwarzer Pfeffer
4 EL Olivenöl
Zitronenachtel

Den Backofen auf 250 °C vorheizen.
Die Radicchioköpfe längs halbieren und mit der Schnittfläche nach unten in eine feuerfeste Form geben; salzen, pfeffern und mit dem Olivenöl beträufeln.
Im Ofen 5 Minuten backen, wenden und weitere 5 Minuten backen. Dann den Grill einschalten und den Radicchio 3 Minuten grillen.
Aus dem Ofen nehmen und etwas abkühlen lassen. Mit Zitronenachteln garnieren.

Hintergrund: Mangold ist ein vielseitiges Gemüse, dessen Blätter wie Spinat, in Suppen oder zum Füllen verwendet werden, während man die Stiele wie Spargel zubereiten kann.

Spargel

Schon der englische Arzt Nicholas Culpeper rühmte in der ersten Hälfte des 17. Jahrhunderts den Spargel ob seiner medizinischen Wirkungen: Er treibe Nierensteine aus, helfe gegen Zahnschmerzen und erwecke Lust. Heute weiß man, daß Spargel Provitamin A, mehrere B-Vitamine und Vitamin C enthält sowie Mineralien und Spurenelemente. Was ihn aber für die Medizin so bedeutend macht, ist die nach seinem lateinischen Namen benannte Asparaginsäure, eine Aminosäure, die besonders die Nierenfunktion stimuliert.

Kulinarisch wurde dieses ungewöhnliche, wie der Knoblauch zu den Liliengewächsen gehörende Gemüse schon immer als besonders edel eingeschätzt. Im gesamten mediterranen Raum kommt er auch wild vor, wird gern gesammelt und oft direkt an der Straße oder am Rande der Märkte angeboten. Da er ein intensives Aroma, aber wenig Substanz bietet, verwendet man ihn gern für Omeletts.

Wie der dünne Wildspargel wird auch der gezüchtete immer grün, dann nämlich, wenn er mit Sonnenlicht in Kontakt kommt. Vor allem in Südeuropa bevorzugt man ihn in dieser Form. So schmeckt er kräftiger, meist braucht man ihn nicht einmal zu schälen, und er gart auch schneller. Das sind Vorteile, die Köchinnen und Köche durchaus zu schätzen wissen. Aber auch die Gärtner bevorzugen grünen Spargel: Beim Anbau müssen sie keine aufwendigen Dämme errichten, und die Ernte geht wesentlich leichter, nämlich oberirdisch von der Hand. Aus diesem Anbau haben sich einige Sorten entwickelt, die ausschließlich der Produktion von grünem Spargel dienen.

Andererseits gibt es spezielle Kulturen – und auch Sorten –, die für blütenweißen Spargel bestimmt sind. Dabei geht es darum, möglichst handspannenlange Sprossen zu erhalten. Deshalb schüttet man über den in Reihen gesetzten Wurzeln Dämme auf. Diese Methode ersannen niederländische Bauern im 19. Jahrhundert. Wenn die Dammoberfläche zu reißen beginnt, ist es an der Zeit, den Spargel zu stechen. Stangenspargel besitzt schneeweiße Köpfe – es sei denn, sie hätten schon Licht gesehen, dann verfärben sie sich violett. Der weiße Spargel verlangt eine aufwendige Behandlung, da er geschält werden muß, und schmeckt entschieden dezenter. Ob grün oder weiß, ob aus südlichen oder nördlicheren Ländern, biologisch angebauter Spargel besitzt einen unleugbaren Vorzug: Er ist frei von Pestiziden, die im konventionellen Anbau in großen Mengen verwandt werden.

Wilder Spargel (Hintergrund) und grüner Zuchtspargel (kleine Abbildung oben)

Bandnudeln mit grünem Spargel

500 g grüner Spargel
Meersalz
320 g kurze Bandnudeln
3 Eigelbe
5 EL Sahne
50 g frischgeriebener Hartkäse
40 g Butter

Das untere Drittel des Spargels schälen und die holzigen Enden abschneiden. Den Spargel in Stücke schneiden, Spitzen beiseite legen.
Die Spargelstücke in 3 l Wasser aufsetzen. Wenn das Wasser kocht, 3 TL Salz dazugeben und den Spargel 5 Minuten kochen lassen. Nun die Bandnudeln und die Spargelspitzen hineingeben und al dente kochen.
In der Zwischenzeit Eigelbe, Sahne und Käse zu einer Sauce verrühren.
Die Nudeln abgießen und in eine vorgewärmte Servierschüssel geben. In der Schüssel mit der Butter und der Käsesauce mischen und sofort servieren.

Blattsalate mit Spargel und Erdbeeren

(Abbildung unten)

Verschiedene Salatsorten mit festen Blättern (mengenmäßig einem großen Salatkopf entsprechend)
3 EL Weißweinessig
1/2 TL Salz
Weißer Pfeffer
4 EL Distelöl
1 EL Honig
1 Zweig Estragon
200 g grüner Spargel
200 g weißer Spargel
200 g Erdbeeren

Die Salatblätter waschen und abtropfen lassen.
Aus Essig, Salz, Pfeffer, Öl, 4 EL kaltem Wasser und Honig eine Vinaigrette rühren.
Den Estragon fein hacken und zu der Vinaigrette geben.
Den weißen Spargel schälen, den grünen ebenfalls schälen, falls notwendig.
Den Spargel etwa 2 Stunden in der Vinaigrette marinieren lassen.
Die Salatblätter in mundgerechte Stücke zupfen und auf einem großen Teller anrichten.
Die Spargelstangen schräg in etwa 3 cm lange Stücke schneiden und auf dem Salat verteilen.
Die Erdbeeren vierteln und zu dem Spargel geben. Die Estragon-Vinaigrette darübergeben und den Salat servieren.

Spargel – wo, wann, wie

Im Süden Europas sprießen die ersten Spargel im zeitigen Frühjahr, während die Hauptsaison der mittel- und nordeuropäischen Länder in den Mai und Juni fällt. Um ein Spargelbeet, das 10 bis 12 Jahre alt wird, nicht vorzeitig zu erschöpfen, wird nur etwa einen Monat lang gestochen oder geschnitten. Dann läßt man den Spargel zur Staude hochwachsen, welche die Wurzeln mit dem nötigen Nährstoffvorrat für das kommende Jahr versorgt und selbst im Herbst abstirbt.
Spargel ist nur dann ein Genuß, wenn er frisch und stramm ist und sich gut brechen läßt. So sollten Stangen und Schnittstellen nie eingetrocknet, letztere nicht bräunlich sein. Geöffnete, schlaffe Köpfe sind ein schlechtes Zeichen. Um ihn aufzubewahren, wickelt man ihn in ein feuchtes Tuch und legt ihn in den Kühlschrank. Doch mehr noch als bei anderen Gemüsen gilt für den teuren Spargel, ihn so schnell wie möglich zu genießen.

Gratinierter Spargel

1,5 kg grüner Spargel
Meersalz
3 Scheiben Vollkorntoast
125 g weiche Butter
100 g feingeriebener Hartkäse

Das untere Drittel des Spargels schälen und die holzigen Enden abschneiden.
Den Spargel in Salzwasser knapp garen, aus dem Wasser heben und gut abtropfen lassen.
Eine feuerfeste Form mit etwas Butter einfetten und den Spargel in die Form schichten.
Die Toastscheiben zerbröseln, mit der restlichen Butter und dem Hartkäse vermischen. Die Masse über dem Spargel verteilen.
Im Backofen oder unter dem Grill 10 Minuten gratinieren.

Spargelrisotto

400 g grüner Spargel
400 g weißer Spargel
Meersalz
4 EL Butter
100 ml Sahne
1 kleine Zwiebel
300 g Rundkorn-Naturreis
100 ml trockener Weißwein
100 g frischgeriebener Hartkäse

Das untere Drittel des grünen Spargels und den weißen Spargel ganz schälen, die holzigen Enden abschneiden. Den Spargel in Stücke schneiden und die Spargelspitzen beiseite stellen.
Die weißen Spargelstücke in 1,5 l Salzwasser mit 1 EL Butter 5 Minuten garen, dann die grünen Spargelstücke dazugeben und weitere 10 Minuten garen. Die Spargelstücke aus der Brühe heben, etwas abkühlen lassen und mit der Sahne pürieren.
Die Spargelbrühe zum Kochen bringen. Die Zwiebel fein hacken und in der restlichen Butter glasig dünsten. Den Reis dazugeben und unter Rühren ebenfalls glasig werden lassen, dann mit dem Weißwein ablöschen.
Wenn der Wein verdunstet ist, nach und nach die kochende Spargelbrühe – insgesamt etwa 1,3 l – dazugeben, und zwar immer erst dann jeweils etwas Brühe nachgießen, wenn die Flüssigkeit verkocht ist.
Nach 40–50 Minuten das Spargelpüree und die Spargelspitzen dazugeben und noch weitere 10 Minuten garen.
Den Käse unterrühren, 1 Minute ziehen lassen und den Risotto auf Suppentellern anrichten.

Klare Spargelsuppe

500 g helles Hühnerfleisch
1 Schalotte
3 EL Butter
100 ml trockener Weißwein
500 ml Geflügelfond
400 g weißer Spargel
400 g grüner Spargel
200 g Zuckerschoten
Meersalz
1 EL feingehackter Schnittlauch
1 EL feingehackte Petersilie

Das Hühnerfleisch von Sehnen und Haut befreien und in Würfel schneiden.
Die Schalotte fein hacken und in der Butter glasig dünsten, das Fleisch dazugeben und anbraten; mit dem Weißwein ablöschen.
Wenn der Wein verdunstet ist, den Geflügelfond und 400 ml Wasser dazugeben, aufkochen und leise köcheln lassen.
Den weißen Spargel großzügig schälen, die holzigen Enden abschneiden.
Die Spargelstangen in 3 cm lange Stücke schneiden.
Das untere Drittel des grünen Spargels schälen und die holzigen Enden abschneiden; die Stangen in gleich große Stücke schneiden.
Die Zuckerschoten und den weißen Spargel zu dem Hühnerfleisch in die Brühe geben, 5 Minuten später auch den grünen Spargel hinzufügen; insgesamt 15–20 Minuten köcheln lassen. Mit Meersalz abschmecken und mit den Kräutern bestreut servieren.

Blattsalate mit Spargel und Erdbeeren

Kohl

Grünkohl wird nur von den Möhren übertroffen an dem für das Wachstum so wichtigen Provitamin A, und hinsichtlich Vitamin C ist er eines der gehaltvollsten Gemüse überhaupt. Dabei sind nur die nordischen Völker, allen voran die Deutschen, auf seinen Geschmack gekommen, obwohl er ursprünglich im Mittelmeerraum beheimatet ist. Sein tiefdunkles Grün verrät überdies eine hohe Konzentration an Chlorophyll, diesem pflanzlichen Wunderstoff, dem in letzter Zeit äußerst positive Wirkungen auf die menschliche Gesundheit und Widerstandskraft zugeschrieben werden. Glücklicherweise gibt es Grünkohl und die anderen zahlreichen Kohlarten gerade zu jener Jahreszeit, wenn es sonst an frischem Gemüse mangelt, obwohl viele Sorten auch das ganze Jahr über zur Verfügung stehen.

Kohlgemüsen begegnet man heutzutage äußerst reserviert. Daher sei vorab mit einem Vorurteil aufgeräumt: Kohl ist mitnichten von Natur aus unbekömmlich. Diese ihm nachgesagte Unbekömmlichkeit ist meist auf den Kunstdünger zurückzuführen, mit dem er bei konventionellem Anbau traktiert wird. Ob Rot-, Weiß-, Blumen- oder Rosenkohl – sie alle sind empfindlich gegen Nitrat.

Blumen- und Rosenkohl gehören zur weitgefächerten Brassica-Familie, welcher mit Brokkoli und anderen Feingemüsen der gesellschaftliche Aufstieg gelang. Dagegen waren die mächtigen Kohlköpfe, gleich welcher Couleur, ausgesprochene Volksfreunde. Fast überall in Europa gab es genügend Kohl, daß auch die armen Leute satt wurden. So besitzen wir heute eine Fülle von regionaltypischen Gerichten, die auf Kohl basieren, ob sie nun aus Irland oder Norddeutschland, den Pyrenäen oder dem Balkan stammen. Ihnen allen ist eins gemein: die Deftigkeit, was nicht verwunderlich ist, da diese Gerichte Menschen ernähren mußten, die schwere körperliche Arbeit leisteten. Aber es gehört nicht viel dazu, diese Rezepte für unsere Zeit zu adaptieren – indem man beispielsweise die üppigen Fleischeinlagen wegläßt – und dem Kohl den ihm gebührenden kulinarischen Platz einzuräumen.

Schließlich werden wir es ihm danken. Denn Kohl bringt generell einen außerordentlichen Reichtum an Mineralstoffen auf den Tisch und hat einen erstaunlichen Vitamingehalt. In rohen Krautsalaten und milchsauer vergorenem Sauerkraut sind sie naturgemäß am meisten vorhanden. Aber auch mit Verstand – also immer nur kurz – gegart, behält er einen Großteil seiner Vitalstoffe und verwandelt sich zu ungemein köstlichen, schmackhaften und abwechslungsreichen Gerichten.

Rosenkohl-Gratin
mit Rosinen und Haselnüssen

Wirsing mit gratiniertem Ziegenkäse

Kohlgerichte

Rosenkohl-Gratin mit Rosinen und Haselnüssen
(Abbildung linke Seite)

500 g Rosenkohl
2 EL Rosinen
3 EL Apfelsaft
1 1/2 EL Butter
1/2 EL feingemahlene Haselnüsse
150 ml Sahne
*1 EL Mischmus**
2 EL feines Reismehl
1 Prise Muskat
Meersalz, schwarzer Pfeffer
1 1/2 EL grobgehackte Haselnüsse

Den Rosenkohl im Standsieb bißfest garen.
Die Rosinen in dem Apfelsaft einweichen. 1 EL Butter mit den feingemahlenen Haselnüssen verkneten.
Die Sahne mit 100 ml Wasser zum Kochen bringen, das Mischmus einrühren und mit dem Reismehl andicken. Rosinen und Muskat zugeben und mit Salz und Pfeffer abschmecken.
Eine Auflaufform mit der restlichen Butter ausfetten, den Rosenkohl in die Form geben, mit der Sahnesauce übergießen, die Haselnußbutter in Flocken darauf verteilen und die gehackten Haselnüsse darüberstreuen.
Im Backofen oder unter dem Grill gratinieren.

* Nußmus aus Mandeln, Erdnüssen, Haselnüssen und Cashewkernen

Wirsing mit gratiniertem Ziegenkäse
(Abbildung Mitte unten)

1 kleiner Wirsing
Meersalz
1 kleine Knoblauchzehe
2 EL Olivenöl
1/2 TL Kräutersalz
Schwarzer Pfeffer
4 Scheiben Ziegenkäse
1/2 TL edelsüßes Paprikapulver

Den ganzen Kohlkopf in Salzwasser bißfest garen, abtropfen lassen und aus der Mitte 4 gut 1 cm dicke Scheiben schneiden. Den restlichen Kohl anderweitig verwenden.
Den Knoblauch auspressen. Das Olivenöl mit Kräutersalz, Pfeffer und Knoblauchsaft verrühren.
Jeweils eine Scheibe Kohl von einer Seite mit dem Öl bestreichen. Mit dem restlichen Öl eine feuerfeste Form ausfetten. Die Kohlscheiben mit der gefetteten Seite nach oben in die Form geben und jeweils eine Scheibe Ziegenkäse darauflegen.
Im Ofen oder unter dem Grill überbacken, bis der Käse leicht gebräunt ist.
Vor dem Servieren mit Paprika bestäuben.

Wirsingröllchen mit Gorgonzola

Meersalz
12 Wirsingblätter
50 g Pinienkerne
120 g milder Gorgonzola
3 EL Mascarpone
12 Scheiben luftgetrockneter roher Schinken

In einem großen Topf 2 l Wasser mit 2 TL Salz zum Kochen bringen und den Wirsing 4 Minuten darin blanchieren; abschütten.
Die Wirsingblätter mit kaltem Wasser abschrecken und auf einem Küchentuch abtropfen lassen.
Die Pinienkerne ohne Fett anrösten, abkühlen lassen und fein hacken. Gorgonzola und Mascarpone zu einer homogenen Masse verrühren.
Auf jedes Wirsingblatt eine Scheibe Schinken legen, die Käsemasse darauf verteilen und mit Pinienkernen bestreuen.
Die Wirsingblätter von der Seite her über die Füllung schlagen und aufrollen.
Jeweils 3 Röllchen auf Portionstellern als Vorspeise anrichten und mit leicht gekühltem Rosé reichen.

Geschmorter Weißkohl

1 kg Weißkohl
1 Zwiebel
2 Knoblauchzehen
1 Zweig Rosmarin
3 EL Olivenöl
200 ml Weißwein
Meersalz, weißer Pfeffer

Den Weißkohl vierteln, die Blätter vom Strunk lösen und grob zerbrechen.
Zwiebel, Knoblauch und Rosmarin fein hacken und in dem Olivenöl andünsten.
Die Weißkohlblätter dazugeben, den Weißwein angießen und zugedeckt auf kleiner Flamme etwa 60 Minuten schmoren lassen. Gelegentlich überprüfen, ob ausreichend Flüssigkeit vorhanden ist. Das Gemüse ist fertig, wenn die Kohlblätter eine hellbraune Farbe angenommen haben und leicht süßlich schmecken. Gut mit Pfeffer und Salz abschmecken.

Weißkohlsalat mit Datteln

1 kleiner Weißkohl
1 Knoblauchzehe
1 kleine Zwiebel
250 g saure Sahne
2 EL Olivenöl
3 EL Weißweinessig
1 EL Honig
1 EL Kurkuma
1 Msp Zimt
1 TL Ingwerpulver
1 TL Kardamom
1 Msp Cayennepfeffer
Weißer Pfeffer
1 TL Meersalz
5 Datteln

Den Weißkohl in feine Streifen hobeln.
Knoblauch und Zwiebel fein würfeln.
Aus Sahne, Olivenöl, Essig, Honig und den Gewürzen eine Marinade rühren, kräftig abschmecken und den Weißkohl darin 60 Minuten ziehen lassen.
Die Datteln entsteinen, in kleine Stücke schneiden, unter den Kohl mischen und nochmals abschmecken.

Sauerkraut

Milchsäuregärung ist eine uralte Methode zur Haltbarmachung von Gemüsen. Man legt verschiedene Gemüse gemeinsam in einen Steinguttopf oder ein großes Glas, gibt etwas Salzwasser darüber, deckt das Gefäß gut ab und überläßt alles übrige den Milchsäurebakterien. Unter der Mithilfe von Enzymen findet nun ein komplexer Gärungsprozeß statt, bei dem die positiven Inhaltsstoffe der Gemüse zum einen bewahrt werden, zum anderen jedoch zusätzliche Aminosäuren und Vitamine entstehen. Zugleich sorgen die stark zunehmenden Milchsäurebakterien für ausreichenden Schutz gegen andere Bakterien und Erreger. Nach Abschluß der Gärung, die je nach Temperatur mehrere Wochen dauert, haben sich die anfänglichen Zutaten verwandelt und sind zu hochwertigeren Lebensmitteln geworden.

Wie man Sauerkraut macht

1. Zur Herstellung von Sauerkraut ist Weißkohl am geeignetsten, ob man die runden festen, bis zu 8 Kilogramm schweren Köpfe des Dauerkohls, das berühmte, spitz aufragende Filderkraut oder feineren Spitzkohl nimmt.
2. Zunächst entfernt man die äußeren Deckblätter, halbiert den Kopf und schneidet den Strunk heraus.
3. Ohne große Anstrengung läßt sich Kohl mit einem speziellen Hobel in Streifen schneiden, aber man kann auch ein Messer mit langer Klinge oder eine Brotschneidemaschine benutzen.
4. Als Gefäß verwendet man am besten einen Gärungstopf aus Steingut, der eine Wasserrinne und einen Deckel besitzt. Die Wasserrinne erlaubt es, Sauerkraut ohne Salz herzustellen.
5. Bevor man das geschnittene Kraut in den Topf füllt, muß dieser sehr sorgfältig gereinigt werden. Traditionell rechnet man mit 5 Prozent Meersalz, aber mit der Hälfte kommt man ebenfalls gut aus. Als zusätzliche Würze eignen sich Wacholderbeeren und Kümmel, der den Gärungsprozeß positiv beeinflußt.
6. Der Topf wird bis etwas über die Hälfte mit dem Weißkohl gefüllt, der nun so kräftig gestampft wird, daß sich genügend Saft bildet, um das Kraut zu bedecken.
7. Für das Gelingen ist es wichtig, daß der Kohl auch während der Gärung stets mit Saft bedeckt bleibt. Deshalb gibt man einen Teller oben auf das Kraut und beschwert ihn mit einem Stein, wobei man keine porösen Steine verwenden sollte. Gut eignet sich auch ein mit Wasser gefülltes Einmachglas für diesen Zweck.
8. Jetzt zeigt sich der Sinn des Gärungstopfs: Man füllt Wasser in seine Rinne und setzt den Deckel so auf, daß er gut eintaucht. Der Deckelrand sollte gut von Wasser bedeckt sein. So wird verhindert, daß Luft in den Topf gelangt, wodurch das Kraut verderben könnte. Gärungsgase hingegen können entweichen.
9. Zur Gärung stellt man den Topf etwa 14 Tage an einen 18–22 °C warmen Ort. Danach wird er kühl bei etwa 6–10 °C aufbewahrt. Das Sauerkraut braucht 4 bis 6 Wochen zur Entwicklung, dann ist es verzehrfertig. Besonders gesund ist es roh.
10. Im Gärtopf aufbewahrt, hält sich Sauerkraut vom Zeitpunkt seines Einmachens im Herbst bis mindestens zum Februar des folgenden Jahres.

Sauerkraut ist nicht nur eingelegter Weißkohl, vielmehr entsteht durch die Milchsäuregärung ein neues, sehr vitaminreiches und gesundheitsförderndes Lebensmittel.

Zur Herstellung von Sauerkraut verwendet man in der Regel Weißkohl, von dem es verschiedene Sorten gibt.

Zunächst entfernt man die Deckblätter und halbiert den Kopf – hier handelt es sich um Spitzkohl.

Dann wird der Kohl von Hand mit einem Messer oder mit dem Hobel in feine Streifen geschnitten.

Spezielle Sauerkrautgefäße sind aus Steingut und besitzen eine Wasserrinne. Das Kraut wird locker in das Gefäß gefüllt.

Man fügt nach Belieben Meersalz hinzu (Salz sorgt für eine bessere Konservierung), kann es jedoch auch weglassen.

Das Stampfen ist unerläßlich, da der Kohl so viel Saft absondern muß, daß dieser ihn völlig bedeckt.

Damit der Kohl während der Gärung unter Saft bleibt, beschwert man ihn – beispielsweise mit einem Einmachglas voll Wasser.

Den Deckel setzt man in die mit Wasser gefüllte Rinne. Auf diese Weise wird verhindert, daß Luft in den Topf gelangt.

Sauerkraut aus eigener Produktion bietet über den Winter einen Vorrat, den man roh wie auch in vielen Zubereitungen genießen kann.

Zubereitungen mit Sauerkraut

Krautkrapfen

Für 8 Personen

250 g feines Dinkelmehl
1 Ei
2 EL Olivenöl
Meersalz
2 Zwiebeln
20 g Butter
500 g Sauerkraut
200 g Möhren
1 Lorbeerblatt
Schwarzer Pfeffer
$^1/_2$ TL gemahlener Kümmel
$^1/_2$ EL Honig
1 EL Butterschmalz
1 l Gemüsebrühe

Das Mehl mit Ei, Olivenöl, etwas Salz und 70 ml Wasser vermischen und zu einem elastischen Nudelteig verkneten. Den Teig zugedeckt bei Zimmertemperatur 30 Minuten ruhenlassen.
In der Zwischenzeit die Zwiebeln fein würfeln und in der Butter glasig dünsten.
Das Sauerkraut kleinschneiden, die Möhren fein raspeln. Sauerkraut und Möhren mit dem Lorbeerblatt zu den Zwiebeln geben und dünsten. Mit Pfeffer und Kümmel würzen und den Honig unterrühren, dann abkühlen lassen.
Den Nudelteig auf einer bemehlten Arbeitsfläche dünn ausrollen und die Sauerkrautmischung gleichmäßig dünn darauf verteilen. Die Teigränder mit Wasser bepinseln und den Teig wie einen Strudel aufrollen.
Die Rolle in etwa 3 Zentimeter dicke Scheiben schneiden. und in dem Butterschmalz von beiden Seiten goldgelb anbraten. Die Gemüsebrühe angießen, zum Kochen bringen und zugedeckt auf kleiner Flamme wenige Minuten gar ziehen lassen.

Hinweis: Sauerkraut läßt sich abwechslungsreich zubereiten, nur sollte man es stets bei schwacher Hitze und nicht länger als 20 Minuten garen.

Sauerkrautsuppe

2 Zwiebeln
1 Frühlingszwiebel
1 rote Paprikaschote
3 EL Sonnenblumenöl
400 g Sauerkraut
1 l Gemüsebrühe
125 ml trockener Weißwein
1 Lorbeerblatt
1 TL gemahlener Kümmel
1 EL edelsüßes Paprikapulver
125 ml Crème fraîche

Die Zwiebeln hacken, die Frühlingszwiebel in feine Ringe schneiden, die Paprikaschote entkernen und in kurze schmale Streifen schneiden. In dem Öl etwa 3 Minuten andünsten.
Das Sauerkraut hinzufügen und mit Brühe und Wein aufgießen, dann Lorbeer und Kümmel zufügen.
15 Minuten köcheln lassen.
Vor dem Servieren das Paprikapulver unterrühren und die Suppe mit Crème fraîche garnieren.

Sauerkrautauflauf

2 Zwiebeln
2 EL Gänseschmalz
1 kg Sauerkraut
3 Wacholderbeeren
1 TL Kümmel
1 Lorbeerblatt
250 ml Apfelsaft
4 kleine Mettwürste
1 kg mehligkochende Kartoffeln
1 Ei
Vollweizenmehl
Meersalz, weißer Pfeffer
1 EL Maiskeimöl

Die Zwiebeln grob würfeln und in dem Gänseschmalz goldbraun braten. Sauerkraut und Gewürze dazugeben und den Apfelsaft angießen. Zugedeckt 30 Minuten schmoren, dann abkühlen lassen. Das Kraut sollte zum Schluß trocken sein.
Die Mettwürste in Scheiben schneiden.
Die Kartoffeln schälen und fein reiben.
Die Kartoffelmasse ausdrücken und mit dem Ei, etwas Mehl, Salz, Pfeffer und den Mettwurstscheiben vermischen.
Den Backofen auf 220 °C vorheizen.
Eine Auflaufform mit dem Öl einfetten. Abwechselnd Kraut und Kartoffeln in die Form schichten, mit einer Schicht Kartoffeln abschließen.
Im Ofen 40 Minuten goldbraun backen.

Gebackene Ravioli mit Sauerkraut

Füllung

1 Zwiebel
3 EL Gänseschmalz
1 Apfel
500 g Sauerkraut
200 ml Weißwein
1 TL Kümmel

Ravioli

500 g Vollkornmehl
2 Eier
50 g Butter
Meersalz
100 ml Milch
3 EL Kümmel

Für die Füllung die Zwiebel fein hacken und in dem Gänseschmalz goldbraun rösten. Den Apfel schälen und in feine Würfel schneiden, das Sauerkraut zerrupfen und mit den Apfelwürfeln zu der Zwiebel geben; unter Rühren 5 Minuten anschmoren.
Mit dem Weißwein ablöschen, den Kümmel dazugeben und die Sauerkrautmischung zugedeckt 40 Minuten köcheln lassen. Das Kraut muß zum Schluß ganz trocken sein.
Für die Ravioli das Mehl in eine Schüssel sieben und in die Mitte eine Mulde drücken. Ei, Butter und 1/4 TL Salz in die Vertiefung geben und zügig mit dem Mehl verarbeiten. Nach und nach die Milch zugießen und einen glatten Teig herstellen. Den Teig 30 Minuten zugedeckt in den Kühlschrank stellen.
Den Teig auf einer bemehlten Fläche dünn ausrollen, mit dem Kümmel bestreuen und diesen vorsichtig mit der Nudelrolle in den Teig drücken.
Dann die Teigplatte wenden und in 10 cm große Quadrate schneiden. Auf jedes Quadrat 1–2 EL Kraut geben und zu einem Dreieck falten. Die Ränder gut zusammendrücken und mit einem Teigrädchen begradigen.
Reichlich Öl erhitzen und die Ravioli portionsweise darin fritieren, auf Küchenpapier abtropfen lassen und servieren.
Dazu paßt ein gut gekühlter Elsässer Weißwein.

Blumenkohl-Brokkoli-Torte

Schmackhaft und leicht verdaulich

Blumenkohl und Brokkoli

Blumenkohl-Brokkoli-Torte

(Abbildung linke Seite)

Teig

200 g feines Dinkelmehl
80 g kalte Butter
1 Prise Meersalz
1 TL Essig

Belag

1 kleiner Blumenkohl
500 g Brokkoli
2 Eier
250 ml saure Sahne
1 EL gekörnte Gemüsebrühe
1/2 TL Kräutersalz
Schwarzer Pfeffer
1 TL Sojasauce
100 g frischgeriebener Hartkäse

Für den Teig Mehl, Butter, Salz, Essig und 4 EL Wasser verkneten. Den Mürbeteig 30 Minuten in den Kühlschrank legen.
Den Teig auf einer bemehlten Arbeitsfläche ausrollen. Eine Kuchenform von 28 cm Durchmesser mit Butter einfetten und mit dem Teig auslegen.
Den Backofen auf 190 °C vorheizen.
Für die Füllung Blumenkohl und Brokkoli in Röschen zerteilen und im Standsieb bißfest garen; etwas abkühlen lassen.
Die Kohlröschen dekorativ – zum Beispiel in abwechselnder Reihenfolge oder abwechselnden Ringen – auf dem Teig anordnen. Eier, Sahne und Gewürze miteinander verquirlen und gleichmäßig über das Gemüse geben.
Mit Käse bestreuen und im Ofen etwa 40 Minuten backen.

Fritierter Blumenkohl

1 großer Blumenkohl
150 g feines Dinkel- oder Vollweizenmehl
150 ml eiskalter Weißwein
Meersalz
2 Eiweiße
Zitronenachtel

Den Blumenkohl in Röschen zerteilen und 5 Minuten in kochendem Salzwasser blanchieren, abschrecken und gut abtropfen lassen.
Das Mehl mit dem Weißwein und 1/4 TL Salz zu einem dünnflüssigen Teig verquirlen und diesen 30 Minuten in den Kühlschrank stellen.
Die Eiweiße mit einer Prise Salz sehr steif schlagen und den Eischnee unter den Teig heben.
Die Blumenkohlröschen einzeln durch den Teig ziehen und portionsweise in reichlich Maiskeimöl ausbacken.
Mit Zitronenachteln dekoriert servieren.

Brokkoli in Safransahne

1 Tütchen Safranfäden
100 ml kalte Gemüsebrühe
750 g Brokkoli
Meersalz
2 kleine weiße Zwiebeln
2 EL Butter
100 ml Sahne
Weißer Pfeffer

Die Safranfäden in die Gemüsebrühe geben.
Den Brokkoli in Röschen und Stiele teilen. Die Stiele dünn schälen und kleinschneiden.
Röschen und Stielstückchen in Salzwasser 5 Minuten garen, abgießen und abschrecken.
Die Zwiebeln fein hacken und in der Butter glasig dünsten. Gemüsebrühe und Sahne angießen und die Flüssigkeit auf ein Drittel reduzieren; mit Salz und Pfeffer würzen.
Den Brokkoli dazugeben und 5 Minuten in der Safransauce ziehen lassen.

Geschmorter Brokkoli

4 gesalzene Sardellenfilets
1 kg Brokkoli
3 Knoblauchzehen
Meersalz
2 getrocknete Pfefferschoten
3 EL Olivenöl
100 ml Weißwein

Die Sardellenfilets 20 Minuten in Wasser oder Milch einlegen, dann die Flüssigkeit abgießen und die Sardellen fein hacken.
Den Brokkoli in Röschen und Stiele teilen. Die Stiele schälen und in dünne, 3–4 cm lange Stifte, Blätter – falls vorhanden – in Streifen schneiden.
Die Knoblauchzehen mit Salz zerdrücken, die Pfefferschoten zerbröseln und mit den gehackten Sardellen in dem Olivenöl andünsten.
Den Brokkoli dazugeben und unter Rühren etwa 5 Minuten schmoren lassen.
Den Weißwein angießen und den Brokkoli zugedeckt weiter 10 Minuten garen, abschmecken und sehr heiß servieren.

Kürbis & Co.

Schon vor Jahrtausenden in Südamerika kultiviert, haben sich Kürbis und nahe Verwandte weltweit verbreitet. Als König des Gartens thront der Riesenkürbis auf dem Komposthaufen und breitet seine Ranken meterlang aus. Er ist mit 60 bis 100 Kilogramm das Schwergewicht unter den Gemüsen. Um es in nur einem Jahr zu solcher Größe zu bringen, zehrt er gewaltige Mengen Nährstoffe aus dem Boden und braucht reichlich Platz. Dafür schenkt er später leuchtend orangenfarbenes oder sattgelbes Fruchtfleisch.

Während man ihn im Norden meist nur süßsauer eingelegt kennt, wird er in den Ländern um das Mittelmeer als Gemüse geschätzt. Den größten kulinarischen Einfallsreichtum beweisen hier die Italiener: Sie verarbeiten ihn als Zutat zu Suppen, Pasta-Füllungen, Panzerotti (gefüllte Teigtaschen), Frikadellen, Puddings, Risotti und Gnocchi, füllen seine Blüten, backen ihn im Ofen, strecken mit ihm Konfitüren, knabbern seine gerösteten und gesalzenen Kerne. Aus Kürbiskernen wird zudem ein hervorragendes Öl gepreßt.

Da man Kürbisse in ihrer festen, widerstandsfähigen Schale problemlos mehrere Monate lagern kann – vorausgesetzt sie wurden vollreif geerntet –, bringen sie gerade zur düsteren Jahreszeit ihre Sonnenfarben auf den Tisch. Dabei gehört Kürbis zur absoluten Schonkost, da er äußerst arm an Kalorien, aber reich an Provitamin A ist und auch B-Vitamine und Mineralien enthält. Außerdem wirkt er sanft entwässernd.

Zugleich ist der Kürbis der Stammvater verschiedenster Sorten wie des faserig kochenden Spaghettikürbisses, den man mit Butter und Parmesan zubereitet, der immens langen Herkuleskeule, der weißen handlichen Fliegenden Untertasse und der Zucchini, die sich auch im biologischen Anbau großer Beliebtheit erfreuen, da sie sich sehr variabel zubereiten lassen. Klein gepflückt, sind sie roh eine Bereicherung für Salate und Rohkostteller.

Hintergrund: Ein schöner Kürbis ist der Stolz jedes Gärtners, kann die Frucht es doch leicht auf ein Gewicht von einem Zentner bringen. Nur in der Küche ist er noch eine eher seltene Zutat.

Zucchini mit Tomaten

1 Zwiebel
3 EL Olivenöl
1 Knoblauchzehe
Meersalz
4 mittelgroße Zucchini
4 Tomaten
1 Prise Rohrzucker
Weißer Pfeffer
1/2 Bund Basilikum

Die Zwiebel fein hacken und in 2 EL Olivenöl goldgelb anbraten. Die Knoblauchzehe mit etwas Salz zerdrücken und zu der Zwiebel geben.
Die Zucchini halbieren und in etwa 3 cm lange Stücke schneiden. Die Tomaten überbrühen, enthäuten und vierteln. Die Zucchini zu der Zwiebel geben und unter Rühren 4 Minuten andünsten. Aus der Pfanne nehmen und beiseite stellen.
Die Tomaten mit dem restlichen Öl und dem Zucker in die Pfanne geben und 15 Minuten schmoren lassen. Gut mit Salz und Pfeffer abschmecken. Die Zucchini hinzufügen und 5 Minuten zusammen mit den Tomaten schmoren. Das Basilikum grob zerzupfen und zu dem Gemüse geben; nochmals abschmecken.

Überbackene Zucchini

4 Zucchini
3 EL Butter
1 zerdrückte Knoblauchzehe
100 g gekochter Schinken
100 g Sahnequark
1 Eigelb
2 EL gehackte Petersilie
50 g frischgeriebener Hartkäse
Meersalz, weißer Pfeffer
100 ml trockener Weißwein

Die Zucchini halbieren, aushöhlen und das Fruchtfleisch in 1 EL Butter mit dem Knoblauch anbraten; in ein Sieb geben und abkühlen lassen.
Den Schinken fein würfeln, den Quark gut ausdrücken. Mit Zucchini-Fruchtfleisch, Eigelb, Petersilie, Käse sowie Salz und Pfeffer vermischen.
Die Masse in einen Spritzbeutel mit einer großen Sterntülle füllen und in die ausgehöhlten Zucchini spritzen.
Den Backofen auf 180 °C vorheizen.
Eine feuerfeste Form mit etwas Butter einfetten und die Zucchinihälften nebeneinander in die Form setzen. Die restliche Butter in Flöckchen darauf verteilen.
Im Ofen 15 Minuten backen, dann den Wein angießen und die Zucchini weitere 30 Minuten schmoren lassen; heiß servieren.

Fritierte Zucchiniblüten

(Abbildung unten)

2 Eier
100 ml Mineralwasser
100 ml Weißwein
1 EL Sonnenblumenöl
Meersalz, schwarzer Pfeffer
200 g feinstes Vollweizenmehl
16 Zucchiniblüten mit Fruchtansatz

Die Eier trennen. Die Eigelbe mit Mineralwasser, Wein, Öl, Salz und Pfeffer gut verschlagen und langsam das Mehl zu der Eimasse geben.
Den Teig etwa 20 Minuten quellen lassen. Dann die Eiweiße mit einer Prise Salz sehr steif schlagen und unter den Teig ziehen.
Reichlich Öl erhitzen, die Zucchiniblüten vorsichtig säubern – nicht waschen, nur auspusten –, durch den Ausbackteig ziehen und portionsweise fritieren.
Auf Küchenpapier abtropfen lassen.

Fritierte Zucchiniblüten

Kürbis-Gnocchi

750 g Muskatkürbis
Meersalz, weißer Pfeffer
1 Ei
250 g Weizenvollkorngrieß
150 g frischgeriebener Hartkäse
2 EL Olivenöl
50 g Butter
Salbeiblätter

Den Kürbis entkernen und das Fruchtfleisch aus der Schale lösen. In Würfel schneiden und in Salzwasser garen. In einem Sieb gut abtropfen lassen.
Das Kürbisfleisch pürieren, pfeffern und salzen. Das Ei, 200 g Grieß und ein Drittel des Hartkäses zu dem Kürbispüree geben und die Zutaten zu einer festen Masse verarbeiten; gegebenenfalls noch etwas Grieß hinzufügen.
Aus der Kürbismasse eine Rolle mit einem Durchmesser von etwa 3 cm formen und diese dann in 2 cm lange Stücke schneiden, die man mit dem Gabelrücken leicht eindrückt.
Reichlich Salzwasser zum Kochen bringen, das Öl hinzufügen und die Gnocchi in das Wasser geben. Die Temperatur reduzieren und die Gnocchi 8 Minuten ziehen lassen.
Die Butter mit einigen Salbeiblättern leicht bräunen.
Die Gnocchi aus dem Wasser heben, anrichten und mit der Butter beträufeln.
Mit dem restlichen Käse bestreuen und servieren.

Kürbiscremesuppe

500 g Kürbisfleisch
1 Schalotte
1 Knoblauchzehe
30 g Butter
100 ml trockener Weißwein
1 l Gemüsebrühe
6 EL Crème fraîche
1 EL Zitronensaft
1 TL Kürbiskernöl
50 g geröstete Kürbiskerne

Das Kürbisfleisch würfeln.
Schalotte und Knoblauch fein hacken und in der Butter glasig dünsten.
Den Kürbis hinzufügen und 5 Minuten unter Rühren andünsten. Mit dem Weißwein ablöschen und die Flüssigkeit bei starker Hitze reduzieren.
Die Gemüsebrühe angießen und 30 Minuten köcheln lassen. Dann die Crème fraîche dazugeben und die Suppe pürieren. Zitronensaft und Öl hinzufügen und mit Salz und Pfeffer würzen.
Die Kürbissuppe mit den Kürbiskernen bestreuen und servieren.

Vom Erzeuger zum Verbraucher

Die Abokiste

Gerade bei der biologischen und ökologischen Erzeugung von Gemüsen, Obst, Getreiden und anderen Lebensmitteln stellt sich die Frage, wie sie auf dem besten Weg zum Verbraucher kommen. Diese Frage beinhaltet zugleich ein zentrales Problem, mit dem jeder Bio-Bauer und Bio-Gärtner sich konfrontiert sieht: dem der Vermarktung und – das bedeutet letztlich – dem der materiellen Existenz seines Hofes oder seiner Gärtnerei. Lebensmittel aus alternativem Anbau haben auch eine alternative Vermarktung verdient.

In den Anfängen des biologischen Landbaus gab es keine Subventionen, die eine Umstellung erleichtert hätten. Wer sich mutig für eine naturgemäße Arbeitsweise entschied, hatte anfangs in der Regel sogar Schwierigkeiten, für seine Ernte ebenso bewußt ökologisch orientierte Kunden zu finden. Und auch heute gibt es noch eine Anzahl von biologischen Erzeugnissen, für die sich noch keine ausreichende, ihrer Qualität entsprechende Vermarktungsmöglichkeit gefunden hat wie zum Beispiel für Milch.

Die Entwicklung der biologischen Landwirtschaft geht – jedenfalls zu einem gewissen Grade – mit der Entwicklung der Direktvermarktung Hand in Hand. Je größer Interesse und Engagement der Verbraucher wurden, sich nicht nur mit Produkten aus biologischer Landwirtschaft zu versorgen, sondern auch in Erfahrung zu bringen, nach welchen Leitgedanken die Menschen arbeiten, die sie erzeugen, und welche Bedingungen für den Anbau gelten, desto eher waren sie bereit, Höfe und Gärtnereien aufzusuchen. Bio-Bauern taten mit Informationsveranstaltungen und Hoffesten, Hofläden und Marktständen das ihrige, um die Beziehung zwischen Erzeuger und Verbraucher zu intensivieren und damit die Vermarktung ihrer Produkte in Eigeninitiative auf- und auszubauen.

So sehr der Einkauf auf dem Hof dieses Verhältnis stärkt und zugleich für den Kunden und seine Familie zu einem Erlebnis werden kann, so wenig bietet er für die meisten eine Dauerlösung, da der Arbeits- und Lebensrhythmus eines Städters entsprechende Ausflüge zu selten erlaubt. Mußte man schon aus diesem Grunde andere Lösungen anstreben, so kam noch hinzu, daß sich der dennoch zunehmende Ab-Hof-Verkauf auch ökologisch großenteils als wenig sinnvoll erwies, weil er mit zu langen Anfahrtswegen verbunden war.

Anfangs entstanden so Einkaufskooperativen, in denen man sich zusammenschloß, um größere Mengen an Lebensmitteln direkt beim Erzeuger einzukaufen. In vielen Fällen entwickelten sich diese Initiativen später zu Naturkostläden weiter, ohne daß sich das Verhältnis zwischen Abnehmer und Anbieter im wesentlichen änderte.

Allerdings ergab sich eine andere Konstellation: Zunehmend baten Interessenten Bio-Bauern um die Zustellung von Obst und Gemüse. Zwangsläufig entwickelte sich daraus ein bestimmtes Procedere, beispielsweise durch die Fixierung von festen Terminen für die Lieferungen. Nunmehr war es nur noch ein kleiner, aber entscheidender Schritt, diesen Service zu einem Abonnement mit Frei-Haus-Lieferung auszubauen. Je nach Struktur, auch abhängig von verkehrstechnisch guter oder weniger günstiger Lage, bieten viele Höfe diese Dienstleistung zusätzlich – neben einem Hofladen – an oder haben sich gänzlich auf die Zustellung von sogenannten Abokisten eingerichtet.

Von Anfang an bestand der Service vor allem auch darin, auf besondere Wünsche des Kunden einzugehen, so daß die angebotenen Kisten zwar unterschiedliche Sortimente, aber eine Art Grundausstattung enthalten, die dann je nach Betrieb angebotsmäßig erweitert wird. Jeder Hof, der ein Gemüse-Abonnement anbietet, vertreibt Abokisten in mehreren – meistens drei – Größen, die

Stammkunden, die regelmäßig bestimmte Mengen an Gemüse oder sonstige Erzeugnissen beziehen, ermöglichen den Bio-Höfen eine gezielte landwirtschaftliche Planung und sichern so ihre Existenz.

Bio-Gärtnereien und -Höfe haben sich darauf spezialisiert, auf Sonderwünsche der Kunden einzugehen, und stellen auch außerhalb der Saison ein attraktives Gemüse- und Obstangebot zusammen.

jeweils dem Bedarf bestimmter Kundengruppen gerecht werden.

Zu den Pionieren der Abokiste zählt das Landgut Schloß Hemhofen in Franken, das im Großraum Erlangen–Fürth–Nürnberg mehr als 2000 Haushalte beliefert und sein ausgetüfteltes System an Biohöfe in anderen Regionen weitergab. Es bietet sechs Hauptsortimente in jeweils drei Größen an. Sie reichen von der Kiste »Vollsortiment« mit Gemüse, Salat und Kräutern über solche mit besonders verträglicher »Schonkost« und einer (blähungsfreien) Auswahl für »Mutter und Kind« bis »Rohkost« mit Blattsalaten und geeigneten Gemüsearten, »Gemüse« ohne Salate und »Obst«. Je nach Saison, je nach gerade reifenden Salaten, Gemüsen oder Früchten werden die Kisten immer abwechslungsreich bestückt.

Dem Hof geht es vorrangig darum, möglichst viel aus eigener Ernte in diesen Kisten zu vermarkten. Doch der zunehmend größer werdende Kreis von Abnehmern hat zu ganz neuen Ansätzen geführt. Das Landgut sucht engen Kontakt mit seinen Abonnenten, indem es sie zu Anregungen auffordert und im Verlauf des Jahres zu verschiedenen Veranstaltungen einlädt. So versucht sich inzwischen die landwirtschaftliche Planung an den Bedürfnissen der Kundschaft zu orientieren. Längst ist die Nachfrage insgesamt so groß geworden, daß andere ökologisch arbeitende Höfe in der Region ebenfalls von dieser Vermarktungsform profitieren und zu Partnern geworden sind.

Für die Betriebe ist eine solche Zusammenarbeit durchaus von Vorteil. Nicht nur ergibt sich daraus eine praktisch garantierte, von den Schwankungen des Marktes weitgehend unabhängige Nachfrage, es entfällt auch der übliche Zwischenhandel. Das Landgut nimmt hier eine besondere Vermittlerposition ein. Es will die Abonnenten zwar mit preiswerten Lebensmitteln versorgen, aber die Preise müssen es den Biohöfen auch ermöglichen, weiterhin ohne Zugeständnisse ökologisch und mit hohem Qualitätsanspruch zu arbeiten.

Ständig eröffnen sich zudem weitere Perspektiven, sowohl für die Bio-Bauern wie für die Verbraucher. So lag es auf der Hand, das Grundsortiment auszubauen, zum einen, um den Abonnenten auch andere Lebensmittel zuzustellen, die sie wünschten, zum anderen, um neben Gemüse und Obst auch andere landwirtschaftliche Erzeugnisse zu vetreiben. Auf Hemhofen bezieht sich dieses erweiterte Angebot vor allem auf die Rinder- und Schweinezucht: Rechtzeitig wird der Kunde auf Schlachttage hingewiesen und kann sich entsprechende Fleischkisten reservieren lassen. Dafür konnte ein ortsnaher Metzger, der nach den strengen Verarbeitungsrichtlinien des Demeterbundes arbeitet, gewonnen werden. Er stellt darüber hinaus ein gutes Dutzend Wurstspezialitäten her, die das Angebot zusätzlich bereichern. Eine vergleichbare Zusammenarbeit besteht mit einer Bäckerei, die aus dem hofeigenen Getreide Brote und Brötchen backt. Außerdem gibt es inzwischen ein breitgefächertes Angebot an Bio-Teigwaren auf der Basis von fränkischem Öko-Getreide.

Die haltbaren Produkte werden unter dem Stichwort »Vorratskammer« offeriert und können über Bestellisten bezogen werden. Sie umfassen auch verschiedene Getreide, Müslis, Säfte, Öle und Honig. Um aber in der ungünstigeren Jahreszeit nicht zu sehr an Attraktivität einzubüßen, werden die Abonnements teilweise auch mit importierten frischen biologischen Gemüsen und Früchten angereichert. Man kann Eier und Käse bestellen, und es gibt Feldgemüse und Kartoffeln, die auf dem Hof unter Bedingungen eingelagert werden, über die Privathaushalte nur selten verfügen.

Das breitgefächerte Angebot findet insbesondere bei Familien Anklang, in denen beide Partner berufstätig sind. So haben 70 Prozemt der Abonnenten früher nie biologische Gemüse und Obst gekauft. Hinsichtlich der Entfernungen zum Kunden folgt das Landgut strikt ökologischen Überlegungen und lehnt einen Transport über eine Distanz von mehr als zwei Kilometern ab.

Pilze

Eßbare Pilze aus der freien Natur sind aufgrund der hohen Schadstoffbelastung nur noch sehr eingeschränkt genießbar (s. rechte Seite). Es gibt jedoch inzwischen – auch im biologischen Anbau – eine Reihe von Zuchtpilzen, die wertvolle Lebensmittel darstellen. So kultiviert man mit gutem Erfolg nicht nur Champignons und Austernpilze, sondern auch den aus Japan stammenden Shiitake.

Polenta-Nester mit Pfifferlingsragout

(Abbildung unten)

500 g Pfifferlinge
100 g luftgetrockneter Schinken
1 Schalotte
1 Knoblauchzehe
2 EL Olivenöl
2 EL Butter
1 EL Tomatenmark
150 ml trockener Weißwein
1 TL gekörnte Gemüsebrühe
125 ml Crème fraîche
1 EL feingehackte Petersilie
Meersalz, weißer Pfeffer

Polenta

1 TL Meersalz
250 g grober Maisgrieß

Die Pfifferlinge gründlich putzen. Den Schinken fein würfeln, Schalotte und Knoblauch fein hacken; in Öl und Butter andünsten.
Die Pilze dazugeben und unter Rühren anbraten. Tomatenmark und Weißwein verrühren und mit der Brühe zu den Pilzen geben. Bei starker Hitze die Flüssigkeit einkochen lassen. Dann Crème fraîche und Petersilie unterrühren; mit Salz und Pfeffer würzen.
Für die Polenta 750 ml Salzwasser mit einer Msp Maisgrieß zum Kochen bringen. Dann den Maisgrieß langsam einrieseln lassen und die Temperatur sofort reduzieren. Unter ständigem Rühren 60 Minuten köcheln lassen. Wenn die Polenta zu dick wird, etwas heißes Wasser dazugeben. Aus der Polenta Nester formen und die Pfifferlinge hineingeben.

Hinweis: Daß sich Polenta am Boden festsetzt ist normal. Wenn man den Topf mit Wasser füllt und über Nacht stehen läßt, löst sich der Polentafilm von selbst.

Pilze aus biologischer Zucht

Austernpilz (Austernseitling)
Liebt in der Natur Stämme und Äste von Laubbäumen, wo er grau-blaue Hüte entwickelt; in der biologischen Zucht auf unbehandeltem Stroh oder auf Holz kultiviert, oft dachziegelig wachsend, dann meist in hellen Tönen; weißliches, gut zu bratendes Fleisch, helle Lamellen, Hut bis 15 cm Durchmesser; dezenter, aber ausgezeichneter Geschmack.

Braunkappe
Gehört zur Familie der Träuschlinge; zum Zuchtpilz entwickelt; von der Größe wie Champignon, doch flachere, braune Hüte mit violetten Lamellen; wegen seines nichtssagenden Geschmacks uninteressant für den gewerblichen Anbau und selten angeboten.

Champignon (Egerling)
In der Natur verschiedene Arten, die in Wäldern, auf Wiesen oder Wegen wachsen; seit 350 Jahren kultiviert; braucht Substrat aus Pferde- und Hühnermist, das auch bei Bio-Pilzen bislang nur selten aus ökologischer Hofwirtschaft stammt; vorwiegend weiße Sorten; feste rundliche Köpfe mit weißem Fleisch.

Shiitake
Aus Japan stammender Zuchtpilz, auch in biologischer Kultur. In Japan und China gilt er als Elixier des Lebens und wird seit 2000 Jahren auf dem frischgeschnittenen Holz von Laubbäumen kultiviert. Seinen medizinischen Wert macht ein Polysaccharid (Mehrfachzucker) aus: Lentinan. Es stärkt die Widerstands- und Regenerierungskräfte des menschlichen Organismus auf erstaunliche Weise, speziell gegen Viren und Krebszellen.
Daß dieser hochwertige Speisepilz inzwischen auch in Europa zunehmend Zuspruch findet, liegt nicht zuletzt an seinem ausgezeichneten Geschmack und der angenehm festen Konsistenz seines Fleisches.
Der Shiitake bildet hell- bis dunkelbraune Hüte, die meist einen Durchmesser von 6–9 cm haben.
Da er zu den Pilzen gehört, die tote organische Stoffe umsetzen, gelingt es, ihn in der ökologischen Kultur mit natürlichem Substrat zu versorgen. Wer ihn privat züchtet und auf einen geschlagenen Laubstamm setzt, wird mehrere Jahre eigene Shiitake genießen können. Dann kann man ihn nicht nur frisch zubereiten, sondern auch einfrieren. Wird er getrocknet, konzentriert sich sein Aroma, und er dient später als feines Würzmittel.

Auch im biologischen Anbau werden Pilze gezüchtet, wozu man solche aus Stroh gepreßten, geimpften Unterlagen verwendet.

Marinierte Shiitake

(Abbildung unten)

300 g Shiitake
1 Knoblauchzehe
1 Schalotte
2 EL Olivenöl
2 EL Sojasauce oder Tamari
1 kleines Bund glatte Petersilie
Meersalz, schwarzer Pfeffer
1 kleines Bund Basilikum

Die Pilze putzen.
Knoblauch und Schalotte fein hacken und in dem Olivenöl andünsten. Die Pilze hinzufügen und anbraten. Mit der Sojasauce ablöschen.
Die Petersilie hacken und über die Pilze geben; mit Salz und Pfeffer würzen. 1–2 Stunden durchziehen lassen. Dann die Basilikumblätter zerzupfen und über die Pilze geben. Die Shiitake als Vorspeise servieren.

Polenta-Nester mit Pfifferlingsragout

Marinierte Shiitake

Klare Steinpilzsuppe mit kleinen Knödeln

(Abbildung unten rechts)

500 g frische Steinpilze
4 EL Butter
2 EL Olivenöl
3 Schalotten
1 l Gemüsebrühe
1 TL Majoran
8 Scheiben altbackener Vollkorntoast
200 ml Milch
1/2 Bund feingehackte glatte Petersilie
1 Ei
1 Prise Muskat
Meersalz, weißer Pfeffer
1 EL feingehackter Schnittlauch

Die Steinpilze putzen und in Streifen schneiden. 2 EL Butter und das Olivenöl erhitzen. 2 Schalotten fein hacken und darin goldbraun anbraten. Die Steinpilze dazugeben und unter Rühren 5 Minuten schmoren. Die Gemüsebrühe angießen, den Majoran zugeben und die Pilze 15 Minuten leise köcheln lassen.
Das Toastbrot in der Milch einweichen und gut ausdrücken. Die letzte Schalotte fein hacken und in der restlichen Butter glasig dünsten, dann die Petersilie zugeben.
Das Toastbrot mit Ei, Muskat, der Schalotten-Petersilie-Mischung sowie Salz und Pfeffer gut vermischen.
Mit feuchten Händen kleine Knödel formen, diese in kochendes Salzwasser geben, die Hitze sofort reduzieren und die Knödel 10 Minuten ziehen lassen.
Die Pilzsuppe abschmecken. Die Knödel aus dem Wasser nehmen, abtropfen lassen und auf Tellern verteilen. Die heiße Steinpilzsuppe darübergeben und mit Schnittlauch bestreut servieren.

Gefüllte Steinpilzköpfe

(Abbildung unten links)

8 große Steinpilze
1 kleine Schalotte
2 Knoblauchzehen
3 EL Olivenöl
1 Tomate
1 Ei
3 EL frischgeriebener Hartkäse
2 EL Semmelbrösel
2 EL feingehackte Petersilie
Meersalz, weißer Pfeffer

Die Pilzköpfe säubern und die Stiele abschneiden; die Köpfe beiseite legen, die Stiele fein hacken.
Die Schalotte fein hacken, die Knoblauchzehen zerdrücken; in 2 EL Olivenöl glasig dünsten.
Die Pilzstiele dazugeben und anbraten. Die Tomate überbrühen, enthäuten, entkernen, würfeln und zu den Pilzen geben. Bei großer Hitze 3 Minuten schmoren, bis alle Flüssigkeit verdampft ist, dann abkühlen lassen.
Die übrigen Zutaten zu der Pilze-Tomaten-Mischung geben; mit Salz und Pfeffer würzen. Die Pilzköpfe mit der Masse füllen.
Den Backofen auf 180 °C vorheizen.
Ein feuerfeste Form mit dem restlichen Olivenöl einfetten und die Pilzköpfe hineinsetzen.
Im Ofen etwa 30 Minuten backen.

Wie problematisch sind Wildpilze?

Es ist eine traurige Tatsache, daß der Reaktorunfall von Tschernobyl gravierende Folgen für die Natur hatte und noch hat. Keine andere Pflanzengattung war indes so stark betroffen wie die Wildpilze. Pilze haben eine besondere Affinität zur Radioaktivität. Berühmte Pilzgebiete weisen nicht selten eine erhöhte natürliche Strahlung auf. 1986, im Jahr des Reaktorunfalls, gab es selbst in angeblich nicht betroffenen Gebieten Südeuropas wahre Pilzschwemmen. Manche Sorten konzentrieren die Strahlung in ihren Fruchtkörpern um ein Vielfaches, verglichen mit den Werten der Außenwelt. Darüber hinaus lagern sich in Pilzen für die Gesundheit schädliche Schwermetalle ab. Überall, wo die Umwelt stark mit Schwermetallen verschmutzt ist, sollte man daher keine Pilze sammeln.
Was die radioaktive Belastung angeht, ist in jenen Gebieten, die besonders stark von der Strahlung Tschernobyls betroffen wurden, vom Sammeln und vom Verzehr von Wildpilzen abzuraten. Dort haben sich die Werte seit dem Reaktorunfall praktisch nicht verringert. In weniger belasteten Regionen Nordwest- oder Südeuropas weisen Steinpilze oder Pfifferlinge gewiß einige Bequerel Radioaktivität pro Kilogramm auf, aber vergleichsweise so geringe Werte, daß auch mancher gesundheitsbewußte Pilzfreund es sich erlaubt, bisweilen einmal schwach zu werden. Nur den beliebten Maronen-Röhrling, der Strahlung in hohem Maße in sich konzentriert, sollte man überall meiden.

Steinpilzsuppe

Gefüllte Steinpilzköpfe

Kräuter in der Küche

Wildwachsende Kräuter wurden schon früh als aromatisierende Zutat entdeckt – schließlich duften alle Küchenkräuter stark und angenehm. Sie wirken auf subtile Art appetitanregend und sind mitnichten lediglich spielerisches Beiwerk zu Gerichten: Sie verleihen Speisen nicht nur das geschmackliche i-Tüpfelchen, sondern bereichern das Essen um

- Vitamine,
- Mineralstoffe,
- Chlorophyll,
- ätherische Öle.

Aus diesen Inhaltsstoffen leitet sich ab, wie man mit Kräutern sinnvollerweise umgehen sollte:

- so frisch wie möglich verwenden,
- erst kurz vor der Verwendung hacken,
- frische Kräuter erst am Ende der Garzeit hinzufügen, nie mitkochen,
- frische Kräuter roh über das fertige Gericht streuen oder untermischen.

Frische Kräuter welken schnell. Wenn man sie nicht sofort verbraucht, kann man sie entweder in Klarsichtfolie im Kühlschrank aufbewahren oder mit den Stielen in Wasser stellen.

Im Gegensatz zu frischen Kräutern halten sich getrocknete Kräuter gut in luftdicht verschlossenen Behältern bis zur nächsten Ernte. Getrocknete Kräuter fügt man etwa zehn Minuten vor Ende des Garzeit zu, damit ihre Aromen durch eine ausreichende Wärmeeinwirkung freigesetzt werden. Im allgemeinen besitzen frische Kräuter wesentlich stärkere Geschmacksstoffe als getrocknete und sollten dementsprechend sparsamer verwendet werden. Ein gutes Beispiel ist hier frisches Basilikum, mit dem getrocknetes, selbst gefriergetrocknetes, an Intensität nicht mithalten kann. Andererseits – Ausnahmen bestätigen auch hier die Regel – scheint Oregano durch Trocknung sein Aroma zu konzentrieren und so erst seinen typischen Geschmack zu gewinnen.

Beim Würzen mit Kräutern soll in den meisten Fällen der Geschmack der Hauptzutat(en) unterstützt, ergänzt und abgerundet werden, was eine vorsichtige Dosierung nahelegt. Wenn man Kräuter etwas prägnanter einsetzt, läßt sich die andernfalls erforderliche Salzmenge deutlich reduzieren.

Bisweilen kann man in Kräutern nahezu schwelgen, indem man sie reichlich zum Salat gibt, in diverser Mischung und höherer Dosierung bei der Zubereitung von Quark- und Joghurtsaucen verwendet, Karoffelgerichte aromatisiert oder in Verbindung mit einem guten Schuß Olivenöl eine grüne Pastasauce zaubert.

Einer der schönen alten Schränke, wie man sie ab und an noch in Kaufläden auf dem Lande findet. Hier birgt jede Holzschublade ein anderes für Küche oder Tee ideales Würz- oder Heilkraut.

Heilende Wildkräuter

Viele Küchenkräuter werden in der Volksmedizin als Heilpflanzen, verwendet, denen man vielfältige Wirkungen nachsagt. Die meisten lassen sich als Tee aufgießen. Zu den wichtigsten Heilkräutern zählen unter anderem

Basilikum: appetitanregend, beruhigend; gegen Magenkrämpfe, Blähungen, Gastritis
Bohnenkraut: belebend; gegen Blähungen, Grippe, Husten, Darminfektionen
Borretsch: fiebersenkend, schweißtreibend; gegen Husten und Entzündungen generell.
Dill (auch ausgekochte Samen): entwässernd, entkrampfend, beruhigend; gegen Verdauungsstörungen, Koliken
Koriander (auch Aufgüsse von Samen): beruhigend, magenstärkend; gegen Darmkrämpfe, Magenleiden
Oregano und **Majoran:** hustenlösend; gegen Asthma; als Badezusatz gegen nervöse Störungen
Petersilie: verdauungsfördernd; gegen Gallen-, Nieren- und Blasenprobleme, Menstruationsstörungen; äußerlich haut- und wundenheilend
Pfefferminze: krampfstillend, beruhigend; gegen Durchfall, Übelkeit, Koliken
Rosmarin: anregend, magenstärkend; gegen Erkältungen, Migräne; äußerlich gegen Rheuma
Salbei: nervenstärkend, schmerzlindernd, gegen übermäßiges Schwitzen; zum Grugeln gegen Mund- und Halsentzündungen
Thymian: belebend, magen- und darmstärkend; gegen Keuchhusten, Bronchitis, Asthma
Ysop: appetitanregend; gegen Erkrankungen der Atemwege und Verdauungsschwächen

Verbene und Orangensaft würzen die originelle Putenschnitzel-Zubereitung.

Das Fleisch läßt man von beiden Seiten bräunen und stellt es dann warm.

Der Bratensaft wird mit Orangen-Verbene-Saft abgelöscht.

Orangenschale kommt hinzu und anschließend Crème fraîche.

Weiße Gemüseterrine

Kräuterbetonte Gerichte

Weiße Gemüseterrine

(Abbildung oben)

- *250 g junge Möhren*
- *250 g kleine Zucchini*
- *250 g Quark*
- *250 g Crème fraîche*
- *1 EL feingehackte Pfefferminze*
- *$^1/_2$ EL feingehackter Dill*
- *Meersalz*
- *Biologisches Geliermittel auf Pektinbasis*
- *100 ml Gemüsebrühe*
- *1 Zweig Dill*

Die Möhren längs halbieren oder vierteln; mit den Zucchini im Standsieb garen.
Quark, Crème fraîche und die Kräuter miteinander verrühren. Das Geliermittel mit der Gemüsebrühe vermischen und zu der Quarkmischung geben; salzen. Quarkmasse und Gemüse abwechselnd in eine Terrine schichten, mit einer Quarkschicht abschließen.
Über Nacht im Kühlschrank steif werden lassen.
Mit Dill garnieren und mit Paprikasauce (Rezept s. rechts) servieren.

Putenschnitzel mit Orangen-Verbene

(Abbildungen linke Seite)

- *1 TL gehackte Verbene*
- *2 Orangen*
- *4 Scheiben Putenbrust*
- *1 EL Butterschmalz*
- *Meersalz, schwarzer Pfeffer*
- *8 ganze Verbeneblätter*
- *1 EL Crème fraîche*

Die gehackte Verbene in ein Glas geben, die Orangen auspressen und den Saft dazugeben.
Zwei Orangenhälften dünn schälen, so daß keine weiße Haut verbleibt, und die Schale in feine Streifen schneiden.
Die Orangenstreifen 5 Minuten in kochendem Wasser blanchieren.
Die Putenscheiben in dem Butterschmalz von beiden Seiten goldbraun braten, salzen, pfeffern, aus dem Fett nehmen und warm halten.
Das Fett mit dem Orangensaft ablöschen, Orangenschale und die ganzen Verbeneblätter hinzufügen.
Die Flüssigkeit etwas reduzieren. Dann die Crème fraîche zugeben. Das Fleisch auf Tellern anrichten, mit der Sauce übergießen und darauf achten, daß Orangenschale und Verbeneblätter gleichmäßig verteilt sind.

Gemüsemus

- *500 g Fenchel*
- *50 g Crème fraîche*
- *1 Eiweiß*
- *$^1/_2$ TL Safran*
- *1 EL Milch*
- *Meersalz*

Den Fenchel in Stücke schneiden, feine Blätter beiseite stellen. Das Gemüse im Standsieb bißfest garen, dann pürieren.
Die Crème fraîche zugeben. Das Eiweiß zu Schnee schlagen und unterheben. Den Safran in der Milch auflösen, mit dem Fenchelpüree verrühren und mit etwas Salz abschmecken. Mit Fenchelgrün garnieren.

Varianten

(Abbildungen unten)

Zucchinimus

- *1 kräftige Prise Muskat*
- *Etwas mehr Salz als in obigem Rezept, keine Milch*

Möhrenmus

- *1 EL gehackter Estragon*
- *3 EL Milch*

Selleriemus

- *1 EL feingeriebene Orangenschale*
- *1 Prise Muskat*
- *2 EL Milch*

Möhrenmus

Zucchinimus

Gallimafrée

La Gallimafrée

(Aus Freude essen)

Rezept aus dem 17. Jahrhundert

(Abbildung oben)

- *100 ml Rotwein*
- *$^1/_2$ EL Honig*
- *80 g Rosinen*
- *16 halbe getrocknete Aprikosen*
- *2 Möhren*
- *3 Stangen Sellerie*
- *1 Zwiebel*
- *800 g Schweineschulter*
- *2 EL Essig*
- *1 TL feingehackte Pfefferminze*
- *Meersalz, schwarzer Pfeffer*
- *$^1/_2$ TL Kreuzkümmel*

Rotwein und Honig verrühren und die Rosinen darin einweichen, die Aprikosen in Wasser einweichen.
Möhren und Sellerie in etwa 3 cm lange Stücke, die Zwiebel in Ringe schneiden.
Das Fleisch in einem Eisentopf trocken anbraten, so daß das Fett schmilzt, dann herausnehmen und beiseite stellen. Das Schweinefett mit dem Essig ablöschen, das Gemüse hineingeben und andünsten. Das Fleisch zufügen, mit Minze bestreuen, salzen, pfeffern und die Zutaten mit so viel Wasser übergießen, daß sie gerade bedeckt sind. Zudecken und auf kleiner Flamme 60–90 Minuten garen.
Rosinen und Aprikosen aus der Einweichflüssigkeit nehmen und abtropfen lassen. Die Rosinen zu dem Fleisch geben und 10 Minuten mitköcheln. Dann Aprikosen und Kreuzkümmel zufügen und nochmals 10 Minuten garen.
Mit Gemüsemus servieren.

Rote Paprikasauce

- *1 große rote Paprikaschote*
- *150 ml Olivenöl*
- *Meersalz*

Die Paprikaschote halbieren, entkernen und im Dampf garen. Das Wasser aufbewahren.
Die Haut abziehen, die Paprika kleinschneiden und pürieren. Unter ständigem Rühren mit dem Schneebesen nach und nach 75 ml des Kochwassers und das Olivenöl zugeben, so daß eine dickflüssige Creme entsteht. Mit Salz abschmecken.
Gut gekühlt zur Gemüseterrine (Rezept s. links) reichen.

Kräutertees

Lange bevor schwarzer oder grüner Tee aus China, Indien und Ceylon nach Europa kam, waren Aufgüsse aus Kräutern, Blüten oder Blättern bekannt. Sie hatten ihren festen Platz in der Volksmedizin und wurden als Mittel gegen Erkrankungen eingesetzt. Fanden manche Pflanzen nur bei bestimmten Krankheiten Anwendung, schätzte man eine ganze Reihe von ihnen, darunter vor allem Küchenkräuter, und die Blätter mancher Beerensträucher, als Basis angenehmer, meist heiß genossener Getränke.
Gibt man in vielen Ländern Kindern leichte Kräutertees als Durststiller oder zur sanften Stärkung der Widerstandskraft, ist ihr Genuß in einigen Regionen dieser Welt zu einem festen Ritual im Tagesablauf geworden – man denke nur an die in Frankreich so beliebten *tisanes*, die in vielen Familien ihren festen Platz nach dem Abendessen behaupten und die man in Restaurants der gehobenen Klasse den Gästen anbietet.
Faszinierend ist das enorme Spektrum an Aromen und Wirkungen von Kräutertees. Es gibt Tees für alle Situationen und Bedürfnisse: aufmunternde mit Rosmarin, Minze oder Himbeerblättern, nervenberuhigende mit Melisse oder Ysop, hustenlindernde mit Anis oder Thymian, bei Erkältung helfende mit Fenchel und Holunder, magenbesänftigende mit Kamille oder Schafgarbe, schlaffördernde mit Hopfen oder Johanniskraut. Viele besitzen mehrere positive Wirkungen gleichzeitig.
Trinkt man Kräutertees aus purem Vergnügen, sollte man sie nicht zu stark machen und nicht zu große Mengen von nur einer Sorte zu sich nehmen. Um über das ganze Jahr versorgt zu sein, muß man die Kräuter trocknen. Dazu pflückt man sie nach einer sonnigen Periode von einigen Tagen vormittags, wenn der Tau völlig verdunstet ist. Bei den meisten Pflanzen, die für Tees benutzt werden, pflückt man die Blätter kurz vor der Blüte oder die Blüte selbst wie bei Borretsch, Kamille, Ringelblume, Linde und anderen. Zum Trocknen werden die Stengel lose gebündelt und an einem schattigen, luftigen Ort aufgehängt. Blüten müssen auf Tüchern oder Rahmen ausgebreitet werden. Praktisch sind auch Trockengeräte oder -schränke. Generell ist darauf zu achten, daß die Temperatur 35 °C nicht überschreitet, denn die ätherischen Öle, auf denen Geschmack und Wirkung beruhen, verflüchtigen sich schnell, wenn es zu heiß wird.

Kräutertee läßt sich am besten in einer Kanne mit Einsatz aufbrühen, den man nach 5–10 Minuten heraushebt.

Kräutertees

Tee aus getrockneten Kräutern
4 TL auf 1 l Wasser – Tee in die Kanne geben, mit kochendem Wasser aufgießen und 5–10 Minuten ziehen lassen.

Tee aus frischen Kräutern
1 Tasse Blätter auf 1 l Wasser – Tee in die Kanne geben, mit kochendem Wasser aufgießen und 3–5 Minuten ziehen lassen.

Tee aus einzelnen Gartenkräutern
Zum Beispiel: Basilikum, Borretsch, Fenchel, Majoran, Melisse, Minze, Rosmarin, Salbei, Schafgarbe, Thymian, Verbene, Ysop, Zitronenthymian

Tee aus mehreren Kräutern
Zum Beispiel: Basilikum und Salbei; Melisse und Rosmarin; Melisse, Verbene und Zitronenthymian. Gut eignen sich als Basis für Mischungen junge Himbeer-, Johannisbeer- und Brombeerblätter; auch Linden-, Ringelblumen- und Weißdornblüten harmonieren. Apfel-, Orangen- oder Zitronenschale verleihen zusätzlich erfrischenden Geschmack.

Wiesengrund-Kräutertee

Veit Ludewig, einer der Pioniere des biologischen Anbaus in der ehemaligen DDR, mischt für seinen höchst aromatischen Tagestee 30 verschiedene getrocknete Pflanzen:

1. Arnika
2. Johanniskraut
3. Kamille
4. Baldrian
5. Thymian
6. Holunderblüten
7. Himbeerblätter
8. Birkenblätter
9. Salbei
10. Zitronenmelisse
11. Lavendel
12. Weinraute
13. Basilikum
14. Heidekraut
15. Huflattich
16. Brennessel
17. Schachtelhalm
18. Löwenzahn
19. Schafgarbe
20. Pfefferminze
21. Fenchel
22. Erzengelwurz (Angelika)
23. Beifuß
24. Ysop
25. Origanum
26. Bohnenkraut
27. Ringelblumen
28. Salbeigamander (Echter Gamander)
29. Estragon
30. Rosenblätter

Eintunken erwünscht

Dips

Daß der Begriff »Dip« – von engl. *dip*, »untertauchen«, mit Verwandtschaft zu dem deutschen Wort »stippen« – ein zunehmend bekannter kulinarischer Begriff wurde, geht auf Naturkost und vegetarische Küche zurück. Indem man, wie beim traditionellen italienischen Pinzimonio, frische rohe Gemüse in Streifen oder Scheiben geschnitten servierte, erwies es sich als unpraktisch, sie im voraus mit Salatsaucen zu übergießen. Oft waren sie auch zu hart, um sie auf Gabeln zu spießen – man bediente sich daher beim Essen der Finger. Um die Rohkost aber dennoch zu würzen und geschmacklich zu bereichern, wurden Saucen separat angeboten: Die Dips waren geboren. Man entdeckte schnell, daß Brot und Crackers, Chips und Kekse sich ebenfalls gut »dippen« ließen. Von traditionellen Saucen und Vinaigretten ausgehend, reichen Dips heute bis zu phantasievollen Saucen- und Crememischungen und sind vielfältig im Naturkosthandel vertreten. Selbstgemachte Dips sind besonders köstlich, weshalb hier eine kleine Auswahl an Rezepten als Anregung dienen möge.

Curry-Honig-Orangen-Dip

- 2 Knoblauchzehen
- 120 g Mayonnaise
- 100 g Crème fraîche
- 2 gehäufte TL Currypulver
- 1 Prise zerstoßene Koriandersamen
- 2 EL Orangensaft
- 1 TL fester Honig
- 1 Msp Cayennepfeffer
- Meersalz

Den Knoblauch hacken und mit den übrigen Zutaten pürieren. Sollte die Masse zu fest sein, noch etwas Orangensaft zufügen.
Der Dip paßt zu blanchiertem Kohl und hellem Geflügel.

Erdnuß-Mango-Curry-Dip

- 100 g geschälte Erdnüsse
- Meersalz
- 1 kleine Zwiebel
- 1 Knoblauchzehe
- 1 Mango
- $^1/_2$ TL Koriandersamen
- 2 TL Currypulver
- 50 g Mayonnaise
- 1 TL Honig

Erdnüsse ohne Fett anrösten und salzen. Zwiebel und Knoblauch grob hacken, die Mango entsaften, den Koriander zerstoßen. 50 ml Mangosaft, Koriander, Curry, Zwiebel, Knoblauch, Erdnüsse und Mayonnaise miteinander pürieren. Nach und nach den restlichen Mangosaft unterrühren und mit dem Honig süß abschmecken.
Der Dip paßt zu Chicorée, Geflügel und gekochtem Fisch.

Haselnuss-Dip

Kräuter-Dip

- 1 Bund krause Petersilie
- $^1/_2$ Bund Dill
- 5 Stiele Thymian
- 5 Stiele Majoran
- 1 Stiel Liebstöckel
- 1 Stiel Ysop
- 1 Knoblauchzehe
- 1 Becher Joghurt
- 1 Becher Crème fraîche
- 2 EL Mayonnaise
- Meersalz, weißer Pfeffer

Kräuter und Knoblauch fein hacken. Mit den übrigen Zutaten pürieren und großzügig mit weißem Pfeffer abschmecken.
Der Dip paßt zu fast allen Gerichten; besonders lecker mit Grissini.

Joghurt-Minze-Dip

Möhren-Ingwer-Dip

- Je 3 Möhren und Tomaten
- 1 Knoblauchzehe
- 2 kleine Zwiebeln
- 10 g frischer Ingwer
- Je 3 Stiele Thymian und Estragon
- 50 ml Sahne
- 1 TL gekörnte Gemüsebrühe
- 1 Spritzer Zitronensaft
- Muskat
- Meersalz, schwarzer Pfeffer

Möhren und Tomaten in Würfel schneiden. Knoblauch und Zwiebeln fein hacken und in Öl andünsten, dann Möhren, Tomaten, Ingwer und die Kräuter zufügen. Mit der Sahne pürieren und mit den restlichen Zutaten würzen; abkühlen lassen.
Der Dip paßt zu Gemüse, Tofu und Fleischgerichten.

Knoblauch-Mayonnaise

Pesto

- 10 g Pinienkerne
- 4 Knoblauchzehen
- 2 Bund Basilikum
- 1 Msp abgeriebene Zitronenschale
- Schwarzer Pfeffer
- Muskat
- 150 ml Olivenöl
- 120 g frischgeriebener Parmesan
- Meersalz

Die Pinienkerne ohne Fett anrösten und zerstoßen, den Knoblauch fein hacken und das Basilikum in feine Streifen schneiden. Mit Zitronenschale, Pfeffer, Muskat und Olivenöl verrühren, dann den Parmesan zugeben. Mit Salz abschmecken.
Der Dip paßt zu Teigwaren und Gemüsesuppen,

Kräuter-Dip

Haselnuß-Dip

- 10 g Haselnüsse
- 50 ml Aceto Balsamico (Balsamessig)
- 1 kleine Knoblauchzehe
- 2 TL Birnendicksaft
- 150 g Mayonnaise
- Muskat
- Meersalz, schwarzer Pfeffer

Die Haselnüsse ohne Fett rösten, auf einem Küchenhandtuch die gelöste Schale abrubbeln und die Nüsse grob hacken. Mit den übrigen Zutaten pürieren und mit Muskat, Salz und Pfeffer abschmecken.
Der Dip paßt zu blanchiertem Blumenkohl, Brokkoli und Rosenkohl.

Möhren-Ingwer-Dip

Joghurt-Minze-Dip

- 1 Bund frische Minze
- 1 Becher Joghurt
- 1 Becher Crème fraîche
- 1 Spritzer Zitronensaft
- Meersalz
- Muskat

Die Minzeblätter fein hacken. Mit Joghurt, Crème fraîche und Zitronensaft verrühren und mit Salz und Muskatnuß abschmecken.
Der Dip paßt zu Hirsebällchen oder anderen hellen Getreidebratlingen und ergibt – in entsprechender Menge und mit etwas kaltem Wasser verdünnt – eine erfrischende Suppe.

Pesto

Knoblauch-Mayonnaise

- 5 Knoblauchzehen
- 150 g Mayonnaise
- 1 Spritzer Zitronensaft
- Meersalz

Den Knoblauch grob würfeln und mit der Mayonnaise pürieren. Mit Zitronensaft und Salz abschmecken. Wenn man eine dünnere Konsistenz wünscht, etwas Joghurt unterrühren.
Der Dip paßt zu Tomaten und gegrilltem Fisch.

Remouladensauce

- 1 kleine Schalotte
- 2 kleine Gewürzgurken
- 10 Kapern
- 1 Bund Dill
- 100 g Mayonnaise
- 1 TL Dijonsenf
- 1 EL Joghurt
- 1/2 TL Apfeldicksaft
- Meersalz, weißer Pfeffer

Schalotte, Gurken und Kapern fein hacken, den Dill kleinschneiden. Alle Zutaten miteinander verrühren und mit Salz und Pfeffer abschmecken.
Der Dip paßt zu Lauch, roher Gurke und Kartoffeln.

Roquefort-Dip

- 30 g Roquefort
- 1 Becher Crème fraîche
- 2 Becher Joghurt
- Weißer Pfeffer

Den Roquefort zerbröseln. Mit Crème fraîche und Joghurt pürieren. Mit weißem Pfeffer abschmecken.
Der Dip paßt zu Backofenkartoffeln und eignet sich auch als Salatdressing.

Roter-Paprika-Dip

- 1 Knoblauchzehe
- 2 mittelgroße Zwiebeln
- 2 EL Sojaöl
- 2 Lorbeerblätter
- 2 rote Paprikaschoten
- 2 Tomaten
- 10 g Cashewkerne
- Je 1 TL Meersalz und Hefeextrakt
- 1 EL gehacktes Basilikum

Knoblauch und Zwiebeln würfeln und mit den Lorbeerblättern in dem Öl scharf anbraten. Die Paprikaschoten entkernen, kleinschneiden und zu den Zwiebeln geben; andünsten. Die Tomaten würfeln und mit den Cashewkernen zu den Paprika geben, zudecken und 60 Minuten ziehen lassen. Lorbeerblätter entfernen, Salz und Hefeextrakt unterrühren. Das Gemüse fein pürieren; erkalten lassen und das Basilikum unterrühren.
Der Dip paßt zu rohem Gemüse.

Öl, Essig, Salz

Im Winter, gleich nach der Ernte, lichtet man die Olivenbäume aus und entfernt die morschen Äste; dies geschieht allerdings nur alle drei bis vier Jahre.

Vorherige Doppelseite: Wenn die Sonnenblumen so prächtig stehen und ausgezeichnetes Öl versprechen, kann der Bauer zufrieden sein.

Zu den großen Mysterien des Lebens gehören die Pflanzenöle. Dort, wo die Wiege der Menschheit stand, in Asien und im Mittelmeerraum, entdeckten die Menschen schon vor Jahrtausenden, daß manche Samen, Früchte und Nüsse einen seltsamen, dickflüssigen, oft golden schimmernden Saft enthielten, der außerordentliche Wirkungen besaß. Er gab Energie und Widerstandskraft, förderte die Gesundung Kranker, machte die Haut schöner und glatter, die Speisen schmackhafter und schenkte – wenn man ihn anzündete – Licht. Da dieser Stoff kostbar war, brachte man Öl den Göttern zum Opfer, um sie geneigt zu stimmen. Man salbte mit Öl Säuglinge, Brautpaare, Sterbende, aber auch Priester und Könige. Öl wurde intuitiv als Essenz des Lebens begriffen. Zu Recht. Denn die in ihm enthaltenen Fettsäuren sind wesentlicher Bestandteil unseres Körpers, und ohne sie könnte unser Organismus nicht funktionieren. Doch nur auf schonende Weise, durch Kaltpressung gewonnene Öle bewahren alle positiven, für eine ausgewogene Ernährung so wichtigen Inhaltsstoffe, darunter nicht zuletzt die fettlöslichen Vitamine. So kommt aus Pflanzen gewonnenen Ölen in der Naturkost besondere Bedeutung zu. Dabei dienen sie lediglich wegen ihres Geschmacks zum Braten. Viel wichtiger sind sie unerhitzt genossen mit Salaten und Rohkost, in Aufstrichen und Dips oder als Würzmittel für gegarte Gerichte. Denn naturbelassene Öle besitzen – im Gegensatz zu raffinierten – oft intensive charakteristische Aromen, die ihren kulinarischen Reiz erhöhen, aber bislang viel zu wenig genutzt werden. Das gleiche gilt für Essige. Wie kaltgepreßte Öle sind auch hochwertige, aus guten Weinen oder Mosten natürlich vergorene, lange gereifte Essige selten und vergleichsweise teuer. Behutsam verwendet, dienen sie aber nicht nur als natürlicher Geschmacksverstärker und finessenreiches Gewürz, sondern regen den Stoffwechsel an und können aufgrund ihrer natürlichen antibakteriellen Wirkung auch für Heilzwecke eingesetzt werden. Wie bei vielen Dingen hängt bei Essig ebenso wie bei Salz der eigentliche Wert von der Dosierung ab. Weniger kann hier mehr sein, aber nichts bleibt gleichwohl nichts. Denn ohne den Tropfen Essig, ohne die Prise handwerklich gewonnenen Meersalzes bliebe so manches Naturkostgericht einfach fad.

Alle hochwertigen Speiseöle werden ausschließlich kalt gepreßt.

Ein Papierfilter befreit das Öl auf schonende Weise von Verunreinigungen.

Nach Bedarf gepreßte und sofort abgefüllte Öle garantieren den vollen Reichtum an Vitalstoffen.

Flüssiges Gold

Kaltgepreßte Speiseöle

Kaltgepreßte Speiseöle – vor allem Olivenöl – sind ein mediterraner Mythos. Früher wurden sie auf aufwendige, doch sehr sanfte Weise gewonnen. Anfangs rieb und stieß man Ölsaaten und -früchte zu Brei, den man auspreßte. Dann begann man sie zu zermahlen und entwickelte erste Pressen. Solange dabei das Öl nicht übermäßig erhitzt wurde, behielt es all seine hervorragenden Inhaltsstoffe und Eigenschaften. Erst in unserer Zeit entwickelte man effiziente Techniken, die zwar die Ölausbeute optimierten, aber zu Lasten der eigentlichen Qualität gingen. Bei der Raffination (siehe rechts) werden diverse chemische und physikalische Prozeduren angewandt, um stabile, klare, neutrale Küchenfette zu erhalten. Sie haben mit den ursprünglichen Ölen nur noch wenig gemein und finden als Zutat in der Naturkost keine Verwendung. Unraffinierte, kalt und nur einmal gepreßte Öle hingegen bewahren den unglaublichen Reichtum an aktiven ungesättigten Fettsäuren, Enzymen, Hormonen und Vitalstoffen und sind flüssiges Gold für Küche und Gesundheit.

Wesentlich für die Gewinnung hochwertigen Öls ist naturgemäß der Rohstoff. Eine schonende Pressung macht keinen Sinn, wenn Ölpflanzen auf toten, mit Kunstdünger angereicherten und mit Giften besprühten Böden wachsen oder ihre Samen und Früchte mit Pestiziden gespritzt wurden, und selbst wenn es sich um äußerlich gut geschützte Kerne handelt wie bei Trauben, Kürbissen oder Nüssen, sind gesundheitsschädliche Rückstände bei solcher Behandlung nicht auszuschließen. Um beste Qualität zu bieten, muß eine Ölmühle mit biologisch angebauten Rohstoffen arbeiten. Daraus haben sich Partnerschaften zwischen Ölmüllern und Bauern ergeben, aber viele Bauern haben sich selbst entsprechend ausgerüstet, um ihre Ernten zu Öl pressen zu können. Die verschiedenen Rohstoffe werden trocken und kühl eingelagert. Bevor der eigentliche Preßgang stattfindet, werden Saaten oder Kerne gründlich verlesen, um alle Unreinheiten zu beseitigen. Bei manchen Sorten – wie etwa Nüssen oder auch Sonnenblumenkernen ist ein vollständiges oder teilweises Entschälen notwendig. Für die Qualität sind auch Faktoren wie Keimfähigkeit, Feuchtigkeitsgehalt und Geruch mitentscheidend, die es zu überprüfen gilt.

Ob Saaten, Nüsse oder Oliven – auf unbelastete, naturreine Öle spezialisierte Mühlen beziehen ihre Rohstoffe aus anerkannten Bio-Betrieben.

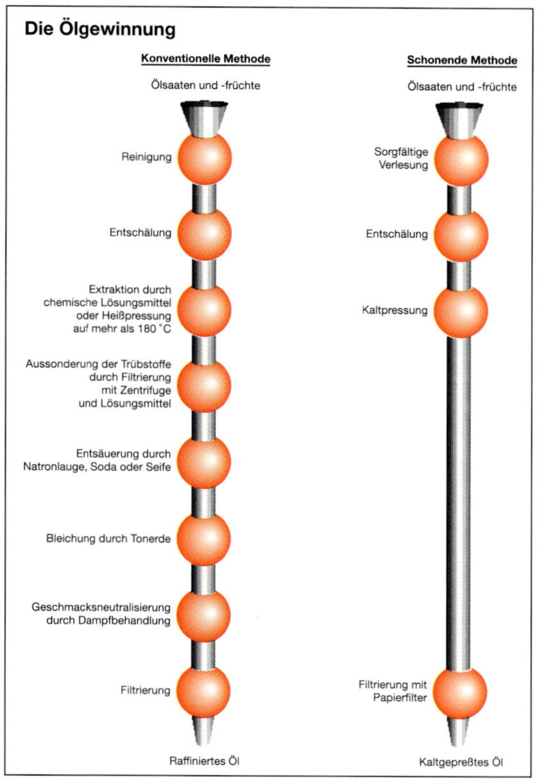

Eine gewissenhafte Arbeit setzt voraus, daß die Öle nicht lange gelagert werden. Deshalb erfolgt das Pressen in der Regel nur wenige Tage vor dem Versand. Das Öl tropft optimal ab, wenn Saaten oder Kerne eine Temperatur von 20 °C haben; sind sie zu kalt, werden sie entsprechend erwärmt. Gepreßt wird rein mechanisch, meist mit Schneckenpressen, wobei Ölsaaten von einer Endlosschraube in die Presse befördert und zermahlen werden, indem der Druck kontinuierlich zunimmt. Je kleiner die Presse, desto moderater ist der Druck und desto weniger steigt die Temperatur an. Bei diesem schonenden Verfahren ist die Ausbeute zwar gering, Qualität und Geschmack sowie der Gehalt an Vitaminen und essentiellen Fettsäuren jedoch um so höher.

Nicht jedes sogenannte kaltgepreßte Öl bleibt beim Pressen kalt. Zwar werden mindestens vier Fünftel des Volumens auf nicht mehr als 40 °C abgezogen, aber am Ende der Presse klettern die Temperaturen leicht auf deutlich über 50 °C, was sich negativ auf Aromen und Vitamine auswirkt. Es hängt von Ausrüstung und Arbeitsweise ab, diesen Temperaturanstieg zu vermeiden. Das Öl bleibt anschließend einige Tage stehen, damit sich seine natürlichen Trübstoffe absetzen, läuft dann durch einen Papierfilter in die Abfüllanlage und kommt ohne weitere, in die natürlichen Abläufe eingreifende Behandlung in Flaschen. Auf diese Weise behält jedes Öl – neben den hochwertigen Inhaltsstoffen – seinen eigenen unverfälschten Charakter, der sich in einem ausgeprägten Eigengeschmack ausdrückt. Daher haben kaltgepreßte Öle – im Gegensatz zu den neutralen Industrieölen – auch einen hohen kulinarischen Wert.

Welche Bedeutung haben Fettsäuren?

Fette, auch Lipide genannt, setzen sich immer aus drei verschiedenen Fettsäuren zusammen:

- Gesättigte Fettsäuren – dazu gehören beispielsweise Palmitin-, Stearin- und Buttersäure – finden sich vor allem in tierischen Fetten (Ausnahme: Palmöl und Kokosfett) und werden vom menschlichen Körper auch selbst gebildet. Sie haben meist eine festere Konsistenz, reagieren wenig und sind eher schwer verdaulich.
- Einfach ungesättigte Fettsäuren sind vor allem die Ölsäuren. Sie sind praktisch in allen fetthaltigen Lebensmitteln, in tierischen ebenso wie in pflanzlichen, enthalten. Sie treten in flüssiger Form auf, sind reaktionsaktiv und fördern den Stoffwechsel.
- Mehrfach ungesättigte Fettsäuren – wie etwa Linolsäure (zweifach ungesättigt), Linolensäure (dreifach ungesättigt) und Arachidonsäure (Vitamin F) – kommen überwiegend in Pflanzen vor. Sie sind flüssig, sehr reaktionsfreudig und für den Organismus essentiell, das heißt, er benötigt sie zur Regulierung seiner Funktionen, kann sie jedoch nicht selbst herstellen und muß sie demnach mit der Nahrung aufnehmen.

Die Qualität von Speiseölen wird jeweils nach dem Anteil dieser drei Fettsäuren bewertet.

Gehalt an Fettsäuren in Ölen

Anteil in Prozent

Ölfrucht	Gesättigte Fettsäure	Einfach ungesättigte Fettsäure	Mehrfach ungesättigte Fettsäure
Colza	11	55	34
Distel	9	14	77
Erdnuß	16	46	38
Haselnuß	6	79	15
Kürbiskern	17	30	53
Lein	9	18	73
Maiskeim	12	31	57
Mandel	7	72	21
Mohn	11	19	70
Olive	15	75	10
Sesam	14	42	44
Soja	13	25	62
Sonnenblume	12	25	63
Traubenkern	11	21	68
Walnuß	9	20	71
Weizenkeim	12	27	63
Zum Vergleich:			
Butterfett	64	28	3
Kokosfett	90	8	2

Speiseöle in der Küche

Anbraten, Andünsten
Hohe Temperaturen haben auf das hochwertige Öl negative Auswirkungen. Daher wird empfohlen, möglichst geringe Mengen zu verwenden oder die Zutaten sogar ganz ohne Fett anzubraten.

Aromatisieren
Zum Würzen von Salaten, Saucen oder anderen Gerichten läßt sich die aromatische Kraft von frischen Kräutern und Samen gut in Öl bewahren. Während ganze Zweige in mit Öl aufgefüllten Flaschen sehr dekorativ wirken, geben zerriebene und leicht gesalzene Kräuter mehr Aromen.

Ausbacken, Fritieren
Beide Garmethoden sind nicht zu empfehlen, da Hitze zur Entstehung von krebserzeugenden Teeren führen kann und sich ganz allgemein negativ auf die positiven Inhaltsstoffe, die ungesättigten Fettsäuren und Vitamine, auswirkt. Zudem werden fritierte oder ausgebackene Zutaten von einer Ölschicht umschlossen, die sie schwer verdaulich macht. Will man aus kulinarischen Gründen ausbacken oder fritieren, ist unbedingt darauf zu achten, daß sich das Öl nicht über 190 °C erhitzt und nicht raucht.

Backen, Teigzubereitung
Ob man eine Form auspinselt oder dem Teig aus Gründen der Konsistenz Butter oder Öl zufügt, beim Backen steigen die Temperaturen ebenfalls auf ein Niveau, das Vitamine und ungesättigte Fettsäuren stark beeinträchtigt, auch wenn hierbei keine krebserregenden Stoffe entstehen.

Einlegen
Da Öl luftdicht abschließt, wird es von altersher als Konservierungsmittel benutzt. Doch auch hierbei spielt die geschmackliche Qualität des Öls ebenso wie die gegebenenfalls verwendeten Gewürze eine wichtige Rolle. Das gleiche gilt für das eingelegte Lebensmittel, beispielsweise Gemüse, Pilze, Fisch oder Fleisch, das ebenfalls zur Ausprägung der Aromen beiträgt. Eine besondere Delikatesse sind kleine, in Olivenöl eingelegte Ziegenkäse. In jedem Fall sollte das durch das Einlegegut aromatisierte Öl anschließend weiterverwendet werden.

Marinieren
Sei es für eine Stunde, sei es über Nacht oder für mehrere Tage, beim Marinieren schützt das Öl die darin eingelegten Zutaten gegen Oxidation, unterstützt bei Zufügung von Kräutern und Gewürzen die Aromatisierung und gibt selbst von seinem Geschmack ab. Da es zugleich andere Aromen aufnimmt, kann man die Marinade als Sauce oder Saucengrundlage verwenden.

Mayonnaise
Da man ihr mildes Aroma schätzt, kommen für die Zubereitung von Mayonnaise dezentere Öle in Frage. Nur die Aïoli (s. S. 200) und Knoblauchmayonnaisen verlangen als Zutat Olivenöl.

Rohkost
Nicht nur wird Rohkost durch die Zugabe von Öl schmackhafter, sondern die in rohen Gemüsen enthaltenen fettlöslichen Vitamine werden erst aufgeschlossen, wenn sie mit Öl in Verbindung kommen. Deshalb sollte man Rohkost mit Öl – und eventuell Zitronensaft, Essig und Gewürzen – anrichten und sie vor dem Servieren 30 Minuten ziehen lassen.

Bourrasol
In dieser Mischung auf der Basis von Sonnenblumenöl sind jeweils 6 % Weizenkeimöl und Borretschöl enthalten. Letzteres ist seit dem Mittelalter als Heilmittel bekannt und wirkt anregend auf das weibliche Hormonsystem. Man verwendet es für Rohkost, Mayonnaise und kalte Saucen.

Bucheckernöl
In den Nachkriegsjahren wurden Bucheckern mühselig in den Wäldern gesammelt und zu Speiseöl verarbeitet. Heute ist das aromatische Öl wegen des enormen Ernteaufwands eine Rarität. Seine Farbe ist goldgelb, es oxidiert vergleichsweise langsam und schmeckt vorzüglich.

Distelöl
Als Färberdistel machte die Pflanze vor 300 Jahren »Karriere«, als man aus ihr roten Farbstoff gewann. Ihre Samen ergeben ein sanft schmeckendes Öl mit hohem Gehalt an mehrfach ungesättigten Fettsäuren – eines der wertvollsten Speiseöle, zu empfehlen bei Herz- und Kreislaufproblemen.

Erdnußöl
Erdnüsse wurden in Südamerika schon früh für die Ölgewinnung genutzt; jetzt in heißen Regionen weltweit angebaut. Kaltgepreßt bewahrt das Öl seinen typischen angenehmen Geschmack. Es läßt sich kalt verwenden, aber auch gut erhitzen, ohne dabei zu große Einbußen zu erleiden.

Haselnußöl
Die Haselnuß stammt aus dem Mittelmeerraum und wurde schon im Altertum für die Ölgewinnung genutzt. Das Öl, das sich leicht entziehen läßt, hat ein feines, delikates Aroma und eignet sich für Salate und Gebäck; anregend und leicht verdaulich; auch als angenehmes Massageöl zu verwenden.

Leinöl
Der äußerst hohe Gehalt an essentieller Linolensäure (30–64 %) hat eine besonders positive gesundheitliche Wirkung auf den Organismus. Der intensive und herbe Geschmack paßt zu kräftigen Salaten und kann durch Mischung mit dezenteren Ölen gemildert werden.

Salate

Eine der besten Möglichkeiten, Öl und dessen Eigengeschmack zu genießen, ist seine Verwendung in Blattsalaten. Man sollte den Salat erst direkt vor dem Verzehr salzen, mit Essig oder Zitrone beträufeln und zum Schluß das Öl hinzufügen, damit die Blätter nicht zusammenfallen.

Vinaigrette

Öl und Essig bilden gemeinsam die Basis dieser berühmten kalten Sauce, die nicht nur zu Salaten, sondern auch zu warmem oder kaltem Gemüse und anderen Gerichten paßt. Dabei geht man in der Regel von einem Mischverhältnis von 3 : 1 aus. Ist das Öl selbst sehr aromatisch, paßt dazu am besten traditioneller Weinessig. Bei geschmacksneutralem Öl sollte der Essig intensivere Aromen bieten. Um der Vinaigrette zusätzliche Raffinesse und mehr Komplexität in den ungesättigten Fettsäuren zu geben, kann man auch mehrere Öle miteinander mischen.

Würzmittel

Aromatische Öle mit einem ausgeprägten Eigengeschmack können viele Speisen als Würze bereichern. Dabei träufelt man sie vorzugsweise ganz zum Schluß über die zubereiteten Gerichte. Vor allem Olivenöl aromatisiert so Gemüse oder Fisch, aber auch Sesam- und Nußöle lassen sich auf diese Weise kulinarisch einsetzen und bewahren so alle ihre wertvollen Vitalstoffe.

Aufbewahrung von Speiseöl

Aufgrund des hohen Gehalts an ungesättigten Fettsäuren sind naturbelassene Öle reaktionsfreudig. Das bedeutet auch, daß sie vergleichsweise schneller ranzig werden können; allerdings schützt sie davor ihr hoher Gehalt an Vitamin E. Die Vitamine selbst sind lichtempfindlich. Deshalb sollten kaltgepreßte Öle

- gut verschlossen,
- in Behältern aus dunkel getöntem Glas oder aus Edelstahl,
- kühl, aber nicht unter 10 °C

aufbewahrt werden. So halten sich Öle problemlos 8 bis 12 Monate. Dennoch ist es empfehlenswert, sie in möglichst kleinen Gebinden zu kaufen und möglichst zügig zu verbrauchen.

Olivenöl-Qualitäten

(siehe auch die folgenden Seiten)

- Von bester Qualität ist kaltgepreßtes »natives Olivenöl extra« aus erster Pressung, das höchstens 1 % freie Fettsäuren (Fettsäuren, die nicht mehr an Glycerin gebunden sind und die den Genußwert beeinträchtigen), oft jedoch nur 0,5 % oder weniger enthält.

Französisch: Huile d'olive vierge extra
Griechisch: ΕΞΤΡΑ ΠΑΡΘΕΝΟ ΕΛΑΙΟΛΑΔΟ
Italienisch: Olio d'oliva extra vergine
Portugiesisch: Azeite de oliveira extra virgem
Spanisch: Aceite de oliva virgen extra

- Gute Qualität hat kaltgepreßtes »natives Olivenöl«, das aus erster Pressung stammt und bis zu 2 % freie Fettsäuren enthalten darf.

Französisch: Huile d'olive vierge
Griechisch: ΠΑΡΘΕΝΟ ΕΛΑΙΟΛΑΔΟ
Italienisch: Olio d'oliva vergine
Portugiesisch: Azeite de oliveira virgem
Spanisch: Aceite de oliva virgen

Andere Qualitäten, die als Olivenöl ohne weiteren Zusatz bezeichnet werden, können nicht als biologisch einwandfrei angesehen werden, da sie raffiniertes, unter Einsatz von Chemikalien extrahiertes Öl enthalten. Nur mechanisch gewonnenes Öl wird als biologisches Öl anerkannt.

Maiskeimöl
Bei Mais, dem Getreide der Hochkulturen Südamerikas, ist es der Keim, der mehr als 40 % Öl enthält, das zu über der Hälfte aus mehrfach ungesättigten Fettsäuren besteht. Frisch abgefüllt, besitzt es einen typischen Maisgeschmack und eignet sich auch gut zum Dünsten.

Mohnöl
Vermutlich wurde Mohn seit der Steinzeit im Orient zur Ölgewinnung verwendet, später dann in Asien und Europa kultiviert. Das Öl senkt den Cholesterinspiegel. Es besitzt einen ausgesprochen delikaten Geschmack und sollte nur kalt genossen werden, etwa in Salaten.

Sesamöl
Sesam wird seit Jahrtausenden in warmen Regionen angebaut, heilig gehalten und zur Ölgewinnung genutzt. Das dezent und nussig schmeckende Öl hat einen hohen Gehalt an Linolsäure und Lezithin, der sich förderlich auf die Blutgefäße auswirkt. Für Rohkost und auch zum Dünsten geeignet.

Sojaöl
Nicht nur hochwertiges Eiweiß enthält die Sojabohne, sondern auch viele ungesättigte Fettsäuren. Statt des – in Massen angebotenen – neutralen raffinierten Sojaöls schmeckt kaltgepreßtes biologisches Öl intensiv nach Bohnen; am besten kalt verwendet, um das Aroma zu bewahren.

Sonnenblumenöl
Die aus Amerika stammenden Sonnenblumen werden seit dem 18. Jahrhundert in Europa, vor allem in Rußland, in großem Stil für die Speiseölgewinnung angebaut. Öl aus biologischer Erzeugung wirkt Arteriosklerose entgegen, ist sehr aromatisch und schmeckt am besten in Salaten.

Walnußöl
Der Walnußbaum ist weltweit verbreitet, wird aber insbesondere in Frankreich kultiviert. Walnüsse ergeben ein exzellentes, sehr gesundheitsförderndes Öl mit hervorragendem Geschmack; sehr gut in warmen Salaten, aber auch in Kuchen; wird relativ schnell ranzig.

Ausgewachsene Olivenbäume wie dieser tragen
20 bis 40 Kilogramm Oliven, aus denen vier bis acht Liter Öl gewonnen werden.

Ein Olivenzweig mit reifen Früchten: Die Farbe der Oliven ist Indiz für ihren Reifegrad;
sie variiert von Grün bis zu Pechschwarz.

Im Olivenhain

Der Olivenbaum *Olea europaea* ist ein immergrüner Baum, der mediterranes Klima liebt, das heißt trockene Sommer und milde Winter. Olivenbäume, die über tausend Jahre alt werden können, haben es mit dem Wachsen nicht eilig. Sie werden drei bis zehn Meter hoch und bilden über Jahrzehnte immer dickere, immer knorrigere Stämme aus. An den zahlreichen dünnen Zweigen sprießen längliche, lederartige Blätter, deren Oberseite ein stumpfes Mittel- bis Dunkelgrün zeigt, während die Unterseite silbrig schimmert. Früher, als oft noch andere Kulturen unter den Bäumen betrieben wurden, pflanzte man sie in Abständen von gut zehn auf zehn Meter und ließ die Bäume mehrere Stämme bilden. Heute müssen sich auch Olivenbäume zeitgemäßen Anforderungen beugen. Für neue Pflanzungen werden inzwischen einstämmige Buschbäume verwendet, von denen man mindestens 150, häufig jedoch weitaus mehr auf den Hektar setzt. Sie brauchen vier bis zehn Jahre, bevor sie zu tragen beginnen, erreichen mit 30 bis 35 Jahren vollen Ertrag, der ab 75 Jahren merklich zu sinken beginnt.

Olivenbäume ähneln nicht nur in ihren Ansprüchen, sondern ebenso in ihrem Anbau Weinreben. Auch sie müssen sehr sorgfältig geschnitten werden, denn ihre Früchte bilden sich überwiegend an jungem Holz. Beschränkung im Ertrag sorgt wie beim Wein für mehr Konzentration und mehr aromatische Kraft sowie für langlebigere und gesundere Bäume. Wie bei anderen Obstbäumen besteht der Unterschied zwischen biologischer und konventioneller Kultur der Oliven im Dünger. Man bringt Schafmist und natürlichen Kompost als Dünger aus, ein guter Schnitt beugt Pilz- und Insektenbefall vor, gegen die gefürchtete Larve der Olivenfliege werden gegebenenfalls biologische Insektenschutzmittel eingesetzt.

Im Frühjahr formen die Olivenbäume Rispen aus, an denen sich kleine weiße Blüten öffnen. Wind sorgt für die Bestäubung, die sehr unregelmäßig ausfallen kann. Ab September werden erste, noch unreife Früchte für grüne Eßoliven gepflückt. Ab November setzt die Ernte für die Ölgewinnung ein und kann sich – je nach Region – bis in den März erstrecken. Anfangs beginnen sich die Oliven violett zu färben, am Ende sind sie schwarz und bereits etwas runzelig – die Farbe der Oliven hängt somit vom Reifegrad ab. Halbreif ist ihr Öl besonders feinaromatisch, fruchtig und würzig, aber auch herber und pfeffriger. Zudem ergeben halbreife Oliven weniger und deshalb teureres Öl. Vollreif geerntete schwarze Oliven schenken dezenteres, nussigeres, harmonisches und im Charakter sanfteres, milderes Öl und bringen eine höhere Ausbeute.

Für beste Ölqualität werden die kleinen Früchte von Hand gepflückt. Selbst ein guter Pflücker bringt es jedoch nur auf 40 Kilogramm pro Tag, die in guten Jahren acht Liter Öl ergeben. Im übrigen werden Oliven mit langen Stöcken vom Baum geschlagen und in Netzen aufgefangen, um sie nicht zu beschädigen. Ihre Haut ist empfindlich, und wenn sie aufgeplatzt ist, beginnt der Saft schnell zu gären, was die Gesamtsäure erhöht und die Güte erheblich mindert. Mehr und mehr geht man im konventionellen Anbau dazu über, die Bäume mit speziell ausgerüsteten Raupen zu schütteln. Dies ist im biologischen Anbau nicht erwünscht, da die Gesundheit und Langlebigkeit der Bäume dadurch negativ beeinflußt wird.

Linke Seite: Die geernteten Oliven werden in Netzen gesammelt und auf schnellstem Weg zur Mühle transportiert, damit ihr feines Aroma keinen Schaden nimmt.

Trotz Übung und Schnelligkeit pflückt ein versierter Erntehelfer nicht mehr als 40 Kilogramm Oliven pro Tag.

Für die beste Ölqualität kommt es darauf an, daß die kleinen Früchte unbeschädigt und unverschmutzt sind.

Olivenöl

Olivenöl ist das Symbol mediterraner Eßkultur schlechthin. Noch vor wenigen Jahrzehnten war es in nordeuropäischen Ländern nur als Einreibmittel in Apotheken erhältlich oder – nur Gourmets bekannt – in allerbesten Feinkostläden. Inzwischen hat es jedoch mehr und mehr begeisterte Anhänger gewonnen. War es anfangs das Interesse an italienischer, provenzalischer, spanischer oder griechischer Küche, durch das Olivenöl europaweite Verbreitung fand, sprechen heute auch medizinische Fakten für seine Verwendung.

Denn Ölivenöl hat bedeutende Vorzüge:

• Es ist leicht verdaulich, hat generell eine positive Wirkung auf Magen und Darm, schützt gegen Geschwüre und beugt Gallensteinen vor.

• Der hohe Anteil einfach ungesättigter Fettsäuren, der mit 75 Prozent nicht nur tierische Fette, sondern auch die meisten anderen pflanzlichen Öle weit übersteigt, senkt – da sie die Blutgefäße elastischer machen – das Risiko von Herz- und Kreislaufkrankheiten.

• Aufgrund des hohen Gehalts an Antioxidantien übersteht Olivenöl auch Erhitzung, ohne sich in gesundheitsschädliche Substanzen aufzuspalten, wie dies bei tierischen und anderen pflanzlichen Fetten geschieht. Möglicherweise wirken sie im menschlichen Organismus darüber hinaus als Schutz gegen Krebs.

Was Olivenöl im kulinarischen Bereich eine Sonderstellung einräumt, ist das erstaunliche Spektrum seiner Aromen. Je nach Sorte, von der es Dutzende gibt, je nach Erntezeitpunkt, je nach Klima und Bodenbeschaffenheit bietet Olivenöl jeweils andere Varianten an Aromen und ist auch in dieser Hinsicht mit Wein vergleichbar. Während in Italien diese Geschmackskultur bereits weit ausgebildet ist, wird sie in den anderen Erzeugerländern gerade erst entdeckt und dürfte in Zukunft – nicht zuletzt im Bereich der biologischen Öle – zu einem erweiterten Angebot führen. Um diesen Nuancenreichtum schmeckend wahrnehmen zu können, darf das Öl nur über die fertigen Speisen gegeben werden.

• Die häufigsten in Olivenölen anzutreffenden Aromen sind: Mandel, Nuß, Artischocke, frisches Gras, Heu, Wildkräuter, Spargel, manchmal Tomate, aber auch Apfel, Birne, Zitronen- oder Orangenschale und der – bei den besten Ölen auftretende – pikante Geschmacksaspekt, den man mit Pfeffer, Cayenne und bisweilen bitteren Gerbstoffen assoziiert.

• Olivenöl ist licht-, wärme-, luft- und feuchtigkeitsempfindlich. Es muß gut verschlossen, möglichst in einer Flasche aus Lichtschutzglas, dunkel, kühl (aber nicht im Kühlschrank) aufbewahrt werden. Optimal hält es – bei richtiger Lagerung – seine Aromen neun bis zwölf Monate, dann schwächen sie sich langsam ab. Länger als 18 Monate sollte man Olivenöl nicht aufbewahren.

In der Ölmühle

Nach der Ernte ist Eile geboten, denn Oliven sind empfindliche Früchte. Wie Weintrauben neigen sie zu schneller Oxidation, da ihre feinsten und gesuchtesten Aromen den Kontakt mit Sauerstoff nur schlecht überstehen. Bevor jedoch die Ölgewinnung beginnen kann, müssen die Oliven gewaschen werden. In den heißen, trockenen Regionen, in denen sie beheimatet sind, lagert sich leicht Staub auf den Früchten ab, der den Ölgeschmack beeinträchtigen würde. Auch Blätter und Zweigteile sind zu entfernen.

Wenn die Oliven gesäubert sind, kann der sogenannte Kollergang folgen: Wuchtige, runde Granitsteine rollen über die in einer dünnen Schicht ausgebreiteten Früchte und zermalmen Fruchtfleisch und Kerne zu einer gleichmäßigen, feuchtfettigen Paste. Zwar werden die Mahlsteine heute von Motoren bewegt, doch im Prinzip hat sich an der Mahlmethode selbst seit Jahrtausenden nichts geändert, und noch immer gilt sie als die beste. Moderne Maschinen, in denen Stein durch Stahl ersetzt wurde, erhitzen sich schneller als Granit – Hitze jedoch ist ein weiterer Feind feinen Öls, da sich ätherische Öle bereits bei Temperaturen um die 30 °C verflüchtigen.

Um das exquisite Tropföl zu erhalten, füllt man die Paste in Zylinder, die behutsam hin und her schwenken. Durch sehr feinkörnige Siebe fließt das Öl dabei ohne jegliche Druckanwendung ab. Bei den modernsten Methoden werden die Oliven nicht einmal mehr gemahlen, sondern nur noch angestochen. Tropföl ist besonders säurearm, fein und aromatisch. Bei dieser partiellen Extraktion benötigt man elf bis zwölf Kilogramm Oliven, um einen Liter Tropföl zu erhalten.

Beim traditionellen Preßverfahren streicht man die Paste auf sogenannte *capachos*, runde Matten, die früher aus Bast, heute aus Nylon sind. Sie werden unter der hydraulischen Presse übereinandergestapelt und von einem Eisen- oder Stahlstab in der Mitte gehalten. Durch sich langsam steigernden Druck wird nun gepreßt. Die austretende Flüssigkeit ist eine Emulsion von Fruchtwasser und Öl, die dann in der Zentrifuge voneinander getrennt werden. Relativ selten wird dafür noch das alte Dekantier-

Das hochwertige Tropföl wird in Andalusien von Hand abgefüllt, versiegelt und mit einem numerierten Etikett versehen.

Beim Kollergang zermalmen diese tonnenschweren Granitsteine eine dünne Schicht Oliven zu einer gleichmäßigen, feuchtfettigen Paste.

Unter die hydraulische Presse (im Vordergrund) wird ein Stapel *capachos* – runde, mit Olivenpaste bestrichene Matten – geschichtet.

prinzip benutzt. Dabei macht man sich die Tatsache zunutze, daß Öl leichter als Wasser ist. So läßt man ihm Zeit, sich in einem Überlaufbecken an der Oberfläche abzusetzen, von dem es in ein anderes Überlaufbecken fließt. Indem es so mehrere Becken passiert, klärt es sich auf ganz natürliche Weise. Der Nachteil dieses Verfahrens besteht darin, daß das Öl wesentlich länger dem Kontakt mit Luft ausgesetzt ist.
Moderne Elaiotechnik, in der Italien führend ist, geht anders vor: Nachdem die Oliven zu Paste zerkleinert wurden, wird diese in eine Zentrifuge gegeben. Darin findet bei einer Temperatur von 30 °C eine erste Trennung zwischen Flüssigkeit und festen Stoffen statt. Dann wird das Öl weitere Male zentrifugiert, bis es rein ist. Da auch das hydraulische Pressen nicht ohne gelinde Erwärmung vonstatten geht, lassen sich mit beiden Techniken gute Resultate erzielen. In der Regel schließt sich eine Filtrierung an, aber Kenner schätzen die ungefilterten, leicht trüben, doch geschmacklich intensiveren Olivenöle.

Sanfte Säure

Naturvergorener Essig

Essig ist seit Urzeiten bekannt, denn Essig entstand in den klimatisch milden Zonen der Erde, in denen sich die frühen Kulturen entwickelten, auf natürliche Weise. Wo immer eine zuckerhaltige Flüssigkeit zu gären begann, »lauerten« schon Essigbakterien in der Luft. Zunächst vollbrachten jedoch die Hefen ihr Werk und wandelten Zucker in Alkohol um. Wenn dann jedoch der entstandene Trank offen stehenblieb, absorbierten die Essigbakterien den Alkohol; zurück blieb Essigsäure. So war es unseren Vorfahren selten vergönnt, reinen Wein zu trinken, denn ehe sie sich versahen, hatte er sich bereits in Essig verwandelt. Gleichwohl war ihnen der Essig willkommen: Man trank ihn verdünnt als Durstlöscher und verwendete ihn als Würzmittel für Speisen. Bald schon entdeckte man, daß sich Fleisch, Gemüse und Früchte in Essig konservieren ließen.

Doch die Verwendung von Essig reichte noch wesentlich weiter. Im Altertum behandelte und kühlte man Wunden und Entzündungen damit und verschrieb ihn bei Brust- und Darmleiden. Man goß Essig in unsauberes Wasser, um es genießbar zu machen, und nutze ihn für Waschungen. Griechen und Römer verfeinerten seinen kulinarischen Gebrauchswert, indem sie ihn mit Kräutern und Gewürzen mischten, und setzten ihn gezielt in der Krankenbehandlung ein. Im Mittelalter war er ein allgemein verbreitetes Hausmittel und wichtiges Handelsgut. Doch erst im 19. Jahrhundert erkannte man, wie aus Wein Essig wird. Der französische Chemiker und Biologe Louis Pasteur (1822–1895) entdeckte die Essigbakterien und schuf mit seinen Arbeiten über die Mitwirkung von Mikroorganismen bei der Gärung die Basis für die Herstellung von Wein und Essig.

In der Tat gelingt die Erzeugung von Essig keineswegs in jedem Fall. Er kann üble Fehlaromen entwickeln oder auch schimmeln. Da ein enormer Bedarf an Essig bestand, wurden Pasteurs Erkenntnisse bald für die industrielle Produktion verwendet. Zunächst sorgte man in riesigen Fässern dafür, daß die Bakterien genügend Sauerstoff und die für ihr Wirken optimale Temperatur erhielten, was die Essiggärung sehr beschleunigte. Inzwischen hat man besonders aktive Bakterienstämme gezüchtet und durchlüftet den gesamten Tankinhalt, so daß die Essiggärung in 24 bis 36 Stunden durchgeführt werden kann. Andererseits ging man zunehmend dazu über, synthetisch hergestellte Essigsäure einfach zu verdünnen.

Estragon-Weißweinessig

Himbeer-Rotweinessig

Orangen-Rotweinessig mit Zimtnelke

Pflaumen-Weißweinessig

Rosmarin-Weißweinessig

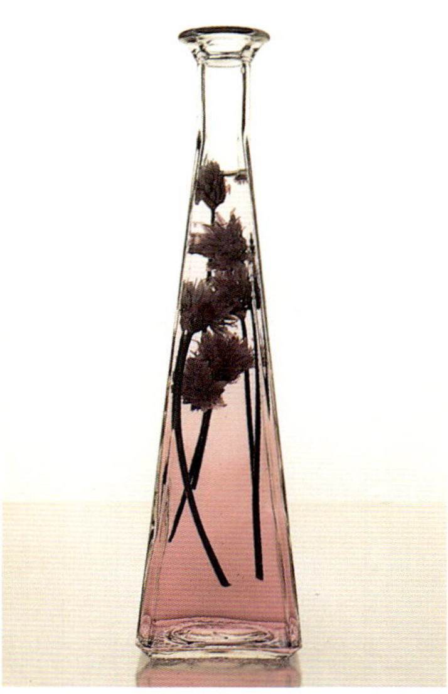
Schnittlauchblüten-Weißweinessig

Thymian-Rotweinessig

Thymian-Weißweinessig

Zitronenmelisse-Weißweinessig

Hochwertige und biologische Essige werden jedoch immer noch auf traditionelle Weise vergoren. Wenn die erste, die alkoholische Gärung abgeschlossen ist, wird der aus Obst- oder Traubenmost gewonnene Wein in offene oder gut belüftete Fässer gefüllt. In der Regel enthalten sie bereits eine Essigmutter. Zugleich aber sorgen auch die in der Luft vorhandenen Bakterien dafür, daß die zweite, die Essiggärung sich vollziehen kann, wobei die Bakterien ihre Arbeit auf der Oberfläche des Weins vollbringen. Die Qualität des Ausgangsmaterials beeinflußt ganz direkt diejenige des Essigs. Das gilt ebenso für seinen Gehalt an Mineralien, Vitaminen und Aromastoffen. Eine oxidative Alterung in alten Holzfässern, die keine Gerbstoffe mehr enthalten, verfeinert sein Bukett und seinen Geschmack entscheidend. Aber alte, auf traditionelle Weise naturvergorene Essige sind heute eine Rarität. Für die Naturkost sind nur hochwertige naturvergorene Essige, sogenannte Gärungsessige, am besten aus biologisch erzeugten Früchten oder Weinen, relevant. Dabei unterscheidet man folgende Essige:

• Obstessige: Aus dem Most von Früchten vergorene Essige, von denen der verbreitetste der Apfelessig ist; sie sind im Geschmack besonders milde und werden – ein wenig mit Honig gesüßt – als stoffwechselförderndes Heilmittel eingesetzt; Obstessige werden leicht mit durch Fruchtzusatz aromatisierten Essigen verwechselt.

• Echte Weinessige: Aus Weiß- oder Rotwein vergorene Essige, deren Qualität von den verwendeten Weinen und der Alterung abhängt; sie sind am vielseitigsten einsetzbar und die beste Basis für aromatisierte Essige. In den meisten europäischen Ländern sind Bezeichnungen wie *vinaigre*, *vinegar* etc. ausschließlich für aus Weinen vergorene Essige reserviert, nicht jedoch in Deutschland.

• Aromatisierte Essige: Sie sollten aus echten Weinessigen bestehen, die mit Kräutern, Gewürzen, Früchten oder Fruchtsäften aromatisiert wurden; je nach Zusatz unterscheidet man zwischen Frucht- und Kräuteressigen; ihr Aroma bestimmt und begrenzt ihre kulinarische Verwendung.

• Balsamessig: Aus Modena oder der Reggio Emilia kommt der *Aceto balsamico tradizionale* oder *naturale*, der aus eingekochtem Most in jahrelanger Gärung gewonnen wird und weitere Jahre oder Jahrzehnte gealtert ist; er ist eine kostbare, sehr teure, auch als Heil- und Stärkungsmittel äußerst sparsam verwendete Würze; sein Mindestalter beträgt zwölf Jahre, und er wird vorwiegend in Fläschchen mit einem Fassungsvermögen von nur 100 Millilitern angeboten; die meisten Balsamessige im Handel sind keine *tradizionale* oder *naturale*, sondern oft nur Nachahmungen.

• Essigwürze: Hausgemachte Essige besitzen in der Regel nicht das vom Gesetz vorgeschriebene Minimum an 5 % Säure und müßten offiziell als Essigwürze bezeichnet werden. Dies gilt auch für Reisessig, den Genmai Su, und für roten Ume Su, der bei der Milchsäuregärung des Umeboshi, einer Paste aus japanischen Salz-Aprikosen, anfällt.

Vom Umgang mit Essig

Essig gehört in die Hand eines Weisen, betont eine alte italienische Küchenregel. Denn das wissend dosierte Maß kann Geschmack und Raffinesse eines Gerichtes erhöhen, ein Zuviel alles verderben. Bei aromatisierten Essigen sollte man genau abschätzen, ob ihr Parfüm nicht den Eigengeschmack der Zutaten überlagert. Bei reinen, naturvergorenen, nicht aromatisierten Essigen empfiehlt es sich, sich zunächst mit ihrem Aroma, dessen Stärke und derjenigen der Säure vertraut zu machen, ehe man sie bestens einzusetzen versteht. Doch Essige sind als Geschmacksverstärker und subtiles Gewürz unerläßlich für eine feine Küche.

Ihrer Anwendung sind kaum Grenzen gesetzt:

- zu Salaten und Rohkost mit kaltgepreßtem Öl,
- tropfenweise in Saucen und Suppen,
- zu Gerichten aus Hülsenfrüchten,
- um Gemüse vor Oxidierung zu bewahren,
- in kaltgerührten Marinaden mit Öl und Gewürzen für Gemüse, Fisch oder Fleisch,
- zum Einlegen und Konservieren von Gemüsen, mit Wasser verdünnt und mit Gewürzen angereichert,
- mit Öl zum Anmachen von Ziegen- und anderen Frischkäsen,
- als Zutat zu Chutneys oder pikanten Aufstrichen,
- tropfenweise zu frischen Obstsalaten,
- in Säften oder Wasser als erfrischendes Getränk.

Aromatisierung von Essigen

Fruchtessig

300–400 g Früchte
750 ml Weißweinessig

Die Früchte – zum Beispiel Himbeeren, Kirschen, Johannisbeeren, Erdbeeren, Heidelbeeren etc. – gut säubern und trocknen, eventuell entsteinen und halbieren: dann in ein Glas mit Schraubdeckel (ohne Gummirand) geben, mit dem Essig auffüllen und das Glas verschließen. Mindestens 4 Wochen mazerieren lassen. Dann den Essig filtern und in eine Flasche füllen.
Fruchtige Essige passen gut zu Obstsalaten.

Kräuteressig

Mehrere Stiele eines Küchenkrauts
750 ml Weißweinessig

Zum Beispiel 3 Estragonzweige in eine Flasche guten Weißweinessigs geben, verschließen und mindestens 4 Wochen ziehen lassen; dann filtern.
Zur Herstellung von Kräuteressig eignen sich viele Kräuter. Es empfiehlt sich, jeweils kleinere Mengen Essig mit jeweils verschiedenen Kräutern anzusetzen.
Kräuteressige sind am besten in Salaten oder Saucen.

Knoblauchessig

12 Knoblauchzehen
750 ml Weißweinessig

Die Knoblauchzehen schälen und halbieren, in den Essig geben und mindestens 4 Wochen mazerieren lassen; dann filtern.
Knoblauchessig eignet sich zum Deglacieren, für Saucen und Mayonnaisen.

Essig – hausgemacht

Auch wer gern Wein trinkt, wird dennoch nicht jede Flasche völlig leeren. Für diese Reste gibt es eine ganz natürliche Verwendung – man kann daraus selbst Essig herstellen.
Dazu benötigt man:

- etwa 2–3 l Wein,
- ein großes gläsernes Gefäß mit einer weiten Öffnung,
- ein ausreichend großes Stück Gaze oder Mull, um das Gefäß abzudecken,
- einen Faden oder ein großes Gummi, um die Gaze zu befestigen,
- 2–3 Glas naturvergorenen Essig.

Für die Herstellung von Essig gießt man den Wein in das Gefäß und stellt dieses unverschlossen an ein sonniges Fenster. Wohnt man in einem Weinanbaugebiet, stellen sich die Essigbakterien von selbst ein, da sie bereits in der Luft vorhanden sind. Bei ausreichend Sonnenlicht, Wärme und Sauerstoff entwickeln sie sich schnell. Man muß nur darauf achten, daß sich der Standort nicht zu stark erwärmt. Zwar mögen die Bakterien Wärme, doch nicht über 37 °C. Nach einigen Tagen kann man das Gefäß mit der Gaze abdecken und verschließen. Je nach Jahreszeit verrichten die Bakterien ihr Werk mehr oder weniger schnell. Dabei bilden sie auf der Oberfläche des Weins eine hauchdünne Schicht Essigmutter. In der Regel benötigen sie dazu mindestens 14 Tage. Anschließend bedarf es einer gewissen Zeit, bis die Essigmutter den Alkohol umgesetzt hat. Gut ist der Essig erst nach einem Vierteljahr.
Um ganz sicher zu gehen – oder um Essig auch in einer Region herzustellen, in der kein Wein wächst –, sollte man dem ersten Ansatz den fertigen naturvergorenen Essig zufügen, am besten aus einer Flasche, deren Inhalt nicht oder nur wenig gefiltert wurde und in der sich natürliche Rückstände befinden. Außerdem ist man gut beraten, biologisch erzeugten Wein zu verwenden, der nicht zuviel Schwefel enthält oder pasteurisiert wurde.
Die Qualität des Essigs hängt entscheidend von der Güte des Weins oder der Weine ab, die man benutzt. Weine, die vom Ausbau im Barrique – so bezeichnet man ein tonnenartiges Eichenfaß von 225 l Fassungsvermögen – geprägt wurden oder starke Tannine (Gerbstoffe) besitzen, eignen sich weniger gut für diesen Zweck als fruchtige oder runde Tropfen. Anfangs besitzt der so erzeugte Essig relativ viel Säure und sollte nur sparsam eingesetzt werden. Alterung macht ihn sanfter und die Aromen komplexer, ein kleines altes Holzfaß wäre für die Entwicklung ideal.
Will man den selbst hergestellten Essig nunmehr verwenden, durchstößt man mit einem Schlauch die Essigmutter und zieht Essig aus dem unteren Teil des Gefäßes ab. Man kann auch von vornherein ein Gefäß benutzen, das einen Hahn besitzt. Nach der Essigentnahme füllt man den Ansatz mit neuen Resten auf. Hat sich nämlich erst einmal eine Essigmutter gebildet und nährt man sie regelmäßig, wächst und lebt sie über Jahre hinweg .

Eine Prise Sonne, Wind und Meer

Salz aus dem Atlantik

Salz ist so reichlich in den Ozeanen vorhanden, daß es getrocknet die Erde unter einer 37 Meter dicken Schicht begraben würde. Dennoch war es in der Regel rar und schwer erhältlich und so ungleich verteilt, daß es über Jahrtausende eines der kostbarsten Güter darstellte. Salz war nicht selten Motiv für die Eroberung anderer Länder, und Salzstraßen verknüpften entfernteste Regionen. So führte der Handel mit Salz auch zum Austausch von Wissen und Kultur. Salz diente indes nicht nur als Würze oder zur Konservierung von Lebensmitteln, sondern war auch für die Herstellung von Glasuren und Seifen, zum Gerben oder bei alchemistischen Prozessen unerläßlich.

Es wurde und wird im Tage- oder Bergbau aus großen Steinsalzlagern abgebaut, von Solquellen zu Tage gefördert oder durch Verdunstung des Meerwassers gewonnen. Während es sich bei Steinsalz um nahezu reines Kochsalz, Natriumchlorid, handelt, enthält Meersalz bis zu 80 verschiedene Salze, Mineralien und Spurenelemente und ist im Vergleich zum toten Steinsalz der Minen lebendiger Stoff, weshalb man es in der Naturkost vorzieht.

Auf handwerkliche Weise wird Meersalz in Europa an der portugiesischen und französischen Atlantikküste sowie der spanischen Mittelmeerküste gewonnen. Eine Sonderstellung nimmt dabei die Halbinsel der Guérande im Süden der Bretagne ein, woher 83 Prozent des aus dem Atlantik gewonnenen französischen Meersalzes stammen. Dort erstrecken sich die Salinen über knapp 2000 Hektar. Bereits die Römer entzogen hier dem Meerwasser Salz und fabrizierten daraus – wie drei erhaltene Zisternen beweisen – Garum, eine Würzsauce aus in Salz eingelegtem Fisch.

Seit dem 9. Jahrhundert oder noch früher wird das Salz der Guérande auf die gleiche Weise gewonnen, wie die spezielle Architektur der Salzgärten, von denen fünf aus karolingischer Zeit noch immer in Betrieb sind, bezeugt. Dabei handelt es sich um eine Folge von Kanälen und Becken, die in dem flachen Lehmboden angelegt wurden. In einem ausgeklügelten System läßt der Salzbauer, der *paludier*, alle zwei Wochen, wenn Hochwasser eintritt, frisches Meerwasser über Kanäle, *étiers*, in einen großen Auffangteich, die *vasière*, laufen, indem er eine *trappe*, eine Klappe, öffnet. Aus dem 10 bis 40 Zentimeter tiefen Teich, in dem sich auch Verunreinigungen absetzen, werden mehrere Salzgärten versorgt. Im Sommer beginnt hier die Verdunstung. Enthält ein Liter Meerwasser in der Regel 34 Gramm Kochsalz, steigert sich die Konzentration nun auf 40 Gramm. In dem sich anschließenden unregelmäßigen Becken, dem *corbier*, beträgt der Salzgehalt bereits 50 Gramm, während sich das Wasser weiter klärt. Von dort gelangt es durch einen Wasserlauf, den *tour d'eau*, in das eigentliche, präzise angelegte System von Becken, den *fards*, die nur vier bis fünf Zentimeter tief sind. Durch die Kraft der Sonne steigt die Wassertemperatur auf 32 °C. Zwar wird das Wasser darin in Fluß gehalten, doch dieser durch eine Vielzahl kleiner Deiche gebremst. Dadurch erhöht sich die Verdunstung. Mit einem Salzgehalt von 200 Gramm pro Liter oder 20 °Beaumé fließt das Wasser aus dem letzten *fard* heraus in die *adernes*. Diese Becken enthalten den täglichen Vorrat an Lauge für die *oeillets*, in der Mitte nur 0,5 bis ein Zentimeter tiefe, etwa 70 Quadratmeter große Rechtecke, in denen das Salz kristallisiert. Täglich wird es – während der Erntezeit, die frühestens im Juni beginnt und im September endet – vom *paludier* mit langen Rechen vorsichtig zum Rand geschoben und herausgehoben. Die Ernte besteht aus unregelmäßig großen grauen Kristallen. Zuvor aber setzen sich an der Oberfläche der nun 250 bis maximal 300 Gramm Salz pro Liter reichen Lauge erste feine weiße Kristalle ab, die Blume des Salzes, die *fleur du sel*, das Non-plus-ultra unter den Speisesalzen.

Paludiers haben den Status von Bauern. Im Vollerwerb bearbeitet jeder etwa 60 *oeillets*, von denen jedes durchschnittlich 1,3 Tonnen Meersalz erbringt. Über das ganze Jahr ist der Salzbauer beschäftigt, die Becken sauber und eben zu halten, den Wasserlauf zu regulieren oder das Salz zu ernten. Die Ernte ist von den klimatischen Bedingungen des jeweiligen Sommers abhängig – wie die anderer Landwirte auch – und kann sich bei günstigen Umständen leicht verdoppeln, bei schlechten aber um die Hälfte und mehr reduzieren. Meer, Sonne und Wind sind die drei unerläßlichen Komponenten für eine reiche Ernte. Bei dem langen luftigen Werdegang bleiben alle Schadstoffe auf natürlichste Weise auf der Strecke. Ohne weitere Behandlung, außer vielleicht einem Mahlen der Salzkristalle oder dem Vermischen mit Kräutern oder Algen, wird das Meersalz abgepackt und angeboten.

Hintergrund: In den Salzgärten der Guérande schiebt ein *paludier*, ein Salzbauer, das an der Oberfläche kristallisierte Meersalz vorsichtig zum Beckenrand.

Salz und Gesundheit

Salz, Natriumchlorid, ist für das Überleben des Menschen unerläßlich. Es ist Bestandteil des Körpers und regelt seinen Flüssigkeitshaushalt. Da wir täglich 3 bis 5 Gramm Salz ausscheiden, muß es auch täglich in gleicher Menge ersetzt werden. Salz ist jedoch bereits in vielen Lebensmitteln enthalten, so daß wir die benötigte Menge aufnehmen, ohne die Speisen speziell zu salzen. Zuviel Salz kann einen negativen Einfluß auf die Gesundheit haben, indem es zu erhöhtem Blutdruck führt. Die Japaner, bekannt für ihren großen Kochsalzkonsum, haben beispielsweise auch hinsichtlich Bluthochdruck andere Völker bei weitem überflügelt. Bluthochdruck kann zu Herzinfarkt und Schlaganfall führen, wobei nicht einmal das Salzen der Speisen, sondern vielmehr die versteckten Salze eine Gefahr darstellen. Denn in Milchprodukten und Käsen, Keksen und Brot, Gemüsekonserven und Oliven, geräucherten und eingelegten Fischen, Würsten und Schinken sind teilweise erhebliche Mengen Kochsalz enthalten. »Rekordhalter« an verstecktem Salz ist übrigens die – auch im Naturkosthandel beliebte – Sojasauce.
Zum Salzen sollte man ohnehin das komplexe, anregende, viel Magnesium enthaltende Naturprodukt Meersalz mit seinem besonderen Aroma verwenden. Außer zum Würzen eignet es sich zum Gurgeln und Inhalieren, für Zahnhygiene, Wannen- und Fußbäder sowie zum Desinfizieren von Wunden.

Inhaltsstoffe des groben Meersalzes der Guérande*

Feuchtigkeit	6,75 %	Magnesium	0,71 %
wasserunlösliche Stoffe	0,34 %	Natrium	35,20 %
		Kupfer	2,5 mg/kg
Sulfate	1,90 %	Zink	5,0 mg/kg
Chloride	54,50 %	Mangan	6,8 mg/kg
Kalium	0,20 %	Eisen	85,0 mg/kg
Calcium	0,12 %	Jod	in Spuren

*Analyse der Station agronomique de Loire-Atlantique

Salzkraut *(salicorne)* ist eine wildwachsende Pflanze der Salzmarsch. Ihre Sprößlinge werden gekocht oder in Essig eingelegt.

Die Salzmarschen der Halbinsel Guérande sind ein bedeutendes Vogelschutzgebiet und ein ökologisches Meisterwerk für die Salzgewinnung.

Honig, Zucker, Carob

Das verlockende Angebot einer Bio-Konditorei – Torten, Kuchen und Gebäcke werden zumeist mit Honig und Dicksäften gesüßt, Carob ersetzt Kakao und Schokolade.

Vorherige Doppelseite: Emsig füllen Arbeitsbienen die Waben mit Honig, den sie in ihrem Honigmagen aus Blütennektar oder Honigtau erzeugt haben.

Bienen haben es heute schwer. In weiten Gebieten Europas ist der ursprüngliche Reichtum der Pflanzenwelt der Monotonie industrieller Landwirtschaft gewichen, ganz zu schweigen von der Gefährdung durch Chemikalien. Der bedenkliche Schwund an natürlicher Vielfalt beschert den Bienen Phasen von Unterversorgung. Durch diesen Mangel und durch Umweltgifte werden jene Insekten geschwächt, denen eine lebenswichtige Rolle in der Natur zukommt, da sie für die Bestäubung zahlreicher Pflanzenarten sorgen. Ohne ihre Arbeit gäbe es beispielsweise viele Obstsorten und Blumen gar nicht. Deshalb ist es sehr zu begrüßen, daß sich in den letzten Jahren zunehmend die Überzeugung in der Imkerei durchgesetzt hat, daß dem Bienenvolk seiner Bedeutung entsprechender Respekt entgegenzubringen sei. Daß damit zwangsläufig auch Honig von überragender Qualität entsteht, ist verdienter Lohn für beispielhafte Zurückhaltung im Umgang mit der Natur. Gleichwohl empfehlen die Ratgeber gesunder Ernährung, Honig nur in kleinen Mengen zu genießen, wohingegen sie Zucker rigoros verdammen. Bei keinem anderen Lebensmittel sind die Kontroversen so hitzig, zumal inzwischen zahlreiche Beweise dafür vorliegen, daß der Genuß von Zucker einen Großteil der Zivilisationskrankheiten verursacht. Dabei wird Zucker überwiegend versteckt aufgenommen – als Bestandteil so unterschiedlicher Produkte wie Kindertee und Frühstücksflocken, Kaffeemilch und Konfitüren, Keksen und Speiseeis, Fruchtjoghurt und Säften, Ketchup und Saucen, selbst noch in Wurst und Brot sowie in vielen anderen Nahrungsmitteln. Die beliebten Kleingebäcke und Knabbereien, mit denen man sich die Stunden der Muße versüßt, tragen gleichfalls dazu bei, daß wir mehr Zucker (und Kalorien) konsumieren als uns guttut. Doch gänzlich möchten wir auf solche Genüsse auch wieder nicht verzichten. Mit besonders aromatischen Zutaten aus ökologischem Anbau lassen sich Leckereien kreieren, die man ohne Reue bewußt genießen kann. Bio-Konditoreien liefern gelungene Beispiele, wie man mit Süßem sinnvoll umgeht. In der Naturkost kommt es nicht zuletzt darauf an, seine Eßgewohnheiten zu ändern und sich geschmacklich neu einzustellen. Dann ist weniger sogar mehr.

Ein Geschenk der Götter

Honig

Ebenso wie die gesamte Landwirtschaft und Tierhaltung in den letzten 50 Jahren industrialisiert wurden, so geschah dies auch in der Bienenhaltung. Um die Produktion zu steigern, ersannen fortschrittsgläubige Imker immer neue Eingriffe in den natürlichen Zyklus des Bienenvolks. So stellt man vorgefertigte Waben in den Stock, unterbindet Schwarmstimmungen, züchtet künstlich Königinnen und besamt diese maschinell. Daß die Bienenzucht heute weltweit von der Milbe Varroa gefährdet wird, mutet wie eine Zivilisationskrankheit an. Statt jedoch die Ursachen zu ergründen, setzt die konventionelle Zucht chemische Gifte ein, so daß sich die Rückstände im Honig weiter erhöhen.

Um rückstandsfreie Honige zu produzieren, bedarf es einer artgerechten Bienenhaltung. Sie wurde auf der Grundlage der biologisch-dynamischen Wirtschaftsweise entwickelt. Bei Bienen, die zu den staatenbildenden Insekten gehören, muß jedes Volk als Individuum verstanden werden. Der Bien – wie man ihn schon früher nannte – hat sehr bestimmte Verhaltensweisen. Dazu gehört zunächst eine festgelegte Arbeitsteilung:

- Die Königin oder Weisel ist für Erhalt und Entwicklung des Bien verantwortlich, indem sie täglich um die 1200 Eier legt.
- Fünf bis acht stachellose Drohnen dürfen die Königin beim Hochzeitsflug befruchten, später werden sie dann in der »Drohnenschlacht« vertrieben.
- Die Arbeitsbienen oder Immen stellen das Gros des Stocks, in dem die Sommerbienen während der Hälfte ihres etwa sechswöchigen Lebens diverse Aufgaben erfüllen. So sorgen sie für die Fütterung der Königin, der Drohnen und der Brut, bauen aus Wachs, das sie aus Drüsen aussondern, die sechseckigen Waben für Eiablage, Pollen und Honig, halten den Stock sauber und seine Innentemperatur in erträglichem Rahmen. Dann fliegen sie aus, um Blütennektar und Honigtau zu sammeln, aus denen sie Honig erzeugen. Außerdem bringen sie Pollen sowie das Propolis genannte Pflanzenharz ein.

Mit den ersten Blüten im Frühjahr kommt neues Leben in den Bien. Nahrung wird herbeigeschafft, die Königin legt Eier, Drohnen entwickeln sich, der Stock wächst auf bis zu 50 000 Immen an. Jetzt werden neue Königinnen durch spezielle Fütterung aufgezogen. Die alte Königin schwärmt – wenn man ihr dies gestattet – mit einem Teil des Volkes aus und gründet ein neues.

Bei artgerechter Bienenhaltung läßt der Imker dem Bienenvolk die Freiheit, sich auf natürliche Weise zu entfalten und eine Wabe gemäß der eigenen Kraft zu bauen. Deshalb wählt er für den Ertrag ein Rähmchenmaß, auf dem sich das Brutnest ungehindert entwickeln kann. Bei diesem Naturwabenbau sind alle Waben ausschließlich Werk der Bienen, die den Wabenkörper je nach ihrem Bedarf vergrößern. Nur im Honigraum dürfen aus Naturbauwachs gefertigte Mittelwände eingesetzt werden. Dank dieser Arbeitsweise wird Bienenwachs von hervorragender Qualität geerntet.

Der Eingriff des Imkers findet erst statt, wenn das Volk durch den natürlichen Trieb in Schwarmstimmung gerät. Kurz bevor die alte Königin ausschwärmen würde, kommt er dem Geschehen zuvor: Er nimmt sie heraus und teilt auf diese Weise das Volk. Im Gegensatz zur künstlichen Zucht und Besamung, bei der die Manipulation der Volksstärke zum Beispiel durch Reizfütterung und Umhängen der Brutwaben gang und gäbe ist, entstehen in der artgerechten Bienenhaltung neue Königinnen nur durch natürliche Vermehrung. Gegen die Varroamilbe setzt man ausschließlich organische Säuren wie Milch- oder Ameisensäure ein, die von Natur aus im Honig vorkommen.

Beim Abschleudern der Wabe des Honigraums läßt der Imker den Honig des Brutraums für die Bienen übrig. Im Laufe des Spätsommers und Herbstes reduziert sich ihre Zahl auf 15 000–20.000 Exemplare. Schließlich wird die Aufzucht im Stock eingestellt, und das Bienenvolk zieht sich im Winter zur Traube zusammen. Die Winterbienen leben von September bis zum nächsten April oder Mai. Nach der letzten Honigernte ergänzt der Imker das Winterfutter durch eine Mischung aus Honig, Zucker, Kräutertees und Salz.

Bienenstöcke können direkt auf einer Wiese aufgestellt werden, wo Blumen den Bienen Nektar bieten.

Bei artgerechter Bienenhaltung ist der Rahmen groß genug für die ungehinderte Entwicklung des Brutnestes.

Mit Honig gefüllte Waben versiegeln Arbeitsbienen mit bestem Wachs, den der Imker behutsam entfernt.

Die Hälfte ihres sechswöchigen Lebens verbringen Sommerbienen damit, Honigvorräte in den Waben anzulegen.

Der Rahmen mit der Wabe wird in die Schleuder gegeben; selten wird sie in Stücken als Wabenhonig angeboten.

In der Trommel wird der Honig – ohne Erhitzung – aus den Wachskammern herausgeschleudert.

Der herausfließende Honig passiert einen Filter, durch den Verunreinigungen entfernt werden.

Honig enthält rund 20 Zuckersorten und über 180 Begleitstoffe, darunter wertvolle Enzyme und Hormone.

Wissenswertes über Honig

Viele Pflanzen sind auf Fremdbefruchtung angewiesen und sondern in ihren Blüten Nektar ab. Nektar ist süß und enthält überdies eine Fülle von Begleitstoffen, um Bienen – oder andere Insekten – anzulocken. Dem verführerischen Tropfen erlegen, bürsten die Bienen beim Eindringen in die Blüte den Pollen ab, den sie dann weitertragen. Den Nektar saugen sie durch ihren Rüssel ein, und im Honigmagen verwandeln ihn Sekrete in das einmalige Konzentrat Honig. Ob Bienen jedoch Nektar oder Honigtau auf Blättern sammeln – sie bleiben der einmal gewählten Sorte treu. Daher gibt es die Sortenhonige. Daß diese heute immer mehr an Bedeutung gewinnen, liegt an den sich ausweitenden Monokulturen. Dabei bieten Honige, die aus einer Landschaft mit vielseitiger Flora stammen, eine erstaunliche Komplexität im Geschmack und an Inhaltsstoffen. Honig besteht zu 80 % aus Zucker, doch handelt es sich dabei oft um rund 20 unterschiedliche Zuckersorten, bei denen Trauben- und Fruchtzucker überwiegen. Da sie vom menschlichen Organismus sofort absorbiert werden können, gibt es keinen schneller wirkenden natürlichen Energiespender als Honig. Abgesehen von Wasser (20 %), sind in Honig über 180 Begleitstoffe nachgewiesen. Dazu zählen fast alle Mineralien und Spurenelemente, verschiedene organische Säuren sowie Aminosäuren. Der besondere gesundheitliche Wert basiert jedoch auf den Enzymen und Hormonen, Pollen und Lysozymen, natürlichen Antibiotika.
Bienen sammeln den Honig in Waben, die sie mit Wachs verschließen. Bei artgerechter Haltung entnimmt der Imker nur reifen Honig und schleudert ihn in einer Zentrifuge heraus. Nach Durchlaufen eines Filters wird er abgefüllt. So bewahrt er seine wertvollen Inhaltsstoffe, die bei Erwärmung erheblich reduziert werden. Honig muß kühl, trocken, geruchsneutral und dunkel gelagert werden, da Wärme, Feuchtigkeit und Licht seine Qualität mindern.

1

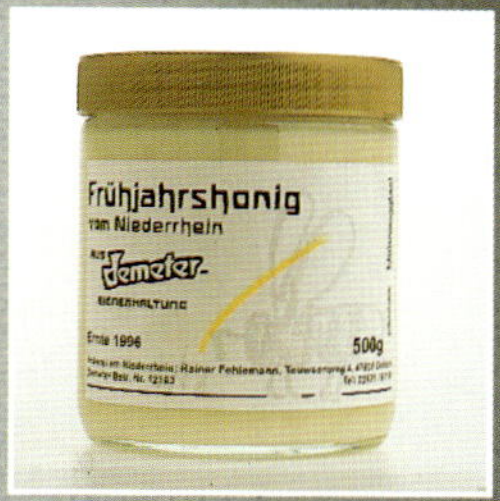

2

3

4

5

1 Akazienhonig
2 Frühjahrshonig
3 Sonnenblumenhonig
4 Tannenhonig
5 Waldhonig

Das süße Gift

Zucker

Unser Leben ist ohne Zucker nicht denkbar. Zucker ist das Produkt der Photosynthese: Pflanzen bilden mit Hilfe des Sonnenlichts und ihres Blattgrüns (Chlorophyll) aus dem in der Luft enthaltenen Kohlenstoff und dem Wasser des Bodens Zucker, den man als Kohlenhydrat bezeichnet. Zunächst entstehen dabei Einfachzucker, das heißt Zucker aus einem einzigen Molekül wie Trauben- und Fruchtzucker. Verbinden sich zwei dieser Moleküle, bilden sich Zweifachzucker, zu denen Rohr-, Malz- und Milchzucker zählen. Rohrzucker oder Saccharose besteht aus einem Molekül Trauben- und einem Molekül Fruchtzucker. Er ist mit dem weißen reinen Zucker identisch. Stärke basiert auf der Verbindung vieler Zuckermoleküle, ebenso wie die unverdauliche Zellulose. Sie sind somit Vielfachzucker oder Polysaccharide.

Beim Stoffwechsel müssen alle Kohlenhydrate zu Einfachzuckern aufgespalten werden, denn nur so können sie ins Blut gelangen. Für diesen Prozeß sind Hilfen nötig: Vitamine und Mineralien, Enzyme und Hormone. Getreide, Gemüse und Obst sind von Natur aus mit ihnen ausgerüstet und liefern sie ausreichend mit. Geht man aber daran, sie zu be- und verarbeiten, um Zucker in reiner Form zu erhalten, entfernt man dabei diejenigen Stoffe, die für seine Aufnahme unerläßlich sind. Vor allem das Vitamin B1 ist im Stoffwechsel unverzichtbar, um Zucker zu »verdauen«.

Raffinierter oder isolierter Zucker, wie er aus Zuckerrüben oder Zuckerrohr gewonnen wird, besteht zu fast 100 Prozent aus Saccharose. Er wird nicht nur im Haushalt verbraucht, sondern ist häufiger und oft hochdosierter Bestandteil in vielen anderen Produkten wie Limonaden und Fruchtsaftgetränken, Schokoladen und Bonbons, Broten und Kuchen, Desserts und Speiseeis, Kompotten und Konfitüren, Frühstücksflocken und Knabbereien. Durchschnittlich nimmt ein Westeuropäer an die 45 Kilogramm Zucker im Jahr zu sich. Für Kinder bedeutet dies nicht selten, daß sie jährlich mehr als ihr Körpergewicht an Zucker vernaschen. Da zur Verarbeitung dieser Mengen an reinem Zucker entsprechend viel Vitamin B1 erforderlich ist, dieses aber nicht – und auch mit anderer Nahrung meist nicht ausreichend – aufgenommen wird, kommt es zu Störungen des Stoffwechsels, die zu ernährungsbedingten Krankheiten wie Übergewicht und Diabetes, Magen- und Darmbeschwerden führen. Längst mehren sich die Warnungen von Wissenschaftlern, die im überhöhten Zuckerkonsum die Ursache für andere schwerwiegende Erkrankungen wie Krebs, Herzinfarkt und Arteriosklerose sehen.

Äußerst negativ wirkt sich der hohe Zuckerkonsum außerdem auf andere Weise aus: Wenn plötzlich der Blutzucker rapide ansteigt, reagiert die Bauchspeicheldrüse panisch mit einem Übermaß an Insulin. Das wandelt dann so viel Zucker in Glykogen um, daß Unterzuckerung, die sogenannte Hypoglykämie, eintritt. Mit ihr einher gehen eine Reihe psychischer Symptome, vor allem Lern- und Konzentrationsschwäche sowie Müdigkeit und Arbeitsunlust. In zahlreichen Untersuchungen eindeutig nachgewiesen ist die verhängnisvolle Wirkung des Zuckers auf die Entwicklung der Zähne. Der überreichliche Zuckergenuß fördert Bakterien, die eine den Zahnschmelz angreifende Säure bilden und somit Zugang zum Zahninneren erhalten, wo sie Zahnfäule bewirken. Bei Naturvölkern, die keinen Zucker essen, gibt es praktisch keine Karies.

In der Naturkost steht man Fabrikzuckern sehr kritisch gegenüber und lehnt ihre Verwendung ab. Zu den Fabrikzuckern zählt vor allem der Haushaltszucker, der auch als Rohr-, Rüben-, Kristall- oder Weißzucker gehandelt wird. Andere Zuckerarten unterscheiden sich nur äußerlich, sind aber chemisch identisch, wie etwa Puder-, Hagel-, Kandis- und Einmachzucker. Zum braunen Zucker, verunklärend gern auch »Rohzucker« genannt, besteht hier fast kein Unterschied, außer jenem Quentchen Melassesirup, das ihn färbt!

Zuckerrohr mit der Machete zu ernten, will gelernt sein: Blätter und Spitzen werden sauber abgetrennt, der Wurzelstock muß unversehrt bleiben.

An einer kleinen Presse wird demonstriert, wie man durch Ausquetschen des Zuckerrohrs Saft gewinnt; Großpressen arbeiten nach dem gleichen System.

Kleine Geschichte des Zuckers

Eine süße Zunge hatten die Menschen schon immer. Doch konzentrierte Süße war eine Rarität – sie existierte nur als Honig. Unter den Früchten und Pflanzen, die eine mehr oder weniger dezente Süße aufweisen, entdeckte man bereits sehr früh eine Art, die mehr Zucker bot als alle anderen: das Zuckerrohr. Seine Heimat war Polynesien. Im alten Indien entwickelte man die Methode, seine Süße durch Einkochen zu konzentrieren, im persischen Großreich wurde diese Technik vervollkommnet und ein neues Zuckermaß erfunden, der Hut. Von dort eroberte Zuckerrohr die arabischen Länder und gelangte mit den Mauren nach Spanien. Im Mittelalter schöpften die Kaufleute Venedigs ihren Reichtum aus dem Handel mit Gewürzen und mit Zucker, der damals ebenfalls als Gewürz galt. Mit der Eroberung Amerikas wurde Westindien Haupterzeuger, wo Millionen Sklaven in den Plantagen elend zugrunde gingen. Gleichzeitig blieb Zucker, zumal in Europa, eines der begehrtesten und teuersten Handelsgüter, mit dem Abhängigkeiten kultiviert und unglaubliche Profite erzielt wurden. Das änderte sich, als zu Beginn des 19. Jahrhunderts in Deutschland in größerem Stil aus Runkelrüben Zucker gewonnen wurde. Das Verfahren – von dem deutschen Chemiker Franz Carl Achard (1753–1821) entwickelt – verbreitete sich schnell in ganz Europa. Mit dieser Wende war eine kleine Revolution verbunden: Zucker, der bis dahin ein Luxusgut und teures Genußmittel gewesen war, wurde zu einem alltäglichen Nahrungsmittel. Heute übersteigt die jährliche Zuckerproduktion weltweit 100 Millionen Tonnen.

Süßen in der Naturkostküche

In welcher Form auch immer, Zucker bleibt stets – sowohl in geringeren Mengen wie auch und erst recht in konzentrierten und hohen Quantitäten – ein ungesunder Genuß. Die Konditionierung auf starke Süße wird sogar als Hindernis für das Genießen natürlicher Zutaten betrachtet.
Raffinierter Zucker und synthetische Zuckerersatz- oder Austauschstoffe sind in der Naturküche verpönt. Bedenklich ist vor allem die Verwendung von Zucker in Verbindung mit Vollkorngetreide oder Rohkost, weil sie Verdauungsprobleme verursacht. Wenn gesüßt wird, dann immer – auch bei Verwendung der folgenden »gesunden« Süßmittel – mit Zurückhaltung.

- Früchte: in Obstsalaten, Müslis oder mit Milchprodukten. Reife Früchte enthalten in der Regel von Natur aus so viel Zucker, daß ein Nachsüßen nicht erforderlich ist. Dies ist gesunde Süße.
- Trockenfrüchte: können gut als sanfte Süßung in vielen Rezepten eingesetzt werden. Von einem ungehemmten Genuß ist wegen der Förderung von Karies abzuraten.
- Honig: wenn aus biologischer oder noch besser artgerechter Bienenhaltung gewonnen, das einzige naturbelassene Süßmittel mit hoher Dominanz an Einfachzuckern und einer Fülle von hochwertigen, überwiegend hitzeempfindlichen Inhaltsstoffen; sollte nie erhitzt oder an heiße Speisen gegeben werden. Gleichwohl nur sparsam einzusetzen.
- Apfel- und Birnendicksaft: aus durch Erhitzen eingedicktem Obstsaft hergestellt, in dem Einfachzucker vorherrschen und wesentlich mehr Vitalstoffe als in Zucker präsent sind. Ähnlich verhält es sich mit Apfel- und Birnenkraut aus biologischem Anbau. Nur sehr sparsam einzusetzen.
- Rübensirup oder Rübenkraut: durch Dämpfen oder Einkochen aus Zuckerrüben gewonnen; sollte aus biologischem Anbau kommen; enthält viele Mineralien und auch Vitamine, aber über 60 % Zucker. Nur sehr sparsam einzusetzen.
- Vollrohrzucker: aus eingedicktem Zuckerrohrsaft; enthält viel Kalium, Magnesium, Phosphor und Eisen sowie die Vitamine B1, B2 und B6, Niacin und Panthotensäure (Vitamin B5), aber dennoch eine hohe Dominanz an Saccharose. Nur sehr sparsam einzusetzen.
- Ahornsirup: nur von wildwachsenden Ahornbäumen in Kanada eine eventuelle, sehr mineralstoffreiche Alternative, aber aufgrund des enormen Energieaufwandes bei der Herstellung ökologisch bedenklich; nach Öffnen des Behältnisses nur wenige Wochen im Kühlschrank haltbar. Nur sehr sparsam einzusetzen.
- Ökozucker: aus in biologischem Anbau kultivierten Zuckerrüben gewonnener raffinierter Zucker, der sich außer im Anbau durch nichts von anderem raffinierten Haushaltszucker unterscheidet und insofern nicht zu empfehlen ist.

Hier – auf einer brasilianischen Fazenda – wird der Zuckerrohrsaft in großen Dampfkesseln, die mit Preßrückständen befeuert werden, eingedickt.

Früher wurde der dickflüssige Zuckerrohrsirup in solche Formen gegossen und als Block verkauft, heute kommt er als feinrieselndes Granulat in den Handel.

Zuckerrohr

Trotz des ausgedehnten Zuckerrübenanbaus in Europa stammen noch immer zwei Drittel des Zuckers aus Zuckerrohrplantagen. Eines der Hauptanbauländer für Zuckerrohr ist heute Brasilien. Mitte der 80er Jahre wurden dort die ersten Plantagen auf biologischen Anbau umgestellt. Inzwischen ist man dazu übergegangen, neue Anpflanzungen in Mischkultur mit Bohnen zu ziehen. Zuckerrohr ist ein Starkzehrer und braucht reichlich Dünger, den mit Ernteabfällen kompostierter Viehmist liefert.
Ein gutes Jahr benötigt das schilfähnliche Gewächs, um 4 bis 7 Meter hoch zu werden. Die Stengel erreichen einen Durchmesser von bis zu 5 Zentimetern. Geerntet wird das Zuckerrohr zwischen Mai und September. Dann hat sich in seinem Mark der stark zuckerhaltige Saft gebildet. Mit Sorgfalt wird das Zuckerrohr von spezialisierten Arbeitern mit der Machete gekappt. Zum einen darf die Wurzel nicht verletzt werden, da Zuckerrohr 4 oder 5 Jahre auf demselben Feld nachwachsen kann, zum anderen muß das Zuckerrohr von Blättern und Spitzen befreit werden. Nach der Reinigung wird das Zuckerrohr in drei Durchgängen ausgepreßt. Der aufgefangene, gefilterte und durch eine geringfügige Zugabe von Kalk gereinigte Saft wird zu Sirup eingekocht. Die ausgepreßten Rohre, sogenannte »Bagasse«, dienen als Heizmaterial, um die Dampfkessel zu befeuern, in denen der Sirup weiter eingedickt wird, bis sich der Zucker kristallisiert. Früher wurde er dann in Blockformen, Rapadura, gegossen und so im Handel angeboten. Heute bezeichnen »Rapadura«, »Ursüße« oder »Succanat« den auf traditionelle Weise hergestellten Vollrohrzucker. Vollrohrzucker besteht demnach aus nicht raffiniertem, sondern nur eingedicktem Zuckerrohrsaft.

Vollwertig naschen

Bio-Konditorei

Von einer Bio-Konditorei erwartet man nicht nur die Verwendung von Zutaten aus ökologischem Anbau, sondern auch die bewußte Auswahl solcher Zutaten sowie einen überlegten Umgang mit ihnen. Es beginnt beim »Rohstoff« Vollkorn, das auf der betriebseigenen Mühle täglich frisch gemahlen wird. Dabei spielt Dinkel mit seinen hervorragenden Backeigenschaften eine besondere Rolle. Statt Schokolade und Kakao bevorzugen Bio-Konditoren zunehmend Carob (siehe folgende Seiten). Vor allem Zucker hat seine Bedeutung verloren. Mit Feingefühl dosiert, treten Honig, Apfel-, Birnen- und Rübendicksäfte sowie Ahornsirup an seine Stelle. Daß dies durchaus zu einem leckeren, verführerischen, geschmacklich allerdings völlig neuen Angebot mit reichhaltiger Auswahl führt, verrät der Blick in eine solche Konditorei.

Zum Verwöhnen und Genießen

Plätzchen und Kekse

Was wären die raren und häufigeren Feste des Jahres, was die Plauderstunden mit Freunden oder Verwandten, wenn man sie nicht mit Kleingebäck versüßen würde? Was wäre eine Kindheit, in der es überhaupt keine Gelegenheit gäbe, in die Keksdose zu greifen? Und was wäre eine Küche, in der sich nicht hin und wieder einmal der Duft frischgebackener Kuchen oder Plätzchen entfaltete? Doch leider hat unsere Zeit die Tendenz, die wichtigen und unwichtigen Höhepunkte des Jahres einzuebnen, indem die besonderen Genüsse von einst zur alltäglichen Kost und Knabberei werden. Wird das Seltene überdosiert, schwindet nicht nur das Vergnügen – ein Übermaß an Süßem hat gravierendere Folgen. Dies im Sinn, sollte man auf den Spaß nicht verzichten, zumal Gebäck aus hochwertigen Zutaten den Genuß vergrößert. Daß dabei heute oft Dinkelmehl verwendet wird, hat gute Gründe (s. S. 56). Es eignet sich im übrigen vorzüglich für Feingebäck.

Mürbeteiggebäck

250 g feines Dinkelmehl
150 g Butter
2 EL Honig
1 Msp gemahlene Vanille
Abgeriebene Schale von 1 Zitrone
1 Ei (nach Belieben)

Die Zutaten gut miteinander zu einem Teig verarbeiten.
Dann den Teig zudecken und mindestens 30 Minuten im Kühlschrank ruhenlassen.
Den Teig etwa 5 mm dünn ausrollen und mit verschiedenen Ausstechformen Plätzchen ausstechen.
Den Backofen auf 180 °C vorheizen.
Die Plätzchen auf ein mit Butter eingefettetes Backblech geben und im Ofen etwa 20 Minuten backen.
Auf einem Kuchengitter auskühlen lassen.

Spritzgebäck

175 g Butter
1 Ei
2 EL Honig
1 Msp gemahlene Vanille
75 g gemahlene Mandeln
250 g feines Dinkelmehl

Butter, Ei und Honig schaumig rühren.
Vanille, Mandeln und Mehl dazugeben und alle Zutaten gut miteinander zu einem Teig verarbeiten.
Den Backofen auf 175 °C vorheizen.
Den Teig in einen Spritzbeutel mit großer Tülle geben und kleine Formen wie Ringe, Kränze, S-Haken oder Brezeln auf ein mit Butter eingefettetes Blech spritzen.
Das Spritzgebäck 15 Minuten im Ofen backen.

Zimtsterne

3 Eiweiße
1 Prise gemahlene Vanille
1 TL gemahlener Zimt
250 g Vollrohrzucker
300 g gemahlene Mandeln

Die Eiweiße sehr steif schlagen. Gewürze und Zucker unterheben. Eine große Tasse Eiweißmasse zum Bestreichen der Plätzchen beiseite stellen.
Den Backofen auf 175 °C vorheizen.
Die Mandeln unter die Eiweißmasse rühren. Den Teig ausrollen, Sterne ausstechen und mit dem zurückbehaltenen Eischnee bestreichen.
Die Zimtsterne 30–40 Minuten im Ofen backen.

Anisplätzchen

2 Eier
4 EL Honig
1 Msp gemahlene Vanille
200 g feines Dinkelmehl
3 TL Anissamen

Die Eier mit dem Honig und der Vanille schaumig schlagen, bis eine cremige Masse entsteht. Dann das Mehl und die Anissamen zugeben und alles gut verrühren.
Den Backofen auf 170 °C vorheizen.
Mit dem Teelöffel Teighäufchen auf ein mit Butter eingefettetes Backblech setzen, etwas flach drücken, abdecken und rund 6 Stunden trocknen lassen.
Die Plätzchen 15 Minuten im Ofen backen.

Kokosmakronen

2 Eiweiße
2 $^1/_2$ EL Honig
Abgeriebene Schale und Saft von $^1/_2$ Zitrone
175 g Kokosflocken
Etwa 30 Oblaten von je 4 cm Durchmesser

Die Eiweiße sehr steif schlagen. Unter Rühren Honig, Zitronenschale und -saft hinzufügen, dann die Kokosflocken unterheben. Den Teig 2 Stunden kühl stellen.
Den Backofen auf 180 °C vorheizen.
Mit einem Teelöffel Teighäufchen auf die Oblaten setzen.
Die Makronen 10–15 Minuten im Ofen backen.

Heidesand

250 g Butter
2 EL Honig
1 TL gemahlene Vanille
Abgeriebene Schale von 1 Zitrone
1 Prise Meersalz
3 EL Sahne
300 g Dinkelmehl
75 g Buchweizenmehl
1 TL Weinsteinbackpulver

Die Butter etwas bräunen und abkühlen lassen. Honig, Vanille, Zitronenschale, Salz und Sahne mit der flüssigen Butter schaumig rühren. Dinkel- und Buchweizenmehl mit dem Backpulver mischen und zu der cremigen Buttermasse geben; mit den Händen gut verkneten.
Aus dem Teig eine etwa 3 cm dicke Rolle formen, in Folie einschlagen und gut durchkühlen lassen.
Den Backofen auf 180 °C vorheizen.
Mit einem scharfen Messer die Teigrolle in etwa 5 mm dicke Scheiben schneiden, diese auf ein gefettetes Backblech setzen und 20 Minuten im Ofen backen.

Apfel-Zimt-Kränzchen
Zutaten: Vollweizenmehl, Weinsteinbackpulver, Honig, Vollrohrzucker, Butter, ungehärtetes Pflanzenfett, Äpfel und Zimt

Flammende Herzen
Zutaten: Vollweizenmehl, Honig, Butter, Himbeerkonfitüre, Carob-Fettglasur

Nußschiffchen
Zutaten: Vollweizenmehl, Weinsteinbackpulver, Honig, Butter, Haselnüsse

Pflaumentörtchen
Zutaten: Weizenvollkornmehl, Weinsteinbackpulver, Honig, Butter, Haselnüsse, Pflaumenmus

Dinkelplätzchen mit Himbeerkonfitüre
Zutaten: Dinkelvollkornmehl, Weinsteinbackpulver, Honig, Butter, Himbeerkonfitüre

Kernbeißer
Zutaten: Vollweizenmehl, Weinsteinbackpulver, Honig, Butter, Kürbiskerne, Sonnenblumenkerne, Sesamsamen, Haselnüsse

Hochkarätiger Kakao-Ersatz

Johannisbrot und Carob

Carob wird hergestellt, indem man die getrockneten Früchte des Johannisbrotbaums entkernt und zu Mehl vermahlt. Seinen Namen verdankt der Baum einer Legende: Johannis der Täufer soll sich von seinen langen Schoten, Caroben genannt, ernährt haben. Anfangs grün, wachsen diese flachen Hülsen bis zu einer Länge von 20 Zentimetern und können mehr als daumenbreit werden. Reif trocknen sie, werden mehr oder weniger hart und nehmen eine uneinheitliche schwärzlich-braune, glänzende Farbe an. So kennt man sie als Johannisbrot, das auf den Märkten südlicher Länder angeboten wird und bisweilen auch gute Obst- oder Bio-Läden im Norden erreicht. Die Hülsen überraschen mit ihrem süßen Geschmack und einem eigenwilligen Geruch.
Carobe dienen in ihren Heimatländern als billiges Nahrungsmittel, als Sirup- oder Schnapsbasis und als Tierfutter. Berühmt wurden die Kerne der Pflanze mit dem lateinischen Namen *Ceratonia*, die stets genau 0,18 Gramm wiegen und früher als verläßliches Diamantengewicht, als Karat, verwendet wurden. Die imposante, dekorative Hülsenfrucht gedeiht nicht nur in Ägypten, Israel und den arabischen Ländern, sie ist auch auf der europäischen Seite des Mittelmeers verbreitet, wächst dort wild oder wird angepflanzt. Aufgrund der zunehmenden Nachfrage haben sich viele Betriebe auf den biologischen Anbau der genügsamen Pflanze umgestellt, deren Knöllchenbakterien den Boden selbst anreichern. Bei Carobprodukten ist auf eine kontrolliert-biologische Qualität zu achten, da die Schoten im konventionellen Handel meist gegen Insektenbefall begast wurden.
Die Vorzüge des Johannisbrotmehls gegenüber Kakao, die es in der Naturkost so beliebt machen, basieren vor allem auf vier Eigenschaften:

1. Der Fettgehalt von Carob ist sehr gering, er beträgt nur 1 Prozent, während er bei Kakao etwa 30 Prozent erreicht.
2. Carob enthält kein Koffein wie Kakao.
3. Carob muß nicht aufwendig geröstet werden. Somit beinhaltet es nicht die beim Röstprozeß entstehenden, gesundheitlich unerwünschten Reizstoffe, wie dies bei Kakao der Fall ist.
4. Carob besitzt einen hohen Anteil (30–50 Prozent) an fruchteigenem Zucker, so daß seine Verwendung ein Nachsüßen überflüssig macht.

Eingesetzt wird Carobpulver wie Kakao und kann daher ebenso für Kekse, Kuchen und Desserts wie auch für Getränke und Saucen verwendet werden. Der Naturkosthandel bietet inzwischen ein großes Sortiment an Carobprodukten.

Mandelmustaler
Zutaten: Vollweizenmehl, Honig, Butter, Mandelmus, Mandeln, Carob-Fettglasur

Carobtaler
Zutaten: Vollweizenmehl, Weinsteinbackpulver, Honig, Butter, Carob-Nußmus, Carob-Fettglasur

Carobzunge
Zutaten: Vollweizenmehl, Honig, Butter, Carob-Nußmus, Carobpulver, Carob-Fettglasur

Sesam-Haselnuß-Plätzchen
Zutaten: Vollweizenmehl, Weinsteinbackpulver, Honig, Vollrohrzucker, Butter, ungehärtetes Pflanzenfett, Sesamsamen, Haselnüsse

Dinkel-Carob-Taler
Zutaten: Dinkelvollkornmehl, Weinsteinbackpulver, Honig, Butter, Carob-Nußmus, Carob-Fettglasur

Kokos-Carob-Plätzchen
Zutaten: Vollweizenmehl, Weinsteinbackpulver, Butter, Kokosflocken, Carob-Nußmus, Honig

Haselnüsse verleihen den Nußecken ihren Geschmack. Sie werden teils blättrig geschnitten, teils gemahlen.

Die Nußmischung gibt man mit Butter und Zucker in einen Topf und kandiert sie unter Rühren.

Der Teig wird auf dem Backblech dünn ausgerollt und mit Konfitüre und den kandierten Nüssen bestrichen.

Nach dem Backen bestreicht man das abgekühlte Gebäck mit Honigschokolade und schneidet es in Dreiecke.

Nußecken

150 g Vollweizenmehl
TL Weinsteinbackpulver
200 g Butter?
1 Eigelb
70 g Honig
2 EL Aprikosenkonfitüre
300 g Haselnüsse
150 g Vollrohrzucker
Honigschokolade

Mehl, Backpulver, 50 g Butter, Eigelb und Honig gut miteinander vermischen. Dann den Teig auf einem Backblech sehr dünn ausrollen und mit der Aprikosenkonfitüre bestreichen.
150 g Haselnüsse blättrig scheiden, die andere Hälfte mahlen; beides miteinander vermischen. Die Haselnußmischung mit der restlichen Butter und dem Zucker in einen Topf geben und unter Rühren kandieren.
Den Backofen auf 180 °C vorheizen.
Die Nußmasse gleichmäßig auf den Teig streichen und 15 Minuten im Ofen backen.
Das Gebäck abkühlen lassen, mit flüssiger Honigschokolade bestreichen und in kleine Dreiecke schneiden.

Mit Kräutern, Kernen und Käse

Herzhaftes Gebäck

Feingewürzte Kekse und Kräcker, Windbeutel und Plätzchen passen ausgezeichnet zu einem erfrischenden Getränk, sei es Tafelwasser oder Saft, Cidre oder Wein. Dabei erweist sich der solide Mürbeteig einmal mehr als sehr vielseitig: Er läßt sich nicht nur für süßes Gebäck verwenden, sondern auch mit Kräutern und Gewürzen, Käsen und Salzigem verarbeiten oder belegen. Mit Brandteig lassen sich ebenfalls – allerdings etwas aufwendigere – Überraschungen kreieren.
Als Füllung eignen sich Käsecremes, Vollwert-Brotaufstriche (S. 50), dickflüssigere Dips (S. 242) und Knoblauchmayonnaise (S. 200).

Käseplätzchen

(Abbildungen rechts)

150 g mittelalter Gouda
150 g Parmesan
200 g Butter
300 g Vollweizenmehl
1 Prise Meersalz
3 EL Crème fraîche
1 Eigelb
Kümmel, Sonnenblumenkerne, Sesam- und Mohnsamen

Den Käse fein reiben und vermischen. Butter, Mehl, Salz und Crème fraîche hinzufügen und alles zu einem glatten Teig verarbeiten. Zudecken und 1–2 Stunden in den Kühlschrank stellen.
Den Käse-Mürbeteig dünn ausrollen und Plätzchen ausstechen. Das Eigelb verquirlen und die Kekse damit bestreichen.
Den Backofen auf 175 °C vorheizen.
Die Plätzchen in vier Gruppen teilen und jede mit einem anderen Samen bestreuen.
Die Käseplätzchen etwa 20 Minuten backen.

Kräutertaler

300 g Dinkelmehl
$^{1}/_{2}$ TL Weinsteinbackpulver
150 g kalte Butter
1 TL Meersalz
1 EL feingehackte Petersilie
1 EL feingehacktes Basilikum
1 EL feingehackter Oregano
2 feingehackte Knoblauchzehen
1 Ei
3 EL Crème fraîche
1 Eigelb
50 g frischgeriebener Parmesan
1 EL getrockneter Thymian

Das Mehl mit dem Backpulver in eine Schüssel sieben. Die Butter in Flöckchen hinzufügen, dann Salz, die frischen Kräuter, Knoblauch, Ei und 1 EL Crème fraîche zugeben. Die Zutaten zu einem glatten Teig verarbeiten und diesen 60 Minuten in den Kühlschrank stellen.

Zwar benötigt man fast ein Dutzend Zutaten für die Käseplätzchen, aber sie lohnen den Aufwand.

Feingeriebener Käse, Butter, Mehl, Salz und Crème fraîche werden zu einem Teig verknetet.

Aus dem dünn ausgerollten Teig sticht man die Plätzchen am besten mit speziellen Keksformen aus.

Abwechslungsreiche Plätzchen erhält man, wenn man sie mit verschiedenen Samen und Gewürzen bestreut.

Den Teig dünn ausrollen und Taler ausstechen. Die Taler auf ein mit Butter eingefettetes Backblech setzen.
Den Backofen auf 180 °C vorheizen.
Die restliche Crème fraîche mit dem Eigelb verquirlen und die Kekse damit bestreichen.Parmesan und Thymian miteinander vermischen und über die Plätzchen streuen.
Die Kräutertaler 15–20 Minuten im Ofen backen.

Dinkelwindbeutel mit Ziegenkäsecreme

Brandteig
100 g Butter
$^{1}/_{2}$ TL Meersalz
125 g feines Dinkelmehl
4 Eier
1 Eigelb

Ziegenkäsecreme
300 g Ziegenfrischkäse
50 g Crème fraîche
1 EL Olivenöl
Schwarzer Pfeffer
1 TL Kräutersalz

Für den Teig die Butter in Stückchen schneiden und mit dem Salz in 250 ml Wasser auflösen. Den Topf vom Herd nehmen.
Das Mehl sieben und in das Butterwasser einrühren, bis sich ein Teigklumpen gebildet hat. Den Topf zurück auf den Herd stellen und den Teig so lange mit einem Holzlöffel rühren, bis er sich vom Topf löst.
Den Topf erneut vom Herd nehmen und zunächst nur 1 Ei unter den Brandteig rühren, dann nacheinander die übrigen 3 Eier untermischen.
Den Backofen auf 200 °C vorheizen.
Den Teig in einen Spritzbeutel mit großer Tülle geben, nußgroße Häufchen auf ein mit Butter eingefettetes Backblech spritzen und diese mit Eigelb bepinseln.
Die Windbeutel 15 Minuten im Ofen backen.
In der Zwischenzeit für die Ziegenkäsecreme den Ziegenkäse mit Crème fraîche, Olivenöl, Pfeffer und Kräutersalz gründlich vermischen.
Die Windbeutel etwas abkühlen lassen. Die Käsecreme in den Spritzbeutel füllen, mit der mittleren Tülle die Windbeutel vorsichtig anstechen und in jeden etwas Creme drücken.

Kräcker mit Samen und Kernen

(Abbildungen folgende Seite)

200 g Quark
75 g weiche Butter
125 ml Olivenöl
1 TL Meersalz
300 g Vollweizenmehl
1 TL Weinsteinbackpulver
1 Eigelb
Kürbis- und Sonnenblumenkerne, Mohn- und Sesamsamen
1 EL grobes Meersalz

Den Quark gut abtropfen lassen und mit Butter, Öl und Salz verrühren.
Mehl und Backpulver vermischen, die Mehlmischung zu der Quarkmasse geben und alles zu einem geschmeidigen Teig verarbeiten.
Den Backofen auf 200 °C vorheizen.
Den Teig dünn ausrollen und mit verschiedenen Ausstechformen Kräcker ausstechen. Die Kräcker mit Eigelb bepinseln und mit den Samen und Kernen unterschiedlich bestreuen; das grobe Salz darüberkrümeln.
Die Kräcker 15 Minuten im Ofen backen.

Tortilla-Chips aus Mais, Distelöl, Tomaten, Paprika, Zwiebeln und Knoblauch, gewürzt mit Cayennepfeffer, Koriander und Meersalz; hier mit würzigem Tomatendip

Dinkel-Flakes, hergestellt ausschließlich aus Dinkelvollkornschrot, biologischem Malz und Meersalz

Vollreis-Kräcker aus Japan; ihr charakteristischer Geschmack wird von Sesamsamen und Tamari unterstützt

Grüne Kürbiskerne sind die geschälten ölreichen Samen des Riesenkürbis

Pinienkerne, eine am Mittelmeer beliebte Knabberei aus den Zapfen der ausladenden Parasol-Pinien

Sonnenblumenkerne, nicht nur als Sprossen köstlich und gesund, sondern auch als Knabberei

Geröstete Sojabohnenkerne, unreif geerntet und dann geröstet

Kürbiskerne ißt man in Südamerika und vielen südlichen Ländern gern geröstet und gesalzen

Kräcker mit Sonnenblumen- und Kürbiskernen, Sesam- und Mohnsamen (Rezept vorherige Seite)

Einladend lecker zum Aperitif

Knabbereien

Naturkost heißt nicht Verzicht – davon überzeugt bereits der erste Besuch in einem Naturkostladen. Längst gibt es eine Fülle verschiedenster Nahrungsmittel aus biologischem Anbau und »naturreinen« Zutaten. Gerade was süße und salzige Knabbereien angeht, herrscht ein großes Angebot. Denn auch wer auf biologischen Anbau und gesunde Ernährung Wert legt, lädt gern Gäste ein und verwöhnt sie mit leckeren Knabbereien zum Aperitif. Das Angebot umfaßt Eingelegtes, Getrocknetes, Chips, Flakes oder Kräcker von oft exzellenter Qualität, zumal hier die sonst so oft verwendeten Zusatz- und Konservierungsstoffe fehlen. Dennoch ist es ratsam, vor dem Kauf die Zutatenliste genau zu studieren: Nicht alles, was sich als Naturkost deklariert, stammt aus biologischem Anbau. Und ob man Fertigprodukte aus Übersee fördern möchte, ist nicht zuletzt eine Frage der ökologischen Einstellung.

Dinkel-Flakes, hier ohne Malz, aber pikant gewürzt mit Paprika, Chillies, Knoblauch, Meersalz und Pfeffer

Dinkel Ringli aus Vollkornschrot, mild gesüßt mit unraffiniertem Zuckerrohrsaft

Getrocknete Tomaten, eingelegt in eine Marinade aus Olivenöl bester Qualität, Apfelessig, Gewürzen, Honig und Meersalz

Peperoni, in biologischem Weinessig eingelegt, von sehr mildem und dezent säuerlichem Geschmack

Silberzwiebeln aus biologisch-dynamischem Anbau, eingelegt in Naturessig, Honig und Gewürzen

Sardische Artischocken à la Romana – in kaltgepreßtem Olivenöl, Weinessig und Zitronensaft mit Kräutern, Gewürzen und Meersalz

Schwarze spanische Oliven, in kaltgepreßtem Olivenöl eingelegt und mit Meersalz und Thymian gewürzt

Register

Verweise auf Rezepte und ausführlichere Textstellen sind halbfett gesetzt.

Fotonachweis

Alle Fotos Ruprecht Stempell außer:

Günter Beer: 148 (Artischocke, Aubergine, Blumenkohl, Busch- und Stangenbohne, Chicoree), 149 (Lauch, Möhren), 150 (Paprika, Radieschen), 151 (Spargel), 170 (unten links, Mitte, rechts), 210 (Eissalat, Friseesalat, Kopfsalat), 211 (Radicchio, Römischer Salat, Sucrine)
Bioland: 16 (Maria Müller-Bigler), 17 (Hans-Peter Rusch)
B.I.P.: 134, 135
Carcassonne Foto: 246
Cilverpuy: 182/183
Hjalmar Dahm: 256/257
Robert Dieth: 46/47
André Dominé: 82/83, 114, 120/121, 129 (oben), 138/139 (Hintergrund)
Sabine Emrich: 26 (Grafik)
Photostudio Farine: 68/69 (Hintergrund)
Food Studio Köln, Brigitte Krauth und Jürgen Holz: 30/31, 64/65, 78/79, 94/95, 98/99, 108/109, 112/113, 116/117, 122/123, 126/127, 160/161, 176/177, 182/183, 202/203, 212/213, 230/231, 234/235 (Hintergrund), 242/243, 274/275
© Verlagsservice K. G. Hütten/Lothar Lenz: 93 (Vogelbeere)
© Verlagsservice K. G. Hütten/Andreas Riedmüller: 92 (Maulbeere, Preiselbeere)
© Verlagsservice K. G. Hütten/H. Schrempp: 92 (Brombeere, Heidelbeere)
© Verlagsservice K. G. Hütten/H. Schrepp: 92 (Himbeere, Holunder)
© Verlagsservice K. G. Hütten/Frithjof Skibbe: 92 (Sanddorn)
© Verlagsservice K. G. Hütten/Silvestris Wahl: 92 (Schwarze Johannisbeere)
Thorsten Laureck: 18 (Grafik), 20 (Grafik), 249 (Grafik)
Collection Jean-Marie Lemaire: 15 (Raoul Lemaire, Jean Boucher), 16/17 (Hintergrund)
Living Earth: 14
Nordkartoffel, Peter Hohenhausen: 166 (Granola)
Pierre Parcé: 158/159, 198/199, 200, 236/237 (Hintergrund), 238, 239, 250 (Bourrasol, Distelöl, Erdnußöl, Haselnußöl), 251 (Sesamöl, Walnußöl), 252, 253
Rapunzel: 266, 267
SOPEXA: 88 (Canada Reinette, Cox Orange, Elstar, Golden Delicious, Goldparmäne), 115 (Mirabelle, Reneklode, Zwetschge)
Maria Thun-Jung: 17 (Maria Thun)